Couvertures supérieure et inférieure
en couleur

# PROFILS ET TYPES

DE LA

# LITTÉRATURE

RUSSE

PAR

E. COMBES

PROFESSEUR AU COLLÈGE STANISLAS

PARIS

SOCIÉTÉ ANONYME
33, RUE DE SEINE, 33
1896

Tous droits réservés

LIBRAIRIE FISCHBACHER, 33, RUE DE SEINE, A PARIS

## EXTRAIT DU CATALOGUE

**PROFILS ET TYPES DE LA LITTÉRATURE ALLEMANDE**, par Ernest Combes, 1 vol. in-8 .......................................... 7 fr. 50

**LES POÈTES LYRIQUES DE L'AUTRICHE :** — Lenau — Betty-Paoli — Feuchtersleben, par Alfred Marchand. (Ouvrage couronné par l'Académie française.) 1 vol. in-8 .................................... 7 fr. 50

**POÈTES ET PENSEURS**, par Alfred Marchand, 1 vol. in-12., 3 fr. 50

**ÉTUDE SUR LA VIE ET LES ŒUVRES DE JEAN-PAUL-FRÉDÉRIC RICHTER**, par J. Firmery, 1 vol. gr. in-8............ 7 fr. 50

**SCHILLER. — THÉÂTRE EN VERS**, traduit en vers français, par Théodore Braun. (Ouvrage couronné par l'Académie française). 3 vol. in-12............................................................ 12 fr.

**DON CARLOS, INFANT D'ESPAGNE.** — Poème dramatique de Schiller, traduit en vers, par Henri Faye, 1 vol. in-12............ 3 fr. 50

**GŒTHE ET SES CHEFS-D'ŒUVRE CLASSIQUES** (Iphigénie. — Hermann et Dorothée), par Paul Stapfer. 2e édition, 1 vol. in-12. 3 fr. 50

**GŒTHE ET LA MUSIQUE.** — Ses jugements, les œuvres qu'il a inspirées, par Adolphe Jullien, 1 vol. in-12..................... 5 fr.

**LE FAUST DE GŒTHE**, traduit en vers français, par Marc-Monnier, 1 vol. in-24............................................... 3 fr. 50

**UN TROUVÈRE ALLEMAND.** — Étude sur Walther von der Vogelweide, par Albert Lavoy, 1 vol. in-8....................... 7 fr. 50

**SHAKESPEARE ET L'ANTIQUITÉ**, par Paul Stapfer. 2e édition,
  A. — Drames et poésies antiques de Shakespeare, 1 vol. in-12.. 3 fr. 50
  B. — Les tragédies romaines de Shakespeare, 1 vol. in-12.... 3 fr. 50
(Ouvrage couronné par l'Académie française).

**LAURENCE STERNE.** — Sa personne et ses ouvrages, étude précédée d'un fragment inédit de Sterne, 1 vol. in-8, avec portrait...... 7 fr.

**HISTOIRE LITTÉRAIRE DE LA SUISSE FRANÇAISE**, par Ph. Godet. (Ouvrage couronné par l'Académie française.) 2e édition, 1 vol. in-8 ........................................................ 8 fr.

**HISTOIRE LITTÉRAIRE DE LA SUISSE ROMANDE**, par Virgile Rossel. (Ouvrage couronné par l'Académie française.) 2 vol. gr. in-8. 15 fr.

**HISTOIRE DE LA PHILOSOPHIE EUROPÉENNE**, par Alfred Weber, 5e édition revue et augmentée, 1 vol. gr. in-8.............. 12 fr.

# PROFILS ET TYPES

DE LA

# LITTÉRATURE RUSSE

ANGERS, IMPRIMERIE A. BURDIN ET Cⁱᵉ, RUE GARNIER, 4.

# PROFILS ET TYPES

## DE LA

# LITTÉRATURE

## RUSSE

PAR

### ERNEST COMBES

PROFESSEUR AU COLLÈGE STANISLAS

PARIS
LIBRAIRIE FISCHBACHER
SOCIÉTÉ ANONYME
33, RUE DE SEINE, 33
1896
Droits réservés

# PRÉFACE

L'indulgence que l'on a eue pour mes *Profils et Types de la Littérature allemande* m'encourage à tenter la même fortune avec cette Littérature russe[1]. Le moment semble opportun. Après nous avoir, une fois de plus, rendus ridicules, l'engouement pour la pédagogie prussienne diminue; la légende « du maître d'école vainqueur à Sadowa » s'évanouit avec mainte autre légende, et les Français commencent à comprendre qu'ils peuvent être citoyens utiles, hommes honnêtes, soldats heureux, sans parler allemand. Cette mode passe, précisément parce qu'elle s'est trop répandue; et l'on n'a pas impunément contraint tous nos lycéens à massacrer, sans résultat sérieux, une très belle syntaxe: la plupart gardent rancune.

Ce revirement dans les esprits coïncide avec une évolution politique. L'autocratique Russie a donné la main à la France républicaine; les peuples cessent

---

[1]. Je remercie particulièrement la *Bibliographie catholique* (*Études religieuses et littéraires*) qui a su critiquer avec bonne grâce des pages écrites avec bonne humeur. (Août 1888, sous la signature du R. P. Bocé.)

de se dévisager dédaigneusement ; nous ne sommes plus des Jacobins régicides ; ils sont loin d'être des barbares. Cela ne prouve-t-il pas que les hommes, si méchants qu'ils soient, se détesteraient moins s'ils se connaissaient davantage ? L'élan est donné :

*Utrumque nostrum incredibili modo*
*Consentit astrum...*

et comme on se passionne toujours en France pour les choses étrangères, la langue russe y sera de mode aussi pendant quelque trente années, jusqu'à ce que le tour advienne au chinois.

Heureux de ce rapprochement, nous devons bien avouer que c'est encore « la faute à Voltaire ! » La noblesse russe ne lut longtemps que nos auteurs ; elle les préfère encore ; notre littérature amusant, éclairant, fit excuser notre légèreté, nos méfaits ; et les honnêtes gens eurent le plaisir de revoir dans nos livres les idées humanitaires, les théories classiques qui ont immortalisé les Anciens. Apprendre le grec semble trop pénible à qui ne veut point devenir archimandrite ; aussi Pouchkine a lu Fénelon afin de connaître les grâces helléniques, et Pouchkine apprit si vite, comprit si bien, que son style a la pureté du style de Xénophon : la saveur est la même. « Ce Slave a sur toutes choses les idées claires d'un Athénien », dit M. de Vogüé. Ainsi, par les Grecs, on est cousin ; si bien, que s'occuper de la littérature russe est encore s'occuper de la France. Oui, dans leurs œuvres comme dans les nôtres, partout on aperçoit la lueur de cette sagesse antique, laquelle guide les bons esprits et n'altère jamais leur originalité ; et c'est pourquoi, en nous réjouissant de rencontrer là-bas encore l'influence civilisatrice de la France, nous en reportons le principal mérite à cette sagesse dont nos écrivains furent les reconnaissants interprètes :

*Tam mites, Graios indicant esse viros.*

D'autres écriront une histoire savante, complète, de la littérature russe ; je n'ai voulu qu'ébaucher ce travail, et l'ébaucher à ma façon. Bien que plusieurs ouvrages, des romans surtout, aient été traduits, les noms, les faits et gestes de ces écrivains ne sont point couramment connus en France ; on ne peut donc pas encore, je crois, leur appliquer les procédés de critique convenables à une littérature dont l'inventaire est déjà dressé, dont le catalogue est entre toutes les mains ; il conviendrait plutôt de raconter, de présenter, de traduire ; bref, de collaborer modestement à cet inventaire. J'écris dans cette louable intention, me recommandant à moi-même d'être juste envers tous les partis littéraires... Mais on a déjà deviné quel sera mon critérium.

Mon voyage à travers cette civilisation slave m'a trop intéressé pour que je m'en taise, pour que je ne double pas mon plaisir en le faisant partager de mon mieux.

Paris, 1895.

# PROFILS ET TYPES
## DE LA
# LITTÉRATURE RUSSE

## I

### LES ORIGINES. — LA LANGUE. — CHRONIQUE DE NESTOR

La langue russe est un dialecte slave, et le slave se rattache, avec autant de droits que le français, à l'arbre indo-européen. « Dans l'ordre de dérivation du sanscrit, le slave vient immédiatement après les idiomes pélasgiques » (EICHHOFF, 105). On divise généralement la famille slave (avant Jornandès on disait : sarmate) en trois groupes :

*a)* Slaves de l'est
- slavon ecclésiastique, langue liturgique éteinte.
- russe.
- serbe.
- carnique (Carniole, Carinthie).

*b)* Slaves de l'ouest
- tchèque (Bohême).
- polonais.
- venède (parlé encore en Lusace).

*c)* Slaves du centre
- prussique (langue éteinte).
- lithuanien.
- letton (Courlande, Livonie).

Pline parle déjà des Slaves de l'ouest, des *Vendes* qu'il place près de la mer Baltique (*Vendes* est le synonyme allemand de Slaves, comme *Ungar*, Hongrois, celui de Magyar); mais l'histoire ne mentionne guère ces peuples avant le vi⁰ siècle. « De tout temps ils ont habité à l'est de l'Europe, adossés aux Allemands[1]. » C'est pourquoi les slavophiles se déclarent autochtones, brachycéphales et orthognathes, assurant que la Russie a toujours existé, majestueuse, immense. Sous quel nom? Sont-ce les *Cimmériens* d'Homère? Les *Hippémolgues*? Les Scythes, si l'on admet la filiation Σκολότοι, Σκλότοι, Σκλάβοι? Bien qu'il soit impossible de préciser l'époque de leur immigration, ils viennent de l'Inde[2]; leur langue le prouve, et leur mythologie. « Hérodote (IV, 50) dit que les Scythes nomment Jupiter Παπαῖος (sanscrit : *Pápus*, créateur); Apollon, οἰτόσυρος, *rapiens in exitium* (sc. *aid'asûras*, brillant soleil); Vesta, ταβιτί (sc. *tapitá*; russe *teplota*, la chaleur); Sviatovid, le génie omniscient (sc. *Çvaitavidas*, lumineux); Jiva, dieu de la vie (sc. *Jtvd*, la vie; en russe *jizni*); Morena, déesse de la mort (sc. *marand*, la mort), etc. On pense à μαραίνω, flétrir. » Eichhoff, auquel j'emprunte ces citations sanscrites, ajoute : « Grâce à un long isolement qui maintint et perpétua leur langue, leur bouche (aux Slaves) prononce encore aujourd'hui, avec des inflexions parfaitement identiques, une foule de mots qui retentissent aux bords du Gange ou sur les versants de l'Himalaya. »

Environ 2000 ans avant l'ère chrétienne, les Aryens, qui parlaient le sanscrit, passèrent de la vallée de l'Indus dans celle du Gange et formèrent l'aristocratie indigène; le sanscrit devint ainsi la langue littéraire de l'Inde. Or, la grammaire comparée a démontré la parenté des langues de l'Europe, à l'exception du basque et du hongrois[3]. En dépit des variations, le prototype aryen est resté fidèle à lui-même

---

1. SCHLOEZER, *Nordische Geschichte*.
2. Je vois même maintenant qu'ils y retournent.
3. Moritz Belogi, dans sa Grammaire hongroise, rattache sa langue au finnois; mais Franz Ney (édition Ollendorff) se range à l'avis de Toldy.

et les divergences s'expliquent assez régulièrement ; par exemple, les désinences actuelles étaient primitivement des mots distincts ; les désinences verbales avaient le sens et la valeur des pronoms. Les éléments de la grammaire aryenne étaient donc déjà élaborés avant la dispersion de cette race sur l'Europe et l'Asie (Korsch, всеобщая исторія литературы).

Les différents idiomes slaves formaient jadis une seule et même langue (общій литво — славянскій языкъ) ; c'est du moins une hypothèse admise. « Cette langue ne s'écroula pas, et de ses ruines ne se forma point une autre langue, comme le français sortit du latin et l'anglais de l'anglo-saxon. Au contraire, cette même langue résonne encore, et ne se modifia que dans quelques-unes de ses formes : *les différents rameaux de l'arbre slave n'étagent que des nuances* » (Bogdanov, 6).

Par rapport à d'autres langues aryennes, au français par exemple, pour lesquelles est arrivée la période néo-analytique (l'expression est de J. Grimm, *Ueber den Ursprung der Sprachen*), les idiomes slaves sont synthétiques. Le slavon ecclésiastique n'est donc pas, comme on l'a cru longtemps, la souche des idiomes slaves actuels ; ceux-ci coexistaient. Le slavon est seulement plus voisin du grec et du sanscrit et, par suite, semble « l'héritier plus direct de cette antique langue slave, dont l'existence est théoriquement admise, qui fut parlée sur les versants de l'Himalaya (Bogdanov, 9).

Du slavon ecclésiastique est venu directement l'idiome bulgare actuel ; mais, de même que la traduction biblique de Luther imposa à l'Allemagne le dialecte saxon, ainsi l'évangile de Cyrille fit du slavon ecclésiastique la langue littéraire en Russie, au détriment de l'idiome populaire parlé à la même époque ; de sorte que, jusqu'au xie siècle, les monuments du russe indigène font défaut. « Nous n'avons pas d'écrits authentiques de nos anciens écrivains, et les *copies* n'en sont pas antérieures au xive siècle » (Vodovozov, Древняя русская лит., 106). Il faut ainsi admettre ces anciens monuments du xie siècle sur la foi d'un copiste. Mais les temps marchèrent; peu à peu les deux idiomes se firent des emprunts réciproques : l'un devint moins sacré, l'autre moins rustique.

И когда молишься\*, не будь\* как лицемѣры, что любят молиться, стоя въ собраніяхъ, на площадяхъ, и на распутяхъ\* чтобы показать\* себя людямъ; истинно говорю\* вамъ, что примутъ\* свое воздаяніе. Ты же, когда молишься, войди въ клѣть свою и затвори двери и молись Отцу твоему втайнѣ и Отецъ твой, видящій тайное, воздастъ тебѣ явно... (Saint Matthieu, vi, 5.)

*I, kogda molichīsia, né boudī, kak litsemǎry, chto lioubiat molitīsia, stoia v sobraniiack, na plocktchadiack, i na raspoutiack, chtoby pokazati sebia lioudiam : istinno govoriou vam, chto primout svoe vozdaianie. Ty je, kogda molichīsia, voidi v klěti svoiou i zatvori dveri i molisi Ottsou tvoemou vtaině i Otets tvoī, vidiachtchiī tāinoe, vozdast tebe iavno...*

On voit les rapports de cette écriture avec l'alphabet grec. L'analogie des mots avec les autres langues européennes, moins frappante, n'existe pas moins. Je vais, à l'aide de F. Miklosich[1], la rechercher prudemment; car j'ai la crainte de Dieu et des savants de profession.

Les six mots étoilés ont une racine sanscrite que j'admets d'abord, et pour cause, sans discussion.

1) Молиться, prier; en sansc. broyer, frotter (la terre avec les genoux). Моль rappelle *Mühle*, le moulin; *Mülm*, la terre pulvérulente; le fr. mol, mou.

2) Будь, futur du verbe *être*; se retrouve dans le persan.

3) Распутяхъ, carrefours. Rac. *pouti*, le chemin. En slavon *pati*. En sc. *panthas*. (On pense au grec ποῦς, le pied; распутіе signifierait : pied écarté. Nous disons bien *patte d'oie* au lieu de carrefour.)

4) Показать, montrer. Sc. *kash*, luire.

---

1. Frantz Miklosich, membre honoraire de notre Institut († 1891). Ses remarquables ouvrages (écrits en allemand et en latin) font foi dans les questions de philologie slave.

5) Говорить, parler. Le point de départ serait le sc. *gô*, bœuf; d'où, mugir, brailler, parler. — C'est possible. *Oportet discentem credere.*

6) Приять, recevoir, prendre. L'inf. est *priniati*. On pense à *pris*.

Les autres mots se rapprochent davantage : *litsemery*, hypocrites, de *litse*, le visage, qui se retouve dans *Antlitz*, même sens. Miklosich rapporte *mer* au sc. *mè*, d'où *meniti*, changer; ut *litsemer* sit homo qui vultum mutat.

*Lioubiti*, aimer; primitivement, désirer. C'est le latin *lubens, libens*, qui se retrouve dans le fr. quolibet, contracté de *quod libet*. All. *Liebe*. — *Stoiat*, être debout; on reconnaît *stare*. — *Sobranie*, collection; ici, assemblée. *So* = τὺν; fr. *sym*, dans sympathie, symphonie. La racine du mot est BER. Брать, prendre, donne l'indic. *bérou*; c'est donc le grec φέρω. Par renforcement de la voyelle, le grec déduit φορά; le russe, *sobor*, le concile. L'allemand a *bar* dans *fruchtbar*, etc. — *plochtchadi*, place publique. La racine est PLOSK, plat, πλατύς; τὸ πλατύ, la plaine. — *Lioudi*, les gens. C'est l'all. *Die Leute*; le fr. les leudes. — *Istinno*, en vérité. On reconnaît le verbe « être »; l'all. *ist*, etc.

Avec un peu d'habitude et beaucoup de patience (ou *vice versa*), on devinerait déjà le sens de ce verset : Quand vous priez, ne soyez point comme les hypocrites qui aiment à prier debout dans les assemblées, sur les places publiques et les carrefours, afin de se montrer aux gens; en vérité, je vous le dis, ils recevront leur récompense, etc.

C'est ainsi que le plus ancien monument d'une littérature est la langue elle-même. Ses allures, ses flexions sont un reflet du tempérament du peuple qui la parle. La philologie aide l'histoire et, pour les temps lointains, la supplée quelquefois. On lui reproche ses hypothèses téméraires, oubliant qu'elle se trompe mais ne ment pas. Étudions donc la philologie et particulièrement la philologie slave. Voyez avec quel enthousiasme patriotique Pouchkine définit le russe :

« Une langue souple dans ses tournures, puissante dans ses ressources, si intelligemment ouverte au progrès... » Il l'oppose à la langue française, rigide dans ses traditions, dans sa syntaxe et si prude. Karamzine vante, à propos de l'anglais, *ce produit de vols* (богатъ крадеными), l'homogénéité du russe : « Honneur à notre langue, qui, dans sa richesse native et presque sans mélange étranger, coule comme un fleuve majestueux, mugit, gronde puis, soudain se calme à propos, gazouille comme un ruisselet, s'insinue jusque dans l'âme, s'assouplissant à tous les rythmes, à toutes les cadences de la voix humaine ! » Ces éloges semblent d'autant plus naturels sous la plume de ces écrivains, stylistes émérites, que notre Mérimée exprime un jugement plus flatteur encore et ne croit pas exagérer. Dès le ixe siècle, la similitude du langage fit un seul peuple de toutes les peuplades qui bataillaient sur ce vaste territoire ; l'unité religieuse s'ajouta ; si bien, qu'en dépit des discordes intestines, la domination mongole passa, comme celle des Varègues, sans altérer le fonds national. Pouchkine disculpe même sa langue d'avoir absorbé des mots tartares ; il en concède une cinquantaine au plus, « ceux qui désignent une chose désagréable, comme le knout », ajoute-t-il plaisamment. Dans toute la Grande-Russie, la physionomie, les mœurs, les allures sont identiques. « C'est toujours le même peuple sombre, ignare (pris en masse) et inculte, craignant à la fois Dieu et le diable, le commissaire, le juge et le noble ; peuple replié sur lui-même, méfiant, fermé à toute innovation à lui-même profitable, vivant toujours encore dans des chaumières enfumées, à demi éboulées, avec enfants, veaux, cochons, pêle-mêle ; le ventre creux, presque sans industrie, sans commerce, sans confort, mourant toujours avec la même indifférence[1]. » L'histoire d'aucun peuple n'est gaie, mais celle du peuple russe est un roman lugubre. Nous en résumerons, puisque ici l'histoire se confond avec la littéra-

---

1. V. Ostrogorski. — Écrit à propos des *Mémoires d'un chasseur* de Tourguéniev.

ture, le premier chapitre d'après la plus ancienne chronique, celle de *Nestor*[1].

On sait peu sur ce père de l'histoire russe. Il naquit à Bielosero vers 1056, entra au couvent de Kiev dans sa dix-septième année, « prit grand'peine à rédiger ses Annales, vécut saintement et enfin, rassasié de la vie, mourut »[2]. Il savait le grec. L'original de sa chronique est perdu ; on ne possède que des copies, dont la plus estimée, faite deux cent cinquante ans après lui par le moine *Laurent*, n'est pas toujours exacte, si l'on en croit le copiste même. « Lisez, mais au nom du Seigneur! ne m'en veuillez pas si j'altère ou si j'omets ; ces textes sont bien anciens, et mon esprit est bien jeune. » Nestor avait sous les yeux des manuscrits grecs, probablement aussi des annales antérieures aux siennes ; il recueillit maints témoignages oraux et connut les princes Sviätopolk et Vladimir Monomaque. Aussi sa chronique, mélange de faux et de vrai, où se heurtent extraits de la Bible, citations de l'Évangile, réflexions de l'auteur sur le doigt de Dieu, superstitions, proverbes, traités de paix, guerres, crimes, etc., conserve une valeur inestimable. Sa langue est le slavon ecclésiastique, avec nombreuses traces de l'idiome populaire contemporain.

Il prend son sujet *ab ovo*. « Après le déluge, les fils de Noé se partagèrent la terre. » Quand les hommes bâtirent la tour de Babel, — « le Seigneur Dieu vint du ciel pour examiner la ville et cette colonne..., ordonna qu'un grand vent renversât cette colonne et 5433 aunes de débris, en long et en large, furent conservés pendant plusieurs siècles entre

---

[1]. Une traduction allemande de cette célèbre chronique par Johann Benedict Scherer, attaché au Ministère de la Justice à Saint-Pétersbourg, fut publiée à Leipzig en 1774, avec une intéressante préface du conseiller Tauber (Biblioth. des Langues orientales, n° 4, 609). — Mais le travail le plus savant est celui de Schlözer, traduit en russe en 1816. C'est celui que recommande Porphiriev.

[2]. Патерикъ, *id est*, hagiographie de Kiev.

l'Assyrie *et* Babylone. » Puis Dieu délaya la première langue en soixante-douze idiomes « et de ces soixante-douze langues se dégagea la slavonne, grâce aux descendants de Aphetov (Japhet), lesquels ne sont autres que les Slaves. Longues années après, ceux-ci vinrent s'établir sur le Danube en pays ougorskien (hongrois) et bolgarique. » Il raconte que André, frère de saint Pierre, aurait remonté le Dniéper, béni le mont où fut bâti Kiev et prophétisé la grandeur de la ville; qu'il visita Novogorod, admira les mœurs des Slaves « comme ils se baignent et se fustigent » et alla le raconter au pape : « Saint Père, ils se cuisent d'abord, se savonnent et se frottent tellement qu'ils sont presque morts; puis s'aspergent d'eau froide et se raniment. Cela, tous les jours; ce n'est plus un bain mais un supplice. » Ce trait de mœurs est toujours exact; les douches chaudes et froides sont un des plaisirs du riche et du pauvre; mais il ne s'ensuit pas que l'apôtre André ait été par saint Pierre délégué en Russie.

A partir de 859, Nestor s'attache davantage aux événements locaux. Les anciennes peuplades *Radimitchen*, *Wätitchen*, etc., habitaient les forêts, comme des bêtes sauvages, mangeaient des charognes, des rats, épousaient leur belle-mère! « Quand un *Obre* voulait être voituré, ce n'était ni par bœufs ni par chevaux; il ordonnait d'atteler à un chariot trois, quatre ou cinq femmes... Les *Derevlanes* vivaient bestialement, ignoraient le mariage et ravissaient les filles auprès des sources. L'un tuait l'autre... Or, comme il n'y avait chez ces peuples aucune justice, qu'une race se révoltait contre l'autre et que la guerre était interminable, ils dirent entre eux : Choisissons un prince qui nous régisse et nous juge! Alors les Slaves s'adressèrent aux *Varègues* au delà de la mer : Notre pays regorge de biens, est grand mais dans l'anarchie; venez donc pour nous gouverner et nous posséder. Alors trois frères avec leur famille vinrent occuper la Russie[1], et bâtirent la ville de Ladoga; l'aîné,

---

1. De là, paraît-il, le nom de Russes, les rameurs; en finnois : *ruotsen*.

*Rurik*, s'y établit[1]; le second, *Sineus*, campa près du lac blanc (Бѣлоюзеро); le troisième, *Truvor*, à Izborsk. » Pour unifier le nouveau gouvernement, Rurik se débarrassa de ses frères... Mais je me garde de raconter, après tant d'excellents historiens, comment régnèrent Oleg, Igor et leurs successeurs; cette interminable série de parjures, fratricides, meurtres variés, supplices, serre le cœur. La Russie n'est pas, du reste, une exception; l'humanité s'est traînée, à travers les siècles, dans la boue et dans le sang[2]. — « Les despotes ont une santé délicate. Un Alexis décapité, un Pierre poignardé, un Paul étranglé, un autre Paul aplati à coups de talon de botte; divers Ivans égorgés, plusieurs Nicolas et Basiles empoisonnés, tout cela indique que le palais des empereurs de Russie est dans une condition flagrante d'insalubrité[3]. » Oui, il est joli, le théâtre du monde! La salle représente une salle à manger somptueuse; le couvert est mis et les majordomes introduisent les convives, gentilshommes en toilette irréprochable, dames parées comme des châsses. Un dîner d'aristocrates. Quelle décence! Quelle imposante dignité! Chacun accable sa voisine d'attentions délicates; les saillies provoquent les sourires, et le visage devient la plus belle conquête que l'homme ait faite sur le mufle.. Aïe!.. Un monsieur a froissé le pied d'une dame. — « Butor! — Pourquoi avez-vous de si grands pieds? — Malotru! » Une gifle. Et le désordre commence. Nos gentilshommes ont pris parti pour ou contre, hurlent, gesticulent, pirouettent; tous frappent et sont frappés; un effroyable bacchanal est déchaîné... Mais un valet apporte un vin coûteux; les cris de joie succèdent aux cris de rage, les ennemis s'embrassent, réparent le désordre des toilettes, reprennent leur mine correctement flegmatique, et

1. En 1774, dit Scherer, son burg existait encore dans la propriété du conseiller Sabourov, qui le conservait pieusement. — J'émets un doute sur l'authenticité de cette ruine.
2. « Toute l'histoire n'est qu'une suite d'horreurs », écrit Chamfort.
3. V. Hugo, *Les Misérables*, III, 169.

le festin continue, comme si rien d'anormal ne s'était passé. Cette bouffonnerie ne ressemble-t-elle pas à un chapitre d'histoire? Les chefs s'invitent et festoient en frères; soudain, à propos de bottes, la guerre éclate. On tue, on brûle, on vole; puis un diplomate sert un protocole avec cérémonie, les survivants se remettent noblement à table, et les nations deviennent de plus en plus civilisées.

En punition de nos péchés! affirme déjà Nestor. Dieu s'irrite et envoie la peste, la guerre, la famine ou les inondations; il varie les remèdes, espérant mettre enfin la main sur le bon, brandit au ciel une comète semblable à une verge sanguinolente... « En l'an 6536 (de la création du monde, c'est-à-dire en 1028) apparut au ciel l'image d'un serpent, et c'était présage d'effusion de sang. » En temps de paix les scandales changent de forme; Vladimir, par exemple, entretenait « trois cents concubines à Wischegorod, trois cents à Bielgorod, deux cents à Berestov, » et, de ce non content, violait à la ronde toutes les filles qu'il rencontrait, « car il aimait le sexe féminin autant que Salomon. » En l'année 6537, repos. Dieu se calmait; Nestor ne note rien; il prie. Son sentiment religieux est profond et nullement bigot; mais parler de son patriotisme, comme fait Porphiriev, est prématuré : ce sentiment existait-il alors? Il est naturel que Nestor croie aux prodiges, même aux plus bizarres; telle était la foi jadis et peut-être est-il fâcheux que nous ne croyions plus aux miracles, du moins plus aux mêmes. Il est naturel aussi qu'il prenne parti pour le patriarche Photius contre ses compatriotes païens et raconte gravement que, quand *Oskold* et *Dir* firent voile vers Tsaragrad (Constantinople) avec deux cents barques, le patriarche pria toute une nuit devant l'image de la Vierge; puis, au chant des psaumes, fit tremper sa sainte robe (on habillait les statues) dans l'*eau noire*; et que sur la mer tout à l'heure encore calme s'éleva une terrible tempête dispersant les barques de ces Russes impies. Les superstitions qu'il enregistre ne paraissent même pas ridicules; elles révèlent à leur façon la misère, l'ignorance douloureuse qui pesait sur le monde. L'impression générale est grave. Dors en paix, brave homme!

Dans une scène de *Boris Godounov*, Pouchkine a poétisé ce tableau du temps passé : le vieux moine écrivant patiemment sa chronique, témoignant en quelque sorte devant la postérité.

La nuit. Une cellule dans le monastère de Tchoudov.
GRÉGOIRE (dort). — PIMÈNE (écrit devant une lampe).

> Encore une page, un dernier récit,
> Et ma chronique est terminée,
> Et la tâche, par Dieu donnée
> A moi, pécheur, en sa merci.
> Dieu m'a dit : « Vois le bien, le pire,
> Le droit honni, le vice heureux;
> Sois témoin. Sachant, ose écrire. »
> J'écris. Un moine studieux
> A mon œuvre sans nom, sincère,
> Ayant plaisir y cherchera
> La vérité sous la poussière,
> Et pour d'autres la copiera.
> Les arrière-neveux des Slaves
> Orthodoxes dans ce passé
> Verront couler le sang des braves,
> Les tsars grandir, le joug brisé;
> Comment par l'adresse et les armes
> Leurs princes ont régné; les cœurs
> Battront, bénissant les meilleurs,
> Aux plus méchants donnant des larmes.
> Ombre immense! Temps qui n'est plus,
> Après tant de guerres, d'orages,
> Grondant encore en son reflux!
> Qu'en reste-t-il? Ces quelques pages,
> Ces quelques noms... Et cependant
> La clameur de la renommée
> S'assourdit; l'oubli se répand,
> Et tout fuit, fantôme, fumée...

Le jour point, ma lampe noircit...
Encore une page, un dernier récit !

GRÉGOIRE (se réveille).

Le vieillard veille encore, et sa lampe s'épuise
Avant que le sommeil n'ait effleuré ses yeux.
Quelle sérénité sur cette face grise !
Quel filial souci du passé, des aïeux !
Il poursuit sa chronique. Où prend, où finit-elle ?
Y voit-on la Russie asservie au Mongol ?
Du sang de ses boïars Ivan mouillant le sol ?
Novgorod autonome et Kazan l'infidèle ?
Croit-il que l'univers à nos tsars soit promis ?
J'ai voulu deviner quelle histoire est tracée
Sur ces feuillets; mais lui, l'œil terne, l'air soumis,
A lui-même toujours pareil, tait sa pensée.
Tel un juge, vieilli dans le prétoire, entend
Le coupable et le juste, à tout indifférent ;
Voit le bien, voit le mal, absout, fixe la peine,
Impassible, ignorant la faveur ou la haine[1].

« Le caractère de *Pimène* n'est pas mon invention. En lui sont rassemblés les traits qui m'ont charmé dans nos vieux chroniqueurs. Une douceur attendrissante, une naïveté à la fois enfantine et sage, une foi dévote en la puissance du tsar donné par Dieu, l'absence complète de vanité, respirent dans ces précieux monuments du temps passé » (POUCHKINE).

La Chronique de Nestor, qui s'arrête à 1110, fut continuée jusqu'en 1200 par d'autres moines consciencieux, mais moins habiles ; elle devient la *kiévienne*. Kiev était alors le cœur de la Russie. De 1200-1292, la *volhynienne* ; puis, la *souzdalienne* ; puis, les quatre *novogorodiennes* (de 911-1716)[2]. Ces récits, tantôt secs, tantôt oiseux, ont un même but :

---

1. « Les chroniqueurs se soucient déjà de la vérité, tout au moins de la vraisemblance » (PORPHIRIEV, I, 7).
2. PORPHIRIEV, 390.

l'édification des fidèles. D'où, trois lignes sur un événement politique, sur une guerre : — « L'an 6424, Romain devint empereur chez les Grecs, et Igor combattit les Petchénègues »[1] — et cinquante lignes sur un cénobite pouilleux : comme Isaky resta assis, *casanier*, sept années dans une caverne, recevant sa pitance par un trou, visité par le diable qui, déguisé en Jésus-Christ, l'invitait à danser ; tellement sale que les vers grouillaient sur son grabat ; tellement insolent que, après avoir voulu le laver, on le battit, — à sa grande liesse, car il gagnait ainsi plus sûrement encore la béatitude future, etc. Sont loués aussi les princes qui bâtissent des églises et des couvents ; est proposé pour le calendrier chrétien un des confrères d'Isaky, Mathieu le Perspicace qui *voyait* tantôt un âne s'asseoir dans le fauteuil du prieur, tantôt le diable chevaucher sur un cochon, afin d'amuser les moines et les distraire de leurs oraisons ; est canonisé Vladimir, ce débauché, assassin de ses deux frères... Ces chroniques sont précieuses, faute de mieux ; en l'absence d'autres documents, on s'en contente, quoiqu'elles ressemblent à des almanachs. En elles furent fondues, tant bien que mal, des annales locales depuis longtemps perdues. Chaque province s'agitait autonome ; les princes, les villes ne se réconciliaient un instant que devant l'invasion. On voit cependant poindre dans ces vieux récits l'idée d'une monarchie tutélaire, seul frein possible aux discordes civiles ; mais il faudra une catastrophe nationale, le joug mongol, pour préciser et réaliser ce souhait des patriotes. Quand la Russie se serrera autour de sa nouvelle capitale, la chronique de Moscou deviendra l'histoire de la patrie russe.

---

1. Les Petchénègues passèrent en Europe vers 915. Ces barbares devaient être d'une haute stature, d'après le duel d'un de leurs Goliath et d'un David russe : « Le Russe l'étouffa dans ses bras, et le jeta mort par terre ; alors les Petchénègues poussèrent des cris horribles et s'enfuirent » (NESTOR, 110).

## II

**MYTHOLOGIE. — SVIATOGOR. — ILIA MOUROMETZ. — BASILE BOUSSLAIEV. — SADKO. — IMPORTANCE DES MYTHES ET DES ÉPOPÉES.**

Après la grammaire comparée est venue la mythologie comparée, — ou bien elles sont venues ensemble. Une science, glorieusement inventée par Grimm, Benfey, Bousslaiev, Renan, etc., a droit au respect des plus incrédules, et les eût convertis, si ses conclusions étaient moins divergentes. Mais le symbole physique, que les uns voient dans les dieux primitifs, s'épure pour d'autres en symbole philosophique ; puis Taylor défend l'*animisme*, puis Max Müller, la théorie linguistique, c'est-à-dire, sans plaisanterie, le verbe devenu dieu, etc. Il en est de ces doctrines comme de maintes maladies, sur la cause et sur le traitement desquelles les médecins ne sont jamais d'accord. L'essentiel est que le lecteur s'instruise, et que le malade guérisse. Toutes sont bonnes — j'entends les doctrines — car toutes frôlent la vérité, et nous résolvent, chemin faisant, une foule de problèmes intéressants ; enfin ces savants laissent, d'humeur bénévole, piller leurs ouvrages, et pardonnent aux sceptiques.

Les Russes, baptisés en 988, étaient donc auparavant idolâtres. Leur plus ancien dieu était le Ciel et les fils d'iceluy : *Dagbog* (all. *T'ag*, le jour); *Ogonj*, le Feu ; *Péroune*, le Tonnerre ; *Volos*, le Dieu-Soleil, protecteur des troupeaux que sa chaleur ramenait dans les prairies (rac. волъ, taureau) ; *Sviatovid*, dont « la statue à quatre têtes ornait le temple d'Arcona, dans l'île de Rügen[1]. » Aphanasiev prétend qu'ils adoraient aussi la Terre, et que ce culte s'est

---

[1]. Weber, *Weltgesch.*, 131.

conservé sous forme de gestes dans plusieurs danses populaires (?).

*Posvist* (de свист, sifflement), présidant aux tempêtes, *Koupalo*, aux fruits (de купать, baigner. A cause des pluies? de la rosée?) sont bien des forces physiques; mais *Lado*, le dieu de la gaîté (de лад, concorde). Mais *Koleda*? Taubert admet l'étymologie лед, la glace, à cause de la coutume populaire de casser la glace à l'opposite de la lune, et de contempler dans ce puits

De l'astre au front d'argent l'orbiculaire image,

qui, claire ou trouble, doit refléter l'avenir; Porphiriev donne au contraire l'étymologie *calere*, brûler; la fête de Koleda coïncidant avec Noël, on célébrait le dieu qui fera croître les jours et réchauffera le monde.

Il y a doute. Quant à l'importance mythique de cette théogonie… J'ai eu sous les yeux une brochure minuscule qui démontrait hardiment que Napoléon I$^{er}$ n'avait jamais existé; qu'il n'était qu'un symbole mythologique du soleil! Son nom même, ingénieux anagramme, résumait son histoire; car si l'on retranche successivement, de gauche à droite, une lettre, on obtient six mots grecs et cette phrase probante : « Napoléon, étant le lion des peuples, allait ravageant les cités. » Il naît comme Apollon — (quelle assonance! De même le nom de sa mère Lætitia — Latone!) dans une île de la Méditerranée, et finit comme lui à l'ouest, dans l'Atlantique! La retraite de Russie est l'emblème du soleil impuissant contre l'hiver, etc. Ne devine-t-on pas quel parti sauront tirer de cette plaisanterie les philologues futurs? Dans mille ans, si le monde existe encore, il y aura là matière à symboliques arcanes; des partis se formeront, les uns tenant pour Sirius plutôt que pour Phœbus; on se battra sur Napoléon comme jadis on se battit sous lui; petite drôlerie deviendra dogme et, le dogme une fois posé, les preuves ne manqueront pas.

Ces dieux-là ne tiennent pas debout! soupiraient les Kiéviens lorsque Vladimir renversa les idoles. Karamzine assure que beaucoup pleurèrent devant *Péroune* cahoté et précipité dans le Dniépr. Ils espéraient un miracle vengeur; *Péroune* n'opérant point, Vladimir réussit à convertir ses sujets à l'orthodoxie : un baptême solennel eut lieu, et dès lors tout chrétien non revêtu de sa griffe fut réputé contrefait. *Favete linguis!*

Les demi-dieux ou héros hantèrent plus longtemps l'imagination du peuple. Les bylines[1] ont célébré *Sviatogor, Ilia Mourometz*, etc. « S'apprêta Sviatogor à battre la campagne. Il selle son bon cheval et va dans la campagne. Avec qui se mesurer ? A qui s'en prendre ? Sa force circule dans ses veines et déborde. Sa force lui est à charge et Sviatogor dit : Si je trouvais un point d'appui, je soulèverais le monde[2] ! » Abrégeons. Le géant trouve une besace, veut la relever, n'y réussit pas, descend de son cheval, et s'épuise en tels efforts qu'il s'enfonce dans la terre[3]. En bon français, il s'est crotté. D'ailleurs, le texte le dit littéralement[4]. Dieu l'a donc induit en perdition pour sa vantardise.

Une autre byline[5] le fait mourir autrement. Elle montre d'abord le géant en marche :

Retentissait un terrible bruit, vacillaient la mer humide, la terre, Oscillaient les sombres forêts, Se troublaient les rapides rivières, Et débordaient des rives abruptes... S'avance un héros colossal; Sa stature est plus haute qu'un arbre debout, Sa tête touche le ciel...

C'est un païen ! pense Ilia Mourometz, et non un guerrier russe. Il lie cependant connaissance, et fait route avec lui,

---

1. Du verbe былъ, être; récit épique d'événements vrais; par opposition à сказка, conte.
2. Tiens ! Archimède l'avait déjà dit.
3. *Chrestomathie* de Galakhov.
4. Гдѣ святогоръ угрязъ, тутъ и встать не могъ.
5. Avenarious, Книга Былинъ, 109.

prenant leçon d'escrime héroïque. Un jour ils rencontrent un énorme cercueil. « *On le dirait fait pour moi sur mesure!* » dit le géant, qui, par jeu, s'y étend, rabat le couvercle et ne peut plus le soulever. Il appelle à l'aide Mourometz : « *Prends mon épée, et fends le couvercle!* » Mais le petit frère ne peut seulement manier le lourd estoc.

Écoute, petit frère, penche-toi sur le couvercle, approche-toi d'une petite fente, je t'insufflerai mon haleine héroïque.

Ainsi fait-il, et Mourometz peut alors frapper le couvercle à bras raccourcis mais sans le briser.

J'étouffe! soupire le géant; penche-toi encore, je te donnerai toute ma force héroïque.

Mais Mourometz refuse :

Si tu me donnes toute ta force, la terre ne pourra plus me porter! — Tu as bien fait, petit frère, de ne pas obéir à mon dernier ordre; mon souffle t'eût donné la mort.

La besace que Sviatogor ne peut soulever indiquerait que la brutalité doit céder enfin devant les vertus du laboureur. Selon d'autres, Sviatogor serait la personnification des monts Karpathes. Selon d'autres encore, la personnification du tremblement de terre. Ainsi Gœthe nous montre *Seismos* grondant sous l'abîme :

> Du courage, encore un effort !
> Ébranlons la machine ronde !
> Un coup d'épaule, et Seismos sort
> Colossal au milieu du monde...
> Si je n'avais tout bousculé,
> Donné relief à sa figure,
> Votre globe informe, bâclé,
> Restait plate caricature!
>
> (*Faust*, 2ᵉ partie.)

Sviatogor a légué sa force à Mourometz; c'est dire que les monstres de la période chaotique font place aux héros plus humains, comme aux Titans succédèrent, en Grèce, Hercule, Thésée, amis des hommes.

Vite à l'ouvrage! Que l'agilité tienne lieu de la force! Râtissez-vous la forge afin de fabriquer pour l'armée glaives et cuirasses! (*Faust.*)

Ilia Mourometz est le héros favori de l'épopée russe[1]. Sa force et sa bravoure sont décorées par la loyauté. Le rapsode a voulu symboliser en lui le paysan dont le bras sillonne la terre, et la défend[2]. Sa jeunesse n'annonçait rien d'héroïque; il passa trente années accroupi, impotent, « n'ayant ni mains ni pieds », priant Dieu, et questionnant les voyageurs sur le brigand *Rossignol*, terreur de Kiev. Il en perdait le sommeil. Un jour que sa famille était aux champs, entrèrent des pèlerins qui demandèrent à boire.

Hélas, pèlerins-voyageurs[3], avec plaisir vous servirais-je si je pouvais remuer, mais je n'ai ni mains, ni pieds!

Sa bonne volonté touche les pèlerins qui le guérissent, et trinquent avec lui :

Tu seras guerrier fameux; la mort dans les batailles ne t'est point destinée; tiens bon pour la foi chrétienne!

---

1. Cycle kiévien, n° 2. — Les autres sont : 1. Le cycle ancien jusqu'à Vladimir; 3. de Novogorod; 4. de Moscou (ou de Pierre le Grand). 5. Le cycle cosaque. — Rappelons que l'épopée française compte trois cycles : du roi; de Doon de Mayence; de Garin de Montglane. Ils sont aussi amusants l'un que l'autre.

2. De notre temps encore, des paysans de Karatkharov se vantent d'être issus du héros. « On a bâti une chapelle à l'endroit d'où il serait parti à cheval » (Avenarious).

3. Dans un texte plus récent, ce sont des apôtres qui guérissent Ilia pour le récompenser de sa charité.

Ils lui enseignent à se procurer un cheval, et comment, en le baignant dans trois rosées matinales, il le rendra, de teigneux, épique. Le premier exploit du convalescent est de faire en trois heures plus d'ouvrage que sa famille en trois jours; puis il se forge lui-même ses armes, demande à son père sa bénédiction, promet de servir la religion chrétienne, et part chercher le brigand *Solovéï-Rakhmanovitch*, qui

perché sur trois chênes, gazouille comme le rossignol, siffle comme le serpent, aboie comme un chien,

et répand une telle terreur que

l'herbe dessèche, que les fleurettes se fanent, que les sombres forêts se courbent, et que les hommes tombent morts.

Mourometz chevauche longuement, harangue son coursier son arc, sa flèche:

Vole frapper le brigand à l'œil droit, et sors par l'oreille gauche!

Rencontre, duel, victoire. La flèche a obéi. Il ficelle le blessé, le hisse en croupe et pénètre dans son repaire. De loin, les filles de Solovéï se trompent de tête, et croient d'abord que leur père revient avec un prisonnier. Détrompées, elles poussent des clameurs menaçantes, et veulent poursuivre la lutte; Solovéï qui, malgré sa blessure, ne perd pas la tête, les exhorte au contraire à procéder humblement, à offrir leur or et leurs bijoux pour racheter leur père. Ilia refuse la rançon, mais les engage à se rendre à Kiev auprès de Vladimir, etc. — Cette épopée pourrait jusqu'ici se résumer en ces termes: Un gendarme, qui passa longtemps pour maladroit, arrêta un malfaiteur, et refusa le pourboire offert par la famille. Mais que deviendrait la Russie épique? Raisonnons: si cette épopée ne recélait pas un mythe, elle serait sotte; *ergo*, elle recèle un mythe.

L'éditeur des bylines que j'ai sous les yeux[1] note judicieusement la ressemblance de Mouromotz, cul-de-jatte jusqu'à trente ans, avec Prométhée rivé à son rocher et considère cette immobilité comme un recueillement; pour dégourdir Ilia, il faut une force extérieure, libératrice; ces voyageurs qui, d'un mot, le raniment sont des anges nomades (?)... Si le cheval, avant d'être fringant, devait être teigneux, c'était pour imiter le héros et passer comme lui de malaise à santé; le brigand Solovéï symbolise les ennemis intérieurs du royaume naissant, les bandes de gredins qui infestaient les environs de Kiev. Quel voyageur, traversant de nuit une forêt, ne frissonne s'il entend un sifflet strident? De là ce nom de rossignol, oiseau qui siffle bien. Son nom patronymique Rakhmanovitch se résout, paraît-il, en Rakhman = brakhman = brahmane, prêtre et, par conséquent, sorcier. Selon Galakhov[2],

Ilia n'est pas un de ces héros qui aient vécu réellement et eussent été plus tard par l'imagination populaire transformés en demi-dieux; c'est un héros purement idéal, mais dans lequel s'est parfaitement exprimé le caractère du peuple russe.

Mais selon Tzvjetkov[3], Mouromotz a parfaitement existé, à preuve que l'ancien lit de la rivière Oka aurait été comblé par lui. L'argument coule de source; néanmoins Mouromotz, malgré cette existence humaine, serait bonnement le Dieu-Tonnerre, Péroune, lequel, pendant l'hiver, est également impotent, mais gronde ragaillardi, dès que le printemps détrempe les glaces, dès que les brouillards fondent en tièdes ondées. Ainsi la boisson que Ilia avale avec les

---

1. Avenarious, Saint-Pétersbourg, 1885. — Je ne saurais taire une de ses découvertes : « Les premières tentatives d'introduction du christianisme dans la païenne Russie ont vraisemblablement été faites par des missionnaires chrétiens », note 13.

2. *Chrestomathie.*

3. Сборникъ произведеній русской народной словесности. Saint-Pétersbourg, 1885.

pèlerins-voyageurs serait la pluie printanière ; ces pèlerins eux-mêmes sont les nuages errants, porteurs de pluie, ombrophores. Le coursier devenu fougueux ? La foudre.

La preuve en est que d'un coup de sabot il fait jaillir une source.

Le brigand Solovéï (on devine que les savants allemands ont glosé ici) personnifie les forces brutales de la nature, hostiles à l'homme ; ses sifflements, ses cris sont les orages, les tourmentes de pluie et de neige. La tâche première d'Ilia, dieu-tonnerre, est donc de récréer l'atmosphère, de dissiper la nue sur la route du Soleil. Solovéï perche sur les chênes : c'est le mugissement de la tempête dans la forêt ; et cette oisellerie rappelle les Harpyes. Vainqueur du brigand, Ilia va rendre hommage à Vladimir « le gentil soleil, » épithète courtoise dans la byline, mais substantif autrefois.

On voit donc qu'il y a mythe « *plongeant* (pour employer une formule allemande) *ses racines dans la primitivité de la nature.* » Mais continuons de raconter. Un jour Ilia, déjà vieux en ce temps,

sa tête turbulente blanchissait, et sous lui son cheval devenait nébuleux,

s'arrête dans un carrefour ; une route menait à la mort, l'autre au mariage, la troisième à la richesse. Ainsi le prédisait une inscription. Ilia suivit bravement le premier chemin où il vainquit des brigands « *ni peu ni beaucoup, quarante mille.* » Après cet exploit il revint modifier l'inscription : « *Qui suivra cette route ne sera pas tué : la prophétie mentait.* » Puis il s'engagea dans la route qui promettait mariage. De fait, il rencontra un palais de pierres blanches où vivait une princesse au joli minois mais au cœur scélérat, une magicienne qui retenait captifs maints jouvenceaux ensorcelés.

Le vieux n'eut pas besoin de clefs, ses doigts arrachèrent les serrures, ses pieds défoncèrent les portes... Sortez, princes imbéciles qui cédez aux charmes féminins ! Retournez dans votre patrie, près de votre femme (s. ent. légitime), près de vos enfants !

Après ce conseil moral, il écartela la sorcière, distribua les trésors aux délivrés, brûla le palais, et revint modifier la seconde inscription. La troisième route promettant la richesse le mena en effet à des souterrains pleins d'or et de joyaux ; mais Ilia ne garda rien pour lui-même ; il revint à Kiev, distribua aux pauvres, et construisit trois cathédrales où furent chantés les cantiques, où sonnèrent les cloches. — On voit le bout de l'oreille. Je me méfie de ces prétendues épopées. Les vrais chants populaires, du moins soi-disant tels, sont railleurs, insolents, grivois ; parce que cette satire est la seule vengeance que le peuple, dans les siècles d'oppression, puisse se permettre, et sa meilleure distraction.

Ilia eut « d'une méchante femme » un fils, Sokolnik, lequel faillit tuer son père. Après de vains efforts pour le ramener au bien (entre temps le gars va tuer sa mère), Ilia lui règle son compte ; et ce duel, prétend Porphiriev, rappelle la lutte du héros persan Roustem avec son fils Zorah. Je veux bien. Suivant un des récits, Ilia aurait péri dans la lutte contre Mamaï, le khan mongol ; son dévoûment grandit le héros en saint, et ses restes auraient été inhumés, avec ceux d'autres braves, aux environs de Kiev ; un pieux ermite du XII$^e$ siècle, autrefois guerrier lui-même, fouilla le sol consciencieusement pour tenter de retrouver ces reliques. On voit que la chronologie ne préoccupait point ces rapsodes ; de même ils donnèrent à Oleg, qui, dans Nestor, est surnommé Le Madré, plusieurs traits de Voljga Vséslavjévitch, chasseur titanesque du premier cycle, sachant s'assujettir, par ses métamorphoses, les forces de la nature.

Relevons dans les vingt-quatre bylines kiéviennes que nous venons de résumer quelques mots intéressants. Tout héros est un *bogatyr*, de *bogh*, Dieu, ou de *bouïtour*, l'aurochs brutal (surnom donné au prince Vsévolod dans le poème d'Igor) ou mot turc estropié ; ou (selon Porphiriev) dérivé du sanscrit *bhaga*, félicité, parce que ces preux réussissaient dans leurs entreprises. — *Polkan*, c'est-à-dire полуконь, le centaure. — *Polenitsy* (de полевать, chasser en plein champ) amazones, ordinairement filles des héros du premier cycle. Souvent elles l'emportent sur les preux en adresse, audace et force — (on pense à la terrible femme du pauvre Gunther, dans les *Nibelungen*) — mais, une fois mariées, elles sont épouses soumises. Relevons aussi le nom de *Samson*, de la rivière *Saphat* (Josaphat, vallée devenant fleuve ?), de la rivière *Izrai* (Israël ?), ce qui surprend dans des épopées autochtones, et passons aux bylines de Novogorod, qui ressemblent fort à de simples fabliaux.

### BASILE BOUSSLAÏEV [1]

Histoire très plate des forces d'un vaurien. Sa mère, restée veuve, lui fait apprendre à lire, à écrire, à chanter ; mais *l'enfant de chœur* préfère le pugilat, assomme les passants et, pour punir sa mère des reproches encourus, il lance des billets d'invitation :

Qui veut boire et manger du tout-prêt Vienne chez Basile dans la grand'cour.

Procédé sûr pour s'attirer des amis du même mérite. Bref, Basile devient chef de bande. Il n'est question que de coups de poing, de côtes enfoncées, de tonneaux bus jusqu'à la lie ; la ville est sur les dents. On s'adresse alors au monastère de Saint-Cyrille, au parrain du drôle. Le moine « accepte l'argent, l'or et les pierreries » et endosse... la cloche du couvent. Le battant de la cloche lui sert de canne. Il vient, et vous lui fait un beau sermon pour l'exhorter à la décence :

1. Corruption de Bogouslav, Théophane.

Voyons, filleul, tu ne peux ni boire toute l'eau de la Volkhov ni ne dois rosser tous les gens de Novogorod.

Mais Basile ne se laisse pas intimider, et assène de tels coups sur la carapace du moine que

le rouge cuivre résonna et trembla, que le gros vieillard Oudronitché s'aplatit sur la terre humide et ne souffla plus. Et Basile regarda sous la cloche; mais déjà le vieux n'y voyait plus clair.

Naturellement on a discuté sur cette cloche. Les prôneurs de poésies populaires sentent si bien que ces récits sont absurdes qu'ils cherchent s'il n'y aurait pas, caché dessous, un sens spirituel. Ainsi le nom de ce vieillard signifierait déjà moine, pèlerin, car Oudronitché = Ignatitché = Piligrimitché = *peregrinus*! La cloche symboliserait la Viétché (assemblée) de Novogorod; à moins que cette cloche ne soit le capuchon, emblème de l'état religieux. La démarche du vieillard auprès de son farouche filleul rappellerait la fréquente intervention du clergé aux jours de désordre, intervention d'autant plus méritoire que, suivant ce récit, elle était souvent payée de coups. Contes pour les enfants, comme la piécette allemande *Die wandernde Glocke* (La cloche qui marche). Écoute, la cloche t'appelle à l'église; puisque tu désobéis, elle viendra te chercher! a dit la mère. Un voisin facétieux entend la menace, s'accroupit sous un vaste parapluie, et s'avance pesamment. L'enfant terrifié court à l'église, et Gœthe versifie l'anecdote. Cette cloche me semble une parente de la cloche russe.

Cette prétendue épopée finit en capucinade : Basile s'embarque pour Jérusalem.

Ayant moult rossé, moult volé, il veut avant la vieillesse sauver son âme ;

ce qui ne guérira pas ses victimes. Il jette dans le fleuve Jourdain les ancres solides, communie trois fois et paie comptant les popes, diacres et vieillards qui vivent près de l'église,

sacristains, marguilliers, donneurs d'eau bénite, allumeurs de cierges, loueurs de chaises, marchands de chapelets, etc. Au retour, il aborde par curiosité aux monts de l'Arabie (?) et rencontre un crâne qui lui prédit le trépas[1]. Basile *crache dessus et s'éloigne*, lit une inscription qui l'avertit derechef, recrache dessus et s'y casse la tête. Ce, en l'année 1171 ; les commentateurs russes donnent, sans rire, la date de ce mémorable événement. « *Là on enterra Basile,* » conclut un beau vers sur lequel a dû suer l'imagination de l'auteur[2].

Avenarious ajoute ce final :

Sa mère alors fondit en larmes, ramassa tout son avoir, distribua tout aux églises de Dieu et aux monastères. Dès lors on chanta la gloire de Basile, et cette gloire jamais ne passera.

Quelle gloire? Due à quels exploits? Enfin, avis à ceux que gêne la richesse.

## SADKO

est un contemporain de Basile. Son nom signifie *jardinier, centurion,* ou *le repu* (садъ, сотникъ, сытой). Ce dernier sens serait voisin du latin *satur*. Voilà déjà un point posé. Sadko fut d'abord chanteur ambulant; quelques années après il construisait des églises à Sainte-Sophie, à Saint-Nicolas, etc. Un dieu marin ou fluvial lui aurait, en remerciment de ses chansons, donné des ablettes qui se seraient changées

---

1. Ce serait une réminiscence de la tête de Méduse.
2. Édition Tzvjetkov, 1885.

en écus. Sadko se serait donc enrichi comme poissonnier. La byline l'indique :

> Je te remercie, petite mère Volga ! J'ai voyagé sur toi pendant douze années, sans chagrin, sans mésaventure et je t'ai quittée, fort et dispos, pour habiter, bon garçon, Novogorod.

Le récit est mieux suivi, plus régulier que le précédent. Il s'y rencontre même quelques traits humoristiques. Ainsi Sadko aime le luxe, veut *faire grand*. Il se construit un palais en pierres blanches, et la décoration des plafonds doit figurer la voûte céleste ; il n'oublie pas « *d'y amener pour soi une jeune femme* » et invite tous les honnêtes gens de Novogorod à venir accrocher la crémaillère.

> Et quand tous eurent mangé leur soûl, Et quand tous eurent bu à crever, Ils se mirent à se vanter. L'un vanta son bon cheval, l'autre sa force et sa vigueur, l'autre sa noble naissance... Le sage vanta ses père et mère, l'imbécile vanta sa jeune femme.

Au dessert, Sadko se fit fort d'acheter toutes les marchandises de Novogorod, et tint parole ; il acheta jusqu'aux tessons de bouteilles, jusqu'aux marmites cassées. — On sait que Novogorod fut en relations avec la hanse germanique ; un dicton, une plaisanterie sur la richesse d'un gros marchand a dû servir de thème à ce récit ; et quand revinrent les premiers explorateurs du commerce indien, l'or et les pierreries devinrent monnaie courante dans l'imagination populaire. Sous cette impression fut composé *Djouk Stépanovitch*, sorte de rajah remuant l'or à la pelle, venu pour éblouir les Kiéviens. Il possède mille quatre-vingt-quinze costumes neufs ! En trois ans on parvient à peine à inventorier les joyaux de ses harnais ; et s'il fallait décrire les richesses de sa patrie, la vente de Kiev paierait juste le papier nécessaire, la vente de Tchernigov à peine l'encre et les plumes !... Ces récits dorés illuminaient la misère, διὰ χρυσῶν τινων πυλῶν ὄνειρος ἀφίκετο, ὁ ἥδιστος, χρυσοῦς καὶ αὐτός !

Les besoigneux éprouvaient à leur tour la volupté décrite par le poète[1]

de nager dans la graisse de l'or, de roidir le menton contre un flux de richesses ;

l'auteur, psychologue à sa manière, flattait les appétits de ses auditeurs, puis procédait à la collecte. L'ode se terminait par un *Miserere, Domine!* Les clercs d'alors chantaient pour gagner leur soupe ; dans les siècles plus mûrs les poètes chantent après avoir dîné : différence de deux inspirations.

On a reproché aux Français de n'avoir pas *la tête épique*. Les Russes l'ont-ils? Leurs épopées ont chez nous des admirateurs qui se plaisent à opposer à la rhétorique artificielle ces récits naïfs. M. de Vogüé s'écrie : « Ah! la pauvre besogne, le travail du lettré qui cisèle péniblement son bijou d'apparat! Il y a plus de magnificence dans l'imagination de cet auteur anonyme, le peuple, et dans cet humble cœur plus de poésie, parce qu'il y a plus de foi, de simplicité et de douleur ! » L'auteur du *Roman russe* semble admettre la théorie de Wolf sur la spontanéité collective des épopées. J'ai eu l'occasion de railler cette thèse dans ma *Littérature allemande*; car ces mots : *Poésie populaire* me réjouissent toujours, accolés, par exemple, *Au Clair de la lune*, œuvre de Lulli, à la ronde *Les Lauriers sont coupés*, œuvre d'une marquise, etc. La prétendue poésie populaire, chantée comme telle dans les faubourgs, est fabriquée sur commande par des lettrés ; certains en livrent quinze par mois, d'après contrat sur papier timbré... Il faut vivre, Monseigneur! Et leur savoir-faire pondérant, dosant *la foi, la simplicité, la douleur,* l'âme du peuple vibre. Que d'antiquités pompéiennes fabriquées à Limoges! Que d'arquebuses, ayant servi à Charles IX, retirées de la Seine! Le pastiche

---

1. Ben Jonson, dans Volpone.

littéraire triomphe parallèlement. Français échaudé devrait être plus méfiant. Quel enthousiasme jadis pour Ossian, pour ce « monstre informe, qui s'abattit comme une épidémie sur le siècle énervé » (Gœthe). Que de sottises débitées gravement sur ce barde ! Était-elle assez sincère et régénératrice, cette épopée ! L'Ame du Peuple (Foi, Sincérité, etc.) y soufflait en ouragan. Un beau jour on découvrit la supercherie. Macpherson aussi avait eu la foi... dans la bêtise humaine ; il a dû tant rire qu'il s'abrégea l'existence. Et les *Chants slaves* ! L'histoire date de 1822, d'hier. « Si je visite le Danube et l'Adriatique, je vendrai peut-être bien mes Impressions de voyage ; mais si je vends d'abord mes Impressions, j'aurai de l'argent pour voyager ». Ainsi raisonna Mérimée, et il publia *La Guzla, Choix de poésies illyriques, recueillies dans la Dalmatie, la Croatie, la Bosnie et l'Herzégovine*. Exclamations enthousiastes des amis de l'Ame du Peuple ; joie des savants devant ces documents précieux. Les slavophiles eux-mêmes, Mieçkiewicz à leur tête, ne doutèrent pas de l'authenticité, et Pouchkine traduisit, dix ans après, cet amusant pastiche.

Cela ne prouve pas, certes, que les épopées russes soient une supercherie littéraire ; mais cela prouve que les poésies dites populaires sont un tel ramassis de lieux communs, que l'imitation en est banale. « Les poèmes nationaux tournent dans un cercle étroit. Ils sont donc monotones, exprimant toujours un seul et même état borné », écrivait Gœthe, précisément en 1822. Que les Russes goûtent ou vénèrent ces bylines, à merveille ! Mais il faut avoir la loyauté d'affirmer que les Français ne trouveront dans ces platitudes ni l'utile ni l'agréable. Partout de même. Prenez notre plus célèbre byline : des gens très habiles nous ont exalté *La Chanson de Roland*, l'ont introduite dans les programmes universitaires; tout allait être régénéré. Eh bien, voici l'opinion d'un écrivain non moins habile mais plus franc : « Tant que cette Iliade carlovingienne n'était pas traduite, l'illusion était possible... Que ne l'a-t-on enfermée sous triple serrure! On lui a fait le plus grand tort de l'avoir ainsi mise à la portée de tout le monde... La *Chanson de Roland* n'a pas de commencement, car la trahison de Ganelon y est sans cause ; elle n'a pas de fin, car... Elle n'a pas de centre... » (BRUNETIÈRE [1], *Études critiques*). Donc la *Chanson de Roland* est un poème sans queue ni tête ; et puisqu'elle ne mérite pas le piédestal sur lequel on l'a hissée, les bylines russes méritent-elles davantage de l'être, hissées ? Les slavophiles eux-mêmes se moqueraient de nous. Relevons quelques aveux :

A. Tout le fatras des poésies populaires ne vaut pas un sonnet vraiment littéraire. (BIÉLINSKI.)

B. Aucune différence nette dans l'expression... Formes et tournures conventionnelles, dès longtemps moulées et invariablement répétées. (PORPHIRIEV.)

C. Quand donc, petite mère Russie, entendras-tu un mot raisonnable, vivant, juste ? Ces balivernes, imaginées par des ivrognes... (POGOSSKI, dans son *Musicien*.)

D. Indigence de faits... Monotonie de ces traditions... Beaucoup de ces bylines sont grossières, brutales, même cyniques (OSTROGORSKI). Et cet auteur reconnaît qu'il faut, pour lire ces épopées avec sens, « tailler, abréger, choisir » et que c'est là un grand travail. Bref, les accommoder au goût des honnêtes gens, ce qu'entreprirent les premiers collecteurs de ces chants, Popov, Tchoulkov, entre autres ; le comte Tolstoï à son tour ; preuve que l'original leur semblait indigeste. Chez nous, M. Léon Gautier a des raisons personnelles d'aimer l'épopée du moyen âge ; néanmoins ses héros lui paraissent « des visages stupidement impassibles. Le sang humain ne circule pas dans ces corps qui ont des ressorts au lieu de veines et au lieu d'âme [2]. » Que

---

1. Membre de l'Académie française.
2. « Telle est l'impuissance des écrivains de ce temps (le moyen âge) en qui le pédantisme monacal s'unit à la grossièreté barbare. Leurs propres émotions leur échappent ; ils les ont reçues, car ils étaient hommes ; ils sont hors d'état de les communiquer., etc. » (GUIZOT). —

dirait-il des héros russes? M. Rambaud déclare que « *ces épopées ont été faites par le peuple et pour le peuple!* » Eh bien, que le peuple les garde! Mais cette paternité peu enviable est même contestée : « *Aucune poésie ne mérite moins ce nom (populaire) que l'épopée du moyen âge... C'est uniquement pour les grands seigneurs et pour les grandes dames que l'auteur l'a faite; eux seuls sont assez riches pour la payer... Le peuple n'y figure que par les railleries qu'on lui prodigue* » (*Revue des Deux Mondes*, 1884). Et M. G. Boissier s'égaie de la prétention d'opposer aux œuvres classiques, bijoux d'apparat, produits de serre chaude, *cette littérature de grand air*. Comme on dit : voleurs de grand chemin.

Qu'on nous laisse tranquilles avec l'Ame du Peuple! Le peuple n'a jamais rien su faire en littérature; ce n'est pas non plus son métier. N'est-il pas comique d'entendre Avenarious, éditeur de ces bylines, ces prétendus effluves de l'âme russe (ces symboles *de foi, de sincérité, de douleur!*), ajouter naïvement : « Il n'est pas sans intérêt de mentionner l'opinion d'après laquelle toute notre poésie épique, aussi bien celle de Kiev que celle de Novogorod, ne serait qu'une transcription de divers poèmes orientaux, turcs, mongols, etc. »

D'où provient donc cette réclame archéologique?

*Unde hæc monstra tamen, vel quo de fonte, requiris?*

Las du joug honnête de la beauté classique, certains courent après une poésie moins scrupuleuse; c'est du libertinage littéraire. D'autres, joyeux docteurs, balivernent le public, et rient dans leur barbe de voir leurs thèses prises au sérieux.

Parmi les trésors mongolo-archéologiques récemment

---

« Dès que Koltzov eut lu *Les Mille et Une Nuits*, les épopées russes perdirent pour lui tout attrait... Et ce n'est pas étonnant! » ajoute Biélinski, à qui j'emprunte ce détail.

rapportés à Paris, et exposés sous verre, figurait un bout de fer rouillé avec cette étiquette : *Clou provenant de la porte du tombeau d'une des femmes de Tamerlan*. La mission de l'aimable explorateur nous avait coûté 20,000 francs... Que de tels clous en littérature on voudrait nous faire admirer sous vitrine! Mais j'en ai dit assez pour avertir les gens de bonne foi. Ne réveillons pas les femmes de Tamerlan ; abandonnons ces clous au fakir Bababec[1] qui sait où les mettre, et fermons le cycle kiévien.

## III

CYRILLE ET MÉTHODE. — L'ORTHODOXIE. — LES COPISTES. — PREMIERS ESSAIS LITTÉRAIRES. — VIE DES SAINTS. — ANTHOLOGIES.

L'entrée des Russes dans ce qui fut appelé ironiquement *le concert européen* date de 988. La grande invasion des Barbares[2] est terminée; les peuples se sont tassés, installés, et s'organisent ; du mélange des vainqueurs et des vaincus se dégagent des nationalités nouvelles. C'est toujours la lutte pour l'existence, mais dans des conditions plus régulières. Les Slaves sont, comme nous, devenus chrétiens sans devenir meilleurs; et la tâche serait ingrate de raconter par le menu leurs querelles intestines. Pour la commodité du lecteur, donnons seulement quelques dates comparatives :

980-1015. Vladimir.          En France : Hugues Capet.
1019-1054. Iaroslav.            —        Robert II.

1. Voir les *Contes* de VOLTAIRE.
2. Les Allemands disent : L'exode des peuples — afin de ne vexer personne.

1113-1125. Vladimir II (Monomaque). En France : Henri Ier [1]
1125-1132. Mstislav Ier, prince de Kiev. — Louis le Gros.

En 1123, a lieu la première invasion des Mongols dont la Russie subira le joug jusqu'en 1380 (en France, avènement de Charles VI), jusqu'à la victoire de Dmitri IV Donskoï, à Koulikovo ; ou, en réalité, jusqu'en 1480 (en France, Louis XI), à la dispersion de la Horde d'Or par Ivan III, prince de Moscou, le véritable fondateur de l'empire russe.

Mais le moyen âge russe fut très différent du nôtre. La chevalerie, avec ses formes célébrées par tant de poèmes et de romans, n'existe pas chez eux ; leurs mœurs, ni meilleures ni pires, sont plus asiatiques [2] qu'européennes, certainement plus patriarcales que féodales. « Malgré leurs exploits isolés, les Slaves ne furent jamais un peuple d'aventuriers entreprenants, batailleurs, comme les Allemands... Ils s'installent pour coloniser et utiliser les terres abandonnées, deviennent bergers, laboureurs, aiment les arts domestiques, ouvrent un commerce utile ; de sorte que, après le va-et-vient dévastateur des précédentes invasions, leur activité silencieuse fut un bienfait pour les contrées [3]. » L'autorité procédait du père, — comme le Saint-Esprit ; le degré de parenté indiquant le degré de soumission. Aujourd'hui encore les termes : *petit père*, *petit oncle*, *frère*, etc., sont couramment employés dans les rapports sociaux, et les historiens russes sont convaincus que la va-

---

1. Qui épousa Anne, fille de Iaroslav, et mourut persuadé qu'elle descendait d'Alexandre le Grand.

2. C'est aussi l'opinion de Macaulay : « It must be remembered that the empire of Russia was as entirely out of the system of European politics as Abyssinia or Siam » (I, 195).

3. Herder, *Ideen zur Geschichte der Menschheit*, III, 96. — Herder prend même, après ces éloges, honnêtement parti pour les Slaves de Lusace contre les Saxons « qui exterminaient les artisans au lieu d'apprendre eux-mêmes les arts. »

leur de ces mots fut intacte autrefois[1]. La soumission fut donc en quelque sorte volontaire, spontanée, chose due ; et le peuple somnola comme un enfant crédule. Les abus, les violences ne le lassèrent point ; car est-ce qu'on peut être offensé par son père ? Il semble avoir soupiré comme *Dom Jayme* :

> Gronde, soufflette-moi, frappe-moi, sois l'outrage,
> Sois la foudre, mais sois mon père !... Que m'importe
> De n'être que le chien couché devant la porte,
> O monseigneur, pourvu que je te sente là !
> 
> (V. Hugo).

« *Voici le pays de la longue patience !* », s'écrie le poète *Tioutchev* († 1852). Aucun peuple en effet n'a souffert avec autant de résignation, avec un aussi morne courage. C'est pourquoi les conquérants qui traversèrent la Russie n'entamèrent pas le caractère national.

Pourquoi, rebelles aux coutumes étrangères, les Slaves ont-ils accepté si docilement le christianisme, — car le baptême de la Russie eut lieu sans secousse — tandis qu'ailleurs les tueries déterminaient seules les conversions ? Parce que le panthéisme des Slaves était trop vague pour résister au choc de dogmes précis, et parce que leurs prêtres (leurs sorciers, si l'on veut) ne formaient point une caste homogène, capable d'ameuter la foule à la défense de leurs intérêts. Ce qui prouve que les guerres de religion n'éclateraient pas si elles n'étaient savamment fomentées ; les hommes abandonnés à eux-mêmes étant indifférents aux théogonies et aux théologies, aussi claires pour eux que la métaphysique, et aussi amusantes. Nul doute aussi que, si la mission des frères *Cyrille* et *Méthode* fut presque une promenade, le prestige personnel de ces deux apôtres n'ait assuré leur succès. Avant d'être moines ils avaient occupé des emplois civils ; Méthode (l'aîné) fut gouverneur de pro-

---

1. Kavéline, О родовомъ бытѣ русскихъ славянъ.

vince ; Cyrille professa la philosophie à Byzance. Ils possédaient plusieurs langues, entre autres l'hébreu. Cependant l'originalité de ces missionnaires, dont les Slaves vénèrent justement la mémoire, ne consiste pas dans leur science mais dans leur prédication indigène. On sait que les trois seuls idiomes admis à célébrer Dieu sont : le grec, le latin et l'hébreu, qui furent parlés sur le Calvaire. Louez Dieu dans une langue quelconque, même en charabia, il comprendra toujours! affirmèrent Cyrille et Méthode, qui, pour ce faciliter, traduisirent les livres saints en slavon. Dur labeur d'assouplir, d'affiner un idiome brut[1] ! Mais il n'y eut plus de barrière — la langue — entre le prêtre et le peuple. Leurs succès en Moravie excitèrent le clergé latin à les dénoncer comme hérétiques, à les déférer au pape Adrien... qui leur donna raison et « en signe d'encouragement, déposa leur traduction slave sur l'autel dans le temple de Saint-Pierre » (PORPHIRIEV, 183). Néanmoins le clergé subalterne lutta sans trêve contre ces rivaux, et les battit en quelques régions, avec l'aide des pouvoirs séculiers, argument *a fortiori*.

La question n'est plus de rechercher, comme le fit Vladimir avant de baptiser ses sujets, quelle religion est la meilleure, mais quelles furent les conséquences immédiates de cette conversion au rite grec. Il s'agissait pour les confessions rivales de conquérir les Slaves, race jeune, docile, de donner l'Évangile en échange de la dîme ; il s'agissait, pour les Slaves, de recevoir l'Évangile en esquivant le joug politique caché sous le bienfait religieux. La plupart des rois de France, par exemple, à vouloir être trop chrétiens, devinrent les domestiques du clergé. L'Église latine fut

---

1. L'alphabet cyrillique comprenait 46 lettres, sur lesquelles 24 étaient grecques; les autres, empruntées à l'hébreu, à l'arménien et au copte. — Cet alphabet fut usuel jusqu'à Pierre le Grand, qui réforma là comme ailleurs.

toujours un État dans l'État[1] et, plus instruite, mieux organisée, le domina. Ayant déjà soumis des nations belliqueuses, telles que la Gaule et l'Allemagne, elle les pouvait lancer trop aisément sur les voisines ; *Gesta Dei per Francos*, dit la formule. Supposons donc la Russie soumise à la papauté : les tsars eussent été des comparses, comme fut Robert le Pieux, mis au pain sec par ses confesseurs, rompant un mariage utile à la France pour plaire au pape Grégoire V, Allemand de naissance ; comme Louis XIV, ruinant la France pour servir le catholicisme ; etc. En revanche, la Russie eût été entraînée dans le grand courant intellectuel qui nous donna la Renaissance. Eût-ce été une compensation ? Au contraire, convertie au rite grec, la Russie fut l'élève et ne fut pas l'instrument du clergé. On dira qu'elle supportait déjà assez de jougs ; mais les jougs et les carcans ne nous manquaient pas non plus. Elle était trop vaste, l'empire grec était trop éloigné, d'ailleurs trop énervé, et n'avait pas d'armées toujours prêtes à soutenir la propagande ; régis par quatre patriarches, les chrétiens d'Orient ressemblèrent aux gens ayant plusieurs pendules et, par conséquent, jamais l'heure exacte ; la soumission des tsars au pouvoir religieux fut donc conditionnelle avant d'être purement nominale, et, sous Boris Godounov (1589), ce ne fut plus qu'un souvenir. Les patriarches grecs reconnurent — contre argent, car l'autonomie de l'Église grecque fut honteusement vendue — le métropolitain de Moscou comme cinquième patriarche.

Dès lors, le clergé national devint pour l'État une aide au lieu d'être une gêne ; ses intérêts furent localisés dans la patrie ; et quand il gouverna la Russie (saint Sylvestre, par exemple, pendant la jeunesse d'Ivan IV), il n'eut pas à s'occuper de plaire à des moines italiens, à des jésuites espa-

---

1. Le concile tenu par Innocent III en 1199 appuya un de ses décrets sur le dogme préliminaire de l'opposition de ces deux pouvoirs : *Cùm duæ sint potestates a Deo constitutæ...* — Cité par L. RANKE, *Die serbische Revolution*, 8.

gnols. Aussi son ministère fut-il presque toujours un bienfait; ce Sylvestre mit l'ordre partout, notamment dans la législation; il brida Ivan, qui ne devint le Terrible qu'après le départ de son tuteur, et qui, même dans son ingrate colère, appréciait très bien les services du disgracié; dans ses lettres à Kourbski, il ne lui reproche pas d'avoir mal gouverné, mais seulement d'avoir gouverné. Tandis que dans l'Église latine la moindre contestation provoquait des supplices et des guerres, le patriarche *Nikon* (élu en 1652) proposait et réalisait sans férocité d'importantes réformes. Enfin, dès que ce patriarcat entravera les projets du gouvernement, Pierre le Grand remplacera simplement le patriarche, personnalité pensante, par un synode, et présidera cette assemblée de fonctionnaires, pour lesquels le véritable pape est le pape qui les paie; et la Russie trouvera que la tiare ne messied pas à l'héritier de sainte Olga, de saint Vladimir, de saint Alexandre Nevski. C'est en ce sens que le tsar est véritablement le Commandeur des Croyants, ayant dans les mains le pouvoir temporel et le pouvoir spirituel; et, pour ses sujets, la religion se confond avec le patriotisme.

> La Moscovie est heureuse de voir
> Comme son empereur, orthodoxe inflexible,
> Dévot à même foi, crédule à même Bible,
> Considère le ciel avec le même espoir;
> Comme Sa Majesté, docile au même rite,
> Est triste quand l'Église est en deuil, et reprend
> Avec tous sa gaîté quand Jésus ressuscite;
> Comme avec tout son peuple elle prie en pleurant;
> Et devant Dieu qui seul est grand
> Pieusement se fait petite [1].

Les peuples de même race, Serbes, Bulgares, etc., formèrent à cette orthodoxie une sorte de rempart; de sorte que la propagande romaine, arrêtée vers le nord-est, dut

---

1. Ostrovski, dans Дмитрій самозванецъ.

chercher par Varsovie la route de Moscou ; et il me semble avoir expliqué assez clairement pourquoi cette propagande, triomphante en Pologne, se heurta en Russie à une invincible antipathie qui n'a pas épargné les saints, et dont on rencontre, chemin faisant, l'aveu naïf. Suivant une légende, un paysan embourbé pria Kassian, saint catholique, de l'aider à hisser sa charrette ; celui-ci refusa, alléguant qu'il ne voulait pas crotter son costume céleste. Sans l'aide du bon Nicolas, la charrette serait encore dans la mare. De sorte que le bon Dieu, après avoir admonesté le saint romain, le cassa aux gages, et ne lui laissa place dans le calendrier qu'aux années bissextiles ; l'autre, au contraire, fut dédoublé et l'on fête la Saint-Nicolas d'hiver et la Saint-Nicolas d'été. (6 déc. et 9 mai.)

Au sud, à l'est, l'orthodoxie slave n'eut rien à craindre des Turcs ni des Mongols, peu ou point convertisseurs. Un exemple entre cent : « Lorsque Cyrille et Méthode prêchèrent dans le pays des Khazars, le Khan leur dit que lui-même dédaignait le baptême, mais qu'ils pourraient le donner librement à qui voudrait » (Porphiriev, 182). Ce barbare me plaît. Les Tartares, une fois leur suprématie incontestée, respectèrent même les immunités des monastères, et elles étaient grandes[1] ! Quand on se rappelle comment nous, chrétiens, avons procédé,

> Quand j'ai pu voir comment Torquemada s'y prend
> Pour dissiper la nuit du sauvage ignorant,
> Comment il civilise et de quelle manière
> Le Saint-Office enseigne et fait de la lumière —
>
> (V. Hugo).

on ne doute que de la barbarie des autres.

Qualité nationale' plutôt que legs mongol, cet esprit de

---

1. Монастыри... пользовались большими льготами ; сами татары не разрушали этихъ льготъ. (Vodovozov, 163).

2. Alexandre Pavlovitch recommande aux prêtres « de s'abstenir de toute influence sur la conscience des hommes dans les affaires de re-

tolérance explique la facilité avec laquelle les Russes s'assimilent les vaincus ; il est de saine logique que vous ne touchiez pas à la foi d'autrui quand vous défendez de toucher à la vôtre. Les divergences de dogmes ne sont d'ailleurs pas assez brusques pour que nous nous traitions mutuellement d'hérétiques ; combien savent en quoi Photius avait tort ou raison ? savent depuis quand la fameuse phrase — *Qui ex Patre Filioque procedit* — a cessé d'être une hérésie ? D'après un témoin compétent (BŒDEKER), — « leur office divin consiste en une série de gestes et d'actions, dont le sens est depuis longtemps perdu pour la foule[1]. » Ce symbolisme n'en est pas moins poétique et pourra mettre en éveil la pieuse curiosité des visiteurs d'une église grecque. Après avoir contemplé l'ensemble byzantin de ce temple peint et doré, examinez les menus ustensiles du culte. Le tabernacle rappelle le tombeau du Sauveur ; les bannières montrent Jésus vainqueur de l'enfer et de la mort ; ces écussons (ou éventails) à têtes d'ange, au bout d'un bâton, nous indiquent que les anges et les séraphins assistent, invisibles, aux saints mystères ; l'eau bénite « fortifie les muscles, guérit les maladies, conjure la méchanceté des ennemis... Aussi les vrais croyants la boivent[2]. » Cette fourchette nous remémore les pincettes du prophète Isaïe — « un séraphin vola vers moi, ayant dans sa main un charbon vif qu'il avait pris de dessus l'autel avec des pincettes, et il en toucha ma bouche... » (VII, 6). — L'étole (toile blanche) rappelle le linceul du Christ ; la chasuble (brocart ou soie) la gloire de Jésus ; la ceinture, le zèle à servir Dieu ; l'écharpe, les ailes des anges, ou bien encore le chiffon que tenait Jésus au lavement des pieds ; les manchettes, les menottes de Jésus devant Pi-

---

ligion, et de s'interdire toute tentative pour les détourner de leur culte. » (Décret du 4 juillet 1803.)

1. La messe du mariage a fourni à L. Tolstoï un joli chapitre de son roman : *Anna Karénina*.

2. ROMANOV, *Liturgie*, p 23.

late; la crosse est le symbole de la puissance[1], etc. Mais le rôle principal est joué par les chandeliers. Ainsi le chandelier à tige droite symbolise la colonne de feu dans le désert; le chandelier à deux branches = la double nature, divine et humaine, de Jésus; à trois branches = les lumières de la Sainte Trinité; à sept branches = les sept mystères et les sept dons du Saint Esprit. Le lustre rond est l'image du ciel étoilé; etc. De plus, les chandeliers symbolisent aussi *notre âme flambant d'amour pour Dieu, conformément à ces profondes paroles de l'Évangile (Saint Matthieu, v, 16)* : « On met la chandelle sur un chandelier et elle éclaire. Que votre lumière luise ainsi devant les hommes ! » L'usage des chandeliers pour le service divin daterait de l'époque des persécutions, lorsque les fidèles devaient se tapir dans les cavernes, catacombes, lieux obscurs; date peut-être de plus loin; car, suivant le rituel de Romanov (p. 33), la première église fut établie par nos premiers parents, Adam et Ève.

Je ne touche ainsi qu'aux plus futiles accessoires, discrètement, n'osant frôler les dogmes ni les mystères, ce qui se passe au ciel, moi qui ne puis seulement voir ce qui se passe sur la terre, τὰ ἐν οὐρανῷ, ὅς οὐδὲ τὰ ἐν τῇ γῇ καθορᾶν ἐδύνατο. Sans discuter, croyons, et adorons les dieux qui ont cure de nous, les dieux philanthropes; mais il nous faut bien parler ici de la religion qui fut, en ces vieux siècles, la seule forme de l'existence intellectuelle ! Qui parlerait gravement de la littérature russe au xe siècle prêterait à rire. « Pendant plusieurs siècles notre immobilité spirituelle fut absolue », confesse loyalement le professeur Vodo-

---

[1]. « Dois-je rappeler que, dans notre culte, le vin, le lait, le beurre, le miel, l'huile (il y a de l'huile dans la maison du juste ! *Prov.*, xxi, 20) sont des figures de la grâce ? L'eau, parce qu'elle désaltère; « car, sui-« vant Tertullien, nous sommes autant de poissons mystiques qui ne « pouvons vivre en dehors des eaux salutaires de la grâce divine » (*Manuel d'Inst. religieuse*, par un missionnaire diocésain. Delhomme, éditeur, 1890.)

voxov (p. 128). Pendant plusieurs siècles, la Russie se tut, souffrit et attendit, dans l'auguste gestation de sa grandeur future, — *neque victa in lacrymas, neque voce supplex, gravidum uterum intuens.*

La première manifestation littéraire fut la copie de manuscrits. C'était une œuvre pie, assurant le salut du copiste et de ses lecteurs fidèles, à laquelle s'astreignirent des princesses (sainte Euphrosyne, xiii° siècle) et des rois (Siméon, de Bulgarie). Les riches illettrés payaient un scribe, puis donnaient le nouveau manuscrit à un couvent ; et le mérite était pour eux, si le salaire était pour le scribe. Naturellement les plus zélés et les plus aptes furent les religieux ; le couvent faisant des loisirs.

Ainsi fut écrit le célèbre *Évangile de* 1056 pour *Ostromir*, gouverneur de Novogorod [1] C'est la pure langue de Cyrille, et son importance philologique est inappréciable. — Puis vinrent les traductions et les compilations ; la Bulgarie et la Serbie en eurent quelque temps la primeur ; elles servirent de transition du grec au slave.

Le *Recueil de Sviatoslav* date de 1073 ; il renferme des sermons, des extraits des Pères, des résumés historiques, des recettes médicales, etc. Bref, ces livres étaient le produit timide ou défiguré de la science byzantine. Aristote, Hippocrate, Moïse, Jules César, Constantin, Gog et Magog, Salomon, etc. y vivent pêle-mêle. Le recueil de Macaire, les *Tchétii-Minéi* (Vie des Saints) a douze gros volumes, et le style est lourd et prétentieux.

Que tout cela est loin de nous ! Cette érudition fut naturellement de nulle influence sur le peuple, sur les paysans ; mais le byzantinisme, qu'on a si durement critiqué, a rendu service jusque par ces rejetons extrêmes de sa floraison. Les Pères grecs avaient compris qu'il fallait étudier les ora-

---

1. Ce manuscrit est à la Bibliothèque de Saint-Pétersbourg, près du *Codex Sinaiticus*, qui date du iv° siècle.

teurs profanes et tourner leur art à la gloire du christianisme ; aussi le byzantinisme, malgré tous ses défauts, a l'honneur d'avoir conservé les traditions de la sagesse antique, jusqu'à ce que l'Occident fût prêt à reprendre le flambeau. Le célèbre couvent du Mont-Athos servait de refuge aux moines instruits ou, du moins, désireux de s'instruire ; sa bibliothèque, enrichie aux dépens de Constantinople, enflait toujours, si bien qu'on espérait encore, il y a cinquante ans, retrouver sous le fatras théologique une Décade de Tite-Live, les Annales de Tacite. A deux mille pieds de hauteur les moines contemplaient les flots bleus de la mer Égée, Lemnos, séjour de Vulcain, ce limpide horizon plein du souvenir des divinités païennes que leur christianisme avait terrifiées, et triomphaient de voir Vénus en fuite. Il leur avait suffi de se montrer. Ce Mont-Athos (aujourd'hui, Hagion Oros, la montagne sainte) fut pour les Slaves « *un phare dans la nuit morale.* » Bien. De là partaient les missions ; là se recrutaient les saints. Les frères émerveillés écrivaient la Vie du bienheureux défunt, et comptaient à leur mort sur le même service [1]. Dans cette volumineuse hagiographie nous choisissons la vie de saint Sabba (ou Sava), à cause de son rôle historique. Ce fut lui qui affranchit religieusement et politiquement la Serbie de la suprématie du patriarcat de Byzance. Ses mérites de saint viennent par-dessus le marché. (Entre 1169-1237.)

Son vrai nom est *Rastko* (du verbe расти, croître, dans la crainte du Seigneur, évidemment). Ses parents désirèrent un fils si ardemment que, pour l'obtenir du ciel, ils firent vœu de vivre ensuite, jusqu'à leur dernière heure, chastes, séparés de corps. Ils jouèrent leur dernier atout. Le ciel les

---

[1]. Comme le parchemin coûtait cher, nos frères copistes prenaient un manuscrit antique, grattaient un chef-d'œuvre et badigeonnaient leurs élucubrations. Ainsi fut massacré le *De republica* de Cicéron. Sur ce texte inestimable, un idiot étala son jargon. Tacite souffrit peut-être le même supplice. Au xie siècle, les lyriques grecs existaient encore : le pape Grégoire VII les fit brûler !

exauça et Rastko, bien élevé, joli garçon, fit leurs délices. A dix-huit ans il eut si bonne figure que ses parents résolurent de le marier, et n'eurent que l'embarras du choix, les belles filles ne manquant pas en Serbie[1]. Ils hésitaient entre les brunes et les blondes, lorsque arrivèrent des moines du Mont-Athos qui « *recherchaient l'aumône.* » Rastko, joli garçon, bien élevé, n'hésita pas : il préféra les moines. Un court entretien lui enseigna l'art de feindre :

> Pour duper sa famille il fit envoyer dans la montagne son équipage de vénerie, ordonnant de préparer belle battue, belle chasse à courre... Et quand vers le soir sa suite fatiguée s'endormit pesamment, Rastko courut rejoindre son moine affidé.

C'est à grand'peine que ses parents purent revenir à la vie, *aspergés d'eau froide.*

Le prince envoya à sa recherche un voyvode (général), lequel pénétra dans le couvent et retrouva le drôle, qui d'abord le supplie de l'y laisser, puis, le voyant inébranlable, prêt à le prendre au collet, se dégage par une bordée de mensonges. La grâce opérait.

> Il serre dans ses bras le voyvode, l'appelle tendre ami ! et s'écrie : Réjouis-toi ! Le goût et le sens de la jeunesse changent souvent... Je m'imaginais déjà goûter la paix des bienheureux... Maintenant, mieux instruit, je sais hélas ! ce qu'offre la vie claustrale... Merci, tendre ami, d'avoir pris la peine de me contraindre au retour... Et tandis que ses lèvres proféraient ces paroles, sa pensée se portait secrètement ailleurs.

Le temps pressait, les chevaux piaffaient... Les moines clignent de l'œil, apportent du vin et versent si bien le coup de l'étrier que les mécréants sont ivres. Or, tout est prêt dans la chapelle ; le prieur abrège le noviciat et voilà Rastko tonsuré, moine correct.

---

1. Voir *L'Épopée serbe*, de M. A. Dozon, le regretté professeur de l'École des Langues orientales.

Dépités et furieux, les soldats se mutinent. Le sang des soldats bout dans leurs veines. Ils se ruent sur les prêtres et les rossent brutalement : Quelle est cette perfidie que vous venez de commettre, ô Pères révérends? Nous méprisons votre malice diabolique. Ce fripon (montrant un des moines) est venu en Serbie nous demander l'aumône, et ensuite il outragea le prince qui vous a comblés de dons. Il suborna le fils dans les bras de son père et s'enfuit avec lui... Vous avez abreuvé ses parents de mortelles larmes... Vous proposez-vous de le retenir plus longtemps encore dans les filets de vos infâmes intrigues? Dans votre égoïsme présomptueux et dans votre sainteté supposée, croyez-vous être au-dessus de toutes les lois et en dehors de l'accomplissement des devoirs humains? N'est-ce pas vous qui, vous abritant derrière la sainteté et l'innocence adhérentes à l'état sacerdotal, pensez pouvoir commettre impunément toutes les abominations? Qu'y-a-t-il donc de sacré pour vous?...

Pendant ce temps, notre nouveau saint était perché sur une colonne, dans une cour du monastère. Il n'en descendit que lorsque tout danger eut cessé. Ses frères, roués de coups, se traînèrent pour l'embrasser, lui montrant leur corps bleui, leurs plaies, foulures et bosses. Le prudent Sabba les exhorta à patience. Le voyvode revint narrer l'équipée,

et le prince sut tout ce qu'il y avait d'ignoble et de perfide dans la conduite des moines,

écrit textuellement Domitien, moine lui-même. C'est amusant.

Abrégeons cette Vie d'un saint. Il ne buvait que de « l'eau, *encore en usait-il fort modérément.* » Voilà pour la sobriété. Il devint archevêque de Serbie, sacra Étienne autocrate, puis

fit une tournée dans les provinces de sa patrie, exhortant les hérétiques obstinés, nommément les catholiques romains, expulsant du royaume ceux qui ne se convertissaient pas.

Voilà pour la charité. Au cours de ces tournées pastorales la plante de ses pieds s'était durcie au point qu'il ne craignait plus de se heurter aux cailloux. Voilà pour la propreté. — Miracle :

> Étant sur mer il désira, ayant des crampes d'estomac, manger du poisson frais. Aussitôt une vague couvrit le tillac, jeta un gros poisson sur la poitrine du saint, et se retira sans même l'avoir mouillée... Dès que le saint eut goûté de ce poisson merveilleux, il fut soulagé.

Ce miracle eut évidemment lieu en avril. A. Chodzko, qui publia cette biographie (1858), ajoute qu'en l'an 1509 les Turcs brûlèrent les reliques de saint Sabba, mais que, nonobstant, on peut toujours les voir intactes et les acheter par menues parcelles.

Ces récits édifiaient les fidèles, égayaient les veillées. Pour varier, on se répétait en famille les devinettes proposées à Salomon par la reine de Saba, par exemple lorsqu'elle lui présenta des filles et des garçons déguisés. Le sagace Salomon les discerna en les invitant à se laver. Les filles se débarbouillèrent, les garçons s'étrillèrent[1]. On dit même que le psautier servait à la bonne aventure : on tirait au hasard un verset que l'on commentait et dépeçait à la façon de Panurge. Les savants préféraient lire l'Apocalypse et hochaient la tête aux bons endroits.

Les livres favoris furent cependant les *Anthologies*, offrant grand rapport avec nos almanachs. Elles résumaient pêle-mêle l'érudition d'alors. Une mention est due à la traduction slave des écrits de Jean de Damas. (La plus ancienne copie

---

1. Pour évincer les curieuses qui essaient, déguisées, de visiter leur cloître, les Chartreux usent de malices semblables ; par exemple, ils jettent une bille. Afin de l'arrêter, les hommes rapprochent les jambes ; les femmes, par habitude, les écartent.

« Vous souvenez-vous du temps où presque tous les rois de la terre, étant dans une profonde paix, s'amusaient à jouer aux énigmes, et où la belle reine de Saba venait proposer tête à tête des logogriphes à Salomon ? — Oui, ma mère ; c'était un bon temps, mais il n'a pas duré » (VOLTAIRE, *Éloge de la Raison*).

remonte au xii⁰ siècle ; elle est écrite en bulgare.) — « Les œuvres de Jean de Damas ont, dans l'histoire de notre littérature cette importance, qu'il s'y rencontre pour la première fois une exposition systématique des vérités chrétiennes appuyée sur les travaux des docteurs de l'Église. » J'ajoute à cette remarque de Porphiriev un trait frappant : ce saint-là prêcha le réveil de la raison. Instruisez-vous! répétait-il; vous vous rapprochez de Dieu qui est la vérité. Chez nous fut trop souvent prôné un autre moyen de voir Dieu : l'immobilité spirituelle.

En Russie, comme ailleurs, comme partout, la religion terrifia aussi souvent qu'elle consola. Il le fallait peut-être pour réfréner les mauvais instincts des foules; et l'orthodoxie byzantine tritura les consciences dans des rouages très compliqués. Or, à force d'agiter devant le peuple le spectre du péché, de fourbir les fourches de l'enfer, les moines ressentirent eux-mêmes la même peur; et nous les voyons inventer et soumettre à leurs prieurs les cas de conscience les plus étranges : Est-ce un péché mortel d'avoir mis le pied sur une page déchirée mais où les lettres sont encore visibles ? — Un prêtre pourrait-il officier, si même son habit avait été rapiécé aux dépens d'une jupe de femme ? (L'évêque Niphon daigna permettre.) — Peut-on communier et se croire à jeun, quoiqu'on ait appuyé la dent sur une coquille d'œuf? etc. Pour éviter les griffes du péché, il fallait étudier jusqu'à la manière de s'asseoir. Tousser à propos attestait la grâce efficace; se moucher suivant le rite devenait un art; le libre penseur (inconscient !) qui éternuait à l'aventure, sans réflexion, au nez levé, risquait son salut. La religion devenait un ingénieux mécanisme. Mais nous oserions d'autant moins railler ces superstitions qu'elles sont communes, presque sous les mêmes formes, à toute l'humanité, et que leur influence est terriblement active. Loyola le comprit ! Cette perpétuelle surveillance exercée sur soi-même, cette sorte de conscience physique, fascine l'homme; cette régularité fera de lui une machine qui marchera encore quand l'esprit pensera, quand l'âme ne croira plus. Ajoutez le servage, la misère, la crainte du despote, la méfiance réciproque, puisque un mot inconsidéré peut coûter si cher, et vous comprendrez pourquoi est répandue sur une partie de la société russe cette teinte de *réserve* immanente, excusable somme toute, qui déconcerte d'abord l'étranger.

A quoi bon maintenant résumer pour des lecteurs français cette littérature d'emprunt : Légendes sur Alexandre le Grand, Guerre de Troie, *Gesta Romanorum*? Les descriptions fantastiques du royaume des Indes, gouverné par le prêtre Jean, suzerain de 3,600 rois? Les biographies d'Adam, d'Ève, d'Abraham? Ces anthologies ont été utiles, comme le sont tous les livres; du pire même l'esprit tire profit, Pline l'a dit avant moi; elles ont instruit et amusé les ancêtres; aujourd'hui elles renseignent encore les philologues. Certaines ont popularisé dès le xiie siècle, peut-être plus tôt, de jolies paraboles indiennes. Ainsi *L'histoire de Barlaam et du roi Josaphat*, « dans laquelle est narré comment un sage anachorète convertit un rajah au christianisme », renferme un des plus anciens textes européens d'un conte célèbre; et pour finir ce chapitre sur une note plus gaie, nous traduirons la jolie paraphrase qu'en a faite *Joukovski*[1].


### KÉRIM

Jadis régnait vers le Levant
D'un roi la majesté bénigne
Qui tolérait les fous, même, faveur insigne!
Les sages... quelquefois. — « Viens, Kérim le savant, »
Dit-il un jour, — « résous cet ambigu mystère :
Qu'est-ce donc que ce monde, et qu'y venons-nous faire? »

---

1. Joukovski a suivi l'Allemand Rückert qui savait, dit-on, le sanscrit, l'heureux homme!

Voilà Kérim à court. Il se cogne le front
A tous les murs, puis dit très modestement : « Sire,
Ordonne, et ton esclave ira par ton empire :
    De plus forts que moi répondront. »

Il part. — « Un philosophe illustre, je vous prie ? »
— « Ici même. » Kérim traverse des salons
Et trouve un discoureur à la mine fleurie ;
Fin sourire, main blanche et des bagues ! « Allons,
Bien que je veuille voir en des chambres moins belles
    La vertu, mon hôte est charmant ;
La sagesse, après tout, peut aimer les dentelles...
Mais je me figurais les choses autrement. »
Le problème posé, le docteur à la mode,
Modulant de sa voix le soupir argentin,
Exhale, arrondissant les bras, sa période ;
« Problème résolu. Le monde est un festin.
« La terre devant vous étend sa nappe verte,
« Sur vos têtes le ciel suspend ses lustres d'or.
« A tous la bienvenue ! Et pour tous table ouverte !
« Car le régal fini se renouvelle encor.
« Partout des fleurs, des fruits, des mets exquis vous tentent :
« L'éclat de rire ici ; là, des oiseaux qui chantent...
« Et le temps fuit. Eh quoi, dit-on, déjà si tard ?
« Adieu ! Merci, mon hôte ! On s'excuse et l'on part. »

Hélas ! pensa Kérim, au banquet de la vie
    Le petit nombre est invité ;
    Pour les puissants si la table est servie,
Les affamés, les gueux sont en majorité.
Cherchons plus loin. — On lui nomme un ermite
Ayant pour toit le ciel, le roc pour traversin,
Ne se lavant jamais, qui passait pour un saint.

Autre excès ! dit Kérim. Pourtant il le visite.
    — « Il arriva, mon fils, qu'un voyageur
« Vit avec désespoir son ami le meilleur,
« Son chameau, tout à coup se démener féroce,
    « Monstrueusement enragé.

« Où fuir? Vers ce ravin? Il court. Le porte-bosse
« A ses trousses déjà le saisit... Obligé
« De sauter dans le trou, l'homme saute et s'accroche
   « Dans les buissons d'un framboisier
« Poussé par pur miracle aux parois de la roche.
« En équilibre sur ce tremblant balancier,
« Il voit en haut le monstre, en bas le précipice,
« Où s'agite, guettant que sa victime glisse,
« Un serpent. En tous sens l'image de la mort.
« Résiste, arbuste!... Hélas! Deux souris, noire et blanche[1]
« Grignotent la racine, extirpent une branche
« Sans pitié, sans repos; l'une après l'autre y mord.
« L'infortuné! sa perte est prochaine et certaine!
« Mais quoi? Que fait-il donc? Regardez; il égrène
   « Les fruits rouges de l'arbrisseau;
« Et ce maigre régal fait oublier au sot
« Les monstres, le danger et la chute profonde.
« Tel est l'homme et voilà l'image de ce monde. »

Sombre image! pensa Kérim. Vaut-il mieux voir
Le monde trop en rose ou le juger si noir?
   La vie est pénible et légère;
Les nuages au ciel ont toutes les couleurs;
Il pleut, le soleil luit; le rire suit les pleurs...
Enfin, vivre a du bon et l'ermite exagère.

Sur la route passait en fredonnant : « Les gueux,
   Oui les gueux sont des gens heureux!... »
Un porteur de besace à la mine ironique,
Nu-pieds, le nez au vent, à la main une trique;
Pensant : Je suis à jeun, c'est que c'était écrit! —
   « En dépit du diable qu'il loge
En sa bourse, le drôle a du moins de l'esprit,
Content de ce qu'il a, — de rien. Je l'interroge. »
L'autre répond, sitôt le problème entendu :
« Le muet dit un jour à l'aveugle : Vois-tu,
   « Mon fils est sourd, ça le rend triste.
« Aime-t-il la musique? — Oh, beaucoup! — Un harpiste

---

1. Le jour et la nuit.

« Va par son jeu divin le guérir aussitôt.
« Cours le chercher ! dit-il à son fils cul-de-jatte.
« Cul-de-jatte s'élance, et l'artiste manchot
   « Leur exécute un concerto
   « Merveilleux sur le bois qu'il gratte,
« Sa harpe n'ayant plus que les quatre montants.
   « L'enfant crétin se mit à rire ;
   « Le jeu ravit les assistants.
« Le muet dit : Très bien ! Et l'aveugle l'admire.
« Prodigieux succès. La foule arrive à flot.
   « Applaudissement frénétique.
« On se pâme de voir, enivré de musique,
« Cul-de-jatte danser un cavalier-solo.
« Un goitreux solennel, idiot de naissance,
« Comme tel jouissant d'un respect absolu,
« Daigna féliciter l'artiste et l'assistance...
« Voilà le monde. Eh ! bien, mon avis t'a-t-il plu ? »

   Il est gai du moins et vrai même, —
   Pensa Kérim. Et cependant
   Il ne résout pas le problème.
   La folie est un accident
   Trop commun à l'espèce humaine,
   Trop endémique en vérité,
   Puisque dans ce monde hébété
   La sagesse est un phénomène ;
Mais, n'y eût-il qu'un cœur capable de sentir,
   Pour lui le phénomène existe !
   Le génie inspire un artiste
   Et la science a son martyr !
   Pauvre humanité, tout ensemble
   Capable du mieux et du mal !
Comment donc discerner à quoi l'homme ressemble ?
Ange aujourd'hui, demain plus vil que l'animal.
   Vers le roi je reprends ma route ;
Je dirai ma recherche et j'avoûrai mon doute.

   Il le fit. Quand il eut conté
   Tous les incidents il ajoute :
   « Reçois, clémente Majesté,

« Le merci de ton serviteur.
« Grâce à toi j'ai trouvé la route si facile !
« Ton seul nom prononcé, talisman protecteur,
« Me valut en tous lieux bon repos, sûr asile.
« J'allais, soumis à ton désir,
« Et mieux j'obéissais, plus j'oubliais ma peine.
« Le devoir devient un plaisir
« Lorsque c'est le cœur qui nous mène. »

Et tandis qu'il parlait, de plus en plus surpris
Kérim laissait errer ses regards à la ronde.
« Eh quoi ! s'écria-t-il, je n'avais pas compris
« Ce qu'est notre vie en ce monde !
« Le bandeau me tombe des yeux ;
« C'était bien facile à connaître :
« Un voyage accompli sur l'ordre de son Maître,
« En obéissant de son mieux [1]. »

---

[1]. On se rappelle l'épitaphe du chevalier de Boufflers, faite par lui-même :

Ci-gît un chevalier qui sans cesse courut ;
Qui sur les grands chemins naquit, vécut, mourut,
Pour prouver ce que dit le Sage :
Que notre vie est un voyage.

Sully-Prudhomme, notre contemporain, termine ainsi une charmante piécette :

Cette enfant qu'un autre eût suivie,
Je me la laissais enlever...
Un voyage ! telle est la vie
Pour ceux qui n'osent que rêver.

## IV

**L'INVASION DES MONGOLS. — POLITIQUE DES PREMIERS PRINCES RUSSES. — LE CHANT D'IGOR. — DMITRI DONSKOI. — LA PRISE DE KAZAN. — LES TARTARES DE CRIMÉE. — SOUVENIRS DE L'INVASION.**

Nous disons maintenant : Tartares, Mongols (ou Mogols) au choix et pour la variété du style ; je fus longtemps persuadé — *unus multorum* — que ces noms divers s'appliquaient au même peuple. Renseignements pris, l'erreur était grave. Dans son empire le Mongol Gengis avait englobé les Tartares, lesquels vivaient entre la mer Caspienne et le détroit d'Ormuz, approximativement ; les Tartares furent donc les premières victimes de l'invasion qu'on leur reproche.

Leur irruption en Russie eut lieu, avons-nous dit, en 1123 ; et l'on devine la rapidité de leurs succès dans ces steppes, immenses où leur cavalerie, la première dans le monde, évoluait et paissait à l'aise ; leurs escadrons surprenaient l'adversaire ; devant un échec, ils disparaissaient avec la même soudaineté. Ces nomades vivaient de pillage : ils devaient rester guerriers ou cesser d'être, et leurs précédentes victoires ayant exalté leur esprit, leur nombre ayant affermi leur confiance, leur premier choc devait être terrible. La Russie désunie, mal organisée, ne pouvait leur opposer aucune *armée de couverture*, comme on dit aujourd'hui ; comment rassembler assez promptement des milices dispersées du nord au sud ? Et, rassemblées, d'où la discipline, la cohésion ? La soumission à un prince unique, Sviatoslav ou Vladimir, était nominale ; en fait, chaque province, chaque ville avait son autonomie, et il suffisait d'une querelle mesquine pour brouiller Kiev avec Novogorod. La jalousie attisant les rancunes, Novogorod avait déjà, sous Iaroslav, réclamé son indépendance ; elle eut son assemblée, sa *vietché*.

et la nomination des fonctionnaires fut abandonnée au peuple, trop souvent à la populace.

L'unité de commandement, ou du moins l'unité d'impulsion, promettait au contraire la victoire aux Mongols. Leurs hordes (ce mot signifie *tentes*) se disloquaient et se reformaient aussi régulièrement que les légions romaines, et, sous réserves, l'initiative pratique était abandonnée aux lieutenants. Les Russes opposaient une minorité d'hommes libres ; que pouvaient les laboureurs, les moines, les esclaves ? Ils eurent la naïveté d'éprouver sur ces Asiatiques la vertu des processions, le chant des psaumes ! L'effet fut nul, naturellement. Force fut donc d'abandonner à l'envahisseur la rase campagne, et de défendre le moins mal possible « les murs de pierre blanche. » Voici un fragment de chronique :

« Il advint méhain et misère au pays de Sousdal, comme jamais depuis le baptême de la Russie. Les Tartares, ayant établi leur camp près la ville de Vladimir, s'avancèrent, prirent Sousdal, détruisirent l'église de la Sainte-Vierge, brûlèrent le palais du prince et le monastère de Saint-Démétrius, et pillèrent les autres ; ils massacrèrent les moines, les popes, les nonnes, qui étaient âgés, aveugles, boiteux ou malades ; mais les jeunes et valides... ils les expédièrent à leur camp... La semaine suivante, ils donnèrent l'assaut à la ville de Vladimir ; et il y avait dans la ville grande lamentation, et regret de tous les péchés... Les Tartares pillèrent l'église, dérobèrent l'image miraculeuse, rehaussée d'or, d'argent et de pierreries ; ils dévastèrent tous les cloîtres, volèrent les croix, les vases et les livres saints et les costumes des premiers princes qui les avaient légués aux églises. »

Cette chronique (Vodovozov, p. 230) ne donne aucun détail pittoresque ; je n'y admire que le souci des défroques volées. D'ailleurs « le grand prince de Vladimir se trouva être un imbécile, qui ne s'occupait qu'à orner des églises, à entretenir la mendicité par des aumônes, à engraisser les moines, et qui crut que Dieu ferait le reste » (De Ségur, p. 98).

Abrégeons. Les Tartares poussèrent leur invasion jusqu'en Hongrie, Pologne, Silésie; puis, ruinés par de coûteux succès, ils rentrèrent en Russie, et se fortifièrent surtout à Kazan. En Crimée, les colonies vénitiennes et génoises ne purent leur résister longtemps; mais, dans la suite, vers 1411, ces Tartares de Crimée se rendirent indépendants de la Horde d'Or. Nous retrouverons souvent dans la littérature les noms de plusieurs khans légendaires.

De cet asservissement à la fois militaire et politique (car les khans étaient de rusés Asiatiques) comment sortir? Comment préparer puis concentrer les ressources du pays? Apaiser les querelles intestines, se conjurer patriotiquement devant le mal commun, eût été une vaine entreprise. Tous les princes eussent dû être intelligents, sinon honnêtes, et la plupart n'étaient ni l'un ni l'autre. D'ailleurs, au premier avis, la cavalerie ennemie accourait. — La difficulté seule excuse les moyens trop peu scrupuleux; et nous voyons débuter ici quelques héros russes dans une politique à la fois courageuse et honteuse, féroce et patriotique. D'où la diversité des jugements portés. « L'infamie des princes russes qui d'abord s'abandonnèrent mutuellement, qu'on vit ensuite achever de se déchirer entre eux sur leurs ruines et qui finirent par choisir Bati (petit-fils de Gengis) pour juge de leurs différends... » (DE SÉGUR, 98). — « Ivan I$^{er}$, plus féroce encore, se met à la tête d'un parti de Tartares, les conduit à Tver, massacre la moitié des habitants; le reste est fait esclave. Tout le duché de Novogorod est ravagé sous ses ordres. Contents de lui, les Mongols l'installent grand-duc de Russie. C'est ainsi qu'il monta sur le trône, à travers des monceaux de cadavres et parmi les ruines de sa patrie en cendre[1]. » Alexandre Nevski suppliciait ceux de ses sujets qui étaient rebelles à payer l'impôt aux Tartares; or, ce même Alexandre Nevski figure parmi les saints. Les Russes ne doivent pourtant pas le glorifier sans motif! Il fut en effet martyr

---

1. *Histoire de Russie*, par l'auteur anonyme du *Voyage de Pythagore*.

pour son pays, martyr à sa façon et ses petits-fils, *Kalita* nommément, suivirent son exemple. Ils s'appliquèrent à un astucieux dévoûment aux khans, leur rendirent mille petits services, endormirent leur vigilance, et cette politique réussit merveilleusement. Moscou se fit servante pour devenir servante-maîtresse ; après deux siècles de soumission, elle commanda. Comme les khans exigeaient que les princes russes vinssent solliciter leur investiture, ces princes firent le voyage en apportant des cadeaux ; ils flattaient, promettaient, s'agenouillaient. Ils revenaient avec des instructions, souvent avec des troupes et de l'argent qui leur servaient en apparence à châtier telle province rebelle, en réalité à l'adjoindre à la leur. Bref, cette hypocrite soumission aux Tartares prépara la puissance de Moscou; car peu à peu les princes moscovites, plus habiles que d'autres à flatter les khans, devinrent leurs percepteurs officiels, une sorte de fermiers généraux ; naturellement, ils pressuraient les provinces adjacentes et ménageaient leurs propres vassaux ; il y avait donc profit à devenir leurs sujets, et qui pouvait accourait. Moscou devint capitale, le duc devint tsar et chassa le Mongol ; il fut, précisément parce qu'il perçut le tribut, en force de ne plus le payer. Les voies de la Providence cheminent en zigzag.

Pour donner une idée des efforts que coûta aux Russes leur indépendance, il suffit de rappeler que Vladimir Monomaque mentionne dans son testament « ses quatre-vingt-trois campagnes, des expéditions si nombreuses qu'il a oublié leur nombre, et dix-neuf traités conclus avec les *Polovtsy*. » Ces derniers, peuplade remuante, furent l'avant-garde des Tartares, l'avant-goût de l'invasion. Une expédition menée contre eux forme le sujet du *Chant d'Igor* (Слово о полку Игореве). A ne voir que les grandes lignes, les récits des guerres d'indépendance peuvent se réduire : 1° au chant d'Igor ; l'expédition eut lieu vers 1185 ; 2° à la victoire de Koulikovo, 8 septembre 1380, remportée par Dmitri Donskoï ; 3° à la prise de Kazan, 1552 ; 4° à la conquête de la Crimée, 1783.

Le *Chant d'Igor* fut découvert en 1795 dans la bibliothèque du comte Mousine-Pouchkine. Le manuscrit (copie?) date du xve ou xvie siècle; les avis diffèrent, et l'on ne peut examiner l'original qui brûla en 1812. « Le nom du poète est inconnu. A conjecturer d'après certains passages de l'œuvre, il était laïque et contemporain des événements racontés » (PORPIRIEV, 421). La critique, toujours à jeun, s'abattit sur ce poème comme la misère s'abat sur un pauvre homme, et la liste des thèses et controverses est interminable. Je pourrais, tout aussi bien qu'un autre, recopier en long et en large, ajouter notes et variantes, greffer une hypothèse sur une niaiserie, à charge de revanche. Cette littérature kilométrique mène au doctorat; et c'est juste; on compte les bornes. « Mais, ô Muse, au lieu de t'écrier : Je vois! Je vois!.. ce que personne ne voit que toi, raconte bonnement ce qui se passa. »

Après l'introduction[1] dans laquelle est mentionné *Boïane*, chantre plus ou moins fabuleux, l'auteur dépeint la valeureuse tribu de Vsévolod, frère d'Igor.

Igor attend son frère aîné et Vsévolod, taureau rageur, lui dit : Mes Kourianes sont un peuple expert, (qui fut) emmailloté sous les clairons, dorloté sous les casques, allaité près des piques; les routes (leur sont) connues; les ravins (leur sont) familiers; arcs tendus, carquois ouverts, sabres aiguisés, ils galoperont, comme loups gris en plaine, cherchant pour soi l'honneur, pour leur prince la gloire.

On part. De fâcheux présages intimident les troupes; les aigles trompettent, les loups hurlent, une éclipse de soleil fait du jour la nuit.

Bon ou mauvais signe, nous verrons bien! répond le brave Igor; Dieu a créé ce phénomène comme il a créé le monde entier, et les secrets de Dieu, nul ne les sait!

---

1. Nous suivons le texte publié en 1866 par le professeur Tikhonravov.

Première rencontre. On prit tant de butin, que, avec les manteaux des ennemis, les ravins étaient comblés, les routes tapissées. Le lendemain s'élèvent de noirs nuages : éclairs, tempête, en plein visage des Russes. Puis, éloge de Vsévolod qui risque témérairement sa vie,

oublieux du trône d'or(?) de ses pères, oublieux de sa douce épouse Glébovna, de son amour et de ses caresses.

L'auteur rappelle ensuite les temps d'Oleg, avec lesquels ont commencé les invasions des Polovtsy :

Il sema les querelles... Alors en Russie s'abrégea la vie humaine, et rarement retentit la voix du laboureur, mais souvent croassèrent les corbeaux se partageant les cadavres.

On se battit trois jours, et les étendards d'Igor tombèrent. L'ennemi envahit de nouveau la contrée, dévasta et leva tribut. Tristesse de Sviatoslav; son rêve, ses plaintes sur ses jeunes frères, « *faucons téméraires auxquels le sabre des païens coupa les ailes* »; apostrophe aux princes contemporains, prière

d'enfourcher l'étrier doré pour venger la honte de la terre russe et les blessures d'Igor;

pleurs de Iaroslavna, femme d'Igor, qui supplie le vent, le soleil, le Dnièpr d'épargner et de lui ramener son mari. Cette prière fut exaucée. Igor, prisonnier des Polovtsy, était traité si doucement que ses gardiens formaient plutôt *un piquet d'honneur*. L'un deux lui proposa de fuir et n'eut guère besoin d'insister. — « Malheur à la tête sans épaules, malheur au corps sans tête, malheur à la Russie sans Igor ! (Mais il est revenu et si) le soleil brille dans le ciel, dans la Russie brille le prince Igor ! » Les Polovtsy même ne lui gardèrent pas trop méchante rancune, puisque leur khan l'admit pour beau-père. Cette expédition désastreuse pour les troupes finit donc au mieux pour leur chef, et ce fait n'est pas rare à la guerre. Aussi le prince courut à Kiev remercier la sainte Vierge que Pirogotch avait rapportée de Constantinople.

Chantons la gloire d'Igor, fils de Sviatoslav... Salut aux princes et aux guerriers qui ont combattu pour le christianisme contre les hordes infidèles! Gloire aux princes et à leurs armées! Amen.

Le poème est écrit dans une prose cadencée, assez harmonieuse. On voit aussi que l'auteur sentait vivement les malheurs de son pays, et en discernait les causes; mais ces éloges sont suffisants. Puis-je louer là-dedans une seule idée neuve? une seule épithète originale? Je me défie de l'enthousiasme des archéologues, à plus forte raison... Tenez, M. Léon Sichler, un enthousiaste, cite une page entière, les lamentations de la femme d'Igor sur les désastres de l'armée, et conclut par cet aveu : « Quand on pense qu'en Russie de simples paysannes improvisent dans certaines occasions d'aussi belles complaintes! » *Paysannes — Improviser — Complaintes*... Voilà trois pavés roidement lancés. Jugez un peu si M. Sichler n'avait pas été un admirateur du poème d'Igor.

> Mes amis, qu'Apollon nous garde
> Et des Fingals et des Oscars,
> Et du sublime ennui d'un barde
> Qui chante au milieu des brouillards !
>
> (LEBRUN)

De la bataille de Koulikovo[1] (1380), autre grand épisode

---

[1]. La plaine de Koulikovo est à 10 verstes de Mikhaïlovskoe, non loin du confluent de la Népriadva et du Don. — Un monument commémoratif y fut élevé en 1850.

de la guerre d'indépendance, Karamzine donne un récit classique :

> Debout sur une colline, Dimitry contempla les lignes régulières de son armée, les innombrables drapeaux soulevés par un vent léger, l'éclat des armures aux rayons du soleil d'automne ; il écouta l'immense clameur : Dieu donne la victoire à notre prince !... et se représentant que des milliers de ces braves guerriers tomberaient dans quelques heures, zélées victimes du patriotisme, Dimitry, ému, fléchit le genou, tendit les mains vers l'image dorée du Sauveur qui se détachait au loin sur le noir drapeau grand-ducal, pria une fois encore pour les chrétiens et pour la Russie, puis monta à cheval et caracola autour des régiments, haranguant chacun, les appelant ses fidèles compagnons, ses frères chéris, les exhortant à la vaillance, leur promettant gloire éternelle sur la terre et couronne du martyre dans l'autre monde...

Karamzine excelle dans ce style oratoire, ample, sonore et creux. Il ne vexe personne, pas même l'ennemi.

> Du haut d'une colline, Mamaï observait le carnage ; il vit la fuite des siens ; irrité, attristé, il s'écria : Le Dieu des chrétiens est fort !

Profonde parole. Tout le monde est ainsi aspergé d'eau bénite, mais nous n'apprenons rien ; changez les noms propres et vous aurez là le récit d'une bataille quelconque. Le seul détail perdu dans ces lieux communs est qu'un corps de troupes fraîches, issu d'une embuscade, décida la victoire. C'est la manœuvre de Trasimène ; et l'on pense du reste, en lisant Karamzine, aux déclamations de Tite-Live.

> Ces récits qu'il nous fait avec sincérité
> Nous prouvent pour le moins son ingénuité.

Dès que les Tartares ont fui, abandonnant un immense butin, le cousin Vladimir fait sonner les trompettes et tous les capitaines félicitent Dimitry.

Alors Vladimir, les princes, les dignitaires, s'agenouillant, lui crièrent d'une seule voix : Prince, tu es vainqueur!

Ne s'en était-il point aperçu?

Cette victoire, « *journée inoubliable pour la Russie* », inspira à *Ozérov* sa tragédie *Dmitri Donskoï* qui, représentée en 1807, excita grand enthousiasme. Elle flattait l'armée, le clergé, la magistrature, l'empereur; les allusions politiques y étaient transparentes, et les spectateurs en voyaient dans le moindre vers.

Je crus (raconte Chouchérine, un des acteurs) que les murs allaient crouler dans la tempête de bravos et de cris. Ivres de joie beaucoup de spectateurs s'embrassaient...

La poésie rapprochait les distances. D'ailleurs la pièce était soutenue par deux acteurs célèbres, Iakovlev et Catherine Séménova.

C'était le temps, dit Pouchkine, où

Ozérov partageait avec la jeune Séménova la spontanéité des larmes populaires et des applaudissements.

Cette tragédie, aujourd'hui démodée, mérite l'estime par les sentiments généreux qui y sont exposés; ainsi deux princes que brouillait une rivalité galante se réconcilient devant l'ennemi. Que la belle Xénie soit au plus vaillant et et que l'amour cède au patriotisme! La langue, molle et souvent indécise, est claire et exprime des idées saines. C'est beaucoup. Au V$^e$ acte, Dmitri s'est déguisé en simple soldat pour se battre plus librement; il tue, en un duel formidable, un géant, *le rempart* des Tartares; et son rival Tverski, vaincu lui-même par tant de magnanimité, ne veut pas rester à court, et lui cède gracieusement sa fiancée récalcitrante. La pièce finit par un hymne au Dieu sauveur de la Russie.

Refoulés, les Mongols se fortifièrent dans Kazan et la lutte continua. En 1396, la ville est détruite par le grand-duc Vassili Dmitrievitch; mais elle se rebâtit et devient capitale d'un royaume indépendant de la Horde d'Or. Un khan meurt-il? Aussitôt les Russes soutiennent un héritier indirect contre le successeur légitime, afin de pêcher en eau trouble. Ainsi agit Ivan III avec Achmet-Amin, frère cadet, lequel paya sa dette en massacrant tous les chrétiens de Kazan. Guerre. Invasion. Intrigues. Fatigué de ces sanglantes comédies, Ivan IV se décide à en finir, et emporte Kazan après un long siège (1552). D'après Karamzine, Ivan n'y montra pas une rare bravoure; pendant l'assaut il communiait pieusement, et ne sortit de l'église que lorsque les étendards russes flottèrent sur la ville. L'historien rend hommage aux Tartares qui se firent tuer héroïquement; il affirme que le vainqueur leur avait offert vainement une reddition honorable.

Les bylines sur la prise de Kazan sont conformes à l'histoire — (ou celle-ci est conforme aux bylines). Elles mentionnent l'emploi de la mine, de la poudre noire, *violent poison*, et montrent le caractère fougueux mais mobile du maître qui veut d'abord supplicier les artificiers, par impatience de l'explosion; puis lorsque l'un d'eux lui eut expliqué que la mèche brûle, abritée, moins vite qu'en plein air, et lorsque l'explosion a lieu

devient soudain très joyeux, et octroie à tous les artificiers 50 roubles et à l'un d'eux (probablement au discoureur) 150.

Les songes prophétisant la chute de la ville n'y sont pas oubliés. Mais quelle platitude!

Vous, enfants, écoutez ce que nous allons dire, et nous, vieillards vieillots, nous raconterons sur le terrible tsar Ivan, sur Vasilievitch[1]...

---

1. *Recueil* de Tsvietkov, p. 121.

Ayons la franchise de le dire : les souvenirs populaires de l'invasion n'offrent aucune originalité ; une vague terreur devant ces géants « *qui ne saluent pas l'image du Sauveur* », une irréconciliable rancune envers ces ravisseurs de femmes qui prenaient la fille, et la mère par surcroît. Dans un récit touchant, une vieille est donnée ainsi comme esclave à sa propre fille. La belle fille puisait de l'eau à la source ; ses ravisseurs la donnent à un jeune Tartare. Trois ans plus tard, sa mère est enlevée à son tour, et le hasard la livre au même ennemi.

Qu'elle file la quenouille, garde les oies, berce les marmots ! — Dors, enfant, dors, pauvret ! Te battre serait un péché, te gronder, une pitié... Hélas ! par ton père tu es un méchant Tartare, mais par ta mère, mon petit-fils !

Sa fille se jette à ses genoux :

Prends cette pelisse de martre, la cassette d'or, un cheval rapide, et fuis vers la sainte Russie, vers la liberté !

Mais la grand'mère refuse de quitter ses enfants ; elle berce son petit-fils et l'élève dans l'espoir de la revanche. — D'après le chant sur *Stchelkan Doudentievitch*, les Tartares graduaient leurs exactions, les tarifaient : les princes donneront 100 roubles ; les nobles, 50 ; les paysans, 5. A défaut d'argent, le vaincu donnera son enfant ; à défaut d'enfant, sa femme ; à défaut de femme, sa tête (PORPHIRIEV, 189). Si ce tarif est authentique, une paysanne valait environ 25 francs. Les Tartares seront bien déçus quand ils se heurteront aux Cosaques, batailleurs n'ayant ni argent, ni femme, et coupant gratis les têtes pour obtenir un jour ou l'autre le même service.

Les Tartares de Crimée, indépendants de 1411 à 1783, furent soumis par *Potemkin* qui saccagea la contrée. « Sur les ruines lugubres, dans les plaines désertes, on appela des colons allemands, et un semblant de prospérité déçut le monde « (WEBER, *Weltgeschichte*, 324). Bakhtchi-Saraï (litt. : la maison des jardins), à peu près à mi-chemin de Sébastopol à Simféropol, intéresse encore le voyageur par son cachet oriental et surtout par le palais des khans, construit en 1519, et confié maintenant à la garde d'un officier. Là rêvait Abdul Sahel-Giraï ;

> Assis comme un guerrier qui dévore un affront,
> Courbé comme un vieillard sous le poids des années,
> Depuis trois longues nuits et trois longues journées
>   Il croise les mains sur son front.
>                                           (V. HUGO).

Pouchkine qui médita, lui aussi, dans le midi sur la susceptibilité de la Censure, rapporta de Bakhtchi-Saraï un joli poème sur *La douleur du pacha* (550 vers). La date — 1822 — montre que le poète russe avait eu, sept ans avant Victor Hugo, l'idée des *Orientales* ; et ce thème, traité presque simultanément, montre bien la différence de tempérament des deux écrivains. Tandis que Victor Hugo s'écrie : » Là (en Orient), tout est grand, riche, fécond, comme dans le moyen âge, cette autre mer de poésie ! » et développe à perte de vue, et ne trouve jamais de tons assez chauds à son gré, ni de coloris assez vif, Pouchkine peint du bout des doigts ; comme pour nous avertir de ne point prendre trop au sérieux son poème *asiatique*, il mystifie discrètement le gardien du sérail ; il nous épargne les *comparagdis*, les *timariots*, le *sac du fellah* bourré de têtes coupées et autres fadaises et postiches. Il se borne à raconter sans emphase la légende de la Polonaise captive, insensible à l'amour du khan, et, peut-être victime d'une rivale, mourant un matin, évanouie comme une ombre. Quinze coupes disposées dans une vasque de marbre, *sous le jet d'eau toujours en pleurs*, forment une gracieuse fontaine, souvenir d'un amour malheureux. Cette œuvre affirme déjà les rares qualités du poète : le goût et la sobriété. Dans une lettre à Viasemski (1825), il fait à ce sujet une profession littéraire :

Le style oriental fut pour moi un modèle... autant qu'il est permis à nous autres, Européens froids, raisonnables. A propos, sais-tu pourquoi je n'aime pas Moore? Parce qu'il est trop oriental. Il imite puérilement, énormément, les puérilités, les énormités de Saadi, de Hâfis et de Mahomet. Même dans l'exubérance orientale l'Européen doit garder le goût et le sens d'un Européen.

Cette critique ne s'applique-t-elle pas au Victor Hugo de 1830 ?

Sans Pouchkine, qui se soucierait aujourd'hui de ce palais des khans de Crimée ? Les années ont passé, amenant l'oubli, apaisant la vieille haine; Russes et Mongols se sont réconciliés. En Crimée, les deux races se fondent peu à peu. Dans la province de Kazan, où ils comptent près de 500,000 individus, ces Asiatiques vivent sans doute à part, mais en bonne intelligence avec les Européens ; leur type se perpétue régulièrement et, sous le costume national, prête au pays une agréable originalité. Les femmes se fardent à l'excès, les maris sont des commerçants très madrés ; leurs mœurs sont donc proches des nôtres. Le gouvernement russe récompense leur fidélité (je parle des hommes) par une large tolérance religieuse, et nous montre comment une sage politique traite les vaincus musulmans : elle les protège, leur bâtit des mosquées (Kazan en compte neuf) et s'acquiert ainsi des sujets utiles et dociles. Nous, Français, chrétiens d'Occident, faisons de nos sujets arabes des rebelles et des malheureux.

Les Tartares sont très intelligents, « presque tous savent lire, écrire, compter. Leurs écoles sont bonnes ; on y enseigne dans les classes supérieures l'arabe et le persan[1]. Ils reçoivent les étrangers avec une charmante cordialité. » (BÆDEKER, *Russland*.) Et Kazan prospère.

1. La langue tartare est un dialecte turc.

Ainsi s'accomplit la genèse
Du grand rien d'où naît le grand tout.
Dieu pensif dit : Je suis bien aise
Que ce qui gisait soit debout.

(V. Hugo).

Il y a bien encore le proverbe russe: « Un pique-assiette est pire qu'un Tartare »; mais qui se vexerait d'une vérité si banale ? Les Tartares répètent eux-mêmes ce proverbe écrit sur eux ; et si, en France, tout finit par des chansons, tout finit en Russie par des contes.

## NAÏVETÉ DES PETITS-RUSSIENS
### SOUVENIR DE L'INVASION [1]

Au temps où les Tartares criméens behourdaient avec les riverains russes, trois Cosaques, n'estimant horions et riottes à joie, enfilèrent la venelle. L'un se tapit derrière une meule de foin, en plaine; l'autre rampa dans un pertuis, et le tiers vilain tira ses grègues sur un arbre. Oyant belle meule, les mécréants boutent dessus et fourragent à brassées pour empiffrer leurs montures. Le Cosaque à croupetons les guignait et se guermentait en son estimative, si qu'il cria : « Foin des butors! c'est scandale et leur fait n'est que moquerie! Qui oncques fourrage à brassées? Quiers la fourche, butor! » Les Tartares grippèrent l'aubaine et, le gars se trémoussant comme un beau diable, ils le festoyèrent d'un banquet de nazardes entrelardé de doubles chiquenaudes, quand soudainement entendirent braire en chrétien : « Cancres, ôtez-vous de là! Vous serez battus si vous ne le laissez, et aurez de ma main un masque sur votre paillard visage! » Et derechef fut un Cosaque troussé au col. A tant le tiers compagnon se fâcha, personnage vieux et de sens rassis, lequel, tout marri du meshaing des pauvres roupieux et déconfits, s'avisa de les semondre et de vaticiner dans les branches, n'étant muet et sourd de naissance : « Ah, les fols enragés, faisant abus de langage! Était-ce point piailler à contre-sens? Dictez Amen et faites chut! Mahom vous guette... » Lors fut déniché l'oiseau sans plumes.

1. *Chrestomathie* de Golotouzov.

## V

**CONTES POPULAIRES. — LE FIN DU FIN. — HORS DU SAC! — UNE PAROLE IMPRUDENTE. — SORT DES FEMMES. — LA BELLE FÉVRONIE. — LA PIEUSE OULIANA.**

« Sur les événements passés peu fut écrit, de ce peu, peu fut sauvé ; et dans cette littérature fragmentaire nous trouvons un ramassis de redites. D'où il appert combien sont bornés l'esprit et le destin de l'homme. » GŒTHE (*Pensées*.)

Hélas, oui ! Et les contes populaires russes n'échappent pas à cette dure sentence. On nous les a présentés comme produits autochtones, ayant saveur native et goût de terroir, rapportés de régions lointaines, inexplorées... C'était malice ou crédulité. La forme bizarre d'une bouteille ne prouve pas l'origine du vin, et sous les dénominations inventées par les cuisiniers fleure toujours le même fricot. De même, et cela soit dit sans reproche, on retrouve parmi les contes russes un fond commun, transmis de siècle en siècle, assaisonné par chaque peuple à sa fantaisie : *La Belle au Bois Dormant* ; *Le Chat Botté* ; des bribes du *Roman du Renard* ; des fragments des *Mille et Une Nuits* ; etc. ; et le petit nombre de contes indigènes ne soutient pas la comparaison avec les merveilleux récits venus de l'Orient[1]. La langue nouvelle, quelques détails ingénieux, quelques traits de mœurs font admettre dans la littérature d'un peuple le récit emprunté ; et, à ce titre, *La Belle au Bois*, conte

---

1. « Après la lecture des *Mille et Une Nuits*, les contes russes m'ont semblé ridicules » (KOLTSOV). — « Il semble parfois qu'il n'y ait aucun sens dans ces contes » (VODOVOZOV, *Littérature*, p. 80).

indien, appartient justement en russe à Joukovski, comme en français à Perrault.

**Les contes après l'épopée**, — comme la ruse après la force ; d'où le rôle important du renard. Après lui, le chat (animal asiatique, notez bien) occupe une place d'honneur dans les contes russes ; Minet (là-bas *Vasjka* ou *Mourlyko*) s'y fait servir par le mouton et par la chèvre, mais les instruit, les éduque et les tire du danger. Il s'élève même à la hauteur morale du dévouement ; ainsi (dans l'*Anneau magique*) sauvé jadis de la rivière, il sauve à son tour par d'ingénieux services son bienfaiteur incarcéré, condamné à mourir de faim. On se souvient que dans *Reinecke Fuchs* le chat (*Hinze*) est, après le renard, l'émissaire le plus rusé choisi par le lion. — Les oiseaux ne sont pas méconnus : le pivert nourrit, outre sa famille, le chien qu'il charge seulement de veiller sur sa couvée[1]. Il le gorge de victuaille ; mais le grossier animal, une fois soûl, demande davantage : des fêtes. Le pivert trouve moyen de l'amuser. N'est-ce pas l'image du peuple aux gages d'un plus sage pensant pour lui, et qui demande, après le pain, le vin puis le cirque[2] ?

Dans Птичій языкъ (Recueil de Polévoï, Saint-Pétersbourg, 1874) un jeune garçon oblige des oiseaux qui, en revanche, lui enseignent leur langage ; et cette connaissance lui procure la fortune. On voit la bonté récompensée. (Dans GRIMM, *Die weisse Schlange*.) Dans *Le fin du fin*

---

1. Собака и дятелъ. *Recueil* de MARTYNOVSKI.

2. « Mᵐᵉ L. R., fondatrice-directrice de la Maison maternelle...., fait appel à la charité pour les enfants pauvres... Ce n'est pas seulement la nourriture et l'habillement qu'elle voudrait leur donner ; elle voudrait pouvoir donner une de ces journées inoubliables qui restent à jamais dans le souvenir... leur faire passer quelques heures au bord de la mer, laisser leurs grands yeux qui connaissent tant les larmes, et leurs petits cœurs déjà étreints par l'angoisse, s'ouvrir devant l'immensité et s'emplir du spectacle de l'infini ! » (Cité par le *Soleil* du 20 août 1894.) *Nota Bene.* — Tous les dons sont reçus. — Voilà : Il leur faut les bains de mer, la distraction, une saison à Vichy. Il y aura

(Хитрая наука, Recueil de Galakov,) on voit la fainéantise punie. La mère et le fils cherchent le métier idéal permettant de bien vivre à ne rien faire. (C'est le métier que me semble chercher la pédagogie moderne.) Un sorcier se charge de l'apprentissage et, après quelques années, rend à la mère, au lieu de son fils, une grosse bête. — *Hors du sac!* montre le vol châtié. Un vieillard, battu par sa femme, oblige une grue, laquelle lui donne une besace magique; au prononcé de la formule sortiront des lutins qui serviront à diner. Charmé du cadeau, notre homme l'exhibe à sa commère qui le lui dérobe et lui passe au cou, au lieu et place, une besace vulgaire, que le vieux, rentrant au logis, présente à sa femme. Naturellement la formule n'opère plus, mari passe pour menteur et reçoit une raclée. Il se plaint, et la grue est par lui suppliée... Elle lui donne une autre besace et le renvoie chez la voleuse. Même jeu. Mais cette fois sortent du sac deux diablotins armés d'une trique... Au logis, Bonhomme essaie la première besace devant sa femme qui s'esclaffe au miracle et s'empiffre au diner; puis il lui substitue négligemment la seconde. La femme trop gourmande veut renouveler le couvert et s'attire des coups. La leçon lui profite et, depuis ce temps, le vieux et la vieille vécurent comme tourtereaux.

Les contes, même les moins littéraires, sont réjouissants, parce qu'ils présentent une correction aux injustices de l'histoire, une revanche de l'esprit sur l'oppression, sur la

profit à être enfant trouvé; gain à être fils de forçat. Pauvre petit, il faut bien le consoler!.. On en arrivera à fonder une Société pour l'amusement des apprenties modistes, couturières, etc., qui ne boivent pas de champagne, elles! qui ne font pas de voyage à Nice, elles! qui n'ont pas de piano! et dont « les grands yeux et le petit cœur » sont mouillés de larmes, étreint par l'angoisse à la pensée qu'il faut travailler. Les membres actifs de la Société se feront un point d'honneur d'amuser chacun plusieurs jeunes apprenties; leur zèle charitable flambera et ils s'amuseront eux-mêmes, la charité se trouvant, par un juste retour, toujours récompensée. Quelle comédie!

sottise brutale. Toujours les enfants, jeunes ou vieux, riront
« de voir d'affreux géants très bêtes vaincus par des nains
pleins d'esprit, » de voir l'innocence justifiée, la pauvrette
épousée par un prince, les méchantes belles-mères victimes
de leur malice. La conclusion optimiste console de la grise
réalité. On se dit : Cela n'est pas, mais cela pourrait être! et
l'on attend; ce qui donne le temps de mourir. En général,
les contes prennent parti pour les pauvres contre les riches,
mais ils ont soin d'appuyer cette préférence sur des raisons
morales. Ainsi les sœurs de Cendrillon étaient vraiment trop
égoïstes! Ainsi le méchant frère (dans Два доли, Recueil de
Galakhov), ayant, par jalousie, ouvert la porte au Malheur,
que son frère avait enfermé sous triple serrure, voit le
Malheur lui sauter sur les épaules pour ne plus le lâcher.
— Les pouvoirs publics sont respectés, soit faute d'ingéniosité
pour les railler, soit par prudence. Pourtant la magistrature,
« douce aux grands, dure aux petits », est bafouée dans *La
Brême et la Grémille* (Recueil de Tsvetkov). La grémille
coupable et condamnée crache à la figure des juges et
s'échappe indemne. Mais ce conte est une exception.

L'ivrognerie est censurée sans amertume; elle semble
acceptée comme mal nécessaire, vice endémique; à preuve
ce proverbe : « Il naquit petit, crût bête, grandit pochard,
mourut vieux. Va, belle âme, en paradis! » A preuve encore
ce dialogue de Ostrovski (Бѣдная невѣста).

Une fille intelligente ne prête nulle attention à la beauté d'un
homme; il lui suffit que son mari soit intelligent, soit .. là... enfin
vêtu correctement.

*Anna.* — Pas ivrogne.

— Sans doute... Néanmoins j'ose vous dire que chez un homme
cela n'a pas d'importance. Chez une femme, oui, c'est un défaut ;
mais, pour un homme, c'est même une exigence.

A preuve encore ce fragment de biographie [1] :

---

1. Воспоминанія о Т. Г. Шевченкѣ, А. Чужбинскаго, p. 8.

Je fis la connaissance de *Chevtchenko*, le poète petit-russien, dans une société instruite et distinguée... Ces joyeux camarades, soit par oisiveté, soit par entraînement du plaisir, se noyaient dans une ribote perpétuelle. Cette faiblesse, excusable chez les hobereaux, méritoire même en ce temps-là, et d'ailleurs ne faisant tort à personne, n'empêchait pas les membres de la dite société d'être d'aimables causeurs presque toute la journée, parce qu'ils pouvaient absorber beaucoup avant de divaguer. Ils constituaient le cercle des Rince-Dalle (Общество мочеморхия). L'expression « se rincer la dalle » remplaçait pour eux le terme : s'enivrer. Suivant exploits et capacité, la confrérie décernait le titre de Pochard-aga, Pochard-pacha et Pochard-sultan. Le président était Z*, hussard en retraite, homme distingué et intelligent.

Nous omettrons ici : 1° les contes appelés mythiques; par exemple, le mariage des sœurs de Fédor Tougarine avec le Vent, le Tonnerre et compère Grêlon ; *Morozko*, personnification du froid, etc. Nous retenons la gentillesse du conte et rions du prétendu mythe. Quand un locataire dénomme son propriétaire *Monsieur Vautour*, et sa portière *Dame Harpye*, il fabrique, sans se croire poète, des mythes analogues; 2° adressant le lecteur curieux à la *Vie des Saints*[1], nous omettrons aussi les contes purement religieux, de peur de prononcer, comme le héros du conte suivant,

## UNE PAROLE IMPRUDENTE

Dans un bourg habitaient un vieux, une vieille et leur fils. Pas d'argent; cuisine sèche; et quand le gars grandit, la vieille dit à son vieux : « S'il prenait femme? — Va, cherche! » Elle demanda au voisin; le voisin refusa sa fille. Un second l'éconduisit; un troisième lui rit au nez. Ainsi à toutes les portes; elle revint la tête basse. « Ah, bonhomme! notre gars n'est point né coiffé; personne

---

[1]. L'édition de Joh. Bollandus ne coûte que 3,500 francs. Elle comporte 65 in-folio de mille pages à deux colonnes. On fait l'escompte à l'acheteur de plusieurs exemplaires.

ne veut de lui. — Tant pis! car voici venir l'été, la moisson; nous n'aurons pas de faucheuse (*sous-entendu : gratuite*). Essaie dans un autre village. » Elle essaya; mais partout portes closes, visages de bois. « Hélas! soupira-t-elle, à des pauvres personne ne veut s'apparenter. — Alors, répondit le vieux, inutile d'user nos semelles, restons chez nous. »

Le plus affligé fut le fils. Il supplia ses parents de le bénir et de l'envoyer chercher lui-même femme et fortune. « Soit! à la grâce de Dieu! » et les parents lui donnèrent leur bénédiction et la clef des champs. — Sur la grand'route le pauvre gars pleurait et disait : « Pas de chance! Pas une fille ne m'agrée. Suis-je donc mal bâti? Tordu, bossu? Sapristi! Que le diable alors m'amène une fiancée : je la prends! » Soudain se présenta, sorti je ne sais d'où, un petit homme gris. « Bonjour, mon garçon! — Bonjour, petit père! Eh, que disais-tu là? » Le garçon resta coi et penaud. « N'aie point peur! Je te veux du bien; j'en ai tiré tant d'autres de peine! Conte-moi ton affaire. » Le garçon conta naïvement son embarras. « J'en perds la tête; les filles me tournent le dos; et tout à l'heure, ayant le cœur gros, j'ai dit que si le diable lui-même m'amenait une fiancée, je la prendrais. » Le vieillard sourit : « Viens avec moi, je t'en donnerai une à choisir. » Ils arrivèrent au bord d'un lac. « Retourne-toi et marche à reculons! » Ainsi fit-il quelques pas, et soudain se trouva au fond du lac dans un palais de marbre. Toutes les chambres étaient richement décorées; un repas copieux était servi; et quand le garçon eut bien dîné, le vieillard lui présenta douze jeunes filles, belles à ravir, promettant d'accorder celle qu'il choisirait. « Choisir n'est pas chose facile! répondit-il; permets, petit père, que je réfléchisse jusqu'à demain matin. — Soit, réfléchis! » Mais si moelleux que fût le lit, le jeune homme ne pouvait dormir ; il se creusait la tête : laquelle choisir ? La porte s'ouvrit tout à coup et une belle fille entra. « Dors-tu, dit-elle, brave jeune homme, ou veilles-tu? — Non, dit-il, je ne puis fermer l'œil; le souci m'agite: laquelle choisir? — Écoute, je suis venue te conseiller. Sache que tu es descendu à l'auberge du Diable; et si tu ne suis pas mes conseils, sache que tu n'en sortiras pas vivant! — Instruis-moi, belle fille ; tu n'obligeras pas un ingrat. — Demain, le Diable te présentera douze filles, toutes jolies mais toutes pareilles; regarde-les bien, et choisis-moi; une mouche volera au bout de mon nez. » Puis elle lui raconta qu'elle était la fille du pope de tel village, la même, disparue depuis neuf ans —

«car un jour que mon père me grondait, il s'écria en colère: Que le Diable t'emporte! Je sortis sur le perron, en larmes, et me sentis enlevée par les diablotins accourus à ce maudit souhait. Depuis ce jour ils ne me quittent plus...» Le lendemain matin le petit vieux présenta les douze filles, toutes jolies mais toutes pareilles, et invita le garçon à choisir sa fiancée. Il regarda, admira et choisit suivant la mouche. Le Diable fit la grimace et voulut recommencer. Il embrouilla les douze filles ; mais le garçon ne perdit pas de vue la mouche ni le bout du nez. Le Diable fit une grimace encore plus laide que la première fois, et prétendit que cela ne comptait pas! Mais au troisième coup il fallut céder et donner la fille. «Allons, tu as gagné, grogna-t-il; emmène-la!» A peine avait-il dit que le jeune homme se retrouvait au bord du lac avec la belle fille; et les diablotins qui leur criaient après, très en colère, ne purent les retrouver, car les traces des pas s'étaient perdues dans l'eau.

Le jeune homme conduisit sa fiancée dans le prochain village et demanda l'hospitalité au pope. «Impossible de vous recevoir, dit le pope; des marchands sont déjà installés, et mon presbytère est petit.» Un marchand intervint, alléguant qu'on ne doit jamais refuser abri au voyageur. Ils entrèrent donc, remercièrent et prirent place auprès du feu. «Me reconnais-tu?» demanda la fille. On juge de la surprise, des cris et des embrassades. Tous pleuraient de joie. « Et quel est ce compagnon? — Mon fiancé, mon brave fiancé, qui m'a ramenée dans le monde, au grand jour. Sans lui, j'étais une fille à jamais perdue!» Et ce disant, elle ouvrit sa sacoche et en retira vaisselle d'or et d'argent, prise chez le Diable. Un des marchands s'exclama : «Sapristi, c'est ma vaisselle! Oui. Un jour, traitant mes convives, j'eus querelle avec ma femme, et j'envoyai promener le couvert. Que le Diable t'emporte! Et soudain, plus de vaisselle!» Le marchand disait vrai. Dès qu'il avait appelé le Diable, le Diable était accouru, emportant les plats d'or et d'argent, et ne laissant à la place que des débris et des tessons. — Voilà comme notre gaillard trouva sa jolie fiancée; il l'épousa et la conduisit chez ses parents. La bonne mère avait cru son fils mort; car trois années s'étaient écoulées depuis son départ, et cependant il croyait bien n'avoir passé que vingt-quatre heures chez le Diable.

Les chants populaires, en vers ou à peu près, nous ramènent dans le monde réel. Il semble que leurs auteurs anonymes aient voulu par la rime ou la cadence relever la banalité des pensées. En dépit des émotions les plus honnêtes, l'existence humaine est triviale; le sublime et le ridicule se frôlent si fort, que dans cette fille qui rêve là-bas au milieu de la prairie, pieds nus, les yeux fixes, l'un voit une Jeanne d'Arc, l'autre reconnaît une vachère; si fort que, pour accomplir un acte religieux, on brûle un fagot sur une butte, tout en poussant des cris et se tapant sur la cuisse; que, pour manifester son allégresse, on lèche, aux jours de liesse, une poêle barbouillée de suie, on fait éclater des gargousses et brûle dans des godets une huile puante. En Russie le peuple sautait à pieds joints — saute encore — par-dessus un fagot flambant; pour honorer le soleil, paraît-il; il braillait (il braille encore): *Oï, did-lado!* c'est-à-dire: Ohé, père la Joie! Et les savants assurent que ce cri remarquable est un souvenir païen remontant à une haute antiquité. Les prôneurs de l'*Ame du Peuple* n'ont-ils donc jamais vu les écœurantes fêtes populaires? Ces quadrilles de vauriens et de dévergondées? Cette sueur luisant sur cette crasse? « Humeur querelleuse, débauche, ivrognerie — voilà le fond des chansons populaires » (Vodovozov, 69). « Ça doit se faire dans les prisons? disait Clairville; je les reconnais, ce sont des *chansons de lisière!* » Évidemment, et c'est ce qui se produit quand la plèbe veut chanter plus haut qu'elle n'a le luth.

Quelle poésie dans ce rendez-vous de paysans (dans un cabaret, naturellement), réunis pour chanter! C'était si beau, assure Tourguéniev (*Mémoires d'un chasseur*) que la cabaretière pleurait; que les autres paysans sanglotaient dans leur coin... A Jacob la palme du troubadour!...

Le soir, tous étaient soûls, tous, à commencer par Jacob. Débraillé, il se vautrait sur un banc; d'une voix éraillée il dégoisait un refrain idiot, en grattant sa guitare. Ses cheveux pendaient en mèches mouillées sur sa figure blême. Obaldouï (son rival musical) n'a plus que sa culotte et, soûl comme les vendanges, danse devant un paysan mal équilibré ; un rire stupide est plaqué sur sa face..., etc.

Quelle poésie !

La sœur de Nékrasov raconte que ce chantre des humbles, des *miséreux* (c'est le néologisme à la mode), traversant avec ses compagnons de chasse un cimetière de village, se fit raconter par le plus âgé ou par le plus bavard la biographie des défunts, et qu'il résuma leurs faits et gestes dans l'épigramme suivante [1] :

> Une existence bien remplie !
> Au cabaret, pendant l'hiver,
> L'apéritif blanc, jaune ou vert,
> Et l'interminable partie.
> L'été, la longue flânerie
> En somnolant, fumant, rêvant,
> Quand l'air est pur, tiède le vent ;
> Puis, galamment chaussé de guêtres
> Comme un bourgeois, comme un boiar,
> Chez autrui chasser sans égard
> Pour les lois et gardes champêtres.
> Dire : chiper n'est pas voler !
> Doigts crochus, aider au partage ;
> Craindre, plus que le feu, l'ouvrage ;
> Être ignoble et s'en consoler ;
> Puis, un soir de puante orgie,
> Dans la boue allant s'affaler,
> Crever, tué par l'eau-de-vie...
> Une existence bien remplie !

Il paraît que l'âge d'or renaîtrait, si cette démocratie-là menait le monde ; c'est l'opinion d'écrivains contemporains, très connus, charmés de sympathiser une fois encore avec Jean-Jacques Rousseau, ex-laquais.

1. Зимой игралъ въ картишки, etc.

Je refuse net de prendre au sérieux les *rondes* et *complaintes* populaires ; elles appartiennent aux nourrices. Pour touchant que soit le sujet de la plainte, celle-ci reste sotte, si elle est sottement contée. D'ailleurs la banalité n'est même pas relevée, comme chez nous, par la gaîté ; soyons francs ! par la grivoiserie. En France, le peuple rit de sa misère, et la soulage par un couplet drôle :

> C'était la Régence alors !
> Tous les hommes plaisantaient,
> Et les femmes se prêtaient
>   A la gaudriole
>     O gué !
>   A la gaudriole !
>
> (Béranger).

Sous des noms différents cette Régence a toujours fleuri chez nous. En Russie au contraire la muse populaire geint comme un accordéon.

Du cocher au poète en vogue, nous chantons tous des airs d'enterrement. La chanson russe est un hurlement plaintif (Pouchkine).

Dans la chambrée, le bruissement du rouet et la voix chevrotante de la vieille : il était difficile de distinguer si elle pleurait ou si elle improvisait une complainte sans paroles (Gontcharov dans le *Songe d'Oblomov.*)

La voix avait quelque chose de maladif. C'était le chagrin profond, incurable... L'âme russe respirait dans cette chanson qui vous prenait au cœur. (Tourguéniev, Пѣвцы).

Je sais bien : le long servage, les Tartares, le rude hiver, la steppe immense... Mais il y a une cause réelle, indiquée par ce distique ridicule :

> Ужъ и что же вы, ребята, пріуныли?
> Аль у васъ, ребята, денегъ нѣтъ?

*Id est :*
> La tristesse des pauvres gens
> Vient de ce qu'ils n'ont pas d'argent.

N'est-il pas vrai qu'en France la poche vide donne, tout au rebours, envie de rire ?

> Qu'il pleuve dans sa chambre,
> Qu'il s'y couche le soir
> Sans y voir,
> Qu'il lui faille en décembre
> Souffler, faute de bois,
> Dans ses doigts,
> Il dit : Moi, je m'en... ris !
>
> (Beranger).

En Russie, nous ne retrouvons guère cette note gaie que chez les Cosaques. Tant pis si l'hetman est enterré à la frontière turque ! Petit accident ne décourage pas les camarades. Être décapité, roué ou empalé, c'est fâcheux, sans doute ; mais est-ce une raison pour ne point rire, pour ne point boire en attendant ? A preuve, cette piécette vivement tournée :

> Malédiction ! L'ennui
> Ne me laisse pas tranquille ;
> L'ennui cuit, et l'ennui nuit,
> Fait d'un brave un imbécile.
> Viens, Cosaque, au cabaret
> Commander : Or ça, la Juive,
> Sers le kvas, le vin clairet !
> Vive le vin, le vin vive !
> Quels yeux noirs ! Quels longs cheveux !
> Le jupon court, la main prompte...
> Viens ça, la Juive ! Je veux
> Voir plus près faire ton compte.
> Tu dis beaucoup ! Montre un peu...
> Embrasse-moi, qu'on s'en aille !
> Mieux que ça !... Jeune canaille,
> Mais belle garce, morbleu !

Oui, vive le vin qui n'aigrit pas ! Et vive le buveur, cosaque ou non, qui voit dans une fille autre chose qu'une bête de somme ! Ce point de vue *était* une exception en Russie.

S'en venait un forgeron avec trois marteaux. Ami forgeron, forge-moi une couronne ; avec les fragments d'or, une bague ; avec les rognures, une épingle pour attacher mon voile.

Ce sera très gentil le premier jour ; mais, dès le second, ma pauvre enfant, tu es exposée aux coups ; la littérature de ton pays l'atteste.

1° Sophie. — Représentez-vous mon malheur : être la femme d'un imbécile qui n'a pour moi ni amour ni estime !
Le Père. — Quelle estime veux-tu qu'il ait pour toi ? Il me semble que l'estime doit aller de toi à lui et non de lui à toi ? (Von Vizine, *Le Brigadier*, II, 1.)

2° Prascovie. — Ah ça ! avons-nous le droit de choisir un mari suivant nos goûts ? Obéir — et voilà tout ! Si tu aimes ou n'aimes pas, peu importe.
Marie. — Mieux vaut se noyer !
Prascovie. — Sommes-nous les seules ? Toutes les filles ont le même sort. Si toutes se noyaient, cela obstruerait la Volga (Ostrovski, *Le Voyvode*, I, 2).

3° Il passe soudain par la tête de mes père et mère de m'emmener voir une prétendue. Bon ! A peine entrés, ils crient à propos de dot, se disputent et me réintègrent au logis. Puis la même comédie recommence plus loin. Tenez, deux familles viennent de se prendre de bec avec ma mère, deux fois de suite ! Et des épithètes ! La brouille a duré deux semaines, et maintenant on est réconcilié. Et moi je n'ose souffler mot (Ostrovski, dans Тяжелые дни).

Il s'agit du garçon. Jugez un peu, s'il se fût agi d'une fille !

4° M. Kouritsine. — Tu flattes ta femme ; eh bien, la liberté gâte la meilleure. Moi, j'ai dressé la mienne. Je n'ai qu'à m'asseoir, à étendre les jambes et à dire : Que veut dire mon pied ? Elle comprend, et vient s'aplatir dessous.
M⁽ᵐᵉ⁾ Kouritsine. — Pourquoi pas ? Je l'ai fait souvent, et le dis tout haut sans fausse honte.
M. Kouritsine. — Vois-tu, camarade ! bats ta pelisse, elle en devient plus chaude, bats ta femme, elle en devient plus sage (Ostrovski).

5° Chor méprisait profondément le sexe féminin. Les fils ne tenaient pas le moindre compte de leur mère.

Et Tourguéniev cite à ce propos le dicton populaire :

Mon fils est toqué, ma parole ; il ne rosse pas sa jeune femme.

Et plus loin :

Défendre une femme maltraitée ? Non, je me salirais les mains.

6° La servante Nechka s'est enfuie ; ma femme, naturellement, me soupçonne... J'ai bridé mon Anna en l'enfermant, deux fois, trois jours et trois nuits dans la buanderie pour verbiage et simagrées. Façons de femme ne se soignent pas autrement. (DANILEVSKI, *Carnet d'un propriétaire*, 1775.)

Et ce n'était pas un méchant homme. Il était sensible à la musique, notamment au chant des grillons. Aussi avait-il imaginé d'envoyer sa femme chez un voisin, à la chasse.

Anna veillait toute la nuit ; sur un drap étendu dans la chambre elle attirait ces insectes musiciens au moyen d'une épingle qu'elle faisait grincer sur les dents d'un peigne, les prenait et les rapportait avec de grandes précautions.

Au logis, le mari somnole ou fume sa pipe en écoutant cet orchestre, pendant que sa femme travaille. Et qu'elle travaille habilement et sans trêve ! Et que les chemises de Monsieur soient en toile fine et n'éraflent pas sa précieuse peau !... Aksakov raconte que son grand-père saccageait à coups de hache, sur le seuil même de sa chambre, les pièces de toile qu'il jugeait trop grossières, devant sa femme éplorée et le conjurant de la battre plutôt, mais de ne pas massacrer son bien. Or, cette toile était l'offrande... obligatoire des paysannes.

Du fatras des souvenirs populaires se dégage donc au moins nettement cette idée de l'asservissement de la femme. L'homme se marie pour avoir une ouvrière au logis ; c'est une blanchisseuse qu'il ne paiera pas.

La plèbe porte la main sur tout, se vengeant cruellement de sa rage contre la société sur la femme sans défense, seul être auquel le lâche puisse faire sentir sa force. (OSTROGORSKI, 161.)

Les mariages forcés..., un des fléaux de la Russie. J'en appelle à nos chants nationaux ;

écrit Pouchkine à propos du livre de Raditchev[1]. On se représente le sort de la nouvelle venue sous cette *tutelle* du mari, de la belle-mère et des belles-sœurs! Voilà pourquoi l'épouse se compare si souvent à un cygne au milieu d'un troupeau d'oies. Dans sa comédie Свои люди, сочтемся[2] (III, 4), Ostrovski nous montre un père, bon homme au demeurant, mariant brutalement sa fille, sans consulter ni elle, ni sa mère, sans même les prévenir cinq minutes à l'avance. Et c'était le cours des choses, pour les riches comme pour les pauvres, ainsi que le montre l'exemple de trois familles célèbres.

Premier exemple. — Quand les serfs d'Ivanovitch partirent en guerre contre la Turquie, le vieux seigneur leur dit : « Courage, enfants, revenez vainqueurs, et n'oubliez pas de me ramener une belle fille! » La plaisanterie fut prise au sérieux, la commission fut exécutée, une jeune Turque fut ramenée et servit de maîtresse au vieux Bounine Ivanovitch. Cela, du vivant de l'épouse légitime qui veilla avec indulgence sur la captive et sur son fils. Un voisin prêta son nom à l'enfant... à Joukovski, plus tard poète remarquable et précepteur du tsarévitch, auquel il suggéra de belles pensées humanitaires.

Deuxième exemple. — Un officier de hussards, chargé de la remonte, vient un jour visiter un haras. La propriétaire reçoit aimablement le beau soldat, et, au dessert, lui propose une partie de cartes, sous condition que le gagnant taxera l'enjeu. Le hussard accepte, gagne et réclame... la belle

---

1. *Voyage de Pétersbourg à Moscou*. L'édition de 1790, extrêmement rare, se vend 300 roubles.
2. Lavons le linge en famille.

fille. — La Russie doit à cette partie de cartes son plus grand romancier : Tourguéniev.

Troisième exemple. — Pouchkine raconte comment Pierre le Grand maria son nègre favori en trois temps et trois mouvements.

« Le tsar, dit Aphanasiévitch, est venu brusquement chez moi demander ma fille pour son nègre Ibrahim. — Qu'as-tu répondu ? — J'ai dit : « Vous avez le pouvoir; notre devoir de serfs est d'obéir en tout. » A ce moment on entendit du bruit derrière la porte. Aphanasiévitch alla ouvrir et sentit une résistance. Il la poussa violemment et on vit Natalie étendue inerte sur le plancher ensanglanté... Elle fut longtemps malade et ne gardait que l'espoir de mourir avant cette noce maudite... Rongée de douleur, elle dut subir sa destinée.

On se ressouvient du chapitre X de *Candide* et des regrets de la vieille : « C'était un nègre abominable, qui croyait encore me faire beaucoup d'honneur ! » — Cette infortunée Natalie fut l'aïeule de Pouchkine. Si un nègre n'avait pas été pris en Afrique, vendu à Constantinople, racheté par un consul, qui le donna au tsar, qui le maria de force, la Russie n'eût pas eu son premier poète. *Multa duritiæ veterum melius et lætius mutata...* et ce fut Pierre le Grand lui-même qui ordonna que les jeunes gens se vissent au moins une fois avant le mariage; c'est-à-dire qu'il fallut un réformateur violent pour obtenir ce que le sens commun eût dû accorder depuis longtemps.

Les moins endurantes mouraient, et le veuf se remariait. Mais il y a limite à tout. Si le décès de trois épouses était un peu trop brusque, le pope regimbait à bénir une quatrième union. Les grands penseurs russes n'ont pas manqué de flageller cette barbarie, et nous avons plaisir à traduire les pages suivantes, dans lesquelles s'exprime d'ailleurs le tempérament de deux écrivains.

Mes fils, mes fils chéris, que deviendrez-vous ? Quel sort vous attend ? disait-elle ; et les larmes s'arrêtaient dans les rides qui sillonnaient sa figure, belle jadis! Oui, elle était digne de pitié, comme toute femme en ce siècle de bravacherie. Fille, elle vécut une heure pour l'amour, dans un accès de passion, dans la première effervescence de la jeunesse; puis son farouche séducteur l'abandonna pour son sabre, pour la camaraderie, pour la ribote. Elle voyait son mari deux ou trois jours par an; ensuite passait des mois et des jours sans nouvelles de lui. Au retour, s'ils vivaient ensemble, quelle existence pour elle! Elle endurait les injures, les coups; elle recevait des caresses qui ressemblaient à une aumône, pauvre être dépaysé dans cette cohue de brutes masculines. Sa jeunesse inclémente a fui; ses seins, ses joues fraîches ont ignoré les baisers; les rides sont survenues avant l'âge (GOGOL, dans *Taras Boulba*).

Ma femme? C'était une bonne créature, intelligente, taciturne, au cœur tiède; mais Dieu sait pourquoi (peut-être la longue vie à la campagne ou telle autre cause?) se cachait au fond de son âme (si tant est que l'âme ait un fond!) se cachait une blessure, pourquoi, goutte à goutte, le sang coulait, sans guérison possible, sans que ma femme elle-même sût dénommer son mal. De cette plaie au cœur, je n'eus soupçon, s'entend bien, qu'après le mariage. J'eus beau dire et beau faire, peine perdue!... Étant jeune, j'eus un serin sur lequel la chatte mit une fois la griffe; on le sauva, le ranima, mais mon pauvre serin ne guérit jamais; bouffi, morne, il cessa de chanter. Une nuit il se décida à mourir.. J'ignore quel chat mit la patte sur ma femme; mais elle était aussi désenchantée que mon malheureux serin. Elle eût bien voulu parfois agiter les ailes, s'ébattre au grand air, jouir du soleil et de la liberté... Elle tressaillait et soudain se repelotonnait... Après quatre années de ménage, elle mourut... Le cercueil fut placé au milieu de l'église, et le service funèbre commença. Je regardai la défunte... Oh, mon Dieu! La mort clémente n'avait pas guéri la blessure: toujours la même expression de muette souffrance! (TOURGUENIEF, *Mémoires d'un chasseur*).

L'érudit Zabiéline (Домашній бытъ русскихъ царицъ) nous apprend que les reines ne menaient pas une existence plus heureuse; sans compter celles qui mouraient brusquement. Ainsi, les trois premières femmes d'Ivan le Terrible furent empoisonnées; Marie Khlopov, femme de Michel Romanov, *tomba malade* dès la première quinzaine; Marie Dolgorouka, sa seconde femme, mourut après trois mois de mariage; etc. Le remède à cette misère? En dehors du trépas qui vient tout guérir, la supériorité intellectuelle, puis la résignation religieuse. C'est à ce titre qu'attirent l'attention l'histoire de la belle et sage Févronie et l'histoire de la pieuse Ouliania Mouromskaïa. Ces récits annoncent déjà l'adoucissement des mœurs, et le lecteur me saura gré, j'espère, d'abord de lui avoir épargné l'insipide recensement des poèmes dits populaires, fatras et fariboles, puis d'avoir gardé pour la bonne bouche cette apologie des dames.

### LE PRINCE PIERRE ET SON ÉPOUSE FÉVRONIE

Le prince de Mourome (petite ville sur l'Oka) eut une femme ensorcelée; le serpent-volant lui avait mis le diable dans le corps. D'après une prédiction ambiguë, Pierre, le frère du prince, comprit qu'il lui était réservé de tuer le serpent. Il réussit; mais, éclaboussé par le sang de la bête, il se vit couvert de lèpre. Il se mit à la recherche de médecins. Un jour, il entre dans une chaumière; une jeune fille tourne son rouet et dit : « Il est fâcheux que la maison soit sans oreilles et la chambre sans yeux. — Où est le maître du logis? — Mon père et ma mère sont allés pleurer à crédit; mon frère regarde à travers ses pieds. » C'est-à-dire : Je n'ai ni chien qui m'avertisse, ni serviteur qui t'annonce; mes parents assistent à un enterrement; ils pleurent, on les pleurera; mon frère est bûcheron et grimpe aux arbres. — Frappé de cette sagacité, Pierre consulta la jeune fille, qui promet de le guérir, contre mariage; qu'il se frotte d'un certain onguent sur tout le corps, sauf une seule place. — Une fois guéri, Pierre envoie des présents à sa bienfaitrice, mais ne parle plus de mariage. Févronie refuse les présents et attend; car la seule place non frottée ne tardera pas à gagner tout le corps. Pierre épouse, cette fois. Son frère mort, il devient prince de Mourome; mais les boïars se fâchent, excités par les femmes, lesquelles sont vexées d'être régies par une plébéienne. « Donne-lui de l'argent et qu'elle s'en aille! » Pierre les adresse à sa femme, qui consent à partir, emmenant son mari; mais à peine descendent-ils l'Oka, qu'ils sont rappelés et suppliés, car l'anarchie ensanglante déjà la ville, tous les nobles voulant régner. Pierre et sa femme ramènent le calme. Sentant leur fin prochaine, après un long règne heureux, les deux époux endossent l'habit monacal et demandent à Dieu la faveur de mourir ensemble. Un jour que Févronie brodait une parure pour la Sainte Vierge, Pierre l'avertit qu'il se meurt — « elle quitta son travail, piqua l'aiguille dans l'étoffe, enroula le fil » et rejoignit son mari. Ils avaient commandé un même cercueil. Les boïars méprisèrent ce vœu et ensevelirent les corps dans deux monastères différents. Mais dès le lendemain, ces tombes étaient vides et les deux époux s'étaient rejoints. Émus de ce prodige, les boïars respectèrent la volonté des défunts.

Bouslaïev rapproche savamment cette légende de certains passages de l'Edda, la lutte de Sigurd contre le dragon; le mariage du héros avec la prophétesse, etc. Laissons ces comparaisons aux docteurs, et n'admirons que le rôle supérieur donné à la femme.

## LA PIEUSE OULIANIA

Au temps d'Ivan IV, une fille noble, orpheline élevée par sa tante, pratique toutes les vertus claustrales, file jour et nuit, vit de jeûnes et de prières, secourt les pauvres et les veuves, soigne les malades, gratte les teigneux, lave les lépreux (обмываетъ прокаженныхъ), guérit ceux qu'elle peut, ensevelit les autres. Toutes les mortifications et les humiliations lui plaisent. Elle a l'air de dire : « Bon, cela! autant de gagné; tapez dur, j'ai ma part de paradis à payer! » Elle eut l'idée de mettre dans ses bottes (elle en portait par humilité) des coquilles de noix. Dieu était si content de ce zèle que, aux heures d'épreuve, quand les diablotins venaient la lanciner, il lui dépêchait saint Nicolas. Saint Nicolas arrivait tout essoufflé, avec un grand livre sous le bras, comme eût fait un maître d'école, et les diablotins délogeaient tous sans trompette. — Mariée à seize ans, elle est aussi soumise à son mari que jadis à sa tante; elle condescend à tous les ordres de ses beaux-parents, mais dérobe de ses dix doigts tout ce qu'elle peut, pour le donner aux pauvres. Elle est si douce envers ses serfs qu'elle s'accuse de leurs méfaits pour leur éviter le châtiment. Aussi l'un d'eux ne tarde pas à la récompenser : il lui tue son fils. Là-dessus, elle garnit son lit, comme on fait les murs de clôture, avec des tessons, du verre cassé, et comme elle a fait son lit elle se couche, s'enfonçant dans le corps toutes les pointes qu'elle peut... Ame de Bababec, tu dois être contente !

Son mari mort, elle dissipa tout l'héritage en aumônes.

Réduite elle-même à la misère, elle s'aperçut (il était bien temps!) que ses pauvres étaient plus pauvres que jamais, les quémandeurs plus nombreux et plus exigeants, bref, que sa charité avait favorisé le vice. Le vagabond retourna à sa besace, l'ivrogne retourna à sa bouteille, et personne n'eut envie de retourner au travail.

*Sic multa honesta exitio fuere.*

## VI

**LES CROISADES. — CONSÉQUENCES INDIRECTES. — VOYAGEURS RUSSES : DANIEL, ANTOINE, STÉPHANE, ETC. — MAXIME GREK. — LE SCHISME ET LE PATRIARCHE NIKON.**

Pourquoi la Russie ne prit-elle point part aux Croisades? Sa foi était aussi forte, son humeur aussi vagabonde, le trajet plus facile. En 1087, c'est-à-dire vingt-cinq ans avant Vladimir Monomaque, ses princes bataillaient entre eux, mais les princes d'Occident bataillaient de même ; la guerre sainte les eût peut-être réconciliés sur le dos de l'ennemi commun. Elle n'avait pas d'armée permanente ; mais que furent nos premiers Croisés?... Il me semble que les Russes n'allèrent point guerroyer contre les mécréants : 1° parce qu'ils les avaient chez eux : avant d'assiéger Jérusalem, il fallait délivrer Kazan : 2° parce qu'ils furent moins sots. En ce temps-là déjà, leurs chefs aimaient la politique *pratique*; et je ne me représente guère ces astucieux princes slaves vendant leurs terres à vil prix, ou les donnant au couvent voisin, pour courir après des trésors imaginaires. Quoi qu'il en soit, la Russie ne fut pas entraînée par ce courant. Fut-ce pour elle gain ou perte?

Nous avons indiqué plus haut qu'il s'agissait pour la Russie de recevoir le dogme chrétien et d'esquiver le joug politique caché sous l'Évangile. Les Croisades lui renouvelèrent la question. Grégoire VII[1] déclare (Lettre XXXI, livre II) qu'il se mettra lui-même à la tête d'une puissante armée, délivrera le Saint-Sépulcre, conquerra l'Orient et *réunira l'Église grecque à la sienne*... D'ailleurs il avait déjà défendu aux Russes d'officier en langue vulgaire, et montra partout quelle soumission il exigeait des rois et des empereurs (Philippe I$^{er}$, Henri IV, etc.). Il est donc vraisemblable que la Russie eût été exploitée, comme les États d'Occident, par la théocratie.

Presque tous nos livres d'histoire semblent composés *ad usum Delphini*. Sous prétexte de respecter la jeunesse, ils étalent un optimisme invraisemblable, décrivent la guerre comme un tournoi; les plus horribles y deviennent *épiques*; les plus injustes étaient, paraît-il, nécessaires pour préparer l'unité de ceci ou de cela, pour affermir la civilisation, etc. Ainsi les Croisades, qui coûtèrent à la France seule un million d'hommes, sont présentées comme un bienfait pour tout le monde, même pour les tués. « Le siège de Jérusalem fut terrible... le carnage fut épouvantable; point d'asile pour les vaincus... on chevauchait dans le sang jusqu'aux genoux et aux freins des chevaux... *les chrétiens égorgèrent les femmes et les enfants*; le massacre dura huit jours[2]... » L'auteur que je cite, ex-professeur à Saint-Cyr, *se réjouit* « de cette commotion qui mettait l'Europe en contact avec de nouveaux hommes, de nouvelles choses, de nouvelles idées (269)...

---

1. Le recueil des lettres de cet homme extraordinaire contient 18,000 numéros!

2. Th. Lavallée, I, 266.

Les sentiments de fraternité furent réveillés... Le commerce connut de nouvelles routes¹... La langue franque fut parlée en Syrie (270), etc. » C'est un résultat. Mais le savant auteur oublie le plus joli : la lèpre ; du temps de saint Louis on comptait, en France seulement, dix mille léproseries !

Sans revenir sur ces *commotions* passées, il est utile de remarquer : 1° Que les croisades ne furent nullement un élan spontané mais un mouvement fomenté pendant plus d'un siècle. Les témoignages sont innombrables ; on avait tâté le terrain un peu partout ; mais les Italiens, par exemple, « se contentèrent de pleurer sur les malheurs des chrétiens de l'Asie : on s'arma en France². » C'est-à-dire que déjà dans ce temps-là nous tirions pour d'autres *les marrons du feu*. — 2° Autant que les chrétiens, les Arabes respectaient les Lieux saints ; et, loin de gêner les pèlerinages, qu'ils trouvaient légitimes, ils les encourageaient par intérêt commercial ; et les chrétiens ne se plaignirent que lorsque la Palestine appartint aux Turcomans, ni plus ni moins musulmans que les Arabes, mais nomades qui n'entendaient point le commerce. Cet empire turc était neuf, entouré d'ennemis ; et des bandes de quinze mille pèlerins, la plupart mendiants effrontés, qui s'abattent sur une contrée, sont gênantes, on l'avouera, et suspectes. Les Turcs les surveillèrent donc ; c'était leur droit ; ils vendirent *une* pièce d'or le permis de séjour : c'était encore leur droit, nullement exagéré, car ce revenu payait la police et facilitait le contrôle. (Nos lois l'autorisent sous le nom de taxe sur les étrangers.) « Plusieurs chrétiens furent tués³... » Le contraire étonnerait ; car parmi ces pèlerins il y avait nombre de scélérats auxquels le clergé avait précisément

---

1. Ce qu'on appelle aujourd'hui : *créer des débouchés*... Préparer *un placement de bon père de famille* (le Tonkin, le Sahara, la Patagonie, la Lune).

2. *Essai sur les mœurs*, LIV.

3. L'historien *Raumer* dit seulement que les chrétiens furent *battus* et *bousculés*, et le patriarche pris à la barbe et jeté à terre (*gestossen... bei Haar und Bart zur Erde gerissen*).

imposé le voyage en expiation de leurs crimes¹ ; s'ils furent
tués par les Turcs, l'expiation fut plus complète. — 3º La fameuse phrase : *on refoulait la barbarie*, est une plaisanterie. Les historiens les plus chrétiens² avouent que « la
société musulmane était matériellement supérieure à celle
des Latins ; on la haïssait d'abord, plus tard on la connut
mieux, on l'estima, on chercha à l'imiter » (LAVALLÉE, 270).
Puisqu'ils valaient mieux que nous, pourquoi prêchait-on
leur extermination ? — Une autre fameuse phrase : *Gesta
Dei per Francos* — est expliquée comme suit par l'abbé No-
gent³ : « *Totius Francorum regni... turbatio, crebra utique
latrocinia, viarum obsessio, incendia infinita ; nullis præter sola
et indomita cupiditate existentibus causis exstruebantur prælia ;
etc*⁴. » — 4º Matériellement inférieurs aux musulmans, les
chrétiens leur étaient sans doute moralement supérieurs ?
Hélas, non ! Les hommes distingués du clergé se heurtaient
à une indomptable stupidité. Les nobles apprenaient du
moins la gymnastique, mais les vilains n'apprenaient rien
du tout. Les prêtres sachant lire et écrire étaient une exception. « Une des questions que l'on posait aux diacres avant leur
ordination était : Pouvez-vous lire les Évangiles et donner,
sinon le sens, du moins le mot à mot⁵ ? » Passe pour l'ignorance ! Mais du moins l'esprit chrétien régnait ? Ce moyen

1. Par exemple, Foulques Nerra, comte d'Anjou.
2. « Ce livre, écrit sous l'inspiration de la religion... » Préface.
3. I, p. 412. Cité par RIEZA, *Gesellschaftliches Leben in Europa*.
4. Voltaire cite (*Essai sur les mœurs*, LVII) les témoignages *ecclésiastiques* des monstruosités commises partout par les chrétiens. Voici
d'autre part le témoignage de Brunet de Presles (*Grèce*, p. 257, chez Di-
dot, 1860). « Au tableau de ces excès des chrétiens d'Occident dans une
ville chrétienne (Constantinople), Nicétas oppose la modération que
les musulmans avaient montrée quelques années auparavant envers les
Latins lors de la prise de Jérusalem, permettant à tous ceux qui voulurent sortir de la ville de le faire moyennant une faible rançon, garan-
tissant les propriétés de ceux qui restaient, et respectant le tombeau
du Christ... Ce contraste, attesté par les aveux des historiens occidentaux et par les censures du Saint-Siège... »
5. W. ROBERTSON, *Introduction à l'histoire de Charles V*.

âge ne fut-il pas un âge de foi sublime? La religion n'y fut-elle pas un culte idéal? etc. C'est encore une illusion historique, et les preuves sont écrasantes. Les papes et les évêques s'épuisaient à réfréner un clergé subalterne qui déshonorait la religion; les couvents étaient des repaires où l'on vivait « *potius dediti gulæ quam glossæ, libentius intuentes Martham quam Mariam...* » Je sais bien, c'était la faute au luxe qui satisfait les tentations! Or, si quelque prêtre vénérable, croyant sincère, affligé de ce dévergondage, fondait un nouveau cloître, imposait une discipline plus rigide, la province émerveillée de la pureté de leurs intentions les dotait richement; alors le luxe reparaissait, et la petite fête recommençait[1]. — 5º Soit encore! Ce furent là des abus locaux qu'explique la pauvre nature humaine; mais dans l'église du village comme dans la cathédrale gothique la religion rayonnait sous ses formes pures et solennelles! Vous croyez? On dansait dans les églises, prêtre et peuple; en valsant vite, le frottement de l'air purifie, paraît-il, autant que l'eau[2]! On y célébrait la fête des Fous, véritables saturnales religieuses, dans lesquelles le christianisme était publiquement bafoué; on y célébrait la fête de l'Ane, où, pendant qu'un grison, dressé à s'agenouiller, suivait la messe, le prêtre entonnait un hymne en son honneur[3] et se mettait à braire au refrain que les fidèles reprenaient en chœur; on y célébrait les *Obsèques d'Alleluia*, une des plus jolies facéties du moyen âge. L'Allemand Remer en cite une description faite par un témoin, Nicolas Lasane, licencié en droit, imprimée en 1497; et dont voici le résumé : *Alleluia* est un mot hébraïque passé dans le rituel chrétien. Non content de l'avoir transformé en mot latin et tantôt en ad-

---

1. Ces ordres devinrent si nombreux et si insolents que le pape Grégoire X les réduisit à quatre (Dominicains, Fransciscains, Carmes, Augustins) qui se jalousèrent et se débinèrent à l'envi.

2. « Es war so gut ein Reinigungsmittel, als das Baden im Wasser » (Remer, 361).

3. L'hymne, parfaitement authentique, a 7 strophes... peu spirituelles.

jectif, tantôt en substantif, on le transforma enfin en personnalité ; le dimanche de la Septuagésime, le clergé, parodiant les paroles « le temps est venu où je dois retourner à Celui qui m'a envoyé », l'expulsait solennellement de l'église, puis l'ensevelissait en grande pompe. Le cadavre-mannequin d'Alleluia était mis en bière, avec croix, bannières, encensoirs, torches funèbres, porté au cimetière par les diacres et inhumé selon les rites... Inhumer une exclamation! Cette coutume idiote dura jusqu'à la fin du xv⁰ siècle. Quelle indignation devait ressentir l'élite du clergé devant ces profanations! Et voilà les gens qui se signaient devant la barbarie orientale, qui voulaient apprendre à vivre aux descendants d'Haroun al-Raschid, civiliser l'illustre Saladin!

L'excuse plausible des Croisades est d'avoir débarrassé l'Europe d'une racaille turbulente et menaçante, « ramassis corrompu dont l'Europe se purgeait à son grand bien » (BAUDRY). On les emmena là-bas, comme plus tard Duguesclin emmènera les *grandes compagnies* en Espagne, avec ordre de ne pas les ramener ; comme jadis, au témoignage d'Hérodote (IV, 133), un conseil de guerre avait, à l'unanimité, envoyé une tribu nègre *faire la guerre au vent du midi*. Lorsqu'ils furent arrivés dans les déserts sablonneux, le même vent, soufflant avec violence, les ensevelit sous un monceau de sable... Et l'on fut débarrassé [1].

La Russie resta donc pour son bien étrangère à ces ex-

---

[1]. Dans son *Éloge de saint Louis*, l'abbé Cambacérès s'écrie : « Transporter au delà des mers des vassaux rebelles et factieux, et par là rendre le calme à l'État ; occuper leurs armes contre un ennemi éloigné, afin qu'ils ne les tournassent pas contre leurs rois, et, par là, affermir le trône ; par les guerres étrangères étouffer les intestines : voilà la politique des Croisades » (cité par PIERRE CLÉMENT, *Portraits historiques*, p. 41). Chez les rois, les Croisades ont donc été un calcul dynastique. — Le peuple était-il content? — « L'expédition du roi Louis VII avait provoqué les plaintes les plus vives : *regis iter multis imprecationibus omnes persequebantur* » (49). Du moins le clergé était alerte? — « At-

péditions ; les Francs, naïfs, payèrent ; les Italiens, malins, pleurèrent ; les princes russes (mieux renseignés d'ailleurs, par Constantinople, sur les choses d'Orient) regardèrent ; ils eurent, pour fonder l'unité nationale, plus d'intelligence ou plus de chance.

C'est dans cet esprit que l'igoumène [1] *Daniel* alla voir la Palestine et rédigea son Voyage. Voici le début :

> Indigne Daniel, incité par ma réflexion et mon impatience, j'ai voulu voir Jérusalem, la ville sainte et la Terre promise... J'ai décrit ces lieux saints et ce voyage, sans tirer de ce mien voyage orgueil ni fierté, comme si j'eusse fait en route quelque belle action, alors que je n'ai rien fait de bien...

Il écrit pour se remémorer à lui-même ce que Dieu daigna lui montrer, et pour édifier les bonnes gens. Aussi ne souffle-t-il mot de la situation politique des pays qu'il traverse, et ne parle même de la Croisade qu'incidemment. Baudouin, frère de Godefroy de Bouillon, était alors roi de Jérusalem ; Daniel obtint une audience et la permission de déposer sur le Saint-Sépulcre, au nom du peuple russe, une lampe.

> Trois jours après le dimanche (de Pâques), j'abordai le sacristain... Avec grâce il m'introduisit seul dans le Saint-Sépulcre ; je m'y prosternai et arrosai de larmes la place où avait reposé le corps sacré du Sauveur. Puis je mesurai le sépulcre en long et en

tristé des désastres redoublés que les soldats de la foi éprouvaient en Orient, Suger convia le clergé à le seconder dans l'organisation d'une troisième Croisade... Mais le souvenir des pertes et des malheurs était trop récent. Les prélats s'excusèrent de ne pouvoir se rendre à l'appel » (53).

Alors, qui fut content ? Les tués et les blessés, probablement ; et les admirateurs de l'équilibre universel. « J'ai fait autant de veuves et d'orphelins en Allemagne qu'en France! », s'écrie triomphalement saint Bernard.

1. Le prieur, c'est le grec ἡγέομαι, diriger, d'où le français hégémonie.

large. Devant témoins il n'est permis à personne de le mesurer. Selon mes forces j'honorai le tombeau divin et donnai *quelque petite chose* (нѣчто мало) au sacristain. Et lui, voyant mon zèle pour le Tombeau divin, dérangea une planche... et détacha un petit fragment de la pierre sacrée, cadeau précieux, mais me fit jurer de n'en rien dire dans Jérusalem.

Daniel est un moine sincère, et ne s'intéresse qu'aux choses religieuses, aux couvents, aux reliques, etc. Quelques remarques techniques sur la culture des terres (par exemple sur l'orge aux environs de Jérusalem) rappellent le Russe agriculteur. L'eau de citerne qu'on boit dans la ville sainte le dégoûte; mais l'eau du Jourdain le régale : « elle est douce, on ne s'en rassasie pas »; et il affirme que le Saint Esprit flotte souvent sur le fleuve, flotte visible seulement pour les initiés, s'entend bien. Le peuple croit voir, ce qui est suffisant. Trois fois Daniel revient au Jourdain ; puis visite tous les lieux consacrés, tressaillant devant la moindre grotte, parce qu'il se rappelle (?) que Melchisédec y dîna, ou que sainte Élisabeth s'y cacha, ou qu'Abraham y ronfla. Devant le lac de Tibériade il constate l'abondance du poisson, avale une friture et se pâme de joie à l'idée que Jésus et lui, Daniel, ont mangé des poissons du même lac ; il assure même que Jésus préférait la carpe... Chemin faisant, notre voyageur recueille les légendes les plus étonnantes ; en voici une, suivez le raisonnement : Au pied du Calvaire, presque sous la croix, était une grosse pierre, sous laquelle gisait une tête, la tête d'Adam, premier homme. Au moment où le Christ rendit l'âme, le voile du temple se déchira, comme chacun sait, et cette grosse pierre se fendit. Du flanc du Crucifié jaillit une eau pure qui, s'infiltrant dans cette fente, mouilla la tête d'Adam et, *par conséquent* (!) lava tous les péchés de l'humanité.

Le piquant côté de ce *Voyage*, disais-je, est l'indifférence absolue de Daniel à la politique, aux victoires et aux défaites des Croisés. A ces batailles qui passionnaient l'Occident, à ces exploits, dont le récit devait remplir tant de volumes, il semble n'avoir pas attaché plus d'importance qu'à un fait-divers. De Baudoin, roi de Palestine, il loue la complaisance (à cause de la lampe) et parle d'autre chose. Le chef des Croisés, le guerrier au glaive vengeur, l'intéresse moins que le sacristain, bon enfant, sensible au petit pourboire, нѣчто мало, — et voilà la gloire et ses fumées !

Le succès du livre est attesté par les nombreuses copies et par les imitations. Porphiriev (I, 414) mentionne *Antoine*, qui visita Constantinople à la fin du XII° siècle, quatre ans avant le sac de cette ville par les Croisés. Les Byzantins exhibèrent à cet archevêque (de Novogorod), naïf à l'excès, les *Tables* de Moïse, une boîte de manne recueillie par Aaron, une planche du cercueil divin, la scie du menuisier qui fabriqua la Croix, une des trompettes fatales à Jéricho et devant resservir au Jugement dernier, la canne que Moïse brandit sur la mer Rouge, une croix taillée dans le cep planté par Noé et autres merveilles dignes du récit de Boccace [1]. — *Stéphane*, pèlerin du XIV° siècle, les retrouve revues et augmentées, ne les suspecte mie, dit sa joie de revoir à Byzance des compatriotes réputés défunts, sagement occupés à copier des manuscrits pour le compte de la Russie, mais plaint le perpétuel pourboire exigé dans les églises (Porphiriev, I, 464). Pas un mot non plus sur la politique. Après lui, apparaît la formule *voyager pour affaires*.

« *Basile* qui visita Jérusalem en 1465, était un laïque, un commerçant ; il mentionne les fortifications, les marchés, les moulins. » (*Ibid.*, 501.) — Le voyage en Italie du prêtre *Siméon* rompt l'indifférence de la Russie aux choses de l'Occident ; les rues canalisées, les fontaines publiques, les horloges, etc., lui révèlent une civilisation nouvelle, un confort supérieur aux dorures. Un de ses compagnons, *Abraham*, évêque de Sousdal, décrit un mystère joué à Florence, l'Annonciation de la Très-Sainte Vierge (Porphiriev,

---

1. *Décaméron*, VI, 10.

502 et sq.), et son naïf récit est au fond une mordante critique du catholicisme d'alors, sombre et théâtral, de ses prêtres cabotins, parodiant l'Évangile en 5 actes et 15 tableaux, paradant devant le public et se faisant, avec des auto-da-fé, leur dernier drame réaliste avec musique en faux-bourdon, une sanglante réclame.

Avec *Nikitine* (1466), simple marchand, nous allons en Perse, aux Indes, et nous admirons l'endurance d'un bon diable auquel n'ôtent l'enjoûment ni les dangers ni les revers. Un khan lui prend son cheval, son unique bien; un autre khan le lui restitue; il rit des moricauds nus comme vers qui contemplent l'homme blanc; du bœuf bouddhique, dont les fidèles baisent le sabot; du sultan suivi de ses deux mille femmes; etc. Le célibataire trouve que l'une fait tort à l'autre; et le négociant résume ses notes commerciales en ces mots : Prix surfaits, trop de douanes, trop de menteurs, trop de brigands. « Le style de Nikitine est simple, mais le récit est mal agencé » (Vodovozov, 294).

Nous voici, de voyage en voyage, loin de Jésusalem; cependant quelques observations faites par les pèlerins avaient été répétées en Russie, et commentées. Une minutie rituelle acheva d'ouvrir les yeux; et grâce à des prêtres remarquables tels que *Philarète*, à des savants, tels que *Maxime Grek* et à l'illustre patriarche *Nikon*, fut exécutée une réforme qui empêcha le protestantisme d'éclater dans l'Église orthodoxe[1]. « La simonie, la fainéantise, la débauche

---

1. J'entends, d'être célébré par des batailles sanglantes, comme le protestantisme d'Occident. Les *Raskolniki* sont sympathiques, parce que persécutés. Pierre le Grand lui-même fut dur pour eux, non pas à cause des divergences rituelles, puériles en réalité, mais à cause de leurs goûts réactionnaires. Dévots au passé, ils ne pouvaient ni aimer ni comprendre le remue-ménage du tsar, et leur schisme couvrit souvent leur opposition politique. C'est pourquoi ils sont encore suspects au gouvernement, pour lequel l'orthodoxie officielle est une des formes de l'unité nationale. Ils ne sont pas maltraités, mais ils sont *parqués*, et

étaient vices patents du clergé, sans parler de l'épidémie d'ignorance... La religion était réduite à des grimaces » (Быковъ, 41). Les textes étaient ou si défigurés ou si incompris que certaines fêtes étaient prises pour des personnes; ainsi on priait Haute Dame Assomption, Vénérable Dame Nativité, Très Chaste Épiphanie, saintes qui, dès leur enfance, avaient, paraît-il, édifié les voisins. Jusqu'ici, rien de grave. Le tsar Alexis chargea une élite savante de refondre les textes sacrés; envoya un autre savant, *Soukhanov*, faire enquête à travers la Grèce, la Syrie, l'Égypte et la Géorgie, mission assez semblable à celle du frère Pédiculoso¹, — et attendit. L'élite savante se réunit sous la présidence du Grec *Arsénius*, qui ne put cacher son étonnement. « Ils savent à peine épeler, dit-il; ignorent en quoi diffèrent les consonnes, les voyelles, les diphthongues, ignorent qu'il existe plusieurs parties du discours et n'ont jamais ouï parler des temps, des modes et des déclinaisons » (Быковъ, 39). On devine ce que produisirent les travaux de cette élite savante. — Une autre commission, plus sérieuse, fut choisie; on allait donc enfin obtenir un progrès? Nullement. Par une ironie comique, le sort avait réuni là des prêtres instruits mais unanimement réactionnaires! Les premiers ne pouvaient, les seconds ne voulaient rien corriger. Quel succès attendre d'une telle comédie? Mais voici le drame : le patriarche de Jérusalem vient à Moscou; le patriarche de Moscou s'avance solennellement à la rencontre de son confrère; ces deux Pères de l'Église orthodoxe échan-

---

les tracasseries administratives ne manquent pas. Ceux qui les raillent d'abhorrer le tabac oublient qu'un tsar, Michel Romanov, punissait de mort les fumeurs! Par indulgence, leur coupait le nez... Pour un étranger, les *Raskolniki* sont intéressants; ils ont gardé le naturel russe plus pur, plus brut si l'on veut; cette homogénéité explique leur méfiance à notre égard, que je leur pardonne, persuadé qu'ils persistent et protestent surtout par entêtement, et que, traités également, ils céderaient d'eux-mêmes. La fable : *L'Ane et le Ruisseau*, est toujours vraie.

1. Voltaire, *Instructions du gardien des Capucins de Raguse*.

gent le baiser de paix, font un signe de croix... et pâlissent. La stupeur est générale, l'éclair vient d'annoncer l'orage. Le Moscovite s'était signé avec *deux* doigts, le Solymite avec *trois*! L'hérésie était patente.

Tous les moines qui savaient lire — on parle d'une centaine — piochèrent les textes, épluchèrent les syllabes. Nikon fit découdre la chape de *Photius*, décédé depuis deux siècles, et trouva dans les plis un Symbole hétéromorphe; etc. Enfin Soukhanov revint, et transmit son rapport. « Fidèle partisan de la vieille foi russe, il peignit en noir les abus de l'Église d'Orient, mais attesta loyalement son signe de croix *tridactyle* et le bien-fondé des critiques adressées à l'Église russe[1]. » *Païsius*, patriarche de Jérusalem, les formula par écrit sur la prière de Nikon, et prouva son tact et sa clairvoyance. La correction de quelques erreurs manifestes pouvait en effet mettre les novateurs en goût de réformes; ils eussent élagué le bois mort, puis le bois vif et, sous prétexte de rajeunissement, fait de l'arbre un trognon. Aussi Païsius conseille à Nikon de glisser sur les vétilles et de tolérer quelques variantes dans le culte pour sauvegarder la foi fondamentale : « Notre Église n'a pas eu, dès le premier jour, ses formes et ses rites; rien brusquement, tout peu à peu. » Paroles sages, qui préparaient, dans un dangereux débat, les concessions, la tolérance. Les conciles convoqués à Moscou durent en effet se déclarer tridactyles, et se heurtèrent à la vive opposition des préjugés et de la routine; les vieux croyants alléguèrent par exemple que, si *la tridactylie* était obligatoire, plusieurs de leurs saints, qui l'avaient méconnue, seraient frelatés; et, profitant de quelques contre-sens inévitables, ils accusèrent Maxime Grek d'avoir, de parti pris, altéré les textes sacrés; tant, qu'ils l'internèrent vingt-cinq ans dans

---

[1]. L'une d'elles est assez plaisante : Ne plus permettre aux femmes de coudoyer les hommes pendant les offices, le voisinage des sexes chatouillant trop la langue.

un couvent. Un de ses ennemis, le métropolite Daniel, suppliait même qu'on l'y gardât à perpétuité,

car c'est un homme intelligent, qui connaît notre fort et notre faible; si on le relaxe, il ira tout raconter[1]! (Porphiriev, 515.)

En dépit des résistances, l'énergique Nikon imposa la réforme, dont Épiphane *Slavinetski* fut l'exécuteur. « Ses corrections ont été admises et son texte adopté jusqu'à nos jours sans le moindre changement[2]. »

Ces savants modestes n'ont guère d'autre histoire que celle de leurs ouvrages, et le calme obscur est peut-être la récompense de leur vertu. Maxime Grek m'a vivement intéressé; j'oserais le comparer à Érasme, si le même amour de la belle antiquité les eût animés; mais Grek (né en Albanie vers 1480) ne s'affranchit jamais de l'esprit claustral; ni l'érudition ni les voyages ne le réconcilièrent avec la beauté

---

1. Par exemple, ceci : « La fièvre de l'or ronge à tel point nos juges royaux qu'ils dressent leurs propres huissiers à dénoncer faussement, afin de farfouiller dans le bien d'autrui; tant, qu'ils portent dans les maisons des riches tels objets volés! (c'est-à-dire que, sous menace d'arrestation, ils se font payer le pardon d'un vol prétendu... et réel de leur part). Tant, qu'ils jettent eux-mêmes des cadavres au milieu de la ville, puis se transportent, comme vengeurs des victimes, sur les lieux d'un crime imaginaire, font enquête et perquisition par toute la rue et souvent dans tout un quartier de la ville pour extorquer des écus!.. N'est-elle pas aussi digne de larmes la vie des gens pieux qui font vœu de manger maigre le lundi, mais passent les nuits dans l'ivroguerie, la débauche et les pugilats! » — Grek, dont le Прав. Собесѣдникъ (le *Correspondant orthodoxe*) a publié les ouvrages (1859-62) est un écrivain franc, passionné, qui fait souvent penser à Luther.

2. Быковъ, 63. — S'entend bien que l'opposition persista plus ou moins ouvertement; il y eut rébellions, expulsions, fuites, poursuites « Les Vieux-Croyants prédirent la fin du monde, la venue de l'Antéchrist... Beaucoup quittèrent les villes, allèrent vivre dans les forêts » (Щебальскій, *La Russie sous Alexis Mikhaïlovitch*) plutôt que de se signer avec trois doigts!

Pauvres gens, je les plains, car on a pour les fous
Plus de pitié que de courroux.

païenne; il lui attribue la corruption de l'Italie, et affirme qu'il ne fut lui-même préservé de la contagion que par grâce spéciale, car la tentation était ravissante. D'où son ouvrage : *Réfutation de la grâce hellénique*. La philosophie grecque enseigne le vice, et la mythologie le personnifie; il est honteux de préférer Platon et Aristote au psautier; etc.

Les moines, auxquels manque un sens, le meilleur, qui maudissent la grâce hellénique, qui exorcisent les rossignols (saint Bernard), me rappellent certains maris qui se choisissent un laideron pour plus de sécurité; ils n'échappent pas à leur destinée — *fata viam invenient*, dit Virgile, — et le laideron vit cent ans. Il serait donc plus juste de rapprocher Maxime Grek de Savonarole, qu'il connut du reste personnellement. Ils ont dû l'un et l'autre souvent s'échauffer la tête et trinquer à l'extinction du paganisme artistique.

> Hellène, ta sagesse a pu mettre un emplâtre
>     Au cœur, sur l'insondable mal;
> Ta Vénus peut sourire au vulgaire idolâtre...
> O prostitution mise sur piédestal !
>
> Le monde a dit : Sublime ! à ta philosophie,
>     Aux Parthénons sous le ciel bleu;
> Hellène, tu cueillis les fruits d'or de la vie,
> Mais, divinisant tout, tu n'as point trouvé Dieu.
>
> Tes beaux-arts souriants ont ignoré les fièvres,
>     Du Christ ignoré les douleurs;
> Aux ivresses d'amour abandonnant tes lèvres,
> Aux désespoirs humains tu présentas des fleurs[1].

Le cadeau était plus aimable que *la haire avec la discipline*,

> L'Évangile à l'esprit n'offrant de tous côtés
> Que pénitence à faire et tourments mérités...

Mais enfin il s'agit, je le sais, de gagner le ciel, et qui veut

---

1. Lenau, *Savonarola. Der Tod Lorenzo's des Erlauchten*, strophes 68, 69 et 74.

la fin veut les moyens. Grek attaque surtout l'Église romaine, en laquelle il reconnaît la vraie adversaire : « Les perpétuels efforts de l'Église latine pour subjuguer notre Église ont redoublé en ce temps... » Il critique notamment le dogme : *qui ex Patre Filioque procedit*; le dogme du purgatoire et l'emploi du pain azyme; mais, au fond, il en veut à l'Église romaine d'avoir emprunté au paganisme son luxe sensuel qui n'altère point le dogme et qui séduit la foule. Grek fut un homme d'une intelligence supérieure, et ses services furent grands; mais

> De chasser les Tritons de l'empire des eaux,
> D'ôter à Pan sa flûte, aux Parques leurs ciseaux,
> D'empêcher que Charon, dans la fatale barque,
> Ainsi que le berger ne passe le monarque :
> C'est d'un scrupule vain s'alarmer sottement.
>
> (BOILEAU).

Le véritable prodige de ce temps-là fut ledit patriarche Nikon[1]; sa vie est un roman. Il n'était rien, ne voulait rien être, et la Providence, lui assignant une tâche, le mena aux honneurs et à la gloire[2].

En 1605, dans la province de Nijni-Novogorod, une pauvre paysanne meurt en accouchant d'un garçon. Une belle-mère vint diriger la maison, et l'enfant connut la brutalité, l'injustice, la faim et le froid. Il connut aussi le chaud; car s'étant tapi dans le four et endormi, la marâtre faillit l'y brûler; il fut sauvé par sa grand'mère. Un voisin charitable le recueille, lui apprend à lire, à écrire; mais il faut enfin rentrer à la maison paternelle, au bagne. A douze ans, l'enfant n'y tint plus; il s'enfuit, et entre dans un monastère comme orphelin vagabond. Cinq ans après, un pèlerin le reconnaît, lui apprend la mort de sa belle-mère, la maladie de sa grand'mère et le regret de son père. Le jeune homme retourne au

---

1. De son vrai nom : Nikita Minine.
2. Je résume le très intéressant ouvrage de A. Быковъ. Saint-Pétersbourg, 1891.

village natal, voit son père mourir, recueille l'héritage, se marie pour le diriger, et redevient paysan. Mais l'esprit religieux l'obsède; après entente avec son beau-père, il entre dans les ordres à vingt ans, et devient pope.

Inflexible dans les questions religieuses, d'une conduite exemplaire, d'un commerce agréable, le nouveau pope attire les regards. Les marchands de Moscou l'entendent prêcher et lui procurent un avancement rapide dans la capitale. Mais Nikon s'attriste, le succès l'inquiète; la mort successive de ses trois enfants lui paraît un châtiment divin; le monde et ses iniquités l'effarouchent... Il persuade sa pauvre bonne femme, la tond, lui passe le béguin, la cloître à perpétuité; et, débarrassé ainsi de tout ce qui le gênait, il fuit et devient moine au bord de la mer Blanche. Il passe là sept années. La confrérie se ravitaillait par des quêtes (une seule rapporta 500 roubles) et se chamaillait sur l'emploi de l'argent. Agacé, Nikon s'abouche avec un camarade, grée une barque, navigue sans boussole, est jeté à demi-mort sur un îlot et, pour n'y point crever de faim, se risque à nouveau sur ses quatre planches. Bref, il se sauve, entre dans un autre couvent où il obtient la faveur de vivre seul sur un îlot dédaigné. Deux ans après, le prieur meurt, Nikon est élu à sa place, envoyé comme quêteur à Moscou, et s'y rencontre avec le tsar Alexis... Admirez la destinée! Ce tsar « au front étroit » (съ узкимъ лбомъ), dévot renforcé, rompu à tous les exercices religieux au point de rester pendant le Carême cinq heures à l'église et d'y exécuter mille génuflexions (!), devait subir l'ascendant de l'ascète énergique. Il le prit pour ami, pour confident; bref, au milieu de circonstances extraordinaires, l'imposa patriarche.

Nikon réforma dans l'Église et dans l'État; contrarié par les réactionnaires, par les envieux, par les fainéants qu'il secouait, par les courtisans qu'il surveillait, et par son propre clergé dont il réfrénait les excès. Cette coalition représenta au tsar les dangers d'une théocratie grandissant pour asservir la royauté; tant qu'à la fin Nikon, abandonné par son ami *au front étroit*, fut déposé par ce même concile dont il n'avait qu'appliqué fidèlement les décisions prises en commun. Redevenu simple moine, le disgracié fut exposé à de mesquines vexations ; le tsar l'oublia longtemps, mais enfin, ses malheurs privés ayant éveillé ses remords, il eût voulu se réconcilier. Son successeur, Fedor III, exigea le retour du proscrit, qui mourut en route, âgé de soixante-seize ans. Les obsèques furent solennelles ; le nom de patriarche fut restitué au défunt, et l'Église orthodoxe le vénère encore à ce titre.

Rappelons que le patriarcat fut aboli (en 1700) par Pierre le Grand. L'État ne devait pas obéir à deux maîtres : un autre patriarche eût pu surgir, aussi énergique que Nikon et plus heureux.

## VII

### CONSÉQUENCES DE L'ORTHODOXIE. — LA POLOGNE. DÉMÉTRIUS. — LA SCOLASTIQUE

Comment ne pas « parler théologie », fût-ce maladroitement ? C'est dans les questions religieuses que se concentra pendant plusieurs siècles la vie intellectuelle. Il est curieux de voir la réforme de l'Église gréco-russe agir de haut en bas : les patriarches s'émeuvent, les princes adhèrent, les conciles concluent, les fidèles résistent ; — tandis que la réforme de l'Église catholique agit de bas en haut : le peuple proteste, le moine de Wittemberg affiche ses protestations qui gagnent les bourgeois, puis les princes ; la résistance vient des autorités ecclésiastiques. Ce phénomène assez rare suffirait à expliquer l'antagonisme farouche de la Pologne et de la Russie, dans laquelle peuple et gouvernement étaient d'accord (de nouveau, phénomène assez rare) pour repousser l'invasion romaine[1]. Derrière les Polonais s'abritait l'Église latine ; leurs qualités brillantes, le vernis[2] de leur civilisation les rendaient d'autant plus suspects ; et contre le catholicisme qui, refoulé du sud au nord, tentait de pénétrer via Varsovie, la Russie combattit pour ses croyances et pour son indépendance ; la religion sépara des peuples, slaves tous deux, que le sang et la langue eussent dû spontanément rapprocher[3].

La Pologne a été tuée par son fanatisme catholique, et c'est à ce titre qu'elle mérite la couronne du martyre.

« Henri n'eut pas plutôt appris qu'il était roi de France (1574), qu'il s'enfuit de Cracovie. Il emportait aux Polonais les diamants de la couronne. En revanche, il leur laissait un autre trésor, les Jésuites, que le nonce avait fait venir, et qui devaient faire la ruine du pays. Organisant la persécution... ils amèneront la défection des Cosaques[4] au profit de la Russie » (MICHELET).

En effet, sous couleur de combattre le protestantisme, les Jésuites envahirent les provinces orthodoxes et convertirent l'aristocratie par la promesse de charges officielles et lucratives ; le clergé russe, séduit par les mêmes privilèges, apostasia en masse ; la résistance se rencontra seulement dans le peuple. — Le catholicisme tenta alors un mouvement tournant : il convoqua le concile de Brest et proposa la fusion des deux Églises, grecque et romaine, sous la suzeraineté

---

1.   *Der Russe hasst den Polen, muss ihn hassen ;*
     *Da ist kein festes Herzensband zu knüpfen.*

                                                   (SCHILLER).

2. Je n'écris pas ce mot au hasard. Ce vernis a fait illusion à l'Europe occidentale, et lui a dissimulé l'égoïsme féroce, stupide des nobles et les inénarrables souffrances du peuple.

3. Voltaire écrit (le 23 février 1771) à la princesse de Talmont : « J'aurais désiré que vos braves Polonais, qui sont si généreux, si nobles et si éloquents... se fussent joints aux Russes. »

4. « Les Cosaques étaient de la religion grecque, et ce fut encore une raison de plus pour les rendre irréconciliables avec les Polonais » (VOLTAIRE, *Essai sur les mœurs*).

papale. (De là le nom de *Uniates.*) Le peuple ne comprit rien à ces subtilités, résista et le paya cher. Une ère de persécution s'ouvrit contre ces manants : leurs propres maîtres vendaient leurs biens, ou les affermaient à des juifs qui pressuraient ces malheureux ; les églises mêmes furent souvent *affermées* à des juifs qui n'ouvraient les portes aux baptêmes, enterrements, mariages que contre un paiement arbitraire. La langue polonaise devenait la langue des nobles, des riches, la langue du bon ton ; le papisme devenait la religion *bien portée*; de là les haines accumulées chez le peuple, qui confondit dans une même exécration le catholicisme, les Jésuites, la Pologne et les seigneurs. Les Cosaques s'insurgèrent et furent à l'avant-garde de toutes les révoltes contre l'invasion polonaise. Les cruautés commises de part et d'autre sont incroyables. Enfin, le parti catholique romain en fit tant que l'Ukraine, écrasée tant de fois (notamment en 1638), se souleva une fois encore, et cette révolte l'affranchit : elle se réunit à la Russie en 1654. — Le doute n'est donc pas possible. — « Parmi les peuples d'Europe qui ont perdu toute force vitale sous l'influence de la hiérarchie romaine, les Polonais occupent le premier rang » (H. von Sybel). — « A la fin du xvi° siècle, les Jésuites prédominaient en Pologne ; et à Varsovie comme à Madrid l'axiome politique fut de mettre toutes les forces de l'État au service de l'Église romaine, de faire guerre à mort à l'hérésie... La persécution fut scandaleuse. L'État fut vite pourri (*verfault*). Les Jésuites privèrent les dissidents de tous droits[1]. La haine éclata contre eux à Thorn (1724) ; le clergé catholique fit exécuter le maire Rösner, neuf des principaux bourgeois, et confisqua à son profit le temple protestant » (Weber, *Weltgesch.*). On sait que la ligue de Radom (1767) se forma pour obtenir la liberté du culte, l'ad-

---

1. « En 1763, l'évêque grec de Mohilev, Koniski, adressa une supplique à Catherine : cent cinquante églises de son diocèse avaient été latinisées de vive force. Les protestants appelèrent, pour le même motif, Frédéric à leur secours » (H. von Sybel).

mission aux emplois et la restitution des temples. Les Ultramontains, sous couleur de patriotisme, formèrent la contre-ligue de Bar, afin de reprendre le tout (1768); ce, avec l'appui de la France qui perd rarement l'occasion de commettre une bêtise.

La plupart des ouvrages sur la *question polonaise* ont embrouillé, de parti-pris, une question très simple : le Polonais a été traqué puis dévoré parce qu'il était ultramontain. Mais alors, pourquoi la catholique Autriche s'est-elle ameutée? L'historien H. von Sybel a démontré, avec preuves à l'appui, que la catholique Marie-Thérèse ne gémit sur le partage de la Pologne que parce qu'elle partageait avec deux puissances hérétiques!

Le fanatisme religieux m'explique seul le courant de haine contre les Polonais qui circule dans la littérature russe. J'étais surpris de cette antipathie; pourquoi haïr ici plutôt que là? Pourquoi préférer ostensiblement le barbare, le sauvage au Polonais civilisé? A propos du beau roman de Gogol, *Taras Boulba*, un littérateur russe, Khotsianov, fait en ces termes l'aveu brutal de cette préférence :

> Oui, le Polonais est plus haï que le Mongol, car le Mongol c'est l'ouragan dévastateur, mais suivi d'accalmie, si courte elle soit; tandis que la Pologne, sans bruit, étend sur la terre ses ténèbres. Le barbare saccage villes et villages; mais dès qu'il a ravi à sa victime une proie matérielle, il s'apaise; il brûle les églises, mais laisse chaque chrétien croire en Dieu et l'adorer à sa guise, prier dans sa langue, garder ses coutumes, bref, le Mongol ne touche pas au monde moral et religieux du vaincu. Mais jamais la Pologne ne laisse en repos sa victime; elle anéantit la liberté individuelle; sans relâche, diaboliquement, elle s'efforce d'asservir le monde moral et religieux des Russes, de leur imposer sa langue, sa foi...

Taras Boulba résume merveilleusement ces féroces guerres de religion. Le vieux chef tue sans hésiter son propre fils qui ose aimer une catholique; et quand il vide sa cave et régale ses Cosaques, quel toast porte-t-il? « Buvons, camarades, buvons avant tout à la sainte religion orthodoxe; qu'enfin le temps advienne, où elle se répandra par le monde! » Quand Ostap, son fils aîné, pris par l'ennemi, va être supplicié, Taras se rend à Varsovie et se mêle à la foule sur la place : « Je veux voir comment on le suppliciera! » Il ne perd pas un détail de l'exécution et murmure : « Bien, mon fils, très bien! » en voyant sa fermeté. Taras aurait même pu sauver son fils, si l'orthodoxie ne l'eût emporté : semant l'or et déguisé en seigneur étranger, il pénètre jusqu'à la prison de son fils; encore un peu de patience et la porte va s'ouvrir; mais le geôlier ayant dit : Tenez, voici où sont ces chiens! Taras lui clame, furieux :

Tu mens, fils du Diable! C'est toi, le chien! Comment? Tu oses dire qu'on ne respecte pas notre foi! C'est votre foi hérétique qu'on ne respecte pas [1]!

Chevtchenko reprendra la même thèse, et présentera dans ses *Francs-Tireurs* (Гайдамаки) un dramatique et sombre tableau de ces guerres entre Polonais et Petits-Russiens; là aussi, le chef russe tue ses fils séduits par le catholicisme. Du reste, maintes chansons de la Petite-Russie perpétuent la rancune envers les Polonais insolents et pillards, envers leurs prêtres convertisseurs, envers leurs juifs rongeurs. « Et si Dieu te donne un enfant, bonhomme, garde-toi de quérir la bénédiction du pope! Va d'abord porter au juif fermier six écus pour qu'il permette d'ouvrir l'église et de baptiser. » Le récit ne serait point populaire si les juifs et les Polonais n'y étaient finalement hachés menu. Les contes exigent toujours une solution expiatoire.

Les années se sont écoulées sans amener la réconciliation

---

[1]. Conclusion de Khotsianov : « On voit qu'il est impossible d'aimer ses enfants plus que Taras ne les aimait. »

cordiale; de part et d'autre on a trop de morts à pleurer, sans doute, mais l'oubli serait déjà venu —

> De quelque nom d'ailleurs que le regret s'appelle,
> L'homme, par tout pays, en a bien vite assez ! —

si la sempiternelle question religieuse ne se posait toujours.

Les Polonais ont reproché au peuple français de les avoir abandonnés, et à la diplomatie française de les avoir leurrés; ils ont sur le cœur l'assertion célèbre : « L'ordre règne à Varsovie! » Le reproche paraît fondé, car notre diplomatie eût dû agir plus franchement; mais les Polonais instruits savent que la France se débat depuis longtemps entre le courant libéral (voltairien, républicain, etc., peu importent les rubriques) et le courant monarchique (catholique, etc.); que le peuple français ne pouvait guère aimer et suivre ses gouvernants qui lui « promettaient la Charte en faisant les plus grands serments », puis faisaient dix pas en arrière dès qu'il en faisait deux en avant; que ces mêmes gouvernants, désireux de garder leurs places et leurs rentes, n'osaient jamais s'engager à fond, même pour plaire à la papauté; — d'où les allures louches de notre diplomatie, dont nous, Français, fûmes victimes comme les Polonais. Malgré des sympathies très vives, il semblait absurde aux insurgés de 1830 de renverser une monarchie catholique à Paris pour rétablir une monarchie catholique à Varsovie; les chefs louvoyèrent entre ces sympathies et cette constatation flagrante; nos avocats s'échauffèrent à leur propre éloquence; l'aristocratie polonaise entassa comme à plaisir les maladresses et souvent les crimes[1]... La Pologne avait vécu.

---

[1]. Je fais allusion à la curée d'argent et de places qui dégoûtait même les ennemis; à la vente des forteresses : le noble polonais reçut l'argent et laissa massacrer ses soldats. Le premier Polonais venu citera les noms au lecteur incrédule. — Que dire du refus obstiné d'émanciper le pauvre peuple qui se battait et mourait si héroïquement!

Nous avons, entre autres témoignages de l'exaspération des Russes, des plus lettrés, des meilleurs, les vers magnifiques que Pouchkine, porte-voix de ses compatriotes, nous jeta à la figure. Je traduis de mon mieux cette pièce célèbre.

Клеветникамъ Россіи

Pourquoi tout ce tapage, avocats populaires ?
Sur le tsar, sur le Russe anathème ! Pourquoi ?
La Pologne expirante exalte vos colères ?
Ah, permettez ! Le Slave ici se bat chez soi.
Ce problème sanglant savez-vous le résoudre ?
C'est la guerre civile et c'est la haine à mort
Jusqu'à l'écrasement du faible par le fort
      Sous un éclatant coup de foudre !

Car ce n'est pas d'hier qu'on se hait ; tant de sang
      N'a pas submergé la rancune ;
Car le peuple vaincu s'est redressé, puisant
      Des forces dans son infortune.
      Qui l'emportera tôt ou tard ?
Ou le Russe fidèle ou le Polak vantard ?
      Guerre entre nous ! Vers la Baltique
Trop longtemps la Vistule a coulé catholique.

      Laissez-nous ! Vous n'avez point lu
      Nos Tables de la Loi, cet ordre ;
      La Fatalité l'a voulu,
      Laissez nos nations se mordre.
      Moscou — Praga. — Pour vous, des mots :
Vous ne comprenez pas l'odieuse antithèse ;
Vous pleurez sur Praga, martyre polonaise ;
Le Russe est l'égorgeur, digne de tous les maux !

Parce que, ayant tenu Moscou comme une proie
      Qu'il déchiquetait triomphant,
Votre empereur a vu Moscou qui se défend
Faire de sa conquête un sombre feu de joie ;

Parce que nous avons broyé le piédestal
D'un faux dieu qui dut fuir, pourchassé comme un fauve ;
Parce que, grâce à nous, l'Europe est libre et sauve, —
Vous trouvez que le Russe a le sabre brutal...

Insultez la Russie, avocats démocrates,
  Mais de loin, et soyez prudents !
Si jamais vous osiez sur lui porter les pattes,
Le tsar d'un coup de pied vous casserait les dents.
  Sa Majesté fait votre envie.
  Car il est terrible et loyal,
  Car il tient dans son poing royal
  La moitié du monde asservie.

  Tremblez de troubler son repos !
Il a l'immensité pour empire : il confine
Au pôle Nord, au Sud, à la Prusse, à la Chine ;
Il commande, et la gloire entraîne ses drapeaux ;
Tenez-vous-en, bavards, à vos menaces vaines ;
La géante Russie écraserait vos haines ;
Vos pères ont péri par milliers dans nos plaines, —
  Vous y heurteriez leurs tombeaux !

Littérairement, cette poésie mériterait déjà l'attention ; elle est d'ailleurs sincère ; car à la nouvelle de l'insurrection de 1830, Pouchkine, l'excellent homme, veut partir volontaire, veut tuer beaucoup de Polonais[1]! On en tua beau-

---

1. Il adressa une demande qui fut sagement rejetée. — A la même époque Lermontov écrit cette épigramme méprisante :

  Vil étranger, qui crois donner le change,
    Affublé d'un déguisement !
  A la sotte querelle on connaît l'Allemand,
  Et sent le Polonais à la plate louange.

Lermontov a du reste repris le thème de Pouchkine, et l'a paraphrasé en vers médiocres. « L'astuce envieuse de la vipère... L'amour du peuple servant au tsar de bouclier... Le soleil impérial qui fait tort au soleil divin », etc., sont des métaphores de mauvais goût. Lermontov enfin resta à côté de la question ; la couronne des Romanov n'était pas en cause, et « la grande âme de Fabricius » encore moins.

coup, en effet; et lugubre est cette histoire de luttes vaines, d'héroïsme gaspillé. Le génie militaire d'un Chlopicki, d'un Dvernicki ne pouvait sauver la nation : le véritable ennemi était à l'intérieur. Tout en gardant pieusement le culte de la patrie et des héros morts pour elle, les Polonais avouent que la conquête russe fut, en somme, un bienfait matériel; en treize ans, par exemple (1872-1885) la population de Varsovie s'est accrue de deux cent mille âmes. Ils gardent surtout rancune aux Allemands.

Un autre moyen de latiniser la Russie était de prendre le trône. Londres changera bien de religion au gré de ses rois, plusieurs fois sous le même! Pourquoi pas Moscou? Les circonstances semblèrent provoquer la tentative.

Ivan IV avait laissé deux fils; sous le nom de l'aîné, Fédor, prince faible, « qui convertit son palais en oratoire, et mourut en odeur de sainteté » (Pouchkine), régna un ministre, Boris Godounov, lequel, pour plus de tranquillité, fit tuer le second fils, Dmitri, et cloîtra leur mère. A la mort plus ou moins naturelle de Fédor, Boris se fit offrir le trône, et l'accepta. Ce ne fut pas un souverain vulgaire; Karamzine atteste

son zèle civilisateur, sa compassion pour le peuple, son activité, sa générosité, sa conduite pendant la famine (1601-3), où il sut prendre toutes les mesures possibles;

mais ce fut un souverain mal chanceux. La superstition populaire attribua à son vice d'origine les maladies, la sécheresse et l'humidité, punitions célestes... Une rumeur circula: 1° Dmitri n'est pas mort peut-être; 2° pourquoi serait-il réellement mort? Il y a eu erreur ou substitution; au lieu de l'enfant royal on a tué un petit propre-à-rien; 3° s'il n'est pas mort, il a grandi, il est d'âge à régner, donc il va revenir. — Les esprits ainsi disposés, Dmitri ne pouvait pas ne pas revenir. Il apparut. On eut beau le tuer cinq fois, il réapparut une sixième fois, et le merveilleux des contes arabes le cède à cette fabrication et émission de faux Démétrius, à leurs aventures authentiques.

Un moine défroqué est hébergé par le prince Sendomir, présenté à la Diète polonaise, reconnu, acclamé, mis à la tête d'une armée ; il entre à Moscou, devient empereur et asseoit sur son trône Marina, fille de son premier protecteur, une catholique. Cette bravade le perd ; il meurt assassiné. — Ces événements extraordinaires, ce rêve réalisé, sollicitèrent la poésie ; et si Schiller n'était mort trop jeune, il eût donné peut-être en *Démétrius* son chef-d'œuvre. L'ébauche est déjà grandiose. Le rideau se lève sur la Diète polonaise : l'imposteur raconte qu'il vivait sans pressentir sa destinée ; mais un jour il tue par jalousie un prétendant de la belle Marina ; la hache est levée, il va expier ce meurtre.

A ce moment on aperçoit une croix d'or et de pierres fines suspendue à mon cou depuis le baptême. J'avais toujours gardé ce gage sacré de la rédemption chrétienne et, sur le point de quitter la vie, je le pressai pieusement sur mes lèvres.

On s'étonne, on s'enquiert ; enfin le dernier doute est levé par son psautier, dans lequel une note marginale, en grec, le désignait comme Démétrius authentique !

Le théâtre offre peu de scènes plus dramatiques que l'entrevue de l'imposteur et de la veuve d'Ivan. Reine, elle a subi l'outrage de la tonsure ; mère, elle a vu l'assassin de son fils parader sur le trône. Mais voici la vengeance : confrontée avec l'imposteur, elle le reconnaîtra et Godounov est perdu. — Les scènes d'amour sont prêtes aussi : Démétrius est épris de la belle Polonaise qu'enivre l'espoir d'être impératrice. Quelle féerie savamment machinée ! Avec son rare instinct dramatique Schiller avait voulu personnifier dans Marina l'ambition politique de la Pologne.

Fille dangereuse, où me conduis-tu ? Ma faiblesse paternelle ne résiste pas à tes instances... Tu veux régner ; sacrifiant tout pour toi, je m'épuise en armements ; je livre au hasard les biens certains. La Fortune est perfide, le succès est douteux.

Pouchkine, écrivant son *Boris Godounov*, eut une inspiration non moins géniale : Démétrius, en dépit de ses velléités d'indépendance, est un instrument entre les mains de cette coquette ambitieuse; son chemin lui est tracé : de là à là ! Il entend l'ordre brutal : Je te paie, je te nourris, il faut que tu marches ! Bref, Pouchkine a personnifié dans cette fille l'Église romaine elle-même, ayant créé l'imposteur, l'ayant dressé, mis au point, et tremblant, au moment de le lancer sur la Russie, qu'une fausse manœuvre, qu'une tenue roturière, qu'une parole imprudente ne ruinent l'œuvre si savamment, si patiemment élaborée. Elle a surexcité son audace, et maintenant son audace l'effraie : il va trop loin, surtout trop vite ; la nation conquise le suivra-t-elle ?

### DÉMÉTRIUS

Mon père, n'ayez peur. Les Russes sont fidèles
    A leurs rois plus qu'à leur clergé;
La résignation chez eux coupe les ailes
A tout transport. Je change, — et le peuple a changé.
Mon décisif exemple entraînera la masse :
Je l'enjôle et la jette entre les bras d'Ignace !

### LE PATER

Qu'il t'aide à préparer nos triomphes futurs!
Mais sois prudent, mon fils ! Dissimule ! La ruse
Apportant le profit apporte son excuse.
Nos chemins tortueux sont plus lents mais plus sûrs.
Dissimule ! Dieu voit pourquoi ton âme est fausse.
Dieu pardonne d'avance à qui sert notre cause.

Au moment de remettre entre les mains d'un comédien les intérêts de l'Église romaine, de confier à un joueur une religion pour enjeu, à un imposteur le rôle d'un César, l'hésitation peut faire battre le cœur. L'Église lui adressera un dernier sermon, exigera un dernier serment; mais, d'autre part, l'esclave affublé de pourpre sent que sa terrible maîtresse a plus besoin de lui, somme toute, qu'il n'a besoin d'elle; et il ronge son frein, fier et rampant. Cette situation a inspiré à Pouchkine une scène splendide, d'une psychologie intense, qui suffirait à la gloire du poète[1]:

### SCÈNE DE LA FONTAINE
#### La nuit. — Un jardin.

#### DÉMÉTRIUS

Voici la fontaine. Elle y doit venir. —
  Je suis né sans peur, ce me semble;
  J'ai fixé la mort sans blêmir
  Et n'ai point une âme qui tremble.
  Du cloître j'ai senti le froid,
  Du tombeau j'ai heurté la dalle;
  Courbé sous une main fatale
  Je me suis redressé plus droit,
  Bravant peuple et Dieu dans ma fuite...
  Maintenant mon cœur bat plus vite,
  Mon souffle est plus précipité.
  Est-ce un frisson de volupté?
  Non, c'est la peur! — Ce qu'il faut taire
  Ou lui dire en faisant ma cour,
  Je l'ai calculé tout le jour;
  Le degré d'aveu, de mystère,
  Comment flatter son âme vaine
  Par le prestigieux espoir
  D'être à Moscou la souveraine...
  Et j'ai tout désappris ce soir!

---

[1]. Devant le refus de la Censure de laisser jouer *Boris Godounov*, Pouchkine sollicita l'autorisation de faire jouer cette unique scène de la fontaine. Le poète mourut sans avoir obtenu cette satisfaction. — L'envie n'eut-elle pas à ce refus plus de part que la politique?

DÉMÉTRIUS

Le doute égare ma prudence ;
L'amour a troublé ma raison. —            (Il écoute.)
Un bruit furtif dans le silence ?
Une ombre frôlant le gazon ?...
C'est la lune aux clartés étranges ;
Un léger souffle a seul passé.

MARINA (entre).

Prince !

DÉMÉTRIUS

(Elle !.. Mon sang s'est glacé.)
(Il va à elle). Enchanteresse ! O voix des anges !
Tu viens enfin, tu viens à moi,
A ce rendez-vous solitaire,
La nuit nous prêtant son mystère,
L'amour me prêtant son émoi !
Que la journée est longue à l'amoureuse attente !
Que mon cœur palpitait à compter les instants !
Que la première étoile à s'allumer fut lente !

MARINA

L'heure fuit et j'ai peu de temps ;
Et ce ne fut pas pour entendre
Un compliment plus ou moins doux,
Un madrigal plus ou moins tendre,
Que j'ai fixé ce rendez-vous.
Parlons bref. D'ailleurs je veux croire
A ta flamme et veux partager
L'honneur ou le rêve illusoire
Et, jusques au bout, le danger.
Mais apprends : j'exige en revanche,
Démétrius, et c'est mon droit,
Confession entière et franche,
Du moindre projet l'aveu froid.
T'accompagner et non te suivre !
Que tous tes secrets soient les miens ;
Connaître ta vie et la vivre,
Savoir où tu vas, d'où tu viens ;

Lire à livre ouvert dans ton âme ;
Sans réticence savoir tout ;
Confidente, complice, femme —
Droits égaux — du tsar de Moscou !

### DÉMÉTRIUS

Laisse-moi, ne fût-ce qu'une heure,
Oublier mon destin, ma grandeur, mes ennuis !
Laisse l'ambition ! La tendresse est meilleure ;
Oublie à ton tour qui je suis.
Que mon jeune amour te contente !
Ne nous suffit-il pas d'être deux amoureux ?
Laisse-moi contempler ta beauté qui m'enchante,
Laisse-moi soupirer la chanson des heureux !

### MARINA

Pas le temps, prince. Agis, tu tardes.
L'ardeur faiblit ; tes partisans,
A ces banalités bavardes,
Bronchent ; les périls sont pressants.
Déjà des rumeurs — des injures ! —
Suspectent tes droits et ton rang ;
Godounov se recueille et prend
Opportunément ses mesures,

### DÉMÉTRIUS

Boris ? Qu'il s'arme et me devance !
Si même la victoire à son appel accourt,
Mon cœur est-il en sa puissance ?
Qu'il garde la couronne, et je garde l'amour.
Que m'importe après tout le trône moscovite ?
Qu'importe d'être tsar et d'être redouté ?
Auprès de mon bonheur sa grandeur est petite,
Et sa splendeur est pâle auprès de ta beauté.

### MARINA

Rougis, si ton âme préfère
Au sceptre n'importe quel bien !
Près ta mission sainte et fière
La vie est peu, l'amour n'est rien.

Je ris d'un garçon qui soupire
Sottement ; j'engage ma foi
Au seul héritier d'un empire,
Sauvé par Dieu pour être roi.

### DÉMÉTRIUS

Ne dis pas, belle impitoyable,
Que mon titre de prince est seul digne à tes yeux,
Que le sceptre est un bien plus que moi désirable...
Ce reproche est trop dur à mon cœur amoureux.
Si jamais... Doute affreux ! Réponds-moi : si peut-être
Mon nom était menteur ? Mon titre, décevant ?
Si dans l'obscurité le destin m'eût fait naître ?
　　Si je n'étais point fils d'Ivan ?
　　Si le vrai Démétrius, dis-je,
Dormait depuis vingt ans dans les plis du linceul ?
Ne m'aimerais-tu plus ?

### MARINA

Non. Démétrius seul.

### DÉMÉTRIUS

Il suffit. Le respect pour la tombe m'oblige
A ne point dérober une amante à ce mort.
　　Il suffit. Le masque hypocrite
　　Me répugne à porter encor.
Dieu ne permet jamais qu'un roi mort ressuscite.
　　La vérité soit entre nous !
　　Sache : l'héritier d'un royaume,
　　Celui que tu veux pour époux,
　　Ton Démétrius est fantôme.
　　Et qui je suis moi-même ? Apprends
Que je ne suis qu'un moine, un moine ridicule,
Un tonsuré quelconque, ignoble, sans parents,
　　Gueux en rupture de cellule.
J'ai conçu, fabriqué mon miracle avec art ;
　　J'ai mis mon imposture en scène,
Jeté le froc et puis affronté le hasard !
　　Chez les Cosaques de l'Ukraine

J'appris à manier le sabre et le cheval ;
                Sachant comme on lance une armée,
Surgissant révolté, grandissant général,
Je marchai, soulevant confuse renommée,
Ayant ressuscité Démétrius, prêchant
                Aux Polonais la guerre sainte ;
Et la religion projeta sur ma feinte
                Le Mensonge, spectre géant !..
                Eh bien, tu gardes le silence ?
De mes moindres secrets le partage absolu
                Tu l'exigeas avec instance :
                C'est fait. Mon aveu t'a-t-il plu ?

### MARINA

O honte !                                    (un silence)

### DÉMÉTRIUS (bas)

                J'aurais dû me taire davantage ;
        Mais la passion m'a perdu.
Sot, je fus confiant : le mépris m'est rendu ;
Je vois de mon bonheur crouler l'échafaudage. —        (haut)
Soit ! Puisque ta fierté, Polonaise hautaine,
        S'indigne et veut n'aimer qu'un roi,
Comme on fait aux laquais prononce mon renvoi !
        Parle, j'attends. Amour ou haine ?    (il s'agenouille)

### MARINA

        Relève-toi, piètre imposteur !
        Crois-tu donc par ce jeu de scène
        En imposer à ma candeur ?
        Erreur, ami ! J'ai, par douzaine,
        A mes pieds vu des paladins ;
        Dans la noblesse polonaise
        J'ai pu choisir tout à mon aise
        Sans tomber jusqu'aux sacristains !

### DÉMÉTRIUS

Et qu'a-t-elle fait, ta noblesse ?
Elle accueille, elle acclame un sacristain qui ment.
Tes hardis paladins, je les traîne à la laisse !
Je viens, je veux, j'ordonne, et j'ai pour instrument,
Pour ma meute, pour chiens ta nation entière !
Ce moine sera tsar et deviendra, vainqueur,
Soudainement aimable et digne de ton cœur.

### MARINA

Digne du gibet, téméraire!

### DÉMÉTRIUS

Certes, mon imposture est grande. J'ai péché,
Machinant ma fourbe entreprise.
Mais du moins que par toi rien ne soit reproché !
De toi j'ai mérité pardon par ma franchise.
En vain, m'avertissant, ma raison murmurait;
Ta grâce m'a vaincu; mentir l'eût profanée.
Dans un frisson d'amour livrant ma destinée,
Je t'ai donné mon bien le plus cher : mon secret.

### MARINA

Bien travaillé! Le sot se vante.
Qui donc exigeait ton aveu?
Si ton imposture insolente,
Pauvre hère sans feu ni lieu,
Trompa la foule, elle mérite,
Après tout, d'avoir réussi.
Mais il faut, jusqu'à réussite
Pleine, savoir se taire aussi;
Nier, fût-ce au prix d'un blasphème;
Fût-ce au prix d'un crime, mentir.
Comment puis-je aujourd'hui moi-même
Risquer l'affront, le repentir
De te suivre, si de la sorte
Tu bavardes en liberté?
Belle excuse : l'amour l'emporte !
Qui sait s'il n'a pas raconté,

　　　　　Par reconnaissance, à mon père
　　　　　Sa belle histoire, comme à moi
　　　　　Par pur amour? Et, pour bien faire,
　　　　　Le tout, par gratitude, au roi?

　　　　　　　　　DÉMÉTRIUS

　　　　　A d'autres qu'à toi? Non. Je jure
　　　　　Que mon secret fut inouï,
　　　　　Que j'ai devant tous enfoui
　　　　　Au fond du cœur mon aventure.
Non, je ne dirai rien, jamais ni nulle part.
Ni pièges, ni détours, rien sur mon énergie
N'aura prise. Je puis me taire dans l'orgie
　　　　　Sur la roue et sous le poignard.

　　　　　　　　　MARINA

　　　　　Ton serment doit donc me suffire?
　　　　　Eh bien, soit! Il me suffira,
　　　　　Si seulement tu peux me dire,
　　　　　Ce fier serment, qui le jura.
　　　　　Est-ce un prêtre? Est-ce un gentilhomme?
　　　　　Sur son missel ou sur sa foi?
　　　　　Ou le prince héritier qui nomme
　　　　　Dieu seul son maître? Réponds-moi.

　　　　　　　DÉMÉTRIUS (fièrement.)

　　　　　Du fond de sa tombe Ivan le Terrible
　　　　　M'adopta son fils, m'imposa mon nom,
　　　　　Le trône pour legs, Godounov pour cible!
　　　　　Mon seul maître est Dieu : Moscou, ma maison!
Un seul tsarévitch : moi. Restons-en là. Que pèse
　　　　　Dans la balance du destin
　　　　　Le doute ou le dépit mutin
　　　　　D'une donzelle polonaise?
Adieu. Démétrius a des soucis plus hauts;
Et mes vastes projets et mes devoirs royaux
M'appellent. J'irai faire au milieu des batailles
A mon amour défunt de grandes funérailles!

S'il fut fort, la haine à présent
Est plus forte. Je pars. Mais quelle soit ma vie,
Que je me dresse un jour, dominateur puissant,
Sur le monde vaincu, sur la terre asservie;
Que je touche le ciel de mon front orgueilleux;
Ou que, pris, démasqué, traîné sur la grand'place,
Jouet de mes bourreaux, hochet de populace,
Je meure, cou tranché, sur le bloc, comme un gueux...
    Tu ne seras point mon épouse !
Suis ton chemin; je passe et prévois le moment
    Où tu convoiteras jalouse
Ce que tu dédaignas, petite, sottement.

## MARINA

Et si moi-même j'étais prête
A dénoncer au monde...

## DÉMÉTRIUS

          Après ?
On dira : « Pauvre fille, elle a perdu la tête !
Elle radote ! » Enfin, c'est toi qui mentirais,
    Et la menace est ridicule.
Tu n'as donc pas compris que le roi, que les grands,
Que l'Église et ses chefs savent que je simule ?
Ils savent le mensonge et s'en font les garants.
Que je sois imposteur de telle ou d'autre sorte,
Le vrai Démétrius exprès ressuscité,
Ou moine vagabond plus ou moins effronté, —
    Tout compte fait, que leur importe ?
Je leur suis un prétexte honnête à faire mal,
    A se ruer sur la Russie,
A piquer le panache, à trotter à cheval;
Mon mensonge leur sert : ma fourbe est réussie.
De quoi t'avises-tu ? Troubler leur passe-temps !
Eux-mêmes, sans façons, t'auraient bientôt fait taire.
Adieu.

## MARINA

Reste avec moi, mon tsarévitch ! J'entends
Enfin parler un homme et puis en être fière.

J'oublie un accès passager
D'amour vain, de passion folle.
Démétrius — c'est toi ! Debout ! Pense au danger.
Debout ! Il est temps. Cours, va, vole !
Sabre en main, d'un bond, d'un seul coup,
Apparais comme un dieu guerrier dans les fumées !
En plaine surprends les armées.
Surprends Godounov dans Moscou !
Puis envoie en vainqueur chercher ta fiancée.
Mais entends-moi bien ; jusqu'au jour
Où le trône est gravi, la couronne posée...
Entre nous pas un mot d'amour ! (Elle sort.)

### DÉMÉTRIUS

Respirons !... Godounov est un moindre adversaire.
Ces femmes ont le diable au corps.
C'est cauteleux, souple, retors,
Comme un Jésuite exemplaire.
Ça vous fascine, siffle et glisse dans la main...
Ah, serpent !... Ma frayeur était bien légitime !
Je sentais ses anneaux qui serraient leur victime...
Mais elle a raison, et je pars demain !

Il partit ; et cet aventurier d'un extérieur peu séduisant — « l'air et la démarche d'un roturier, imberbe, sans prestance » (OSTROVSKI), affligé d'un bras trop court, — réussit à régner quelques mois. Il eût vraisemblablement régné davantage, s'il eût pu rompre avec son passé, avec la clique qu'il remorquait et qui le compromettait[1].

Toute la cour est transformée ; les étrangers y sont vêtus de velours violet ; une nouvelle foi est importée ; en plein Kremlin les catholiques ont érigé une église et nasillent leurs offices[2] pour la perte de leurs âmes et au scandale des vrais chrétiens... Main-

---

1. S'il eût pu « couper sa queue, » selon l'expression, devenue proverbiale, de Gambetta.
2. Гнусить свои обѣдни... Le son nasal en effet n'existe pas en russe.

tenant ils sont attablés, sans avoir lavé leurs mains, sans avoir
prié ; la musique joue !.. Les Polonais frappent le peuple, insul-
tent et tuent qui leur plaît, à tort et à travers ; ils rôdent par les
rues et pillent les boutiques sans rien payer (Ostrovski, Дмитрый
самозванецъ. Chronique dramatique en deux parties).

Ce parvenu n'était pas un sot ; Ostrovski le représente
même comme une sorte de libre-penseur, impatient du
joug religieux.

Encore une bulle papale ? dit-il à son secrétaire ; eh bien, réponds
au pape... des compliments. Et au lieu de la promesse de rétablir
le rite latin, écris-lui que nous allons, pour le bien de l'Église,
marcher contre le Sultan... Puis envoie par les villes l'ordre
(comme s'il venait du patriarche) de chanter un bel office, priant
le Seigneur d'étendre sa dextre vengeresse sur le Turc... et sur le
Catholique.

Mais le Jésuite délégué, Savitski, surgissait par toutes les
portes et ne le quittait pas d'une semelle.

### DÉMÉTRIUS
Vous étiez là, Pater ?

### SAVITSKI
    A tes ordres ! Je reste,
Mon prince, s'il te plaît, ou m'en vais sur un geste.

### DÉMÉTRIUS
Tu disais vrai, qu'un jour je serais roi ! C'est fait.

### SAVITSKI
Notre Dieu, plus qu'un autre, est fort et plus complet.
Il t'a conduit d'emblée au but inabordable ;
Il a réalisé cette étonnante fable
Sans heurt, sans tâtonner le moins du monde... Aussi
Célèbre l'Artisan de ce plan réussi

*Deum Nostrum !* Proclame aux peuples sa justice,
Sa rare exactitude à payer le service ;
Avoue enfin que c'est à Lui que tu dois tout.
Maintenant notre Dieu sur toi compte beaucoup !
Son élu ne doit pas comme un prince vulgaire
Aimer l'honneur, la gloire et le bruit de la terre ;
Belle avance pour nous ! Le Catholique attend
La victoire du Vrai sur le Mal protestant.
Nos papes n'ont jamais détourné leurs pensées
De ces pays lointains, de ces plaines glacées
Mais riches, somme toute, où des popes connus
Du Diable râflent seuls, sans nous, les revenus.
Jamais, fût-il trois fois stupide, on n'abandonne
Un troupeau gras à point dont la laine foisonne !
Qu'il accoure en nos prés tout parfumés de thym !
Qu'il revienne au bercail bêler en bon latin !
Et tu le guériras, Marie Immaculée,
De sa gale hérétique et de sa clavelée.
Et c'est pourquoi Pius Quintus, pontife, a dit :
A toi, Démétrius, de régler le conflit !
L'instant est décisif. Sois fort, sois ferme et sage,
Et clos par un chef-d'œuvre un triomphant ouvrage !

(OSTROVSKI).

Ce premier Démétrius fut, avons-nous dit, assassiné (par le prince Chouïski, lequel prit sa place). Ressuscité, il fut promptement battu et disparut. Deuxième résurrection (1633) : il prend Moscou, et Marina, sa première veuve, le voyant victorieux, n'hésite pas à le reconnaître. Mais il est derechef assassiné. Troisième résurrection : des succès partiels le mènent à la potence. Quatrième résurrection : il reparut en qualité de son propre fils, présenté par sa veuve et, conséquemment, par sa mère Marina. La mère et l'enfant furent noyés. Résurrection cinquième : il fut vendu aux Russes par son hôte, le duc de Holstein, et supplicié. — Etc. Un chant populaire a gardé souvenir de cette Marina :

Le tonsuré voulut se marier ; or il choisit, non pas chez lui dans

Moscou, mais dans la maudite Lithuanie, une méchante hérétique, une fille sans Dieu. (Грншка Растрнга).

On lui reproche d'avoir mangé du veau un vendredi ; d'avoir pris son bain après l'office religieux (il fallait le prendre avant); on l'y traite de sorcière qui s'envola sous la forme de pie pour échapper au châtiment. — *Pie* est dur.

Le troisième moyen de latiniser la Russie, le meilleur, d'autant plus que les deux premiers ne valaient rien, était la propagande par la parole et par le livre. Les Jésuites, brillante avant-garde du catholicisme, avaient importé en Pologne la scolastique avec son éloquence verbeuse, ses ressources et subtilités dialectiques, qui tournaient toutes les sciences à la démonstration des dogmes chrétiens. C'était le temps où l'on prouvait la divinité de Jésus par Aristote + Sénèque + Quinte-Curce — Mahomet × par le cube de la crédulité humaine. L'érudition devenait un arsenal bourré de tous les arguments offensifs et défensifs. Le plus grand ignorant n'était dès lors jamais à court; armé, cuirassé, il pouvait relever tout défi, pérorer à vide et stupéfier l'interlocuteur par des questions de ce genre : — Pourquoi les poissons exclus de l'arche ne furent-ils pourtant pas noyés? — Pourquoi le nom de Marie offre-t-il cinq lettres? — Pourquoi Jésus reçut-il debout, et non couché ou assis, le baptême dans le Jourdain? — Et quand l'adversaire réduit à quia restait bouche bée (vous eussiez fait comme lui), le gaillard reprenait pied, se fendait en tierce et en quarte, hachait menu des objections imaginaires et piaillait victoire. L'évêque *Prokopovitch* écrit à son ami Markovitch :

Que dire de nos moines latins ? S'ils ont pu happer dans quelque officine de théologie quelques bribes de savoir, s'il leur pend aux crocs quelques loques scolastiques, mes drôles se targuent d'être doctes ! Ils savent positivement tout, sont prêts à répondre à chaque question et répondent avec tant d'aplomb qu'ils ne veulent même pas penser à ce qu'ils disent [1].

Ce même Prokopovitch qui étudia en Pologne, et s'y convertit juste assez pour se faire envoyer achever ses études à Rome, y trouva comme directeur un Père jésuite très lettré, dont il ne parle qu'avec une touchante gratitude. Mais,

voyant que nulle part la vérité chrétienne n'est plus souvent mise en doute qu'en Italie,

il résista à toutes les sollicitations d'entrer dans la Société. Du moins vit-il de près ses membres, analysa leur entregent, leur scolastique mondaine et nous en a tracé cette amusante et malicieuse esquisse, — cette caricature, si l'on veut.

Le grand saint Paul nous a déjà dit que Satan se déguise en ange de lumière. Ainsi fait sa séquelle. Réellement donc la menteuse dévotion des moines latins me décèle, me révèle leur impiété. Observez leurs gestes, leur abord, les mines, les poses; rien n'est franc. Nul abandon, nulle sincérité. Les uns se présentent à nous comme parangons de douceur, de charité; d'autres affectent un stoïcisme farouche. Les premiers d'entre eux se dénomment amis de Jésus, par ironie, sans doute, et semblent ruisseler d'amour divin; créés tout exprès pour affrioler la clientèle, jolis garçons à la peau blanche, ils vont dans le monde en robe noire mais moelleuse; leur air est discret, béat, et leur visage simule la bonhomie. Voyez! La bouche en cœur, comme ferait une femme; et ce jeu des sourcils! Et ces yeux en coulisse! Et ce sourire flottant! Quels artistes! Quels versatiles Protées, dont le visage, mué soudainement, reflète en une même minute les sentiments les plus contraires! Tout à

---

[1]. Прокоповичъ и его время, чистовича, p. 38. — Prokopovitch se rencontre ici avec Michelet : « Rien ne les embarrasse, tellement ils sentent en eux la faculté du faux, que la vérité, s'ils l'enseignent, n'a plus ni force ni sens... En moins de rien, vous verrez leurs écoliers, Cicérons improvisés, faire la stupeur de leurs parents ; ils jasent, ils latinisent, ils scandent, docteurs à quinze ans et sots à jamais » (*La Ligue et Henri IV*, p. 112).

l'heure encore il jasait, folâtre ; mais qu'il happe une syllabe d'assonance impie, et soudain il gémit, il soupire, ses larmes coulent ! Cela, avec la mignardise et les giries dont les donzelles sont coutumières. Leur ordre excelle à cette comédie, et je soupçonne leurs maîtres préférés d'être docteurs ès-minauderies. Mais souvent m'a ébaudi le museau de maints Jésuites qui n'allait guère à jouer les Cupidons, ni les Vénus. Ils traversent le marché ou se promènent par les rues, sur la pointe des pieds ; ils semblent danser ; s'ils rencontrent un client soumis, tous deux (car ils vont presque toujours appariés) de l'entretenir aussitôt avec enjoûment ; puis l'aîné, directeur spirituel, inclinant la tête sur l'épaule et souriant, dit, pressant la main du fidèle abordé : « En quel état votre Moi moral ? Dans un excellent, je suis sûr ? » Puis il lui communique la très heureuse nouvelle qu'un omnipotent rajah vient d'être, avec tout son peuple, converti par les Jésuites à la foi du Christ. Toujours à l'improviste, et souvent à contre-temps, ils entrent dans un logis dont ils savent la maîtresse dévouée à leur ordre. Là, après salutations et congratulations, ils régalent les femmes d'historiettes dévotes, vantent leur ménage, admirent les tableaux, et, reluquant un crucifix, émettent un soupir attendri, clignotent comme chatouillés par les larmes, et se retournent brusquement comme pour les cacher aux regards. S'il y a des enfants, les Jésuites, les caressant discrètement, leur donnent des figurines, leur suspendent au col une médaille à l'effigie de Loyola. Mais quelle allégresse s'ils apprennent qu'une cliente est alitée ! Si la malade, cédant à leurs flatteuses suggestions, leur lègue partie de l'héritage ou forte somme d'argent, les Jésuites rehaussent, renchérissent l'éternelle félicité promise à la malade, et la gratifient même d'un chapelet, à-compte sur la part du Paradis, arrhes célestes. D'ailleurs, pour paraître charitables, ils frôlent les maisons mêmes où l'on ne mijote pas le fricot, — mais prestement. Toutefois aussi, comme cette sentimentalité doucereuse ne plaît à tous, ils ont une autre troupe de façonniers d'aspect rébarbatif, vieux-sabin, qui foulent aux pieds les vanités de ce monde, ostensiblement ; crasseux, fangeux, le front ridé, les dents jaunes, les ongles incultes, débraillés ; lesquels se distinguent dans l'éloquence sacrée en brandissant les poings, roulant des yeux terribles, défonçant la chaire...

Au point de vue littéraire, le seul qui doive ici nous soucier, le morceau est joli. Il y a consolation à penser que ces vilains singes étaient des Italiens ; mais nommez ces moines mondains précepteurs — ils domineront l'élève et sa famille ; nommez-les confesseurs du roi, — ils domineront la nation. C'est pourquoi ils ont excité la peur et la haine, et leurs qualités mêmes leur ont attiré plus d'ennemis que leurs défauts¹.

Quoi qu'il en soit, la pédagogie de cette célèbre Société avait répandu l'instruction en Pologne ; la réputation de leurs collèges attirait de très loin la clientèle, même orthodoxe, qu'on alléchait par une profusion de diplômes, de brevets, de barrettes. Ces jeunes gens riches revenaient transformés, plus ou moins imbus de goûts latins ; et, leur instruction mettant une barrière de plus entre eux et leurs serfs, il semblait déjà que la nation serait gouvernée par une aristocratie plutôt polonaise que russe, plutôt catholique qu'orthodoxe ; la langue russe et l'orthodoxie grecque seraient abandonnées au peuple, aux moujiks. Le clergé national comprit le danger. Choqué d'abord de l'importa-

---

1. Pierre le Grand expulsa la Société en 1719. Catherine II lui permit le retour, sous réserve d'obéissance aux lois ; puis retira l'autorisation à la suite d'un long rapport du Ministre des Cultes. En 1820 (décret du 13 mars), nouvelle expulsion. « Le ministère du prince Galitzine avait adopté le principe, que le gouvernement ne devait rien s'approprier de ce qui leur appartenait ; en conséquence on partagea leurs biens, leurs églises et leurs écoles entre les autres ordres » (H. LUTTEROTH, 1845). Il faut donc être juste : la Russie était dans le cas de légitime défense : charbonnier est maître chez soi ! Elle n'a point persécuté les Jésuites comme catholiques mais comme société politique. Les ordres romains fleurissent en Russie comme en Italie ; on y trouve Bénédictins, Franciscains, Récollets, Bernardins, Capucins, Augustins, Carmes, Trinitaires, Piéristes, Dominicains, Chartreux, Camaldules, etc., etc. — « En l'année 1870, dit un éditeur allemand de Danilevski (Lœbenstein), les couvents russes renfermaient 5,529 moines, 3,093 nonnes, 5,195 laïques, 10,595 novices ou servantes, soit 24,322 têtes. Ils absorbent un revenu de 10 millions de roubles argent. A chaque moine échoit donc une somme que pourrait envier maint père de famille. »

tion de l'imprimerie — (le premier livre russe, les *Actes des apôtres*, fut imprimé en 1564) — il prit rapidement la décision de lutter sur le terrain de la controverse et d'opposer livre à livre. Des confréries se fondèrent (Церковныя Братства) pour la défense de l'orthodoxie ; — « elles bâtirent des écoles, établirent des imprimeries, envoyèrent dans les Universités d'Occident une jeunesse studieuse; à Lvov, Vilna, Loutsk, Kiev, etc. furent construits des collèges sur le modèle occidental; on y enseigna les langues, les lettres et les sciences, grammaire, rhétorique... » (PORPHIRIEV, I, 603). On traduisit les livres saints (la Bible complète en 1580) et les ouvrages de controverse, ceux de Jean de Damas notamment, auxquels s'en référait de préférence le clergé catholique. Les ouvrages profanes suivirent; bref, l'élan était donné, la Russie était ouverte à la civilisation de l'Occident. De sorte que ces moines latins, dont on médira longtemps encore, avaient non seulement importé l'instruction, mais encore avaient forcé leurs adversaires à s'instruire par eux-mêmes. Qu'ils aient agi avec une arrière-pensée égoïste, qu'importe? Le service rendu est indiscutable et mérite qu'on ne l'oublie pas.

On a plaisir à voir que *Pierre Mogila*, métropolite, qui prit la tête du mouvement, avait étudié à l'Université de Paris. Il fonda sur le même plan l'Académie de Kiev et ne put empêcher le latin d'y dominer jusque dans la conversation. Là-bas comme chez nous triompha le latin de cuisine. Le grec se défendit avec la théologie orthodoxe, avec les Pères de l'Église byzantine; mais Cicéron et Quintilien, qui conseillent d'égayer, d'allonger *le sermon*, restèrent longtemps les maîtres préférés. A ce régime, la prose s'assouplit et se scanda. Les Polonais importèrent les vers syllabiques (Вирши). On exerça les élèves à composer des odes religieuses, des cantiques, pièces dans lesquelles les idées ne sont pas nécessaires. Tout d'abord les seuls dégustateurs de ces produits furent les autres moines; mais les malins en tirèrent bientôt parti, intercalant quelque compliment pour un particulier (riche, naturellement), passant avec souplesse de Dieu le Père à un colonel. Venait une fête, Noël par exemple; le prestolet débitait pêle-mêle l'éloge de l'un, l'éloge de l'autre ; puis tendait la main avec la même aisance [1].

Ainsi s'éveilla en Russie, au contact de la culture polonaise, une sorte de Renaissance. Une fois encore se vérifia le proverbe : Si mes amis m'enseignent ce que je peux, mes ennemis m'enseignent ce que je dois ; et, par un curieux retour des choses, l'enseignement latin ramena à l'étude des Pères grecs, la propagande catholique provoqua l'exégèse orthodoxe. Tout ce fatras scolastique me répugne trop pour que j'y touche autrement qu'en passant ; mais je ne le respecte pas moins ; car enfin, c'était une victoire sur la sombre ignorance, c'était une consolation au milieu des misères politiques. D'ailleurs, tout commencement est si difficile !

[1]. Voici un échantillon de cette poésie : « Une joie nous a lui maintenant, Douceur meilleure que miel, Une joie exquise. Aujourd'hui la T. S. Vierge, Reine du ciel et de la terre, Enfante le Christ-Roi ; Et le nourrit de lait, Et l'enveloppe de langes, Et le couche dans la crèche. Une étoile brille devant l'étable ; Elle montre le chemin aux mages. Les mages vinrent vers lui, Apportant des présents, L'encens, la myrrhe et l'or très riche. Les anges chantent un bel air ; Ils chantent : Gloire à Dieu là-haut ! Moi aussi je chante avec eux, Et, en cette belle fête, je vous félicite, Monseigneur. Portez-vous bien, toute votre vie en ce monde. (Je vous souhaite) Beaucoup d'années, beaucoup d'années ! »

L'auteur de cette platitude est le moine *Siméon Polotski* (1628-82), précepteur de Féodor Alexéiévitch. Il a laissé un recueil intitulé *Le Jardin fleuri*. Il est aussi l'auteur de deux comédies : *Le Fils prodigue* et *Le roi Nabuchodonosor*. Il a même mis en vers le calendrier !

> Je mets en vers, pour louer Dieu,
> Le calendrier, de mon mieux...
> Ce mois nous offre trente jours :
> Vous verrez qu'ils deviennent courts !

Mais je ne veux point médire. Polotski mérite mieux que cette sèche mention ; on n'est pas le premier venu lorsqu'on est, à un moment quelconque, le représentant de la culture de son époque.

## VIII

### IVAN IV. — LE STOGLAV. — LE DOMOSTROÏ. — LE PRINCE KOURBSKI. — L'HISTOIRE SUCCÈDE A LA CHRONIQUE. — BORIS GODOUNOV.

Quand tout dans le monde va de mal en pis, qui de nous n'a souhaité voir un Hercule surgir et taper dans le tas? Les coups de massue assénés en plein jour contentent, après les infamies commises dans l'ombre. Tombe la foudre et que les gredins tremblent!... Sans louer les tyrans, sans éprouver pour eux la *pitié suprême* de V. Hugo, j'avoue que je pardonne souvent au despote en faveur du justicier. Comptez ce que coûtèrent à la France les rois aimables, depuis la sainteté de Louis IX jusqu'à la bonhomie de Louis XVI ! Leur règne est une course à la ruine; tandis que sous Louis XI, froidement féroce, sous Richelieu impitoyable, le pays prospère. Il ne s'agit pas d'être bon; car la charité se fait toujours aux dépens de quelqu'un; il s'agit d'être juste. Un roi bon est bien près d'être un roi fainéant.

C'est pourquoi un historien russe écrit loyalement : *Le mieux commence avec Ivan le Terrible... Par leur cupidité, leur mépris du bien public, de la vie et de l'honneur d'autrui, les Chouïski et consorts (les boïars) ont préparé le fléau: Ivan le Terrible* » (Soloviev). En effet ! Enfant, il ne voit autour de lui que crimes et fourberies; ses instituteurs le traînent dans les plaisirs vils et tapageurs, l'enivrent; puis, pour le contraste, lui marchandent la nourriture [1], le mettent à genoux durant de longues heures, l'épouvantent par la description des chaudières bouillantes de l'enfer; puis quand le pauvret, terrorisé par les cauchemars, sue la fièvre, ils

---

1. Часто забывали кормить его (Vodovozov).

le traînent contempler des supplices et lui enseignent la vivisection! Quand le tsarévitch grandissait, les coteries se disputaient *per fas et nefas* la faveur de fournir la future reine, pour dominer sous son nom ; tous les moyens étaient bons pour supprimer la concurrence.

Nous nous connaissons! On s'est déshonoré et entr'égorgé tant et plus ; de famille à famille on se montre les crocs, et la première qui escaladera le trône exterminera ses ennemis (OSTROVSKI).

Mettez-vous à la place d'un despote ainsi élevé, fort, sanguin, violent, qui se marie par amour, et dont on assassine successivement les épouses! — « Quand nous voyons Ivan le Terrible s'écrier tout à coup qu'on a empoisonné sa tsarine, et faire autour de lui une boucherie de boïars, il ne faut pas se hâter de l'accuser de mensonge et de cruauté gratuite. Pour plusieurs de ses épouses mortes subitement, il fit faire des enquêtes, dont les dossiers, malheureusement peut-être pour sa mémoire, se sont perdus[1]. »

Le mieux commence avec Ivan le Terrible!... Son rôle historique, ses crimes politiques sont connus, et nous ne les transcrirons pas ; son rôle littéraire est intéressant. Depuis Vladimir Monomaque, qui adressa à ses enfants une *Instruction* célèbre, Ivan IV fut, je crois, le premier tsar aimant les lettres, ayant compris que la plume aussi est une arme. On a conservé son *Message aux moines Cyrilliens*, qui régalaient trop bien les seigneurs envoyés dans leur couvent après disgrâce, et qui festoyaient avec eux. Ivan, qui dans le fond pouvait avoir tort, a raison dans la forme ; se gardant bien de confesser sa rancune, professant la pure orthodoxie, il rappelle aux moines (assez longuement, car la lettre a 22 pages) sur quels principes de pauvreté et de sobriété fut instituée la vie claustrale ; à quoi bon quitter le monde si l'on se procure au désert le même bien-être ? C'est contresens et hypocrisie. D'ailleurs Chéréméliev (un des disgraciés)

---

1. A. Rambaud, à propos de l'ouvrage de ZABIÉLINE : *Les tsarines*.

fut toujours un hypocrite : à la cour il jouait au saint homme, à la componction ; maintenant le chapelet dans la poche et la bouteille à la main ! Son complice Khabarov ne vaut pas mieux que lui. Est-ce la voie du salut ?... Ivan ergote ; il cite des textes, porte la lutte sur le terrain de l'adversaire et assaisonne d'une humilité narquoise sa méchante semence :

Je ne mérite pas d'être appelé votre frère ; je ne suis qu'un mercenaire embauché par vous[1], car il est écrit que les anges éclairent les moines, et que les moines éclairent les laïques ; c'est donc vous qui devez instruire nous autres, qui errons dans le brouillard de l'orgueil ; etc.

Il y a là une boutade joyeuse que n'eût pas désavouée Rabelais. Frappant les nobles — (en y mettant des formes, en consignant les noms des suppliciés sur des listes proprement copiées, déposées dans des monastères, et sur lesquelles se lit souvent cette phrase : « Souviens-toi, Seigneur, des 20, 60, 100... hommes tués, et pèse, Seigneur, leurs noms ! » Suit la liste)[2], — Ivan ne ménageait pas le clergé, et s'y prit plus hypocritement encore. En 1551, il convoqua à Moscou un concile chargé de réformer les abus. Les travaux de ce concile furent résumés par le métropolite *Macaire* dans le *Stoglav*, ou livre aux cent chapitres. Il est risible d'y lire des aveux naïfs de superstition, d'ivrognerie, de paresse, d'ignorance, par exemple : que si les diacres aujourd'hui ne savent rien, leurs pères n'en savaient pas davantage, et qu'il faut bien admettre ceux qui ne savent rien, sous peine de ne pouvoir admettre personne ; l'excommunication prononcée contre les impies qui se rasent ou qui font du boudin ; le service divin renforcé par les fidèles organisant spontanément un orchestre de guitares, de gongs et « hurlant des chants diaboliques », etc. L'énumération de ces abus fournissait au rusé tyran tous les prétextes voulus. Le *Stoglav*

---

1. Sous-entendu : pour travailler à la vigne du Seigneur.
2. Vodovozov, *Litt.*, 243.

reconnaît la nécessité de créer des écoles, dans l'intérêt même de la foi.

Le *Domostroï*, Les Économiques, — « *fut composé au cours de plusieurs siècles, et manifestement par plusieurs personnes*[1]; » Sylvestre[2] lui aurait seulement donné la dernière et la plus habile rédaction. Le plus ancien manuscrit appartient à l'Université de Moscou. L'ouvrage, divisé en 63 petits chapitres, avec titres, n'est pas un tableau de la vie russe au XVIᵉ siècle, mais simplement une instruction paternelle ou pastorale; il semble que, pressentant la Réforme, les sages de cette époque, ceux qu'on appellerait aujourd'hui les conservateurs, aient voulu formuler et, par suite, fixer les coutumes et les croyances. D'où déjà le *Stoglav*, d'où le *Soudebnik* (Le Code).

Le *Domostroï* est une œuvre respectable parce qu'elle est ancienne et ne donne, en somme, que d'honnêtes conseils. La philologie et l'histoire la commentent avec foi, et le public admire sur la foi des historiens et des philologues. On peut la diviser en deux parties :

1° *Morale religieuse*, répétant les proverbes de l'*Ecclésiaste*, les lieux communs sur les sept péchés capitaux et leurs dérivés; enseignant l'art de perdre son temps en simagrées; par exemple : se relever la nuit pour chanter des cantiques, car les prières nocturnes purifient mieux les péchés diurnes; soigner ses statuettes saintes, les épousseter avec un plumeau propre, les essuyer avec une éponge molle (chap. VIII); avoir *toujours* son chapelet à la main; réciter chaque jour 700 *Ave Maria*! Répéter 600 fois de suite : Seigneur Jésus, ayez pitié de moi!... Au bout d'un an de ce régime, donc après 255,500 *Ave* et 219,000 *Miserere*, la grâce opère : Jésus vous sourit; au bout de deux ans, le Saint Esprit rit; au bout de trois ans, Dieu le Père s'épanouit. Oui, mais trop tard! Vous êtes déjà devenu idiot.

---

1. *Domostroï*, édit. Glazounov, 1891.
2. Sylvestre, prêtre de Novogorod, fut six années le conseiller d'Ivan. Disgracié en 1553, il mourut au monastère Solovetski.

2° *Morale pratique*, d'où cette paraphrase d'un évangile : Si tu es invité à une noce, ne t'assieds pas au premier rang ; un plus considérable te délogerait, et, les autres places prises, tu reculerais jusqu'à la dernière place; mais, invité, sieds-toi à l'extrême place ; alors viendra l'hôte qui te dira : L'ami, remonte! D'où triomphe pour ta modestie; car il est écrit : Celui qui s'élève sera abaissé... — Les trois quarts des conseils s'adressent à la femme qui

ne doit ni manger ni boire en cachette du mari (36) — ni jamais rester oisive, sauf par nécessité ou par volonté du mari; car en travaillant elle entraîne les serviteurs (29).

Les devoirs religieux priment mais ne suppriment pas les soucis culinaires :

Que la femme surveille la cuisine et sache tout ce qui s'y passe... si, cuisant un pâté, les domestiques ont pris trop de farine. Qu'elle tienne réserve de concombres et cornichons, champignons et choux marinés pour la joie de la famille... Qu'elle surveille la lessive, si le savon et la cendre ne sont pas gaspillés, et n'oublie pas de compter les serviettes! Les loques mêmes seront réservées pour... les orphelins.

Tout ce que l'épouse doit être aussi : obéissante, humble, etc., etc., a été résumé par Molière dans l'*École des femmes* (III, 2), et la scène n'est si plaisante que parce qu'elle transcrit presque mot à mot les maximes de ces bons apôtres. De tout temps des amis dévoués se sont offerts à diriger les jeunes ménages, à les mettre d'aplomb, sur trois pieds : le mari, la femme et le philanthrope : *Numero deus impare gaudet*.

> Le mariage, Agnès, n'est pas un badinage :
> A d'austères devoirs le rang de femme engage,
> Et vous n'y montez pas, à ce que je prétends,
> Pour être libertine et prendre du bon temps!...

On devine quelle folâtre existence le *Domostroï* assurait à la femme, si avantagée dans cette distribution de pensums! « Vous voulez doncques (dit Panurge fillant les moustaches de sa barbe) que j'espouse la femme forte descripte par Salomon? Elle est morte, sans poinct de faulte. Je ne la veid oncques, que je saiche. Grand mercy toutes fois, mon père! » Certainement, grand merci; car il y aurait injustice à reprocher à ces vieux livres de n'avoir pas été composés pour nous; peut-être répondaient-ils bien aux goûts ou aux besoins de l'époque, et *Sylvestre* (n'oublions pas son collaborateur *Adachev*) qui fut, ministre intelligent et honnête, un bienfaiteur de sa patrie, ne pouvait écrire qu'un livre de bonne foi. — « Hélas! s'écriait l'évêque *Sérapion* († 1275), combien souvent vous ai-je prêchés, enfants scélérats, et je ne vois pas de changement! Combien souvent ai-je semé dans vos cœurs la semence divine, et je ne vois rien lever! » Le défaut de ces *Instructions*, sages en général, est en effet de ne pouvoir prévoir les applications particulières; et ces moralistes rappellent les amateurs qui, du fond d'une chancellerie, envoient aux généraux de savants plans de campagne, où tout est prévu, excepté ce que fera l'ennemi. D'autre part, si ces conseils dits pratiques étaient suivis, l'âme se ratatinerait. On ose vanter *l'épingle de Laffitte*, le *sifflet de Franklin*, la *pièce d'argent du petit Savoyard*, etc. Ce sont là des rengaines ridicules et sottes. Cela sent le fripier, le quaker, le fesse-mathieu. Si on les imitait, si on ramassait comme eux les bouts de cigare et les boutons de culotte, personne ne pourrait plus vivre, à commencer par eux. Si toutes les femmes empotaient elles-mêmes leurs cornichons, les épiciers fermeraient boutique; si elles cessaient d'être coquettes, hypothèse d'ailleurs invraisemblable, c'en serait fait du progrès dans maintes branches de l'art. Comme dit Krylov, le vent peut faire chavirer la barque, mais naviguez donc à la voile sans lui!

Les ouvrages du prince Kourbski — correspondance avec

Ivan IV et biographie de ce terrible sire — occupent au xvi⁰ siècle une place d'honneur. Avec lui, la littérature se laïcise, passant de l'évêque au prince; et la chronique est promue histoire. Kourbski s'était distingué comme général; disgracié à la suite d'un échec, il s'enfuit en Pologne et, sous la protection du roi Sigismond, brava son adversaire, lui reprocha amèrement ses crimes et lui prédit la damnation. Ivan riposta pour démontrer son droit divin et l'obligation d'être sévère. Sied-il qu'un pope, que des orgueilleux, que des esclaves rusés dominent, tandis que le maître sera, en fait, un esclave? Un autocrate doit être tout dans tout. Tu appelles crimes des exécutions utiles; tu appelles martyrs des traîtres pris en flagrant délit... Et, jouant sur le mot martyr, il se défend d'avoir ensanglanté le seuil des églises. D'ailleurs, dit-il, tu plains les boïars; ne sais-tu point que c'est moi qui fus leur victime? (On ne conteste pas ce point; on lui reproche seulement de se trop rattraper.) Enfin il enferme Kourbski dans ce dilemme : Ou tu es un sujet perfide, donc tu mérites ton sort; ou tu es un sujet honnête, donc tu devais te soumettre aux décisions de ton roi. A l'entendre, c'est lui, ce pauvre tsar, le martyr, dont un Kourbski ne devrait pas, de grâce, raviver les souffrances par de vaines insultes. Il dirait volontiers comme Tibère : *Offensiones quum graves et plerumque iniquas, pro republicâ suscipiam, inanes et irritas, neque mihi aut vobis usui futuras, jure deprecor!* Si l'on retranchait les redites et les extraits bibliques, on aurait là un volume d'intéressante psychologie, signé d'un nom célèbre.

Kourbski apprit en exil le polonais, le latin, et ne désapprit pas l'orthodoxie. Il collectionna les œuvres liturgiques, traduisit et fit traduire, composa une histoire du concile de Florence et enfin son histoire d'Ivan (jusqu'en 1578, soit six ans avant la mort du tsar), dont le plan est net, déjà littéraire et le ton relativement si modéré que l'auteur excuse souvent le furieux qu'il avait personnellement motif de haïr : il attribue loyalement sa cruauté à son éducation. En résumé, la vie et les œuvres du prince Kourbski sont un épisode de la lutte entre la royauté et la féodalité [1]; d'où le reproche fait à Ivan, comme en France à Louis XI, de s'entourer de *petites gens*. De fait, ces petites gens ne l'ont pas oublié; le Terrible est un des tsars dont le peuple ait gardé la mémoire; parce qu'il terrorisa les seigneurs, la nation a poétisé le tyran en redresseur de torts, qui, coupant une tête noble sans plus de façons qu'une tête plébéienne, inaugurait déjà l'égalité; *eripuit potentes de sede et exaltavit humiles!* c'est-à-dire qu'il les hissait sans préférence sur les mêmes échafauds : plus de faveurs, plus de népotisme. Un conte populaire le montre même causant familièrement avec un pauvre potier, auquel il octroie le titre et les biens d'un seigneur. Enfin, quand il meurt, le peuple le pleure!

Et dans la sainte Russie, dans la blanche Moscou, dans le Kremlin doré, pour Ivan le Grand... à la cathédrale de l'Assomption, résonna la grosse cloche. Dans le cercueil neuf de cyprès est étendu le tsar orthodoxe. A son chevet — la croix tutélaire; près de la croix — sa couronne royale; à ses pieds — son glaive aiguisé, terrible. La croix tutélaire, chacun l'adore; la couronne d'or, chacun la révère; et chacun regarde avec effroi le terrible glaive [2].

Après Ivan, Godounov.

La haine, comme l'amour, vole aux extrêmes... Elle finit par reprocher à Godounov son zèle pour la civilisation [3]!

Après lecture attentive, il semble en effet que Boris fut calomnié sur la foi du chroniqueur *Palitsine*, sacristain, cellé-

---

[1]. Pour diverses raisons (la principale fut peut-être l'étendue de l'empire) la féodalité ne fut pas constituée en Russie avec ses formes occidentales. On ne saurait la juger d'après la nôtre.

[2]. *Recueil* de M. Tsvetkov, 136.

[3]. Karamzine, *Hist. de l'empire russe*.

rier. Un Tartare, parti de l'écurie pour escalader le trône, étonnant les seigneurs par sa fermeté, son intelligence, son activité; le peuple, par son faste et ses largesses; remaniant les douanes, les impôts; remuant les vieilles mœurs; prodiguant l'argent et les honneurs à l'Église orthodoxe, mais favorisant la tolérance; accueillant les étrangers en faveur des innovations; conseillant la savonnette et le rasoir, — devait provoquer la rancune. De l'aveu unanime, la première moitié de son règne fut une bénédiction pour la Russie. S'il devint soupçonneux, farouche, vindicatif dans la seconde moitié, doit-on l'accuser seul? D'où vint le revirement? Est-ce sa faute s'il plut soixante-dix jours de suite? s'il gela le 15 août, avant la moisson? On imputa cependant la famine au parvenu que le Ciel, paraît-il, voyait d'un mauvais œil, et qu'il eût dû récompenser de sa générosité, et de son activité. Boris lutta courageusement contre les fléaux, vida ses coffres, acheta du blé à l'étranger, ouvrit à deux battants tous les greniers de l'État,

surmonta tous les obstacles et ramena une telle abondance que le prix d'une mesure de blé tomba de 3 roubles à 10 kopeks (de 10 francs à 30 centimes), au désespoir des accapareurs qui exploitaient secrètement la misère publique (KARAMZINE).

*Circumcisis quæ, in quæstum reperta, gravius tolerabantur...*
Le meurtre du jeune Démétrius, le royal pupille, meurtre imputé à Boris, mais jamais prouvé [1], échauffa l'imagination de l'historien qui nous montre avec beaucoup de talent le spectre de la jeune victime hantant la conscience de l'usurpateur. C'est l'obsession qui trouble son sommeil, inquiète ses succès et dénature même ses bienfaits; la faute engendrant l'expiation, suivant le dramatique procédé d'Hérodote. Ce point de vue n'échappa pas à Pouchkine qui a su, en poète délicat, peindre le remords sans diminuer la majesté.

1. Виновники смерти царевича не разысканы (*Chrest.* de MARTYNOVSKI, I, 205).

## UNE SALLE DANS LE PALAIS

Le Tsarevitch (*dessine une carte*). — Sa sœur Xénie (*baise un portrait*).

Mon gentil prétendu, mon joli prince, tu ne fus pas pour moi, ta fiancée, tu fus pour le tombeau sombre, en terre lointaine. Jamais je ne me consolerai ; je te pleurerai toujours...[1].

BORIS (*entre*).

Tu pleures, ma chérie ? Un lugubre veuvage.
    Afflige ton cœur enfantin.
    J'aurais voulu que ton destin,
    Que ton bonheur fût mon ouvrage,
    Et je vois des pleurs dans tes yeux !...
    Peut-être ai-je offensé les cieux ?..
On calcule, on construit une fière charpente ;
On atteint les sommets dorés, la majesté ;
Et quand on croit saisir le bonheur convoité,
La mort frappe et je vois pleurer une innocente ! —

Et toi, mon fils, que fais-tu ? Une carte ? Bien. Vois-tu l'avantage de la science ? Tu peux d'un coup d'œil embrasser l'étendue de l'empire. Apprends, mon fils ; le savoir abrège les épreuves de la vie fugitive. Un jour, bientôt peut-être, toutes les provinces que tu dessines ingénieusement sur le papier seront entre tes mains. Apprends, mon fils ; et la tâche royale te sera plus facile et plus claire.

Le prince Chouïski vient annoncer l'apparition d'un prétendant au trône.

BORIS

Quel est-il ?

CHOUISKI

Je ne sais.

BORIS

Serait-il dangereux ?

CHOUISKI

Si fortement que soit ta puissance établie

---

1. Pouchkine a mêlé dans son drame la prose aux vers.

D'un prince charitable, actif et généreux,
Domptant par ses bienfaits, l'État, — le peuple oublie,
Au seul bruit d'un mensonge, au seul souffle du vent,
Ses devoirs, et s'affaisse en vile populace,
Qui, prompte aux boniments, crédule à la grimace,
Aboie à l'aventure, à tout hasard se vend,
Qui de la vérité patente s'effarouche
Et, pour un os, aux pieds d'un imposteur se couche.
   Je crains que la témérité
    De ce vagabond la confonde ;
   Je crains que le Russe réponde
   Au cri : Démétrius ! Il est ressuscité !

### BORIS

Démétrius ? Comment ? — (à son fils) Laisse là ton ouvrage,
Va-t'en. — (à Chouiski) Démétrius ? Ce garçonnet ?

### FEDOR

       Permets
Que je reste avec toi.

### BORIS

     Comprendras-tu jamais ?
Sors !

### CHOUISKI (bas)

  Il rougit ; gare à l'orage.

### BORIS (bas)

Démétrius !... (haut) Écoute, entoure sans retard
   D'un réseau la Russie entière,
Si serré que ne puisse enfreindre la frontière
   Ni le corbeau ni le renard...
Mais c'est faux, n'est-ce pas ? Pure calembredaine ?
A-t-on jamais ouï qu'un défunt se promène ?
Qu'il se donne des airs de défunt mécontent ?
Qu'il ose déranger un tsar omnipotent
Ayant des droits acquis, la justice suprême,
Bénit par le clergé, reluisant de saint chrême ?

Qu'il ose se grimer en moine mal tondu
Et venir réclamer ce qu'il nomme son dû?...
Eh! bien, tu ne ris pas?

CHOUISKI

Majesté...

BORIS

Prince, écoute :
Quand j'appris le succès... (il se reprend) Quand je sus que Dmitri
D'une ou d'autre façon, hélas! avait péri,
C'est toi que j'envoyai constater... Dans mon doute,
Par Dieu, par cette croix, je t'adjure aujourd'hui
De dire vérité! Sans préjuger le crime,
As-tu formellement reconnu la victime?

CHOUISKI

Je jure...

BORIS

Sans jurer, réponds-moi.

CHOUISKI

C'était lui.

BORIS

Prince, si tu mentis autrefois, je fais grâce.
Exhumer la rancune, à quoi bon? Le temps passe.
Mais, prince, si tu mens aujourd'hui, tu mourras,
Des plus cruels bourreaux ayant lassé les bras.

CHOUISKI

Je crains ta défaveur plus que tous les supplices. —
Pourquoi donc recourrais-je à de vains artifices?
Quel intérêt, seigneur? Pus-je moi-même alors
Être dupe? Trois jours fut exposé le corps

En pleine cathédrale ; avant la sépulture
Trois jours j'ai contemplé, devers tous, sa figure.
Le peuple circulait, triste procession.
Chose étrange! On voyait que la corruption.
Jaspait treize autres corps tombés dans la mêlée,
Tandis que Dimitri, figure immaculée,
Fraîche et rose, semblait dormir... Il dort encor.
Ne doutez plus, seigneur : le tsarévitch est mort.

### BORIS

Il suffit. Laisse-moi.                                       (Chouïski sort)
                  J'étouffe! Vers la tête
J'ai senti refluer mon sang ; le cœur s'arrête,
Puis bat trop vite et tremble. Horreur !... Voilà pourquoi
Depuis treize ans je vois ce fantôme de roi
Hanter mes nuits, sans trêve ! Il revient. — Mais qu'importe
Qu'un concurrent défunt vienne heurter ma porte,
Visible pour moi seul? je suis fou, je suis sot
De craindre un enfant mort. Ce n'est qu'une ombre, un mot.
J'ai mérité le trône et, maître du royaume,
J'aurai ma dynastie en dépit d'un fantôme!
J'ordonne et je verrai ce spectre trembloter.
Bravons tout; mais guettons jusqu'au moindre symptôme
De trahison éclose ou prête d'éclater...
Monomaque, ton sceptre est pesant à porter!

Boris Godounov eut la malechance d'exiler, à tort ou à raison, la famille des *Romanov* qui devait donner à la Russie ses futurs empereurs. Sans accuser de flatterie les historiens russes, on peut dire que cette circonstance influença leurs jugements. Pouchkine fut plus juste qui, admettant un crime originel comme élément dramatique, a mis en relief les hautes qualités d'un souverain ami du progrès. Cette pièce (écrite en 1825) décèle clairement le goût et le tact du poète. Ému par la lecture de Karamzine et de Shakspeare, Pouchkine a raffiné en quelque sorte les événements et les procédés. Que le drame soit appuyé sur des données réelles, sur l'étude de faits précis, mais soit autre chose qu'un récit historique découpé par tranches ! Que d'autre part la démarche du géant Shakspeare soit ramenée à des proportions plus humaines et, par suite, plus touchantes ! Il est intéressant, à ce point de vue, de comparer les adieux de Boris à son fils avec le modèle anglais :

> *Come hither, Harry, sit thou by my bed ;*
> *And hear, I think, the very latest counsel,*
> *That ever I shall breathe...*
>
> (*Henri IV*, II, 4, 4.)

Sont négligés aussi les effets violents, les coups de théâtre inattendus et qui n'étonnent qu'une fois ; nulle trace de ce style empanaché qui déconsidéra l'école romantique. Sous la poussée d'une idée générale, les scènes s'enchaînent dans un jour clair ; et la pièce étant surtout destinée à la lecture, le fréquent changement de lieu n'est pas sans charme, puisque la décoration mobile évoque la variété des paysages. Tel est le prestige de la poésie que le Godounov de Pouchkine sera le vrai Godounov pour la postérité.

Ses bienfaits civilisateurs lui survécurent. Après un affreux interrègne (1610-1613), Michel Romanov monta sur le trône. Il aima la guerre, et n'y fut pas heureux ; les pèlerinages lui réussissaient davantage. Il céda à la Pologne plusieurs milliers de lieues de son territoire, mais il institua — « une fête solennelle en l'honneur de la sainte Chemise de l'Enfant de la Vierge. Ce présent insigne lui fut envoyé par un roi de Perse qui connaissait bien les goûts de son illustre allié[1]. » Mais il régna trente-deux ans, et cette longévité était déjà un bien, les crises politiques se trouvant épargnées au pays. D'ailleurs Michel Romanov protégea les sciences comme la religion ; — « il sentit le besoin du culte et des arts pour dresser son peuple » et, comme le dit plaisamment l'anonyme auteur — « il était meilleur citoyen qu'on n'est en

---

1. *Histoire de Russie*, par un anonyme. Paris, 1807.

droit de l'exiger des hommes de cette profession. » Mais protéger les sciences ne suffisait pas. Le grand obstacle à la civilisation russe était la réclusion des femmes ;

> Se jetant l'un à l'autre un regard irrité,
> Les deux sexes vivaient chacun de son côté.

Chacun vaquait à ses affaires; l'homme au milieu des hommes grandissait en brutalité ; la femme, confinée dans le gynécée, était réduite à engraisser sur place. L'embonpoint passait pour beauté; les teintures passaient pour cosmétiques [1], et l'épouse se rendait, non sans peine, plus laide qu'elle n'était. Une jalousie particulière, asiatique, faite surtout de méfiance et de mépris, l'isolait du monde. Or il est évident que, sans la présence des femmes, la *société* ne peut exister... « car il leur importe plus qu'à personne que tout ce qui se passe soit bienséant. La convenance entoure d'un rempart le sexe faible, aisément vulnérable. Où règne la moralité, les femmes règnent ; où domine la licence, elles ne sont rien ; et si tu veux interroger l'un et l'autre, tu verras que l'homme aspire à la liberté, la femme à la décence [2]. » Il me semble que le théâtre devait faciliter un rapprochement ; dans ce rendez-vous favorable, où chaque sexe se voit idéalisé, où l'illusion conventionnelle excuse maintes privautés, un terrain commun était trouvé. La pièce la plus médiocre fut encore un miroir où l'on regarda soi-même et le prochain, avec la surprise de se trouver ridicule. Le théâtre prépara l'affranchissement ; et c'est pourquoi la littérature sait gré au tsar Alexis Mikhaïlovitch, fils et successeur de Romanov, d'en avoir eu la curiosité.

1. Les dames en vinrent, assure Zabiéline, à se teindre le blanc des yeux !
2. GŒTHE, *Torquato*, II, 1 (trad. Porchat).

## IX

**LE THÉATRE. — PREMIERS ESSAIS. — LES PIÈCES BIBLIQUES DE SIMÉON POLOTSKI. — VOLKOV, FONDATEUR DU THÉATRE RUSSE. — LES PREMIERS ACTEURS CÉLÈBRES. — SOUMAROKOV, OZÉROV ET LA TRAGÉDIE PSEUDO-CLASSIQUE.**

Le goût du théâtre fut éveillé chez le tsar par *Matvéïev*, ce parvenu souple et clairvoyant, fils de pauvre homme. —

Quand il vint à la cour, nul n'y prit garde; modeste, il ne cherchait ni ne fuyait l'amitié de personne (Chtchébalski).

Bref, déroutant la méfiance, il fut poussé sans qu'on l'eût vu croître. Il avait adopté *Nathalie Narychkine*, fille d'un ami, et la Providence lui paya ce bienfait au centuple : il eut la joie inespérée de marier sa pupille au tsar, et cette Nathalie fut la mère de Pierre le Grand.
Matvéïev aimait à s'entretenir avec les étrangers, à les questionner sur leurs usages; il apprit ainsi que courtisans et citadins goûtaient une distraction plaisante, délassant les oisifs et les affairés, — le théâtre; et, formant tant bien que mal avec ses domestiques une petite troupe, un orchestre, il amusa souvent son royal visiteur. Si Alexis Mikhaïlovitch n'avait pas eu ensuite l'envie d'avoir aussi son théâtre, l'homme ne serait pas le plus imitateur des animaux. Alexis chargea donc un officier, Nicolas Staden, d'aller recruter en Courlande, en Saxe, en Prusse, où il pourrait, des comédiens. Non sans peine une troupe de douze téméraires fut recrutée; mais, au départ, devant l'horizon lointain, le courage faiblit; on se chuchota qu'un certain flûtiste aurait

écrit à sa femme, laissée en Allemagne comme arrière-garde, que le knout représentait là-bas la religion du plus grand nombre... Le bataillon se débanda, et le héraut ne ramena qu'un trompette.

Ce fut néanmoins un Allemand, *Jean Grégori*, pasteur et maître d'école à Moscou, qui forma la première troupe russe. Il dressa, trois mois durant, soixante jeunes gens ou garçonnets ; puis, dès que le confesseur du roi, s'appuyant sur l'autorité des Pères byzantins, eut levé les derniers scrupules, on mit en scène, le 17 octobre 1672, *Esther*. La reine et ses femmes eurent permission de regarder par les fentes d'une cloison. Quand des ballets servirent d'intermèdes, le tsar trouva trop leste, non pas les danseuses, la musique! Cependant l'impartiale Clio dit qu'il prit bien vite goût à celle-ci comme à celles-là; qu'il félicita et paya en argent et en fourrures maître Grégori, au risque, par tant de luxe, de gâter cet humble ;

*Beatus enim jam*
*Cum pulchris tunicis sumet nova consilia et spes..*

Mais le tsar n'avait pas accoutumé de lire Horace. Une troupe régulière fut constituée, qui représenta *Judith*, *Tobie*, *Le chaste Joseph*, *Adam et Éve*, etc. Ces pièces jouées sous une direction allemande, protestante, annonçaient la conquête de la Russie par l'esprit européen. Certes, les préjugés contre le théâtre étaient trop tenaces pour que l'on pût s'affranchir brusquement des sujets religieux, que les spectateurs revoyaient d'ailleurs sans déplaisir, contents de comprendre si vite, étonnés de suivre si aisément l'intrigue; de même, on écoute volontiers à tout âge des variations sur un vieil air. Nous ne reprocherons donc pas à l'auteur de ces premières pièces, à *Siméon Polotski*, son manque d'originalité, ses récits bibliques froidement dialogués; nous louerons même les chants et les danses intercalées dans son *Enfant prodigue*, l'Intermedium (édit. Tikhonravov, p. 303), car ce détail indique l'intention de briser le moule des comédies de collège [1]. Soyons obligés de ses pièces plus ou moins maladroites à cet auteur malgré lui, et n'oublions pas que le moindre progrès suit le long tâtonnement.

L'*Enfant prodigue* (entre 1673-78). — Un court prologue (18 vers) adressé aux nobles spectateurs les prie

de tourner les yeux et les oreilles vers le drame, douceur pour le cœur et salut pour les âmes; la parabole profitera, daignez seulement écouter!

Première partie. — Le père sort suivi de ses fils et de nombreux serviteurs; il loue le Seigneur qui lui octroya des richesses, des enfants et l'*intelligence*... Soyez vertueux, mes fils... Pour moi maintenant l'âge est venu; j'attends la mort, mais vous serez mes bâtons de vieillesse. Je vous abandonne tout mon avoir; respectez-moi seulement et gardez entre vous la concorde et l'amour (38 vers). L'aîné réclame la seule faveur de vivre près de son père : « Je suis ton esclave, heureux de te servir et de finir ma vie dans l'obéissance. » Le cadet, dans un discours long (60 vers) mais sensé, demande (puisque son frère consent à veiller sur leur père et sur la maison) à s'instruire, à s'illustrer en voyageant. Que le vieillard le bénisse et que son frère ne l'oublie pas!

Deuxième partie. — Liberté! Loué soit Dieu! Chez mon père j'étais esclave, prisonnier entre quatre murs. Tenu en laisse, il fallait boire et manger à heures fixes; défense de jouer, défense d'aller chez les amis, défense de regarder les visages rouges! (c'est-à-dire les belles filles). Le cadet organise un petit réveillon, et s'humanise jusqu'à boire et à

---

[1]. Polotski était presque un esprit fort; il ose railler ceux qui se recouchent parce qu'ils ont éternué en s'habillant, qui rentrent craintivement chez eux parcequ'ils ont trébuché sur le seuil, ou rencontré un moine ou rencontré une femme... Caton, qui n'allait pas au sénat parce qu'il avait vu une souris, n'eût pas mieux fait.

jouer avec ses valets. L'un d'eux, vrai Scapin, fait l'innocent : « Oh, je n'ose jouer aux dés avec toi, monseigneur, tu es trop fort.. » et lui râfle l'argent. « Tu as bien joué, dit le prodigue ; voilà cent roubles pour toi, et je vais me soûler en ton honneur! »

Troisième partie. — Les fripons achèvent de ruiner leur maître, ne lui laissent littéralement que sa culotte[1], lui débitent chacun un conseil narquois et l'abandonnent.

Quatrième partie. — Le châtiment. Au pays des Porcs. Le gardeur attitré lui confie les auges des pensionnaires ; mais là, comme en pédagogie, patience est nécessaire. Froissé de leur familiarité, l'apprenti rudoie les cochons qui s'enfuient et lui rapportent une bastonnade. « Hélas ! Que faire ? On veut m'assommer. Je meurs de faim et de froid, suis cinglé et scionné. Oh ! qu'il faisait meilleur vivre au logis paternel qu'errer par les contrées étrangères! Je retournerai chez mon père et lui dirai... », etc.

Cinquième partie. — De son côté, le vieillard regrette l'absent. « Vif ou mort ? Nul ne le dit, et mon cœur paternel se fend » (14 vers). Un messager : « Réjouis-toi, seigneur ; ton fils perdu s'approche ; grâce au ciel il revient vivant ; mais ne te désole pas, s'il est gueux. » Réjouissances.

Sixième partie. — L'enfant prodigue, à nouveau vêtu richement, retrace son existence en un long monologue (64 vers).

Une autre comédie de Polotski fut jouée à la même époque sous le titre : *Du roi Nabuchodonosor, de la statue d'or et des trois enfants qui ne brûlèrent pas dans le poêle*. Simple paraphrase du récit biblique, cette pièce est curieuse en ce qu'elle semble avoir été un cadre à divertissements, une sorte de livret musical.

La très longue (130 pages) et très ennuyeuse pièce sur *Judith* fut jouée en 1674, avec succès. D'où vint ce succès ? A propos d'*Esther*, le professeur *Tikhonravov* remarque (xx)

---

1. Отдавъ одежду верхнюю, останемъ въ единой.

que cette pièce « était probablement la comédie anglaise, *Esther et Aman*, représentée à la cour de Saxe en 1626. » La remarque me semble précieuse, car elle explique l'apparition du bouffon shakspearien, devenu, dans *Judith*, le soldat *Sousakime*. Admirez, par exemple, ce conseil de guerre !

SOUSAKIME. — Messieurs les capitaines, puis-je placer un mot ?
SISARA. — Parle.
SOUSAKIME. — On dit que les juifs ne mangent pas la chair de porc ?
SISARA. — Que t'importe ?
SOUSAKIME. — Voyre ! Alors nous n'aurons ni grillade ni boudin ?
SISARA. — Gros porc toi-même ! Au lieu de guigner du boudin, que ne désires-tu attraper une chaîne d'or ? Va-t'en, c'est honteux !
SOMNASE. — Moi, en fait de truies, je prendrais une belle fille bien habillée.
MOSOLLOME. — Qu'est-ce que tu en ferais ?
SOMNASE. — Je la déshabillerais, garderais la belle défroque, puis offrirais la fille à monsieur mon capitaine.

Sans doute le bouffon était grossier; mais une vérité hardie ne choquait pas dans sa bouche; sous l'habit de *Pierrot*, l'auteur pouvait, çà et là, émettre une idée neuve, et ce fantoche, installé en Russie, y eût peut-être importé le franc-parler. Pauvre Pierrot ! C'est de lui que les gouvernements pensèrent :

Ce bloc enfariné ne nous dit rien qui vaille !

Ainsi le *Sousakime* étale sa goinfrerie, dévore tant de cervelas qu'il « se sent lui-même devenir cochon; » mais quel mouvement il donne à une pièce endormante !

Holà, camarades ! Je crois que Jupiter, Mars et Vénus ne ribotent pas au ciel autant que nous sur terre... Tu as peur, toi, que, vienne la paix vienne le renvoi, et fini de rire ! On retournerait à charrue et paf! paysans comme devant! Bah, n'aie pas peur, l'ami. Nous allons si bien remplir nos poches, si bien engraisser qu'au pays nous vivrons de nos rentes; si, par déveine, nous mourons, que les chiens et les corbeaux déjeunent de nos tripes!... Tu dis, pleurard, que deviendront nos pauvres femmes, nos pauvres enfants? Eh bien, un autre les nourrira... Viens, l'ami, noyer ces noirs soucis dans un verre de vin. Si je deviens cochon, une de mes cuisses fournira à la table de notre général le roi des jambons. Gai, gai, camarade! Dieu seul sait combien de jours il nous reste à vivre; et si nous n'entrons pas dans le ciel, nous passerons toujours bien... à côté!

C'est déjà la philosophie de Figaro, et le tsar eut raison de rire. Il applaudit aussi à la condamnation, à l'exécution du paillard Sousakime : le bourreau est armé d'un goupillon. Et les transes du drôle! Et ses finasseries pour gagner du temps! (Il a des révélations à faire!) Et ses adieux solennels à cette bonne lumière du jour qu'il ne doit plus revoir et qu'il supplie de ne pas s'obscurcir par chagrin de ne le plus voir non plus! Qu'elle se console, il lui reste encore assez de voleurs à contempler... Adieu aussi, ma sœur aînée, toi qui vends sur le marché de Ninive des savates, des empeignes et de la ficelle!... adieu, pochards mes frères... LE BOURREAU : Dis donc, est-ce bientôt fini? — SOUSAKIME : Non, non! J'ai encore un discours à placer. Adieu, mes neuf péchés capitaux...; etc. Suit une décapitation burlesque. Après le départ du bourreau, l'exécuté se relève, cherche sa tête et finit par la réclamer aux spectateurs. — Cette farce amuserait encore le peuple; et, toute grossière, elle secoua la torpeur. Regrettons le bouffon et sa licence qui eût assuré la liberté d'allure.

On se rabattit sur les valets, malotrus par droit de naissance. Dans le *Don Juan*, joué vers 1702, Sganarelle (Philippe, dans le texte russe) avait un rôle assez trivial. On se souvient que le drôle est surpris happant un morceau :

DON JUAN. — Tu as donc la faimvalle?

Philippe. — A te dévorer toi-même avec la peau et le poil.

Don Juan. — Va manger (a. ent. : à la cuisine), mais laisse de quoi rassasier notre hôte.

Philippe. — Je compte bien ne rien lui laisser du tout!

Don Juan devient dans cette pièce plus grossier que libertin. Ne boit-il pas devant son hôte lugubre « *à la santé de sa fille qu'il a goûtée!* » Nous sommes loin de Versailles, et je remercie M. Tikhonravov qui refuse de voir dans ces scènes l'imitation d'un modèle français. De mon côté, je ne souligne pas ces détails pour critiquer un vieil échantillon mais pour louer Molière. « O mes gages! », s'écrie Sganarelle devant le châtiment final; il fut en effet complice contre argent; et, puni par où il a péché, il se trouve avoir servi pour rien. Dans le fragment russe, le valet conclut :

J'en suis quitte à bon compte! Mieux vaut décidément que je me marie et vive en bonne harmonie avec tous. Si on me donne un soufflet, je tendrai l'autre joue; si on me regifle, je tendrai la troisième[1]. Si quelqu'un touche à ma femme, je les enfermerai dans la chambre et n'ouvrirai que lorsque il aura payé deux grivenniks (environ 1 franc) pour mon indulgence.

L'illustre *Krampach* de Labiche[2] ne raisonne pas autrement. On soupçonnerait plutôt ici l'influence allemande.

Vers 1700 furent traduits l'*Amphytrion* de Molière et, en 1703, les *Précieuses Ridicules*. La traduction assez exacte intéresse vivement un Français, observant un idiome étranger, encore peu assoupli, aux prises avec des phrases bizarres. Avant l'entrée de Mascarille on jouait un prologue musical terminé par un ballet.

Le théâtre est orné de rivières, d'îles, d'enclos et de fleurs, agréablement. Neptune s'avance avec sa cour, avec les nymphes, c'est-à-dire avec des filles marines...

---

1. On se rappelle le *Cedo tertiam!* de Plaute.
2. Dans *Le plus heureux des trois.*

Voilà qui exigeait une mise en scène déjà somptueuse et préludait à l'opéra. Nous pouvons même supposer que les chanteurs étaient quelques-uns de ces Italiens appelés à Varsovie l'année précédente par le roi Auguste. On voit les progrès réalisés ; mais nous en sommes alors à Pierre le Grand. Que de difficultés dans l'intervalle ! Fédor (1676), prince pieux, avait congédié acteurs, violoneux et ballerines ; il fit même, dit-on, purifier le palais souillé par ces profanations, les pièces, même bibliques, inquiétant sa conscience. En fait, bibliques ou non, gaies ou sottes, ces pièces ragaillardissaient ; elles habituaient les chrétiens à chercher des distractions ailleurs qu'à l'église, et grâce à elles, l'histoire sainte changeait de tréteaux. Les Vieux-Croyants ne s'y trompèrent pas, et l'un d'eux dit assez plaisamment que

les impies s'éloignèrent du bénitier pour se laver dans des piscines étrangères.

Ces orthodoxes honorèrent le tsar défunt en fermant son théâtre et en ouvrant ses prisons ; — « ils mirent tous les voleurs en liberté pour figurer dans le cortège funèbre[1]. »

1. Kotochikhine, I, 32. — Son ouvrage *La Russie sous le règne d'Alexis Mikhaïlovitch* est plein de détails piquants. L'auteur, attaché aux archives du Conseil d'État, parle en témoin oculaire. Victime d'erreurs ou d'intrigues, il se réfugia en Suède, et put écrire sur sa patrie avec plus d'indépendance. Simplement, froidement, il décrit les vices des seigneurs, orgueil, ignorance, fourberie, vénalité. Il les montre « assis au Conseil d'État, honorés par le tsar non pour leur intelligence mais pour leur naissance, ne sachant, sauf exception, ni lire ni écrire, ne sachant que répondre, et se caressant noblement la barbe ». Il montre les ambassadeurs s'acquittant de leur mission au mieux de leurs intérêts personnels, puis adressant au tsar, au lieu d'un compte-rendu fidèle, un roman plus ou moins vraisemblable. — Ce précieux manuscrit de 232 pages fut retrouvé à Upsal en 1838. — Après une vie aventureuse, Kotochikhine eut une mort désagréable ; au cours d'une dispute il poignarda son adversaire ; d'où la tête tranchée sur une place de Stockholm.

Si la jeunesse est chose légère, on voit que la morale est chose flottante.

Liquidons ce passé. M. Tikhonravov a reproduit, a reconstitué le plus complètement possible, en 1160 pages in-8, le répertoire russe de 1670-1725. « *Je le sais bien*, dit-il, *il s'en faut que toutes ces pièces aient une valeur littéraire...* » Précisément ! Et témoin des tentatives faites par les prôneurs du Mittelalthochdeutsch, du Mittelalthochschwedisch, du Mittelalthochhottentot, pour empester la France de produits grotesques, je crains de même qu'on n'essaie de nous importer le fatras russe. Vieux ou jeune, russe ou allemand, le fatras reste fatras. Qu'on le balaie! Du reste, pour ne point paraître y mettre un parti-pris national, j'en appelle aux quatre volumes de M. Petit de Julleville : *La comédie en France au moyen âge*. On conviendra que, à intelligence égale, les Français étaient mieux placés que les Russes pour développer leur génie ; ils n'étaient pas isolés, perdus dans une muette immensité... Eh! bien, feuilletez ces quatre volumes écrits par un croyant, cette centaine de *moralités*, *farces*, *sotties*, et tâchez d'y trouver autre chose que des platitudes! A part quelques pages (*Patelin*, *Le Miracle de saint Martin*, etc.), c'est le néant. Au point de vue littéraire — rien ; au point de vue politique, un courant de raillerie qui contribua, si l'on veut, à lézarder le moyen âge; au point de vue religieux, une révolte sourde contre l'étouffement catholique; mais l'ennui vous couche sur la table.

> Si telle était Estelle,
> Qu'était donc Némorin?

dit la chanson. Si telles furent les sotties françaises, que fut donc l'antiquaille russe? Français, mes frères, goûtons-y par curiosité mais n'en soupons pas !

Ainsi sur les six pièces attribuées à Dimitri, évêque de Rostov, Porphiriev signale comme intéressante : *Noël*. M. Sichler le trouve « presque sublime par la grâce enfanline, par l'ingénuité. » Or, les personnages y sont presque tous allégoriques ; la *Terre* même (sous quel costume ?) entre en scène et conte ses peines : la *Mort* la désole, mais l'*Espérance* la console..., etc. Ces symboles ne sont guère ingénus, et la pièce (60 pages in-8) est plutôt vieillotte que jeunette. Mais avant que les contours d'une langue ne soient fermes elle semble bégayer, et ses grâces archaïques font, à première vue, trouver naïfs les vieux conteurs. Même aventure advint au malin Hérodote ; son dialecte en fut la cause.

Pierre le Grand mit la main sur le théâtre comme sur tout le reste ; et, comprenant son importance, voulut le rendre accessible au peuple, le faire descendre d'abord de la Cour dans la ville, puis le naturaliser. Il veut que la troupe venue de Dantzig s'habitue à jouer en russe ; que les représentations populaires (le prix était de 3 à 10 kopeks) aient lieu deux fois par semaine, en bonne place, sur la Krasnoï Plochtchadi de Moscou. Esprit délié, il dédaigne les pastorales froides et les allégories fades, et réclame Molière ; mais, despote, il médite un répertoire héroïque ; rêve, longtemps avant Napoléon, à un nouveau Corneille devant chanter ses exploits de César. Il protégera donc le théâtre qui servira ses desseins et, au besoin, ses rancunes. Ainsi fit-il, pour parodier les cérémonies du culte, célébrer un mariage de deux vieillards par le président de la corporation des Pochards, lequel, coiffé d'une tiare, portant rochet et camail et dénommé patriarche de la grande et petite Coucoulie, entonnait une variante de l'hymne au Saint-Esprit :

Saint Bacchus, descendez en nous !
Embrasez notre cœur de vos vins les plus doux !

Puis on délivra aux nouveaux mariés un diplôme dûment paraphé, présentant, au lieu des clefs de saint Pierre, deux tuyaux de pipe en croix [1]. — Les représentations populaires

---

[1] Danilevski, *La route de l'Inde*. — « Les despotes de la Russie, pour avilir, aux yeux de leurs esclaves, le patriarche dont ils voulaient saisir

cessèrent dès 1707, soit par la maladresse des entrepreneurs soit par l'indifférence du public, et le théâtre redevint théâtre de cour. Tel il resta sous Anna Ivanovna (une troupe italienne participa aux fêtes de son couronnement) et jusqu'en 1750. Au témoignage de Danilevski[1], ces divertissements offusquaient les patriotes :

> Ce sont vos Chouvalov qui mettent ces sottises à la mode... Faire chanter à l'orchestre des Italiennes et des eunuques, fi donc! Descendre à ces réjouissances papales! Nous sommes plus honnêtes dans notre Ukraine!

Un détail historique montre du reste en quelle suspicion étaient tenus, même en haut lieu, auteurs et acteurs[2]. En 1735, Élisabeth Petrovna occupant ses loisirs — elle en avait beaucoup — à composer des comédies, avait prié Prokopovitch, l'illustre collaborateur de son père, de lui choisir trois jeunes chantres, capables de comprendre et d'apprendre un rôle. Avertie, l'impératrice Anna ordonna une perquisition, la saisie des papiers compromettants, de la copie trouvée dans la poche d'un chantre, acte entier au cours duquel étaient mentionnés un certain Jupiter et une dame Laure, etc. Le chantre fut arrêté, mis au secret, menacé de mort s'il ne révélait sans réticences l'origine, le sens et l'emploi de ces documents. Le malheureux se débattit, expliquant que Jupiter c'était lui, Pétrov; que la princesse Élisabeth, prenant plaisir aux jeux, avait prié ses demoiselles d'honneur de gazouiller, et lui, Pétrov, de barytonner; que le divertissement avait eu lieu en famille... Il ne fut remis en liberté que sous menace de mort, au cas où il soufflerait mot de l'affaire. En 1742, Élisabeth, devenue impératrice,

---

l'autorité, le faisaient insulter dans des farces grossières » (CHAMFORT, *Éloge de Molière*).

1. *Chronique d'une famille.*
2. TCHISTOVITCH, *Prokopovitch et son temps*, p. 569.

eut sous les yeux le rapport secret de cette inquisition et se remémora les temps difficiles.

Aussi la littérature russe est-elle reconnaissante aux ouvriers de la première heure qui réhabilitèrent des professions peu estimées ; elle attribue la fondation d'un théâtre national non pas au gouvernement mais à l'initiative d'un particulier, à *Grégorevitch Volkov*, fils de marchand, né à Kostroma en 1729 († 1763)[1]. Ce très joli garçon fit ses études à Moscou, à l'académie Zaïkonospaskaïa (littér : Derrière l'image du Sauveur), où, suivant l'exemple de Kiev, prédominait l'enseignement latin, et, comme conséquence, l'influence occidentale. Volkov eut donc l'occasion de voir les représentations à la mode dans les collèges polonais. Cette circonstance précisa peut-être sa vocation. A dix-sept ans, venu à Saint-Pétersbourg pour affaires commerciales, il se faufila dans la troupe italienne afin d'y étudier l'agencement général. Parti marchand, il revient acteur, dresse ses frères, ses camarades, loue une grange, fabrique tout lui-même, décors et musique et, le 29 juin 1750, à Iaroslav, représente une pastorale : *Eumon et Bertha*. « Architecte, machiniste, directeur, auteur, compositeur, régisseur et acteur », il édifia à ses frais un théâtre en bois contenant mille spectateurs et, en 1751, joue l'opéra de Métastase : *La clémence de Titus* ; et voyez les jeux de la Fortune ! Des fraudes sur l'alcool provoquent une enquête, la venue à Iaroslav du sénateur Ignatiev, qui visite incidemment le théâtre, qui voit Volkov, qui le vante à l'impératrice, laquelle ordonne le transfert de la troupe à Saint-Pétersbourg ! La partie était gagnée. Un décret du 30 août 1756 ordonne

la fondation d'un théâtre russe[2] à telle fin de représenter tragédies et comédies.

La troupe d'amateurs devenait troupe impériale, sala-

---

1. Biographie publiée par Iartsev. Saint-Pétersbourg, 1892.
2. A l'emplacement actuel de l'Académie des Beaux-Arts.

riée[1]. Volkov mourut en plein succès, à trente-quatre ans, surmené par les préparatifs de sa mascarade en l'honneur de Catherine II, *Le triomphe de Minerve.*

C'était, dit Von Vizine, un homme remarquable par l'intelligence, le savoir et la vertu; il eût pu jouer un rôle dans l'État[2].

Son biographe affirme qu'il était modeste (un acteur modeste!), s'effaçant volontiers devant ses camarades, préférant leurs ouvrages aux siens propres. Aussi sont-ils perdus. Il ne reste que quelques traductions de Molière et quelques chansons. Une de ses épigrammes est devenue classique :

> Passe un cavalier. « Le bel homme ! »
> Dit l'un ; l'autre : « Un bel animal ! » —
> Paix ! tous deux sont beaux, mais en somme
> Tous deux bêtes, homme et cheval.

Il convient de citer près de lui (de Volkov) : 1° son ami *Dmitrevski* (pseudonyme de Narykov) dont le mérite rejaillit sur la profession. Pendant trente-huit ans, il continua l'œuvre commencée, composa ou traduisit quarante pièces, forma des acteurs et connut les ovations ; — 2° l'excellent *Plaviltchikov*, Moscovite, fils de marchand.

Je n'ai qu'une pensée : un Dieu existe, notre maître à tous ; un seul désir : me rendre utile; une seule espérance : ressusciter pour une existence meilleure (IARTSEV, p. 53).

Cet homme aux larges épaules, au cou de taureau, mugit un peu fort mais n'a que des amis ; — 3° *Chouchérine* († 1813) qui démontre l'utilité morale du théâtre, ayant été par cette nouvelle passion guéri de l'ivrognerie et du vagabondage ;

---

1. Cinq mille roubles au début. Dix ans plus tard, les trois troupes réunies — russe, française, italienne — recevaient 138,000 roubles.
2. Il en joua un, et prit part au coup d'État qui fit Catherine II impératrice.

qui démontre aussi la magie de l'amour ; car, pour se rapprocher d'une actrice alors célèbre, il se mit par un travail acharné en état de jouer auprès d'elle les premiers rôles ; — 4° *Iakovlev* († 1817), fils de marchand, qui réussit sans peine par son extérieur séduisant. Il joua les amoureux dans les tragédies de Soumarokov ; puis, dans le drame bourgeois, plus favorable à ses dons naturels que le pathos pseudo-classique, il célébra en Russie le comte Meinau (dans *Misanthropie et Repentir* de Kotzebue) et le musicien Miller (dans l'*Intrigue et l'Amour*, de Schiller). Quand l'âge amoindrit ses facultés, Iakovlev se coupa la gorge, et ne guérit que par miracle. Il est difficile de pousser plus loin le culte de son art.

Ces acteurs ont merveilleusement contribué à la diffusion des œuvres littéraires et le théâtre eût peut-être en Russie végété longtemps encore si, par la dignité de leurs mœurs et par leur souplesse intelligente, ils n'eussent renversé maints préjugés.

En province, on mène les actrices au cabaret ; à Paris, on les respecte quand elles sont belles, et on les jette à la voirie quand elles sont mortes... On leur refuse ce que ces gens-ci appellent les honneurs de la sépulture, c'est-à-dire de pourrir avec tous les gueux du quartier dans un vilain cimetière.

Plus heureuse que Adrienne Lecouvreur, que plaint ici Voltaire, fut *Catherine Séménova*, qui débuta précisément dans *Nanine ou le Préjugé vaincu*, de Voltaire. Elle joua tous les grands rôles du répertoire dramatique, et les contemporains ont à l'envi exalté son talent et sa beauté ! Son profil de camée troubla même la tête d'un solennel helléniste, de *Gnéditch*, traducteur de l'*Iliade*! Les rôles féminins cessèrent d'être tenus par des hommes et, naturellement, gagnèrent au change ; le public goûta l'innovation, car on va au théâtre autant pour voir que pour entendre, et les dilettantes objectèrent aux moralistes alarmés le galant aphorisme : Une actrice est une femme comme une autre... avec plus de talent.

La seconde période théâtrale a été classée par *Longhinov* (Saint-Pétersbourg, 1873) de 1749, quand les élèves du corps des Cadets jouèrent *Khoreb* de Soumarokov, la première tragédie russe, à 1774. Il est curieux de feuilleter ce répertoire.

| | | |
|---|---|---|
| 1750. *Tamira et Sélim*, | tragédie de | Lomonosov. |
| *Deidamie*, | — | Trédiakovski. |
| 1752. *Démophont*, | — | Lomonosov. |
| 1755. *Céphale et Procris*, | opéra de | Soumarokov. |
| (apparition des premières actrices). | | |
| 1756. *Tanioucha*, | opéra-comique de | Volkov. |
| 1757. Viennent les traductions et adaptations : | | |
| *Fierté et Pauvreté*, | comédie de | Holberg¹. |
| Les *Fourberies de Scapin*; l'*Avare*; l'*École des Maris*; l'*École des Femmes*, *Tartuffe*; le *Misanthrope*, | — | Molière. |
| Les *Grâces*, | — | Saint-Foix². |
| 1758. Le *Bourgeois gentilhomme*; *Georges Dandin*, | — | Molière. |
| 1759. L'*Oracle* (1 acte, prose, sa meilleure), | — | Saint-Foix. |
| Le *Mariage au tambour*, | — | Destouches. |
| 1760. L'*Indiscret*, | — | Voltaire. |
| 1761. *Amphitryon*, | — | Molière. |
| 1762-3. (Absence de documents.) | | |
| 1764. Le *Jaloux désabusé*, | — | Campistron³. |
| L'*Écossaise*, | — | Voltaire. |
| *Sidney*, | — | Gresset. |
| La *Fausse Agnès*, | — | Destouches. |

1. Louis, baron de Holberg (1684-1754), né à Bergen (Norvège).
2. Poullain de Saint-Foix (1698-1776), né à Rennes. C'est le célèbre bretteur.
3. 1656-1723, né à Toulouse. — Le choix était bon. Le *Jaloux désabusé* est sa meilleure pièce.

1765. Le *Babillard*, comédie de Boissy[1].
Le *Jeune savant*, — Lessing.
Le *Paysan métamorphosé en seigneur*, — Holberg.
*Sénèque*, drame de Kleist.
Le *Fils naturel*, comédie de Diderot.
1766. Von Vizine lit à l'impératrice son *Brigadier*; « mais on ignore quand fut jouée premièrement et éditée cette comédie. »
*Nanine*, de Voltaire; le *Sicilien*, comédie de Molière.
1767. *Artaxerxès*, — Holberg.
*Thalestra*, — Khéraskov.
1768. *Iphigénie en Tauride*, opéra de Koltellini(?).
*Vycheslav*, tragédie de Soumarokov.
Le *Sage étourdi*, comédie de Boissy.
*Gendre et beau-père*, — Collé[2].
1769. Le *Distrait*, — Regnard,
Les *Jeux de l'amour et du hasard*, — Marivaux.
1770. *Eugénie*, drame de Beaumarchais.
1771. L'*Honnête criminel ou l'Innocence justifiée*, — Falbaire[3].
C'est l'histoire de Jean Fabre qui demanda à subir le bagne en place de son père condamné pour protestantisme. Gracié, après six années, par Choiseul. — Ces deux actes en vers furent joués en Russie vingt ans avant de pouvoir l'être en France. « Jugés trop hardis, ils n'eussent jamais été joués sans la Révolution de 1789. » C'est honteux!
1772. *Beverley*, drame de Saurin.
(sombre et ennuyeux tableau de la vie d'un joueur).

---

1. Louis de Boissy, né à Vic, Auvergne (1694-1758). Il remplaça Destouches à l'Académie française.
2. Charles Collé (1709-83), né à Paris, cousin de Regnard. — On connaît sa *Partie de chasse de Henri IV*.
3. Fenouillot de Falbaire (1727-1800), né à Salins.

Puis viennent les œuvres de Potemkin, le futur prince; les comédies de Térence; la *Dévote* de Gellert; *Socrate* de Thomson; quelques comédies de l'infatigable Goldoni (il a écrit 150 pièces) et une vingtaine d'œuvres de Soumarokov.

Ce tableau est plus instructif qu'une longue dissertation. On voit que le théâtre est importé de toutes pièces, et que les œuvres françaises semblent être préférées, attestant le succès de l'évolution vers l'Occident. Les slavophiles[1], ceux-là mêmes que commanderont plus tard *K. Aksakov*, *Kireievski*, etc. en soupirèrent, redoutant l'ivraie étrangère au milieu du froment russe; de même que chez nous de bonnes âmes déplorent que l'éducation gréco-latine ait étouffé le génie auvergnat. La réforme de Pierre le Grand ne pouvait plaire à beaucoup, d'abord parce que, prudente ou non, elle était réforme, et que l'humanité souffre impatiemment l'innovation; sa routine lui devient chère; ensuite parce que le tsar commettait là une faute... en théorie. Les patriotes s'interrogeaient avec anxiété : Est-il sage de transporter brusquement l'ouest à l'est? d'arrêter dans sa croissance lente, si l'on veut, mais naturelle, l'arbre slave, et de le greffer à coups de hache? Si la sève se refuse à l'essai, la Russie n'aura plus qu'un trognon; l'imitation deviendra singerie; on dédaignera puis oubliera la tradition nationale, sa langue, et cessera d'être slave sans devenir latin; on sera pseudo-européen, hybride... L'objection était sensée, mais l'événement justifia le réformateur. Une littérature nationale ne pousse pas en effet comme les champignons après la pluie; il faut avoir imité beaucoup pour mériter d'être imité à son tour; et dans les efforts de traduction, dans la lutte avec les tournures étrangères, la langue et l'ingéniosité russes avaient plus à gagner qu'à perdre. Le naturel chassé devait

---

1. Les **Slaviané** ou **Moskvitchi**. Le parti adverse, les Zapadniki, fut mené par l'historien Granovski et par le critique Biélinski. — Les deux partis se réconcilièrent dans un banquet; — j'entends les chefs, ceux qui dinèrent.

revenir au galop; à côté de Soumarokov, on voit déjà Von Vizine, et Ozérov suivra de près.

Sans doute il eût mieux valu puiser directement aux sources et ne pas imiter d'après une imitation, commettre un double plagiat; mais lire le grec dans le texte, vous en parlez bien à votre aise! Il s'agissait d'aller vite, de rattraper le temps perdu. Aussi, quelle formidable poussée donna Pierre le Grand! Quelle époque de rénovation où tout est intéressant à étudier! Si le cadre de mon livre l'eût permis, j'aurais voulu m'arrêter, par exemple, sur le nom de ce Théophane *Prokopovitch*, archevêque de Novogorod, l'illustre collaborateur du tsar, écrivain et prédicateur éminent, conseiller sûr, le théoricien de la réforme, lequel passerait de nos jours encore pour un esprit trop indépendant. Pensez donc! Il demanda que le consentement des parents fût nécessaire pour tonsurer les enfants; que l'on réprimât le commerce effronté des prétendues reliques, lait de la Sainte Vierge, poils de la barbe du Christ, etc.; que l'on traduisît le mieux possible en russe les mots grecs et latins de la liturgie, afin que le peuple priant Dieu comprît sa prière; que les hommes et les femmes ne pussent se séquestrer dans un monastère *ex abrupto*, avant d'avoir connu le monde, avant d'avoir payé leur dette à la société, avant cinquante et quarante ans, respectivement. Et autres propositions abominables! Par la plume et par la parole, il fut le défenseur ardent des plans de son maître et mérita bien de la patrie. A la plaisanterie de Saltykov[1], qu'une circulaire envoyée de Saint-Pétersbourg pour provoquer une souscription à sa statue recueillit dans les villes dévouées au gouvernement cinquante centimes, et dans les autres un sou, j'ajouterai : Eh bien, tant pis pour les ingrats!

Il convient aussi de mentionner deux autres célèbres théoriciens qui précisèrent ou proposèrent au tsar plusieurs projets (la mission de Behring, par exemple) : Leibnitz et

---

1. Dans Игрушечнаго дѣла людишки.

Wolf¹, d'applaudir en passant, ce *Possochkov*, brave paysan, qui, enthousiaste des réformes de Pierre, lui remit un hardi mémoire *Sur la misère et la richesse* (sur l'extinction du paupérisme, comme écrira un siècle plus tard Napoléon III). Le mémoire est remarquable, sincère, honnête, demandait l'égalité devant la loi... Son auteur mourut donc en prison (1726). Mais, pour rester dans la question théâtrale, nous relèverons seulement les noms de *Soumarokov* et de *Ozérov*, qui personnifient le mieux cette imitation au second degré, ce genre pseudo-classique². *Soumarokov* (1718-1777), élevé à l'École des Cadets, servit jusqu'au grade de brigadier³, mais le succès de sa tragédie *Khoreb* l'avait voué aux lettres. Pendant vingt-sept ans, ce littérateur infatigable marqua sa place comme « premier écrivain dramatique, premier directeur du théâtre russe et premier journaliste » (PORPHIRIEV, II, 222).

Pouchkine est sévère et l'appelle « le plus malheureux des imitateurs. Ses tragédies remplies de contre-sens, écrites dans une langue barbare et prétentieuse, plurent à la cour d'Élisabeth comme imitation des divertissements parisiens. Ces productions, flasques, froides, ne pouvaient agir sur le peuple. » Les confrères ne se pardonnent rien. Dans une épître à Joukovski je ramasse cet autre pavé :

> Scribes, gratte-papier, plus bavards que les pies,
> Poétereaux poussifs, copiant des copies,
> S'il vous faut imiter, — vos vers n'éclosant pas —
> Pourquoi Soumarokov? Pourquoi choisir si bas?

---

1. Wolf objectait plaisamment à la fondation d'un Institut impérial la stérilité de l'Académie de Berlin, constituée *ad plausum* et bonne à rien. Mais, l'Institut fondé, il l'aida de son mieux, y fit nommer plusieurs savants et compta parmi ses élèves le premier académicien russe, LOMONOSOV (PORPHIRIEV, II, 9).

2. Quoique son *Dmitri Donskoï* (voir plus haut, p. 67) n'ait été joué qu'en 1807. La date ne fait rien à l'affaire.

3. À peu près lieutenant-colonel. Ce titre, créé par Pierre le Grand, fut supprimé par Paul Iᵉʳ.

> Confondre comme lui l'amphore avec la cruche ?
> Et, comme lui, gonfler des odes en baudruche ?
> Le style de Nikon, patriarche autrefois,
> Revient, accompagné de tragiques abois,
> Effaroucher le goût ; hélas ! et sur la scène
> Des écrivains-bandits étranglent Melpomène !

Mais Pouchkine n'avait alors que dix-huit ans ; il voulait « rompre en visière à la sottise russe », et sa jeunesse explique son emportement. Le bon Soumarokov expie le discrédit de la tragédie démodée. Regardons la coupable : — Deux princes s'expulsent alternativement de Kiev ; le dernier vainqueur réclame son enfant comprise dans le butin seize ans auparavant ; mais la jeune fille refuse, aimant Khoreb, frère de son ravisseur. D'où discours, monologues, répliques de confidents. L'intrigue est nouée, et se résoudra par le suicide des amants malheureux. Qui a lu une de ces tragédies les a lues toutes ; le moule est le même. Ce serait un défaut véniel, si les personnages étaient vivants, s'ils étaient mieux que des abstractions représentant telle vertu ou tel vice, s'ils n'étaient monochromes, comme l'imagerie primitive ; mais du moins leurs sentiments sont honnêtes, généreux et reflètent la philosophie humanitaire du xviii<sup>e</sup> siècle. Choisir ses sujets dans l'histoire nationale, comprendre, avant Pouchkine et Ostrovski, combien est théâtrale l'aventure de Démétrius, n'est pas d'un sot ; non plus que d'avoir, empruntant à Molière ses sujets, russifié la satire et raillé les travers de ses citoyens. « Le mérite des comédies de Soumarokov tient *à la langue alerte et variée* » (PORPHIRIEV). Ce versificateur intéressa ses contemporains ; ce copiste fut, en somme, un novateur ; est-ce sa faute s'il est démodé ?

> *Tempora mutantur et nos mutamur in illis.*

« On préférait à rire, dit Ostrovski, si l'on écrivait aujourd'hui en style de Soumarokov. Eh bien, nous savions par cœur ces tragédies que maintenant on ne lit même plus ; et je prétends que la jeunesse y puisait de nobles sentiments. C'était solennel, poncif? Va toujours! Mais c'était chevaleresque et loyal. Aujourd'hui on ne veut plus de tragédies, on veut de l'argent. »

Ozérov peut être considéré comme un successeur immédiat et plus heureux. Ses héros sont plus près de nous, la langue est plus naturelle, et deux de ses tragédies sont restées au répertoire: *Dmitri Donskoï*, dont j'ai déjà parlé, et son *Œdipe à Colone*. Les allusions politiques y foisonnent, et l'exaltation de certaines tirades répondait à l'exaltation des contemporains. Leur tête était-elle trop chaude, ou la nôtre est-elle trop froide? La dédicace (à Derjavine) de son *Œdipe* montre que le *style à échasses* d'Ozérov marchait à l'unisson. Après avoir évoqué Leibnitz et Newton, leur calcul des infiniment petits et des infiniment grands, l'auteur offre son ouvrage: 1º au seul rival de l'immortel Lomonosov; 2º à celui qui unit l'essor de Pindare à la philosophie d'Horace; 3º à celui qui tenait le pinceau de Raphaël pour peindre la reine kirghise; 4º dont la versification est grandiose comme la structure de l'univers; 5º claire, pure et réconfortante comme la source de Bandusie; 6º bruyante, rapide et merveilleuse comme une cascade; 7º morale comme la Mort, cette contemporaine des mondes; 8º dans les lauriers duquel les Muses ont tressé la guirlande d'Anacréon..., etc. Derjavine trouva-t-il l'éloge suffisant?

Dussé-je être raillé, j'avoue que ces tragédies me touchent encore. J'aime encore Antigone guidant son père aveugle; j'admire encore Thésée le magnanime. Ces tirades sur la justice, sur la crainte des dieux, sur la piété filiale sont des banalités toujours humaines, et la beauté de ces figures antiques est telle qu'elle persiste dans toutes les copies, qu'elle illumine les vers russes comme les vers français. *Œdipe*, *Antigone*, traduits presque littéralement, sont en ce moment même applaudis à la Comédie-Française, et cette simplicité d'un autre âge rafraîchit l'imagination. A travers les siècles, le reflet de cet art radieux aveugle les hiboux sortis du

Mittelhochdeutsch; le simple décor de ces temples grecs
« dont la blancheur appelait les colombes » ravive les plus
beaux rêves que l'Humanité ait jamais rêvés;

> Toute loi vraie étant un rythme harmonieux,
> Nul homme ne les voit sans qu'un Dieu l'avertisse.
> Leur austère équilibre enseigne la Justice.
>
> (V. Hugo).

## X

## LA RÉFORME ET SES DÉFENSEURS. — LOMONOSOV. — SOUMAROKOV. — KANTÉMIR. — TRÉDIAKOVSKI. — CATHERINE. — VON VIZINE.

Mon ouvrage n'a souci de la politique, bel art, et de l'histoire, muse véridique, que par ricochet, pour les conséquences littéraires. Comme la fondation de l'Académie des sciences (1726) m'intéresse plus que la campagne sur le Pruth, je puis louer plus aisément Pierre le Grand, auteur de la Renaissance russe, le prodige de son siècle, mortel dont on eût fait un dieu chez les païens. Pour l'instruction de son peuple, il créa tout, et tout réussit parce que le but était digne et le moyen logique. Quand on compare ses ordres précis, inspirés par un intrépide bon sens, avec le fatras de notre pédagogie sentimentale ! « Enseignez les mathématiques, la géographie, la physique.., *la bonne tenue, la crainte de Dieu.* » (Ordonnance de 1703.) Si les étudiants envoyés à l'étranger travaillent peu, dépensent trop, le tsar n'accuse pas les programmes; mais, sans hésiter, touchant du doigt le mal, il ordonne que les femmes rejoignent immédiatement les maris. — « Tu as mis dans le mille! » lui répond, enthousiasmé, le chef de la mission. Pensant avant Gœthe que « ce qui n'est pas dans l'homme n'en sort pas », il choisit ses boursiers dans la classe moyenne, parmi ceux qui, d'eux-mêmes, sentant en soi une force ascensionnelle, cherchent à se tirer de l'ornière. « La plèbe n'offre que des fainéants ! »

Il eût pu dire : l'humanité. N'est-il pas honteux qu'il faille le fouet d'un despote pour la décider à se décrasser ? Aussi, que l'histoire lui reproche ses crimes ; nous admirons le terrible mais sage instituteur. Les circonstances exceptionnellement favorables dans lesquelles il évolua n'ôtent rien à son mérite ; au besoin, il les eût suscitées. « Sans songer à la liberté, Pierre le Grand a plus fait pour elle que tout ce que les rêves de libéralisme ont, depuis, imaginé qu'il eût dû faire. Puisqu'il fallait du despotisme, à quoi pouvait-il mieux l'employer ? » (DE SÉGUR). Il avait changé ce qui n'obéit pas à la volonté humaine : l'air ambiant ; il avait précipité le tempo de l'existence russe ; de sorte que, par un curieux phénomène, ce furent les libéraux qui exécutèrent les plans du despote. Ainsi peut-être s'explique la facilité avec laquelle ses filles firent leurs coups d'État ; Élisabeth, par exemple, vient une belle nuit réveiller un régiment ; les Préobrajenski l'acclament et, séance tenante, la font impératrice. Voilà ! L'impulsion donnée par Pierre fut telle que ses successeurs devaient protéger les idées occidentales et leurs représentants, les écrivains. La réforme ayant à craindre et les réactionnaires et ses propres partisans maladroits, ceux qui refusaient et ceux qui comprenaient mal, on devine la tâche de la littérature nouvelle. De bonne foi, ou sous couleur de dévouement à la dynastie, elle pourra attaquer le clergé dans sa routine, la magistrature dans ses abus, la noblesse dans ses excès ; et tandis que les continuateurs de Prokopovitch (Tatitchev, Lomonosov et autres), démontreront gravement, par Aristote ou par l'Évangile, que l'instruction est chose agréable à Dieu, les succès partiels seront remportés, dans une guerre d'escarmouches, par la satire et la comédie.

Le plus étonnant champion de la réforme fut *Lomonosov*

(Michel Vasiliévitch, 1712-65), « *à lui seul notre première Université,* » dit Pouchkine. Son existence même est romanesque. Jeune, il navigue sur la mer Blanche, entre les récifs et les glaces flottantes, pêche le morse, voire la baleine ; cette rude existence lui trempe le corps et lui révèle la majesté de la nature.

Enfant, laisse la barque! D'autres filets t'attendent, d'autres soins : tu seras pêcheur d'hommes et ministre des rois (POUCHKINE).

Rudoyé par une marâtre, il s'enfuit en plein décembre avec trois roubles empruntés à un voisin.

Lors fut référé à Moscou, au régent du collège, qu'un gars chaussé de tille, une peau de mouton sur le dos, implorait l'admission. Jamais pauvre ne mendia son pain comme lui la science. (*Ode de Fedor Glinka.*)

Il entre, étudie le latin, le grec, le calcul, la physique, la philosophie, et franchit trois classes la même année. Au prix de quels efforts !

Une indicible misère : n'ayant que trois sous par jour, je dépensais un sou pour du pain, un autre pour du kvas, le troisième pour du papier... J'ai vécu ainsi cinq ans et n'ai pas renoncé à la science. (*Lettre à Chouvalov.*)

Ici la chance intervient. Le directeur de l'Académie de Saint-Pétersbourg demande des recrues ; Lomonosov devient boursier de l'État, et est envoyé à Marburg chez le célèbre Wolf (1737) qui atteste son zèle et ses progrès. Si l'étudiant n'édifia pas toujours les bourgeois de l'endroit, attribuons quelques excès tapageurs à sa force herculéenne et à l'ivresse de la liberté. Empêtré dans les dettes, Lomonosov voulut fuir vers la Hollande et de là, par eau, regagner la Russie ; des recruteurs prussiens le traitèrent comme *Can-*

*dide* ; mais avec adresse et courage, il déserte la forteresse de Wesel. Ces aventures ont fourni au prince *Chakovski* une opérette en trois actes : *Lomonosov ou le Poète sous giberne*.

Souffrir pour la science méritait salaire; mais, docteur *utriusque*, il réclama vainement la chaire promise, car l'Académie, inspirée et dirigée par des Allemands, voulait écarter cet indigène compromettant. Il fallut, pour forcer la porte, l'intervention de l'impératrice Élisabeth; aussi Lomonosov, quoique marié ou parce que marié à une Allemande, guerroya toute la vie contre la coterie allemande. L'Académie était livrée au sieur Schuhmacher, qui, prenant pour gendre un compatriote, — « donna pour dot à sa fille... l'Académie. » Il semait la discorde, excitait les jeunes contre les vieux, disposait des traitements, les confisquait au besoin; donnait, pour acheter des amis au dehors, les livres de la bibliothèque.

Voyant dans la venue des étudiants russes, ou dans leurs progrès une menace personnelle, Schuhmacher les évince ou leur rend tout travail impossible.

La nature droite, le sens patriotique de Lomonosov se révoltaient de voir des étrangers payés par la Russie travailler à nuire à la Russie.

Les Allemands sonnèrent le tocsin; eux-mêmes étaient dégoûtés du despotisme de Schuhmacher ; mais sachant ce qu'il faisait pour l'élément germain, ils se réconcilièrent avec lui; tremblant pour leur solde, ils oublièrent devant le péril commun leurs comptes personnels, et se serrèrent les coudes pour combattre l'audacieux adjoint.

On devine les intrigues et les délations. Naturellement les collègues russes qui eussent dû le soutenir l'attaquaient; Soumarokov[1], dans son journal *L'Abeille*, raillait ses travaux

---

[1]. Soumarokov lui demanda un jour ironiquement : « Êtes-vous allé sur le Parnasse? — Oui, dit Lomonosov, mais je ne vous y ai pas vu. »

sur la mosaïque; Trédiakowski alla jusqu'à le dénoncer comme hérétique (à propos de l'hymne sur la barbe), etc.

Lomonosov a tout étudié, tout enseigné, de la métallurgie à la rhétorique; il a écrit la première grammaire russe dont l'érudit Bouslaïev recommande encore l'étude; une rhétorique, une prosodie. Il importa l'électricité; en tout genre il donna des modèles. Mais son principal mérite est d'avoir désigné le but et frayé la voie : La Russie aux Russes! Il exécuta le plan de Pierre le Grand qui voulait que des universités nationales alimentassent directement l'Académie des sciences; il inaugura la littérature moderne en délimitant l'objet de la foi et l'objet de la science, et en défendant sa langue avec fierté. Ceux qui négligent et défigurent l'idiome national, héritage sacré, sont les traîtres, les bâtards que rabrouait notre Rabelais :

Je prouverai en barbe des rappetasseurs de vieilles ferrailles... que notre langue vulgaire n'est tant vile, tant inepte, tant indigente et à mépriser qu'ils l'estiment!

Là encore, Lomonosov développait la pensée de son souverain qui admettait l'étranger, hommes et langues, comme moyen et non comme but. Pour emprunter quelques idées (et les idées neuves sont rares!) est-il nécessaire que toute une nation jargonne dans le patois des nations voisines? Ne suffit-il pas que quelques spécialistes se dévouent? Qu'ils nous renseignent, comme les architectes nous logent? On ne doit au peuple que les résultats. Que dire de ces parents, fiers d'apprendre à leurs enfants toutes les langues, excepté la leur? N'est-ce pas assez d'être sot dans la sienne?

Dans un charmant opuscule (1755) Lomonosov recommande l'étude des Livres saints; car, riche par elle-même, la langue russe s'est encore enrichie des beautés du grec, lorsqu'elle traduisit ses livres; et, sous couleur de conseils littéraires, il fait œuvre de patriote. Étudier les textes consacrés, invariables monuments de la langue, c'est assurer son orthodoxie, conserver pures les traditions, évincer les néologismes baroques et inutiles ; ainsi les Allemands retrempent sans cesse leur idiome dans la Bible de Luther. Nous devrions suivre ce sage exemple, puiser aux sources vives de Rabelais, de Montaigne ; la tâche serait même plus légère pour nous, *Pantagruel* et les *Essais* étant plus récréatifs que la liturgie.

Le simple exposé des projets de Lomonosov l'honore plus que ne ferait un panégyrique. Ce novateur promettait (dans une lettre au comte Chouvalov) huit mémoires sur des questions sociales. Les titres seuls attestent ses soucis pratiques : — 2. *Plus d'oisifs, plus de vagabonds!* — 3. *Redressement des mœurs; diffusion de l'instruction dans le peuple.* — 4. *Réforme agraire.* — 5. *Réforme et multiplication des arts et métiers.* — 6. *Les vrais profits commerciaux.* — 7. *La meilleure économie gouvernementale.* — 8. *L'entretien de l'art militaire durant les loisirs d'une longue paix.*

Le premier mémoire : *Accroissement et entretien de la population russe*, nous est seul parvenu. La question est en France pleine d'actualité. L'auteur dit justement :

> L'essentiel est l'accroissement et l'entretien du peuple russe ; là reposent la grandeur, la puissance et la richesse de tout l'État, et non pas dans un vaste territoire, vide d'habitants.

Il conseille donc : 1° d'empêcher les mariages disproportionnés. A la campagne, les parents marient leurs fils trop jeunes afin d'avoir promptement une servante robuste... et gratuite; 2° d'empêcher les mariages forcés, en défendant aux popes de célébrer un mariage sans constater la libre volonté des intéressés ; 3° d'empêcher l'entrée au couvent pour les hommes avant cinquante ans, pour les femmes avant quarante-cinq ans. Proposition qui effaroucherait même maintenant en France nos prétendus esprits forts. Lomonosov ajoute courageusement : « Cela préviendrait beaucoup de naissances illégitimes et beaucoup d'infanticides »; 4° de fonder des hospices, des refuges pour les filles-mères et leurs enfants; 5° de prévenir les premières maladies, souvent mortelles, de l'enfance, en répandant à profusion un petit manuel de médecine populaire soigneusement fait; au besoin, inviter les popes à le lire à l'église ;

Quand on pense que la mortalité est dans les trois premières années de la vie, dans la proportion de 100 à 3! En admettant... on peut affirmer que chaque année meurent cent mille enfants au-dessous de trois ans. Serait-on mal payé de sa peine si l'on pouvait, par quelques sages mesures, en sauver ne fût-ce qu'un dizième[1]?

6° d'empêcher les popes d'assassiner les nouveau-nés en les trempant inconsidérément dans l'eau froide. C'est superstition et routine grossière. Seront-ils moins chrétiens, baptisés à l'eau tiède? 7° de considérer le grand Carême comme une des causes de mortalité. Le brusque changement de nourriture est fatal, d'autant plus que le peuple bâfre pour se préparer à jeûner, et jeûne pour se préparer

---

1. Les faits ont justifié la réclamation. Dans une étude intitulée *Dans l'attente du choléra*, publiée en 1893 par le Сѣверный Вѣстникъ, le professeur Gertsenschtein écrit : « La mortalité est en Russie plus considérable que partout ailleurs en Europe. Dans 200 villes russes le chiffre des décès a dépassé celui des naissances... Les conditions de la vie du paysan sont telles qu'on peut s'étonner que *tous*, à la moindre épidémie, ne soient pas atteints. Sans l'endurance extraordinaire du peuple russe... Chez nous, la variole enlève chaque année les victimes par dizaines et centaines de mille, sans qu'on y prête autrement attention. La syphilis ronge nos paysans à ce point que l'on découvre avec stupeur des villages entiers contaminés par cette horrible maladie qui les dépeuple rapidement... Nulle part ne se rencontre un nombre aussi effrayant d'aveugles que chez nous en Russie... Tout récemment la diphtérie emportait dans la tombe la population enfantine de districts entiers... »

Pourquoi nos jeunes médecins, au lieu de venir louer à Paris un coûteux entresol, et de s'y morfondre dans l'attente de la clientèle, ne vont-ils point passer quelques années en Russie? Ils rendraient service, gagneraient incidemment de l'argent, et feraient aimer la France. L'entresol ne se sauverait pas.

à bâfrer. Le petit Carême (en été) est moins dangereux ; on a du fruit, du poisson frais ; on est obligé de travailler ; le paysan laboure, le marchand voyage... Moins d'oisiveté, donc moins de banquets et d'ivrognerie. En tout cas, l'ivrogne tombé sur la route n'y crève point de froid, comme il advient pendant la Semaine sainte. Avec son robuste bon sens, Lomonosov ajoute que certaines pratiques du culte, et le jeûne notamment, ne sont rien sans l'équilibre moral ; qu'en réalité il ne s'agit point de mâcher du porc ou de l'anguille, mais d'être un honnête homme ; et que l'escroc reste un escroc, mangeât-il en Carême des copeaux, de la toile ou des crottes. — Il fallait du courage pour toucher au dogme ; Lomonosov le sent bien, car il ajoute :

Redresser ces erreurs, c'est se heurter à des obstacles effrayants ; néanmoins cela n'est pas plus dangereux que forcer le peuple à se raser, à se costumer à l'occidentale, à frayer avec des hétérodoxes, que supprimer le patriarcat, les strélitz, et mettre à la place un sénat, un synode, une armée régulière ; etc. Le peuple russe est souple.

En d'autres termes, le clergé n'arrêtera pas un réformateur, qui a fait plier le peuple, l'armée, la magistrature et la nature. Il y a du Pierre le Grand dans Lomonosov[1] ! 8° De fonder une Académie de médecine. En attendant, d'envoyer dans les universités étrangères un nombre suffisant d'étudiants russes. Nos paysans malades en sont réduits mainte-

---

[1]. Sa force était même redoutable, comme l'atteste une amusante anecdote. Attaqué par deux matelots qui voulaient

> Dans sa bourse, maudits corsaires,
> Plutôt qu'au feu mettre les doigts,

Lomonosov les étourdit d'une taloche ; puis leur appliquant le proverbe : *Celui qui désire le bien d'autrui perd justement le sien*, il leur laissa leur peau pour tout costume, et partit remettre à l'amirauté ces dépouilles opimes. La police n'eut pas à chercher longtemps ; nos singes étaient découverts avant son arrivée.

nant aux vétérinaires, aux rebouteurs et aux sorcières. — De fonder une école russe de pharmacie.

Il est triste et honteux que des garçons apothicaires ne sachent pas, s'ils sont russes, après dix ans de stage, fabriquer une drogue. Cela, parce que les apothicaires allemands ne dressent que leurs compatriotes; aux jeunes Russes ils confient le pilon et le parquet. Ajoutez l'insuffisante connaissance de la langue, la différence des religions, des mœurs, le tarif coûteux des Allemands!

Etc., etc. Voilà les soucis d'un bon patriote. *Quod si hominibus bonarum rerum tanta cura esset!*..

Touchant les travaux scientifiques de Lomonosov : *Élasticité de l'air, Origine des métaux, Formation des montagnes, Passage de Vénus du 26 mai* 1761, etc. je m'en réfère, et pour cause, aux spécialistes. Le célèbre Euler décerna le témoignage « que tous ses écrits sur la chimie et la physique sont excellents, honorant l'Académie et toute la nation » (*cité par Porphiriev*). Il aurait le premier expliqué les aurores boréales, reconnu une résine dans l'ambre que certains croyaient formé dans le cœcum du cachalot; reconnu dans la houille une transformation de la tourbe, et cette assertion lui semblait si naturelle qu'il n'y attachait aucune importance... Enfin, comme l'atteste son ode sur l'Aurore boréale, il vit dans la nature, dans le vrai (*das Wahre mit dem Göttlichen identisch*, écrira Gœthe soixante ans plus tard) une source d'inspiration pour le poète, pure et propre à vivifier les thèmes conventionnels.

En résumé, Lomonosov est déjà grand par ce qu'il a voulu faire. Son style est lourd, ses périodes sont massives, ses odes dignes de Boileau... eh bien, qu'importe! Il écrivit pour agir; et, pensant aux choses qu'il dit et non à ses paroles, on trouve beau ce rude lutteur.

Jusqu'à la mort je combattrai les ennemis de la science russe;

jeune, je les ai mordus et, quoique vieux, je ne lâcherai pas le morceau !

Son sens droit répugnait à l'amphigouri germanique; sa loyauté aux simagrées doctorales. Comprenant que les in-folio écrasent plus qu'ils ne renseignent, il redoutait le fatras dénommé érudition et l'invasion de la sottise étrangère aggravant l'ignorance indigène. De là sans doute sa rancune envers *Soumarokov*, à ses yeux pilote de cette invasion, renégat de la cause nationale. Dédain injuste, qui atteindrait aussi *Kantémir* et *Trédiakovski*; trio pseudo-classique, dit-on, mais dont la tâche ne fut pas inutile. Ces imitateurs n'étaient pas des malfaiteurs et ne furent pas toujours des maladroits.

Ainsi *Kantémir* affirma (Satire I) l'utilité de l'instruction, et fut chaleureusement félicité en vers russes par Prokopovitch et par Théophile Krolik, archimandrite, en latin :

> *Ars est celebris stultitiæ genus*
> *Pernosse, nævos carmine pungere*
> *Cornuto, ut expungas, nocens si*
> *Fors animis dominetur error...*

Encouragé, Kantémir eut le courage d'opposer à la noblesse du nom la noblesse du cœur (IX sat. de Juvénal et III de Boileau), de dire aux puissants du jour :

J'estimerais plus le fils d'un crocheteur qui serait honnête homme que le fils d'un monarque qui vivrait comme vous!

Ces hexamètres sont agréables à lire, nous représentant, dans une langue assez concise, des pensées familières. Sans doute l'auteur n'est pas plus poète que Boileau, mais il ne se donne point pour tel. Grande modestie et nulle aigreur; au point que Galakhov s'étonne de ses conseils trop pratiques sur l'art de réussir, « disant la vérité et la taisant à propos » (Sat. II, 324 sq.). Cet éclectisme couvre « une indulgence suspecte », dit le critique russe. Mais Kantémir pouvait-il ne pas être optimiste? Sauf une santé robuste, la Fortune lui donna tout. Né à Constantinople (1708) d'un père moldave et d'une mère grecque (une Cantacuzène), il était donc prédestiné à devenir écrivain russe, et à vivre en Angleterre, puis en France († 1744, à Paris). A l'avènement d'Anna, le Conseil d'État projeta de restreindre les droits impériaux, mais la noblesse protesta, et pria l'impératrice de continuer la tradition absolutiste. Kantémir rédigea (avec *Tatitchev*) l'adresse et Anna, reconnaissante, lui assura un rapide avancement. A vingt-deux ans, il fut ambassadeur à Londres; à trente ans, ambassadeur à Paris. Il traduisit les *Lettres persanes*, l'*Entretien sur la pluralité des mondes*, connut toutes les célébrités françaises, et loua Dieu de toutes choses.

Près de lui, *Trédiakovski* inspire compassion, ayant travaillé comme un nègre, sans connaître les succès faciles. Né d'un pope à Astrakan (1703), il étudie chez les Capucins, puis à Moscou (1723), puis se sauve, pour un délit mal défini, en Hollande. Protégé par son consul, il arrive à Paris, étudie sous Rollin, et obtient le diplôme universitaire. Rapatrié en 1730, il devient traducteur près l'Académie, puis secrétaire de ladite. En cette qualité il reprit le projet de Fénelon sur l'utilité d'un dictionnaire, d'une grammaire et d'une rhétorique. Nommé professeur d'éloquence, il exerça avec zèle pendant dix-huit ans. « Homme respectable et rangé », dit Pouchkine. Son énergie au travail est restée proverbiale; il eut, par exemple, la patience de traduire tout le psautier et tout le *Télémaque*... en vers! Il toucha à toutes les questions littéraires, mais gâtait une bonne cause par sa maladresse. Ainsi, frappé d'irrégularités orthographiques, il eût pu proposer et imposer quelques corrections prudentes; mais demandant qu'on écrive comme on prononce, oubliant que deux personnes ne prononcent pas de même le même mot, il se rendit ridicule. Ainsi expliqua-t-il le premier que le vers russe devait être tonique et non syllabique, mais compromit cette heureuse innovation par des exemples de son cru. « Sa tragédie *Déïdamie* circule manuscrite. Rien n'est plus drôle; Achille s'y promène déguisé en femme et j'ai compté 4,626 vers ! » (Von Vizine, *Correspondance*). Mais sa bonne foi est si évidente qu'on pardonne à son érudition de nous servir souvent pêle-mêle l'*Eunuque* de Térence, les Assyriens, le char de Thespis et l'opinion d'un Père jésuite ; et l'on sait gré à Pouchkine d'avoir sauvé du discrédit ce travailleur, ex-étudiant de Paris, qui propagea les idées classiques.

Son camarade *Soumarokov* (ils furent rédacteurs au même journal, *L'Abeille laborieuse*) lui reproche

de prendre par poignées les mots étrangers et d'en rempailler son style, bon à brûler ;

mais le reproche est versifié, donc atténué. On a plaisir à voir poindre la critique raisonnée, les velléités d'indépendance. Soumarokov composa, d'après Boileau, un art poétique, puis une épître sur la langue russe; un pas encore, et il censure la noblesse paresseuse, la concussion légale (le pourboire est d'institution divine! proclame un personnage de Gogol), — les juges prévaricateurs, pires que les voleurs qui du moins se cachent; etc. Sa requête à Catherine II sur la réforme judiciaire, sur la rédaction d'un code précis — dur ou indulgent, mais formel, pour que du moins l'on sache à quoi s'en tenir — est l'œuvre d'un esprit droit et d'un bon citoyen. Le scribe est devenu écrivain, conscient de sa force et de sa tâche; la littérature devient grande fille, redresse la tête, et l'approche de la littérature nationale est attestée par l'entrain de certaines pages; celle-ci, par exemple, de ce même Soumarokov :

        Suis, fils, le cours du monde
Où le bon sens est rare, où la sottise abonde!
Va payer de mots creux les sages et les fous;
Avec des lieux communs va boucher tous les trous,
Louer n'importe qui, n'admirer que toi-même
Et monter aux honneurs par ce simple système.
Qu'on n'entre pas chez toi sans graisser le marteau!
Fais le dos rond, Minet! Lèche les mains, Pataud!
Sache renfler le son de tes belles paroles
Par l'accompagnement d'éloquentes pistoles,
Insinuation touchante, art scélérat
Qui dore la pilule; ainsi qu'à l'Opéra,
La traîtresse musique enjôlant les oreilles
Fait passer des livrets absurdes pour merveilles.
Calcule s'il faut être honnête plus ou moins;
Exemple : ne jamais voler... devant témoins.
Il faudrait transiger, acheter le silence
Des prud'hommes prêtant à tout de l'importance!
Prends la Fortune ainsi qu'une femme... sans bruit;
L'austérité du jour fond en faveurs, la nuit;
La caisse est complaisante à qui sait les manières
De tâter à huis-clos la pose des charnières,
D'étudier les joints, de graisser les ressorts,
Pour qu'advienne l'objet désiré, sans efforts...
Le mal est dans l'éclat, le vice est dans l'esclandre.
Tu n'as rien pris pourvu qu'on ne t'ait pas vu prendre.
La Fortune, rebelle à qui veut la fouiller,
Se laisse en souriant caresser, chatouiller;
Prude en public, elle est, en secret, moins farouche.
Va, mon fils, au succès! De miel enduis ta bouche;
Sois le monsieur bien mis, poudré, musqué, ganté,
Qui, modeste au dehors, au dedans effronté,
Sourit béatement à notre sotte engeance,
Qui glisse, s'insinue, inspire confiance,
Pour engluer amis, complices, alliés;
Pour t'empiffrer gratis à tous les râteliers;

Pour que ce voyageur, l'Argent, s'arrête en route
Incognito chez toi, sans qu'une âme s'en doute ;
Et que l'Humanité, marraine de tels saints,
Dieu des honnêtes gens, admire tes desseins !

L'allure prouve le progrès. « Il ne vous a fallu qu'un demi-siècle pour embrasser tous les arts utiles et agréables », écrit alors Voltaire au jeune comte Chouvalov. Nous devons reconnaissance à cette famille qui protégea Lomonosov, et favorisa l'émancipation ; élevés à la française, les comtes *Chouvalov* sont, semble-t-il, les compatriotes de nos plus aimables marquis. Appliquons aussi au comte *Panine*, précepteur du tsarévitch, ministre des Affaires étrangères, le compliment de Voltaire : « Son principal talent était de démêler la vérité que tous les hommes s'efforcent d'obscurcir. » Sa générosité atteste le gentilhomme. Ayant reçu pour son préceptorat un don royal, 9,000 serfs, il partagea avec ses trois secrétaires, et fut ainsi non seulement le protecteur mais encore le bienfaiteur de l'écrivain *Von Vizine*.

On est plus embarrassé de louer les impératrices, la grande Catherine, par exemple, — « *qui fit distribuer 450 millions à ses innombrables amants* » (Th. LAVALLÉE); qui disait, à propos de *Raditchev* : « Il est pire que Pougatchov ! Il loue Franklin ! », etc. N'insistons pas. Nous avons expliqué plus haut que le gouvernement avait alors intérêt à protéger les écrivains ; la littérature profita d'une coïncidence, et l'on sait gré à l'impératrice qui écrivit à Voltaire : « La tolérance est établie chez nous ; elle fait loi de l'État, et il est défendu de persécuter. » Je crois qu'au fond du cœur, elle tenait les ouvrages des encyclopédistes pour jeux d'esprit, exercices de plume ; mais elle racheta la bibliothèque de Diderot, offrit le préceptorat de son fils à D'Alembert avec 400,000 francs et les honneurs, et réchauffa dans la fourrure la vieillesse de Voltaire. On lui reproche un despotisme un peu gris succédant à un libéralisme un peu rose... Le reproche atteint tous les hommes. Des beaux plans que nous conçûmes jeunes, combien se sont réalisés? Il a fallu regarder devant soi, résoudre au jour le jour l'énigme de la vie, sous peine d'être dévorés par le sphinx mythologique.

ἡ ποικιλῳδὸς Σφὶγξ τὰ πρὸς ποσὶ σκοπεῖν
μεθέντας ἡμᾶς τἀφανῆ προσήγετο.

La correspondance de l'impératrice révèle son caractère. Elle ne s'engage pas à fond; elle observe une avantageuse défensive, telle que, d'un sourire, elle provoquera la confiance et, d'un clin d'œil, découragera la hardiesse. Non contents de sa Charte du 9 mars 1780, véritable monument de droit international, qui posa le principe du droit des neutres, certains lui réclament l'acte d'affranchissement. Mis à sa place, ceux qui la blâment ne l'eussent pas signé davantage, ayant aperçu les obstacles. — « Monsieur Diderot, répondit-elle un jour au philosophe, j'ai écouté avec grand plaisir ce que vous suggère votre brillant esprit; mais avec vos grands principes, on embellit la littérature, et l'on gâte les affaires. Notre situation est différente; votre plume glisse à l'aise; le papier glacé, complaisant, supporte toutes les théories; j'opère, moi, sur des intérêts complexes, sur l'humanité revêche. » Cette femme remarquable a dû faire ce qu'elle a pu, et l'histoire l'appelle Catherine la Grande. Le peuple vénère son portrait dans le beau billet de cent roubles... Son goût même des plaisirs rapprocha les distances; sa cour reflétait le siècle; elle se piquait de littérature, ses demoiselles d'honneur touchaient du clavecin, lisaient les romans de M^me de Genlis et les moralités de Marmontel; elles dansaient l'écossaise et le cotillon, et la musique de Sarti était à la mode[1]. Von Vizine (*Lettres à sa sœur*) vit des bals folâtres où le prince Biéloselski, déguisé en matrone, menait dans le monde les nobles Panine, Narychkine, Stroganov, Orlov, etc. grimés en jouvencelles. Много

---

1. Danilevski, *passim*.

шажкм. *Id est* : on ne s'ennuya point [1]. L'*Ermitage* (construit en 1765 par Vallin de la Mothe), avec ses cent vingt colonnes de granit et de marbre, formait un somptueux décor que l'impératrice transformait en musée ; elle acheta, par exemple, des Van Dyck pour un million ; d'où il appert que les beaux-arts lui inspiraient un intérêt moins platonique que la philosophie. Enfin, lorsque bravant ouvertement un préjugé, elle se fit inoculer « avec moins d'appareil qu'une religieuse ne prend un lavement » (VOLTAIRE), elle rendait service à son pays où la variole sévit endémique. Et tandis que le Saint-Synode gémit sur les progrès des sciences et des arts, supplie l'impératrice « de châtier avec la plus cruelle rigueur quiconque écrira sur la pluralité des mondes et sur tels sujets contraires aux Livres saints » — des cercles littéraires se forment, des journaux se publient, des librairies se fondent ; et l'esprit russe réveillé va produire ses deux premières comédies originales : *Le Brigadier* et *L'Enfant mineur*, de Von Vizine.

Retraité, après avoir tué maint Turc, le Brigadier vit comme un frère avec le Conseiller retraité, après avoir extorqué maint écu ; tous deux flanqués de leur femme. Le soldat a des principes sommaires : casser les têtes, enfoncer les côtes ; l'instruction bornée au Code militaire et, comme dessert, à un traité d'arpentage. Il traite sa femme comme une recrue. Celle-ci lui rend la monnaie :

1. C'était un progrès pour les seigneurs, que l'impératrice Anna avait voulu voir déguisés en poules. Le prince Galitsine dut un soir, accroupi dans un panier garni de foin, devenir couveuse en mal d'œuf et caqueter désespérément ! D'autres fois elle leur fit danser la bourrée, barbouillés en ramoneurs. Ces facéties sont attestées officiellement par Derjavine (*Ode à Félitsa*) qui loue Catherine de les avoir atténuées.

    Князья насѣдками не клохчутъ,
    Любимцы въявь имъ не хохочутъ
    И сажей не марают рожъ,

Je la félicite de son économie domestique. Elle pense plus au bétail qu'à moi. — Eh, l'ami! Le bétail ne peut penser à soi; il faut donc que je pense à lui; tandis que toi, qui parais plus intelligent que lui...

Que lui, le bétail; et l'opinion ne se dément pas. Le Conseiller, ventripotent, est un cafard « ayant toujours le bon Dieu sur la langue et le diable dans le corps. » A quoi bon, explique-t-il à sa fille, les lois eussent-elles été inventées, si le coupable seul était inculpé? Tous les hommes sont pécheurs. J'ai été juge : le coupable paye pour sa faute, l'innocent paye pour son droit; ainsi, de mon temps, tous étaient satisfaits, juge, demandeur et défendeur.

Quand le tribunal l'a déclaré inculpé, l'innocent n'est plus innocent. Le plaignant interprète la loi d'une seule manière, à son profit; mais nous, juges, savons pour le profit commun la retourner de cent façons.

Le public applaudit cette raillerie courageuse; Von Vizine donnait à la magistrature un avant-goût de la bastonnade de Gogol.

Je le félicite aussi d'avoir protesté contre la gallomanie. Un grand dadais de fils, fier d'avoir vu Paris, saupoudre la conversation de bribes françaises, sans rime ni sens, ce qui excite l'admiration de ces provinciales. L'auteur pensait avec raison que le plus simple pour un Russe était de parler russe en Russie, et qu'à vouloir imiter les Français, on risquait de les singer. Nous pouvons parler de ce mal, car nous en souffrons : nos fils font un *rallye-paper*; nos filles jouent au *lawn-tennis*; c'est devenu *very select*. Sous prétexte que la Prusse nous a pris l'Alsace, la méthode dite pratique leur fait jargonner l'allemand; quel crime ont-elles donc commis, les pauvres petites? On compte donc les marier à des Prussiens?... Néanmoins, si écorcher une langue étrangère mal à propos est un manque de tact, ce n'est pas une preuve de férocité; et l'auteur devient plus comique

que sa pièce quand il montre l'éducation française pervertissant à ce point la jeunesse :

> Je n'ai jamais pensé à ménager mon père... Je suis indifférent à tout ce qui touche mes parents... Mon père est naturellement brouillé avec tous les gens sensés... Je suis le plus malheureux des hommes : j'ai vingt-cinq ans et j'ai encore mon père et ma mère !... De vraies truies, vos voisines ? Pardieu ! ma mère conviendrait assez bien à leur société...

Les gars qui tenaient ces propos n'avaient pu être décrassés par le savon français. Du reste, nous ne sommes pas ici dans une compagnie délicate; le Conseiller, avons-nous dit, est un ex-voleur « qui prit sa retraite quand parut la loi sur la concussion »; le saint homme convoite la femme du Brigadier, lequel convoite la femme du Conseiller, laquelle s'abouche avec le gars déjà nommé. Sophie et son honnête prétendant sont un gentil couple qui paraît trop peu sur la scène.

*Von Vizine* (1744-1792) était, comme l'indique son nom, d'origine allemande. Son aïeul fut prisonnier d'Ivan le Terrible. Le père de notre auteur était un homme instruit, un progressiste; il fut même un saint en son genre; car, afin de liquider les dettes de son frère, il épousa à dix-huit ans une riche septuagénaire ;

> Opposant aux lazzis le passif acquitté !
> Dévoûment fraternel digne du *Selectæ* !

Et pendant douze années

il tâcha de récréer cette vieille, comme il convient à un chrétien.

Étonnez-vous que ces gens-là fassent leur chemin ! Ce héros devint bureaucrate, devint propriétaire, se choisit enfin une femme jeune qu'il avait bien méritée, et le Ciel lui octroya un fils, futur grand homme. En 1755, dès que l'Université de Moscou fut fondée, le petit Denis Ivanovitch s'y rencontra avec Potemkine, Derjavine, et autres *aigles de Catherine II*, et fut un des bons esprits, un des échantillons que le recteur présenta à la Cour. Il y vit tout le beau monde et y comprit l'utilité de la langue française; une traduction d'*Alzire* de Voltaire le mit en relief et, dès 1762, nous le voyons attaché au Ministère des Affaires étrangères. Sa verve, son talent de lecture et d'imitation le faisaient rechercher, et les sujets ne manquèrent pas à sa clairvoyance; à vingt-deux ans son *Brigadier* le rendit célèbre.

Von Vizine n'a imité (dans *Jean de France*, de Holberg) que le fond, l'intrigue, la marche de l'action, les types et les expressions, dit son biographe. Cependant la comédie reste originale, fraîche, vive (Бриліантъ).

Elle reflète en effet un coin de vie réelle; le style est indépendant et maintes ripostes sont devenues proverbiales.

L'auteur lui-même reflétait le siècle et ses courants divers. Ses réminiscences allemandes, son *Gemüth*, l'attiraient vers la sentimentalité idyllique : bergeries à la Watteau, festins sur l'herbette, amour et pâtisserie, dont sa clairvoyance lui révélait le ridicule. On le voit (*Lettres à sa sœur*) flotter entre le roman moral et le conte salé, entre Samuel Clarke et Voltaire, tour à tour chrétien, libre-penseur, païen, fonctionnaire avisé, imprudent écrivain, mauvaise langue et bon enfant. A quoi tiennent les choses! Les médecins prescrivent à sa jeune femme un changement d'air, un voyage en Languedoc, par exemple, et voilà Von Vizine parti pour Montpellier, où le célèbre Delamure et la douceur du climat guérirent la malade. En France, le voyageur fut reçu à bras ouverts, il le raconte lui-même; mais il gronde à plaisir et ne loue qu'à regret. Comme tant de libéraux à la J.-J. Rousseau, il s'étonnait et s'irritait de voir se réaliser des théories si belles sur le papier; ils semblent déconcertés de voir le peuple prendre au sérieux leurs déclamations. Ils parlaient et écrivaient ainsi pour briller, pour réussir, et se fâchent, ayant promis plus de beurre que de pain, d'entendre le peuple crier : Tu l'as promis, il faut le donner !... Pour lui, les Français sont le peuple le plus corrompu, la religion catholique la plus ridicule ; il s'égaye de la Fête-Dieu,

procession de pantins déguisés, l'un en Pilate, l'autre en Caïphe, d'autres en diables et diablotins ; les femmes et les filles sont affublées en porteuses d'encens, d'eau bénite... C'est une mascarade.

Les philosophes ne sont pas mieux traités ; Von Vizine ne voit pas ou ne veut pas voir que ces hommes transformaient le monde. Puis tout à coup il s'écrie :

C'est égal, Paris c'est un univers, et je ne m'étonne plus que les Parisiens considèrent le reste du monde comme une province !

Son animosité contre la France ressemble en plus d'un point à celle de Lessing, et semble provenir de la même source : de la crainte de voir l'influence étrangère déformer le génie national. S'il en est ainsi, je lui pardonne. Mais tandis que Lessing s'était précisé à lui-même tous les problèmes et pensait en pleine lumière, Von Vizine hésite, affirme puis se rétracte ; et ses compatriotes lui ont reproché plus durement que je n'oserais le faire « *son injustice et sa myopie.* » Et voyez ! Tandis qu'il médit de l'Occident, il devient par sa mordante comédie *L'Enfant mineur*[1] un des chefs du mouvement occidental en Russie.

L'enfant mineur (ou le dadais). — Quelle famille et quelle éducation ! M<sup>me</sup> Prostakova est une furie déchaînée ; elle a perdu sa journée quand elle n'a pas maltraité quelqu'un, depuis la nourrice bestialement dévouée à laquelle elle donne 5 roubles par an et 5 soufflets par jour : soit 1,825 soufflets, année moyenne, jusqu'à son propre frère qu'elle

---

1. Des tirades entières y sont empruntées à Duclos, soit dit en passant.

mord et égratigne. Ce digne frère, roi dans la basse-cour auprès de ses porcs, rêve d'engraisser des cochons tels que, debout sur leur arrière-train, ils aient le groin au niveau du sien. Le mari, être borné, obéit. Une orpheline, Sophie, dont la Prostakova confisque l'héritage, espère en Dieu et dans le retour d'un oncle absent depuis de longues années. Cet oncle s'est enrichi et reviendra, on le devine, sauver et doter la jeune fille. Mais là n'est pas le côté intéressant de la pièce. L'auteur a lancé un appel généreux en faveur des serfs brutalisés par les hobereaux, en faveur des braves gens, auxquels leur mérite devrait tenir lieu de noblesse, que leurs services devraient protéger ; enfin en faveur de l'instruction. La Prostakova, féroce pour tous, n'est tendre que pour son fils Mitrophanès, rare crétin.

Une porte, est-ce un substantif ou un adjectif? — C'est un adjectif, puisqu'elle est à sa place !

A seize ans, il résout des problèmes de cette force : Nous sommes trois, nous trouvons 100 roubles sur la route; partageant également, combien chacun...? La mère interrompt, indignée : Ne partage pas, mon chéri! Garde tout pour toi ! — Les maîtres valent l'élève : un vieux troupier, un diacre réformé, enfin un Allemand, ignare mais hypocrite, qui à Saint-Pétersbourg a vu le monde, tout le monde... du haut de son siège, car il était cocher. (Cet *Allemand-cocher-instituteur* est en France maintenant.)

L'*Enfant mineur* fut accueilli avec enthousiasme. La pièce est très morale, trop peut-être pour être toujours gaie, trop imprégnée de souvenirs du *Télémaque*. Sophie, si jeune, lit déjà le *Traité de l'éducation des filles*, du même Fénelon que l'auteur goûtait particulièrement; Sophie est donc toute disposée à écouter patiemment son oncle qui lui fait (IV, 2) un long sermon sur toutes les vertus politiques, sociales et domestiques ; plus disposée que nous. Les loyaux sentiments de Starodoume font plus honneur au philosophe qu'au dramaturge, et l'excellent oncle eût dû se borner aux conseils *ad hominem* qu'il donne enfin à Sophie sur les devoirs d'une épouse et d'une mère. — Dénoûment moral. Car le gouverneur, décidé à protéger les humbles, s'adjuge la tutelle des serfs de Prostakov, en appliquant à ces tyranneaux l'article 444 de notre Code civil : « Sont exclus de la tutelle, et même destituables s'ils sont en exercice : 1° les gens d'une inconduite notoire ; 2° ceux dont la gestion attesterait l'incapacité ou l'infidélité » — la justice était la même chez tous les peuples civilisés. Mitrophanès, le jeune crétin qui repousse sa malheureuse mère et lui crie :

Tu m'embêtes ! Laisse-moi tranquille ! Quel crampon !

est incorporé au régiment et la Prostakova, punie par où elle a péché, se pâme de rage.

Mitrophanès s'appelle Toto, maintenant. La République, sa sotte et coupable mère, a pour lui des trésors d'indulgence ; elle le gorge de tout... Elle n'en fait qu'un crétin, un fainéant et finalement un ingrat qui appellera aussi sa mère : Crampon !

« *Bonne comédie autant que bonne action,* » l'*Enfant mineur* résume les sentiments de Von Vizine ; ses autres écrits offrent des redites. Cependant ses *Questions* qui attirèrent l'attention, la réponse et parfois la colère de l'impératrice, mériteraient plus qu'une mention. Elles montrent l'ingéniosité de l'auteur à présenter et à défendre des innovations ; par exemple, la réforme judiciaire et la publicité des procès.

Von Vizine a marqué sa place dans la civilisation russe par son style, par sa franchise, par sa jovialité. Il réclama l'instruction, mais avertit de ne pas renifler comme eau de Jouvence, comme odeurs de sainteté une parfumerie étrangère achetée au rabais. Ses *Lettres* écrites d'Italie montrent à quelle aigreur son patriotisme tourna ; dès la frontière russe il mord et griffe.

Leipzig est tolérable... Mais, comme dit mon cocher, Dieu créa les Russes, et le diable fabriqua les Allemands. — Écraser une punaise ou un Allemand, est œuvre pie. — Albert Dürer est célèbre parce qu'il est vieux, parce que la peinture était alors dans l'enfance... Il n'y a de bon à Nürenberg que les pâtés. — La corruption italienne est pire que la française... Tous les Italiens sont méchants et lâches... Ils sont sales; nos rinçures seraient pour eux de l'eau de source! etc...

Il daigne néanmoins apprécier Saint-Pierre de Rome et quelques tableaux célèbres, dont il commande même des copies qu'il pourra revendre avantageusement. Mais rien ne vaut le pays natal où il revint, paralysé, pour mourir.

Des modèles étaient donnés; des portraits (des caricatures, si l'on veut) étaient présentés auxquels on aura honte de ressembler... Allons, la partie est gagnée. Vive Pierre le Grand!

## XI

AUTOUR DE CATHERINE II. — POTEMKIN. — DERJAVINE. — RADITCHEV. — KHEMNITZER. — BOGDANOVITCH. — KHÉRASKOV. — KNIAJNINE. — LOUKINE.

Pouchkine remarque qu'en fondant Saint-Pétersbourg Pierre le Grand précipitait la décadence des seigneurs; si visiblement que, après sa mort, les Dolgorouki tentèrent de ramener le tsar à Moscou. Le luxe de Catherine acheva l'ouvrage, entraînant la noblesse aux dépenses folles; d'où morcellement de la propriété. Ce fut le procédé, conscient ou non, de Louis XIV. Dès lors, le prestige royal est rehaussé; la majesté se meut dans un décor d'opéra avec favoris, favorites et leurs petits; l'encens et la poudre flottent autour du nouvel Olympe. A genoux, mortels! Braillez vos odes, et nasillez vos cantiques!... Mais quelle pauvreté sous ces dorures, et quels mensonges! Une bande de sigisbées occupant, comme un ministère, le lit de l'impératrice; un mélange de guerres et de parades, de despotisme et d'idylles, dont le symbole peut être ce Voyage en Tauride où Catherine en palanquin traverse des villages fabriqués sur commande, fut bénie par une population importée, costumée et payée. Farce impudente qui révélait en Potemkin un metteur en scène de premier ordre. Cet homme extraordinaire, même de taille, *géant portant la tête d'Agamemnon*, abasourdit sa maîtresse avec un rêve oriental, avec le titre d'impératrice grecque. « Vous ferez jouer Sophocle dans Athènes », lui écrivait ironiquement Voltaire. Tous les vices et toutes les vertus s'agitaient à l'aise chez ce comédien jouant tous les rôles, même celui de femme, singeant la voix, les gestes, la démarche de Catherine, qui riait aux larmes devant ce doublet, prince de la Tauride. Son meilleur rôle fut celui de satrape, car il le joua au naturel; exclu de l'Université pour paresse patente, il fut pendant seize années le favori omnipotent, étonnant tout le monde par ses qualités et par son extravagance, vivant tantôt d'eau claire et de radis, puis étalant un luxe fabuleux; tantôt sacrifiant des armées avec indifférence ou s'apitoyant sur le pauvre monde.

Pendant l'assaut d'Otchakov, Potemkin[1], assis près d'une batterie, pleurait, se signait à tour de bras et soupirait : Hélas! Hélas! Aie pitié, Seigneur! (DANILEVSKI).

Enfant gâté de la Providence, il craignait le diable, croyait aux songes et aux présages, se signait devant les églises quand il allait aux rendez-vous. Il y allait souvent, et trompa sa maîtresse officielle le plus qu'il put, mais du moins sans cachotterie; ainsi, seul sous la tente avec la comtesse***, il sonne au moment psychologique, et l'artillerie du camp

---

1. On prononce : Patiomekine.

tonne, joyeuse, sur ce signal convenu. Pour se débarrasser d'une dame d'honneur, il la fait coucher sur un bordereau militaire, et gravement renter comme officier de la Garde. Et sous son ministère la Cour consomme annuellement 250,000 francs de théières; 50,000 francs de charbon pour fers à friser; 9 ou 10 millions pour Son Altesse; etc., mais le peuple ne hait point ces prodigues de fière allure; les Russes contemplèrent ce Magnifique qui savait égaler leur Cour aux plus corrompues d'Europe; l'histoire, indulgente au succès, loue le lettré qui protégea les poètes, les artistes et mentionne avec respect « *le dernier de l'illustre série, l'aigle de Catherine* » (POUCHKINE).

L'histoire, sévère aux battus, mentionne avec horreur un héros de la même époque, un *vautour* de Catherine, dirai-je pour la symétrie, « M. le marquis Pougatchev », comme l'appelle Voltaire. Sa révolte inspira à Pouchkine un de ses chefs-d'œuvre : *La fille du capitaine*. Un jeune lieutenant donne une pelisse à un vagabond, et ce bienfait lui vaut plus tard la faveur du terrible insurgé qui le force à tout voir. Pour sauver sa fiancée, le loyal soldat de l'armée régulière est entraîné dans l'armée révoltée. Il se justifiera un jour et rejoindra son amie. — Quelle leçon donne Pouchkine aux romanciers dits naturalistes! Il sait peindre avec tact les scènes les plus sauvages, et l'horrible ne frôle jamais le dégoûtant. Soit finesse de goût, soit sympathie secrète, l'auteur n'a point noirci Pougatchev. Sympathie? Je l'ai ressentie en lisant le roman et surtout. *L'Essai historique sur Pougatchev* du même Pouchkine. Sous la très prudente modération circule la pensée : que le plus coupable n'est peut-être pas l'esclave qui se venge. Le général Bibikov n'écrivait-il pas à Von Vizine :

Pougatchev n'est qu'un épouvantail... Ce qui est dangereux, c'est le mécontentement universel.

Ce Cosaque avait vu la répression féroce d'une précédente

émeute ; des populations entières émigrer devant des concussions invraisemblables. Condamné aux travaux forcés, il s'évada (1773) et prit les armes. « Deux semaines après, il disposait de 3,000 hommes avec 20 canons. » Beaucoup de villes le reçurent avec la croix et la bannière. Comme il se donnait pour Pierre III, ses lieutenants se donnèrent pour les hauts personnages de la Cour. Il prit Orenbourg, il prit Kazan. « Ses mouvements étaient si brusques, si imprévus qu'il était impossible de le suivre. Peu de chefs d'alors étaient de taille à le battre, à se mesurer même avec ses acolytes. » Livré par les siens, il fut décapité à Moscou (1775). Souvorov parcourut les districts rebelles et rétablit l'ordre, au bout d'une année.

Il est amusant de voir Catherine affecter l'indifférence, appeler cette révolte « une incartade de l'espèce humaine », et son chef « un voleur de grand chemin », puis avouer « que cet homme, extrêmement hardi et déterminé, lui a donné du fil à retordre cette année », mais ne souffler mot des causes ; — tandis que Voltaire, sachant qu'une insurrection ne pousse pas toute seule, en une nuit, plaide le faux et feint, pour soutirer un aveu, de croire Pougatchev agent du Grand-Turc! L'impératrice ne répond pas ; mais elle dut se rappeler souvent que les premiers plaignants avaient été emprisonnés comme rebelles... En somme, elle ne fut ni meilleure, ni pire que la plupart des souverains, et fut plus intelligente.

Parmi les soldats de l'*ordre* se trouvait un certain *Derjavine*, né aux lieux de l'insurrection, lettré qui croupissait depuis dix ans dans la caserne. Connaissant le terrain des opérations, il obligea Bibikov et son successeur Mikhelson, et reçut en récompense 300 serfs, puis le titre de conseiller collégial, bref, la fortune. *Félitsa*, dithyrambe sur l'impératrice, lui valut 500 ducats, une tabatière en or et la célébrité ; et, grâce à des compliments bien tournés, l'ex-sergent devint préfet (à Petrozavodsk, à Tambov), puis secrétaire de l'impératrice, puis sénateur; et, dans l'intervalle, écrivain illustre[1]. Il avait épousé une sœur de lait du tsarévitch, et cette circonstance lui facilita sans doute l'accès de la Cour.

Fêté par ses contemporains, Derjavine fut malmené par la critique soupçonnant le courtisan sous le poète, jusqu'à sa réhabilitation par l'académicien Grote. « La force et l'originalité de son talent font de lui le premier poète russe du xviii° siècle. Il rappela vivement aux lecteurs charmés les vérités saintes et les lois éternelles de l'honneur. » On ne peut appeler flatteur l'homme qui compromit sans cesse son avancement par sa franchise, prit toujours ses fonctions au sérieux, imposait à l'impératrice l'audition de rapports techniques, stupéfiait le sénat par son âpreté légale, civilisait la ville à lui confiée, Tambov, y créant des cercles, des écoles, des concerts, etc. Ce troupier avait complété seul son instruction insuffisante.

On nous avait enseigné à Kazan la religion sans catéchisme, la langue russe sans grammaire, l'arithmétique sans preuves, la musique sans notation...

dit-il lui-même. Il apprit l'allemand, lut Gellert et Klopstock, et les surpassa sans peine; il apprit incidemment, sans aide, le mécanisme des finances. En 1800, l'empereur Paul le prit pour caissier; en 1802, Alexandre le nomma au ministère de la Justice. « *Il y fut maladroit* », dit Porphiriev. Mais pouvait-il, sexagénaire, suivre l'évolution moderne? *Solve senescentem mature sanus equum*... Sa retraite fut digne, et sa vieillesse s'écoula aux champs, laborieuse. Un an avant sa mort, présidant l'examen du lycée, il entendit Pouchkine lire sa pièce : *Souvenir de Tsarskoïé-Sélo*, fut ravi et prédit l'avenir du poète. L'ancien sergent a aujour-

---

1. Œuvres compètes, 9 beaux volumes. 1864.

d'hui sa statue près du *Tchornoïé Ozéro*, principale promenade de Kazan.

Derjavine est un poète lyrique qui sut s'affranchir peu à peu du style pseudo-classique, et donner une note juste sinon très personnelle.

Ce sont des vers... pour l'époque. Enfin, ils tiennent de la place dans l'histoire de notre littérature. Telle la chrysalide, pas belle, fait pressentir le brillant papillon (Biélinski).

Le compliment est aigre-doux. Quelques traits narquois, populaires, compriment cependant chez Derjavine l'enflure de ses odes; supposez Pindare agrémenté par Béranger. Ainsi, après une tirade solennelle, il ajoute :

Tu daignes, Impératrice, marcher à pied ; tu vis, tu agis sans donquichottisme, donnant le bonheur aux mortels, pendant que je joue aux cartes, et que j'arrose de champagne le jambon fameux de Westphalie. — Tu ne confonds pas poète avec prophète; tu tiens la poésie pour agréable, délectable, profitable... comme la limonade en été. — Ange de douceur que le ciel prête à la terre, tu pardonnes même à qui te dit la vérité; tu gracies les crocodiles qui pleurent, ne pouvant te manger.

Je donne la préférence à l'ode Вельможа (*Le grand seigneur*) visiblement écrite (en 1794) dans un moment de colère, par suite, plus expressive. La fameuse *Cascade* est une imitation ridicule d'Ossian. D'ailleurs ses Odes sont réellement pindaresques, en ce qu'elles traitent peu la question ; le poète parle autour. Dame ! Les héros, comme les athlètes, sont souvent des sujets nus. Son *Ode à Dieu*, restée légendaire, est harmonieuse et creuse; c'est l'art de ne rien dire en beaucoup de strophes :

> Toi qui dures quand tout s'efface,
> Toi qui dans l'insondable espace
> Te trouves partout à la fois !
> Toi qui n'as point de tête, et pourtant en as trois !...

Que seront, comparées, les merveilles visibles? Que sera l'homme, qui n'a qu'une tête, et qui la perd généralement? Néanmoins ce vil atome est intéressant; car Dieu l'a créé à son image, et Dieu a bien fait; car qui donc autrement lui adresserait des odes?

> Inaccessible! Insaisissable!
> Je sens que je suis incapable
> De voler jusqu'à Toi sur l'aile de l'esprit...

Alors, l'ami, pose ta plume et arrête-toi au vers 110, le plus joli de tous :

> Je n'y comprends plus rien, et je verse des pleurs!

Chanter le bon Dieu! L'idée est baroque. Voltaire a donné la recette de la seule ode qui doive lui plaire :

> J'ai fait un peu de bien, c'est mon meilleur ouvrage.

Un détail indique le progrès littéraire : on commence à s'assimiler l'esprit des Anciens. Potemkin lisait couramment le grec; Derjavine goûtait fort Horace, et son ami *Kapnist* (1757-1823) dut sans doute à ce goût classique sa comédie *La Chicane*[1], paraphrase du vers des *Plaideurs* :

> On n'entrait point chez nous sans graisser le marteau.

Jusqu'à ce qu'une décision du sénat intervienne pour la conclusion morale, les Chats-Fourrés font sabbat sur le toit du palais de justice; la partie de cartes (remplaçant les dés de Rabelais) n'est même pas oubliée; on boit, on crie et,

---

1. La pièce est restée classique et figure à ce titre dans la Bibliothèque populaire de Souvorine.

mis en verve, le procureur Khvatalko (= grippe-sous) dégoise sa chansonnette :

> Le bien d'autrui tu chiperas
> Et conserveras sans rien rendre ;
> Car si Dieu t'a donné des bras
> Et des doigts au bout, c'est pour prendre.
>
> Un vivat à dame Thémis,
> Dure aux petits, aux payants douce !
> Son plateau qui penche est remis
> Au niveau par un coup de pouce.
>
> Mais l'honneur ?... Tais-toi donc, nigaud !
> Triche et guigne la forte somme !
> Dès que tu tiendras le magot
> Tu passeras pour honnête homme.

Par les abus qu'il censure, par la rancune qu'il s'attira, Kapnist est un digne prédécesseur de Gogol.

Une autre satire quelque peu révolutionnaire fut le *Voyage de Saint-Pétersbourg à Moscou* de *Raditchev* (Alexandre, 1749-1802), tableau des misères ou injustices rencontrées en route. Il y eut scandale ; l'auteur, rédacteur à la chancellerie, admis à la Cour, fut inculpé en outre d'affiliation au club des Martinistes, sorte de confrérie plus ou moins franc-maçonnique. Pouchkine s'est appliqué, dans un spirituel article, à atténuer ses torts ; il montre le brave garçon venu à Leipzig humer comme lait pur le charabia métaphysique, victime lui-même du matérialisme qu'on lui reproche ; s'il eût été mal intentionné, il eût été plus prudent ; sa naïve témérité (il imprima le livre clandestinement, et le vendit au grand jour) non moins que le « *style barbare de cette production médiocre* » révèlent, plutôt qu'un jacobin, un toqué. « Ses griefs touchant le sort du peuple, les violences des seigneurs, etc. sont lieux communs exagérés ; son sentimentalisme emprunté à l'abbé Raynal est ridicule... Le scepticisme de Voltaire, la philanthropie de Rousseau y grimacent, comme les figures dans un miroir de rebut. » Raditchev avait été brave de se prononcer contre le servage, loyal de réclamer pour le laboureur le titre de citoyen; en un temps surtout où, comme le remarque fort à propos Porphiriev, non seulement les lettrés russes, mais encore les philosophes *européens* considéraient l'affranchissement comme une tentative impossible ou dangereuse. Voltaire, en effet, conseillait de ne pas l'imposer, de la proposer seulement; Rousseau conseillait de la préparer par l'instruction, car il serait scabreux que le corps fût libre, si l'âme ne l'était pas... Ainsi les chats autour de la bouillie se demandent si elle est bientôt à point, avancent une patte et la retirent... — Raditchev fut condamné à mort, gracié, déporté, gracié sous condition de se taire, enfin réhabilité par Alexandre; mais ses dernières années ne furent pas heureuses, puisqu'il s'empoisonna.

De tels exemples n'encourageaient pas les écrivains; tous d'ailleurs n'ont pas égale bravoure. *La fable*, qui fournit le cadre d'une satire plus prudente, avait, à ce point de vue, tenté Trédiakovski et Soumarokov. Ils brisèrent le cadre.

*Khemnitzer* (1745-84) mérita le premier le nom de fabuliste. Comme l'indique son nom, sa famille est d'origine saxonne; il est vrai que la ville de Chemnitz (autrefois Каменецъ est d'origine slave; ainsi *Khemnitzer* est un prêté pour un rendu. Le père du fabuliste vint à Saint-Pétersbourg administrer un hôpital; il survécut à son fils et pour les amis, écrivit sa biographie. Heureuse précaution, grâce à laquelle la postérité saura que le petit Ivan Ivanovitch aimait herboriser et jouer au cerf-volant... « Il y a des histoires de moines en plusieurs volumes in-folio; un seul tome suffit pour la vie d'Alexandre » (VOLTAIRE). Khemnitzer fut quelque temps soldat, puis forestier. Par son zèle et sa placidité, (il savait d'ailleurs l'italien et le français) il plut à son chef qui l'emmena voyager en Allemagne, en Hollande, en France. En

1782, il fut nommé consul à Smyrne. Dans ce poste, son activité et son énergie surprirent, car on le tenait pour un bon garçon, modeste et distrait au surplus. Il força promptement les autorités turques à compter avec lui. Le cadi, voulant le corrompre, lui envoya des couvertures précieuses que Khemnitzer lui renvoya, remerciant de lui avoir fourni l'occasion d'admirer un beau travail[1].

Ce trait me plaît et j'espère que les fonctionnaires français le goûteront aussi.

Parlons de ses fables que son ami Derjavine l'encouragea à publier. Gellert fut le modèle préféré, auquel revient le compliment de Galakhov : *ingénieuse naïveté, simplicité*. Khemnitzer est un de ceux que choque la méchanceté (!) de La Fontaine; oui, *La Cigale et la Fourmi*, c'est méchant! Aussi a-t-il modifié la conclusion : la Fourmi s'apitoie et nourrit les fainéantes. Les fainéantes auraient donc bien tort de se gêner. Notre La Fontaine a médit des dames, mais joyeusement; Khemnitzer les insulte et cette impolitesse, plus que son nom, révèle son origine allemande. Ainsi (fable XXIV) le régiment disciplinaire ne domptant pas un drôle, on le marie ; ce châtiment suffit. — Fable X : Le mari, apprenant que sa femme est en paradis, refuse d'y entrer.

L'enfer me semblera bon, pourvu que je ne la voie plus. — Je voulais seulement plaisanter, répond Charon; je l'ai menée dans l'enfer; il lui est bien dû de commercer avec les diables, car sur terre elle fut un vrai Satan.

Fable LVI :

On dit qu'il est sans exemple qu'une femme ait vécu en bonne intelligence avec son mari.

Etc. Qu'est ce que les femmes lui avaient donc fait? Cependant ses fables ne sont pas méchantes, oh non! Elles sont gen-

---

[1]. Préface de l'édition Souvorine.

tillettes et clairettes. Le brave garçon les publia sans oser les signer, les estimant trop mordantes! Voici l'une des plus féroces :

### SERVICE D'AMI (LXXVI)

Vilaine chose, l'ignorance!
On a beau dire : « Belle avance,
Savoir ceci, savoir cela,
Mène à quoi? Mène à rien et vous casse la tête.
Gros-Guillot, qui voulut tout savoir, s'embrouilla;
En savoir si long, est-ce honnête? »
Laissez dire, apprenez; le profit surviendra.
Maître sot touche à tout, bâcle et gâte l'affaire;
L'homme instruit ne s'y prend que de bonne manière;
Ou, s'il doute encor, s'abstiendra. —
En chiendent, en chardons ton jardin se hérisse?
Tant pis! N'en souffle mot à l'ami citadin!
Car s'il vient, sous couleur de te rendre service,
Il arrache, il extirpe, abîme le jardin,
Croit avoir émondé les arbres qu'il mutile,
Respecte le chiendent, fauche la plante utile,
Triomphe... Tout est prêt pour te faire enrager.
Pauvre ami, tu n'auras, grâce à cet imbécile,
Ni fleurs dans tes bosquets ni fruits dans ton verger.

Vous voyez du moins que les périodes pâteuses sont démodées, que le style russe s'allège. Le temps de la grâce est venu; le charme antique a séduit les poètes. Cette évolution se révèle nettement par *Douchenka*, version russe de *Psyché*. Qui ne connaît ce mythe célèbre? On sait qu'il occupa Molière, Quinault, Corneille, La Fontaine; *Bogdanovitch* ne fut pas inférieur à ses devanciers, si humblement qu'il présente son poème :

Ce n'est pas la lyre aux sons graves, mais seulement le chalumeau;

et que Homère, le père des hexamètres réguliers, daigne lui

pardonner ses vers libres! Il n'écrit pas pour briller mais pour amuser Chloé.

> D'Apulée et de La Fontaine
> Je n'ai la verve ni l'esprit;
> Les Grâces avaient pris la peine
> De dicter ce qu'ils ont écrit.
> Or, puisqu'il m'est trop difficile
> Près d'eux d'aller au pas, je trottine à côté;
> Ne pouvant égaler leur style,
> Que j'imite au moins leur gaîté!

Aussi ne décrira-t-il point par le menu les merveilles du palais ni les mœurs

> D'un roi comme il en est beaucoup,
> Magnifique, aimant la parade,
> Selon qu'il vente ou pleut, gracieux ou maussade,
> Sachant manger et boire et dormir tout son soûl...

Son principal mérite était d'avoir trois filles, plus belles que le jour; la cadette surtout, Psyché. Vénus, délaissée pour elle, s'irrite et se venge. Sans rajeunir précisément le mythe grec, Bogdanovitch l'a raconté très agréablement; si bien qu'on n'a plus le courage de critiquer quelques longueurs et parfois la monotonie. Il faudrait adresser le même reproche à La Fontaine, et quel Français l'oserait? Une citation plaisant plus qu'un éloge, je traduis deux passages caractéristiques.

A.
> En grandissant, notre princesse
> Aux plaisirs plus intelligents
> S'appliquait davantage, et priait la Sagesse
> De lui peindre le monde et les mœurs de nos gens,
> Des multiples effets l'infatigable cause,
> Si l'homme est l'artisan de son propre avenir,
> Si, Bonheur et Vertu n'étant que même chose,
> Il peut, commençant bien, espérer bien finir.

La bibliothèque était pleine
De volumes de tous formats,
Et l'aspect seul d'un tel amas
Vous communiquait la migraine.
Mais voyez! Le bouquin coule à fond, ce lourdeau!
Petit livre léger surnage;
Et Psyché discerna bientôt
Le bon sens sous le badinage.
Où se cache la Vérité?
Pensait-elle; j'ai feuilleté
Ce qu'on nomme Histoire authentique,
Sans rien y trouver qui l'indique.
J'écouterai la Fable; elle m'a dit : « Causons!
Viens, nous rirons comme des folles!... »
Elle rit; je deviens pensive; ses paroles
Ont l'utilité des leçons. —
Voici les faiseurs de systèmes,
Les philosophes ahuris,
Ne pouvant se comprendre eux-mêmes,
Et qui voudraient être compris!
Au hasard lisons quelque titre :
*Les dix Avatars de Vichnou.*
Hélas! Dès le premier chapitre
On voit que l'auteur était fou.
En ouvrant un petit volume,
Qu'un poète écrivit pour nous faire pleurer,
Psyché rit de bon cœur. Une femme en costume
Grec ou carthaginois venait vociférer
Des injures à la Fortune,
Aux équinoxes, à la lune,
Soupirait des Hélas! sans suite et sans lien
Devant un confident qui ne répondait rien,
Et ne bougeait non plus qu'un Terme.
Psyché lit sur le dos : *Tragédie*, — et la ferme.

B.  Psyché d'abord s'adresse à la reine des Dieux.
Mais Junon s'essoufflait, courant par monts, par plaines
Après son Jupiter qui, très vert pour un vieux,
Courait la gueuse, enfilant les fredaines.

> Quel exemple il donnait sur la terre aux maris!
> Elle enrageait; car une épouse
> Justement rime avec jalouse,
> Et Junon avait lieu de jeter les hauts cris.
> Le fourbe lui hâblait : « Légitime, je l'aime
> Et te suis fidèle, crois-moi;
> Je suis en règle avec la loi.
> Par quoi le jurer? Tiens, je jure par moi-même!
> Et déjà ruminant un stratagème neuf,
> Dès qu'elle avait tourné la tête,
> Jupiter se changeait en bête,
> En sanglier, en cygne ou bœuf —
> (Taureau serait mieux, mais taureau nous effarouche) —
> Dupait Europe et l'hymen est bâclé.
> Voici plus fort : en pluie il atteignit la couche
> De Danaé mise sous clé!
> Allez donc attraper sous leurs métamorphoses
> Ces galantins passe-partout
> Et ces Jupiters Pluviôses!
> Un beau matin, Psyché pouvait le mettre en goût,
> Étant si mignonne et gentille;
> Aussi Junon toisa la pauvrette : « Ma fille,
> Ta prière est fort bien tournée, et je voudrais
> Récompenser ta confiance.
> Je ne puis. Va trouver des dieux moins affairés.
> D'autres chats à fouetter, chère! A voir de plus près
> Ce que mon mari manigance. »

Ainsi le poète s'ébat à loisir dans son sujet, qui lui est prétexte à jaser, à médire. C'est un des procédés de Voltaire, procédé visible surtout dans *La Pucelle*. Il faut vraiment ne connaître ni Voltaire ni le français pour voir dans ce poème une insulte à Jeanne d'Arc! L'auteur écrit à D'Alembert, le 6 janvier 1791 :

> Dieu m'a fait la grâce de comprendre que, quand on veut rendre les gens ridicules et méprisables à la postérité, il faut les nicher dans quelque ouvrage qui aille à la postérité. Or, le sujet de Jeanne étant cher à la nation... l'auteur se flatte que nos derniers neveux

siffleront les Fréron, les Hayer... et tous les energumènes et tous les fripons.

C'est cependant clair. Mais les énergumènes ont braillé : « Voltaire insulte Jeanne d'Arc! » pressentant que s'ils eussent geint : « Il se moque de nous! » tout le monde eût répondu : C'est bien fait! — De même Bogdanovitch critique, innocemment du reste, les littérateurs ennuyeux, les menteurs et les hypocrites; mais peu à peu la critique s'enhardira, émancipant les esprits. Trente ans plus tôt, il eût sans doute écrit des vers héroïques, traité gravement, à l'allemande, ce mythe grec, et vous eût endormi l'auditoire. L'enjouement, la libre allure, *la bagatelle*, comme on disait au xviii° siècle, ont donné des ailes à son talent; et *Douchenka* est restée chère à la Russie. Bogdanovitch (Hippolyte-Fédorovitch, 1743-1803), né dans la Petite-Russie, avait étudié à Moscou et la clairvoyante bienveillance de *Khéraskov*, alors directeur du théâtre, lui facilita la carrière des lettres. Il fut traducteur aux Affaires étrangères et secrétaire à l'ambassade de Dresde; il fut surtout journaliste. Mais écrire n'est pas encore devenu un métier; c'est encore un délassement, un moyen de propagande ou une surprise charmante. En général, les écrivains (et les musiciens) russes appartiennent à l'aristocratie de la nation; d'où évidemment le cachet de distinction qui surprend chez les moins doués, et qui ravit chez les meilleurs.

Ce *Khéraskov* était d'origine noble; et ceux qui souriaient de sa trompette héroïque respectaient en lui le recteur de l'Université de Moscou, le protecteur des lettres, le brave homme. Sa vie (1733-1807) fut laborieuse; il écrivit beaucoup trop et ses ouvrages ne se lisent plus, pas même son plus célèbre : *La Russiade*. C'est le sort des poésies plus politiques que littéraires; l'enthousiasme qu'elles peuvent soulever, en paraissant à propos, s'éteint avec les passions contemporaines. Or, après les exploits de Roumiantsov conquérant la Moldavie et la Valachie, après l'horrible assaut de Bender, l'incendie de la flotte ottomane à Tchesmé (en face de Chio), quand la Morée, soulevée dans un espoir orthodoxe, dans l'attente des frères slaves, fut ravagée par les Turcs, tous les patriotes moscovites, héroïquement excités, étaient éblouis par le mirage d'un empire gréco-russe. La Croix allait donc rejeter le Croissant en Asie! Et la prise de Constantinople serait la conséquence, longtemps attendue, de la prise de Kazan! Cette exaltation explique la popularité de Souvorov, par exemple, qui terrassait les Infidèles à Ismaïl comme à Praga; elle explique, en littérature, le succès de l'épopée de Khéraskov.

> Je chante la Russie expulsant les Barbares,
> S'affranchissant du joug des féroces Tartares,
> Et l'insurrection et le combat sanglant,
> Et les Russes prenant, victorieux, Kazan!...

Douze chants sur ce ton.

Pounine ne déclamait pas ces vers, non, il les rugissait, ivre, possédé, pythonisant! Ajoutez sa manie de lire d'abord un vers à mi-voix (il appelait cela : lire au brouillon). Puis il se redressait, tremblant d'émotion, et hurlait de toutes ses forces : (il appelait cela : lire au net). Ah, cette *Russiade*! Elle m'enthousiasmait. Oui, oui! disait Pounine en hochant la tête, ce Khéraskov est sans rival. Je sais bien que ses vers sont souvent tirés par les cheveux; mais quand tu crois l'attraper, il rebondit et sa fanfare éclate. Son nom seul vibre déjà comme un clairon : KHHÉRRASS-KKOV!! (TOURGUÉNIEV).

Bref,

> C'était une clameur à rendre les gens sourds.

Aussi Tourguéniev lui donne-t-il pour admirateurs, en punition, deux vieux toqués. Quelques années ont en effet modifié le goût; Khéraskov détonne dans le concert mi-italien, mi-français, qui chantait en Russie. Cache ta trompette, lui dit-on, et laisse nous écouter les cavatines! Les opéras sont à la mode à Saint-Pétersbourg, où les ténors et les soprani font florès. « Catherine II porta sa sollicitude sur l'opéra comme sur tout le reste. Si elle ne composa point de musique, à la façon des empereurs allemands Ferdinand, Léopold et Joseph, et du roi de Prusse Frédéric, du moins l'impériale amie de Diderot donna ses soins aux livrets ; elle n'en écrivit pas moins de cinq[1]. » C'est à l'opéra que héros et rois se soutiennent le mieux ; il faut leurs nobles figures à ce cadre somptueux ; mais sur les autres scènes, elles sont déjà mal accueillies, et ce dépit était facile à prévoir. La Russie n'échappe pas à l'évolution de la société. Ouvert au public payant, le théâtre devait passer de la cour à la ville ; il descendra jusqu'à la boutique ; et la littérature, cessant d'être un délassement aristocratique, une récréation intellectuelle, pour devenir un métier, se pliera aux désirs de sa clientèle plus grossière mais plus nombreuse. Par un égoïsme très naturel, l'enfant aime qu'on lui parle de lui-même ; il goûte les contes qui lui prêtent le grand rôle, les récits au cours desquels il est le plus beau, le plus fort, le plus malin[2]. Le peuple, ce vieil enfant, est flatté de même ; le théâtre va donc jouer pour le parterre, et bientôt jouera pour *le poulailler* ; les dramaturges exposeront les luttes morales dans l'âme d'un ferblantier, d'un palefrenier ; redevenu baraque (M. Zola emploie un autre mot), le théâtre séduira les faubourgs en opposant à la corruption des nobles la pureté du peuple, au riche infâme le pauvre vertueux. Le laquais sera sublime en attendant que V. Hugo le fasse ministre. Que restera-t-il de l'idéal de Volkov, de Plavilchtchikov, de Dmitrevski, qui concevaient la scène comme une école de grandeur morale, lorsqu'on verra se pavaner sur les planches, affublée de rôles héroïques, l'envieuse canaille ? Lorsque, sous prétexte de vérité, de *réalisme*, les passions seront flattées au lieu

---

1. A. Soubies, *Précis de l'histoire de la musique russe* (Fischbacher).
2. Des auteurs s'enrichissent de nos jours à flagorner ces passions minuscules. Il y a une littérature maternelle ! Il y a des poésies pour marmots de 3 à 20 mois ! C'est écœurant.

d'être analysées et jugées ? Lorsque les appétits seront si ingénieusement émoustillés que la police interviendra ?

Voilà la tendance, consciente ou non, du *drame bourgeois* dont je n'ai pas à refaire ! l'historique, et que Soumarokov, prévoyant l'abus, dénommait *le genre infect* (маосный род). Ses produits, sans excepter les pièces de Diderot, me semblent misérables, car le talent de tel ou tel auteur ne réhabilite pas le genre même. Il y a surtout mauvaise foi à faire honneur au drame bourgeois de pièces telles que *Les Jeux de l'amour et du hasard*, par exemple, où, du premier mot au dernier, tout est aristocratique. Évidemment cela renouvelait le théâtre, cela délassait des tragédies franco-assyriennes ; mais du moment qu'on n'écrit plus pour plaire aux Muses, les Muses vous tournent le dos.

Genre infect ?... Pourtant les pièces de Diderot, de Kotzebue, etc., ne sont pas sales ! Je le sais bien ; elles prétendent même être vertueuses ; mais je sais qu'elles me répugnent par leur sensiblerie menteuse, par leur phraséologie à la Jean-Jacques Rousseau. On ne peut calculer combien ces gens-là ont nui par leur exploitation de la pleurnicherie, à quel point ils ont faussé le jugement, frelaté la morale universelle, excité d'appétits coupables. Ils ont geint sur « le pauv' peupl' obligé de travailler », sur la gardeuse d'oies « dont l'âme ignore les jouissances de l'art, dont l'épaule ignore les manteaux de velours ! », geint sur le cocher obligé de conduire par la pluie et le vent la calèche du riche ! Ils ont pris parti pour l'infirme contre le sain, pour le tordu contre le droit ; à leurs yeux le savon a tort, et la crasse a raison. Ils ont anathématisé la société, le gouvernement

> L'État méchant, l'État cruel, l'État barbare,
> Qui fait le pain trop cher, qui fait le vin trop rare !...

Oh, cette emphase, ces tirades hypocrites sur « le pauvre homme de bien traité comme un misérable ! » — « Sors donc, pauvre homme de bien ! Et t'chi et t'cha ; l'un m'éternue au nez, l'autre m'y bâille » (BEAUMARCHAIS). Sous couleur de sympathie pour les humbles, pour *les prolétaires* (?), ces gredins-là ont parodié et compromis la charité chrétienne. Mais ils ont râflé l'argent. « *Tiens, les hirondelles! Vo'là le printemps!* », dit un personnage d'Aristophane, et tandis que le nigaud, levant le nez, hume un souvenir d'églogue, le drôle lui nettoie l'étalage.

Diderot avait motif paternel de prôner le drame bourgeois; mais ce genre ne fut, ce me semble, discuté si passionnément que parce que des beautés de détail firent illusion, et parce qu'on catalogua perfidement sous cette rubrique des œuvres très opposées.

La Russie, prompte à l'imitation française, imita aussi, un peu pêle-mêle, ce nouveau théâtre, mais prudemment. Soit crainte des censeurs, soit goût naturel, *Loukine* (1737-94) et *Kniajnine* (1742-91), ses représentants, élaguèrent, atténuèrent; ils trièrent leurs modèles (par ex. : le *Jaloux*, de Campistron; les *Ménechmes*, le *Distrait*, de Regnard, etc.). Loukine, admis à la Cour, secrétaire du ministre Elaguine, sentait d'instinct que la dramaturgie à la mode était, comme dit Montaigne, « util inventé pour manier et agiter une tourbe et une commune desreglée; et est util qui ne s'employe qu'aux estats malades, comme la medecine; » et Kniajnine ne devait l'apprécier davantage, étant le gendre et le successeur théâtral de ce même Soumarokov qui l'avait dénommée genre infect.

*Kniajnine* (Jacob Borisovitch, né à Pskov) savait le français, l'allemand et l'italien, fut attaché au ministère des Affaires étrangères, enseigna la littérature à l'École des Cadets, etc. Ses tragédies eurent un grand succès qui ne gâta point sa modestie; *Didon*, entre autres, d'après Métastase et Virgile. *Didon* était alors très à la mode : « Je viens en passant, mon cher, en courant! Car ce soir, le grand opéra *Didon*! Le plus beau feu d'artifice.. toute une ville en flammes... Vous viendrez la voir brûler, n'est-ce pas¹? »

---

1. Schiller, *L'Intrigue et l'Amour*.

La tragédie russe expose l'amour vaincu par le patriotisme, d'où tirades pompeuses. « Grâce à cette tendance patriotique *Didon* s'est maintenue quarante ans sur la scène (PORPHIRIEV) ». C'est beaucoup d'honneur pour Énée, ce prince troyen dévot, bavard, pleurard et poltron, auquel le roi Priam, ne sachant que donner, avait donné sa fille.

Citons encore *La Clémence de Titus*, aussi d'après Métastase, rimée aussi, pleine d'allusions transparentes aux mérites de Catherine. Titus y refuse les honneurs superflus, sacrifie au vœu populaire, pardonne aux conjurés qui le menaçaient, et n'afflige que Bérénice qui l'aimait... Titus n'était pas seulement clément, Titus était juste.

Kniajnine a le mérite d'avoir protesté contre le servage dans sa comédie : *C'est la faute à la calèche!* Pour payer une voiture neuve, commandée à Paris, le maître veut vendre un paysan sur le point de se marier, et l'envoyer à l'armée ; il ne se ravise que séduit par la feinte gallomanie de son serf. D'où la moralité de la pièce :

Il nous faut boire, manger, aimer au gré de ceux qui s'amusent de nos souffrances et qui, sans nous, mourraient de faim. Un caprice nous perdait ; un autre caprice nous a sauvés.

La seule comédie orig(i)nale de Loukine est *Le Prodigue* (corrigé par l'amour ; l'auteur représente à la jeunesse les dangers du jeu qu'il connaît par expérience). Les autres sont des adaptations d'œuvres françaises ; mais le traducteur réclama sagement un théâtre national, et pria qu'en Russie on écrivît en russe. Qu'importent, disait-il, aux Moscovites Clitandre, Dorante, Oronte et leur jargon versaillais ?

Ce sont là des vétilles. La société russe est pénétrée par l'élément étranger ; les idées les plus hardies, les théories les plus subversives (par ex. : *Le Contrat social*, de Rousseau ; *la Théologie portative*, *le Christianisme dévoilé*, de Holbach, etc.) y sont lues et discutées ; *Candide* est traduit aux frais de l'Académie, par ordre peut-être de la spirituelle princesse *Dachkov*. On achetait, il est vrai, ces ouvrages comme on eût acquis un mobilier neuf, pour suivre la mode ; la philosophie, la poésie ne devaient servir de jouet ou d'arme qu'à l'aristocratie ; elles ne seraient pour les humbles sujets qu'un bibelot curieux, exposé sous vitrine. Défense de toucher !

> Je connais les gens de lettres ; je les ai appelés autour de moi pour les voir de plus près. Craignez qu'ils ne forment un État au milieu de l'État... Réservez à votre seul usage et pour vos loisirs tous ces beaux traités philosophiques dont le seul fruit est de porter l'inquiétude dans les esprits faibles... Que le peuple travaille et se taise ! Il n'est pas fait pour réfléchir[1].

Témoin des excès de la Révolution française, l'impératrice ne pouvait que redouter pour son empire « cette grande et fatale expérience » dont la littérature ne fut certes pas la cause, mais du moins un des actifs leviers. Voilà donc où mènent ces pompeux discours, ces belles promesses ?

> Est-il un régime plus despotique que celui de ces magistrats démagogues ?... Il faut avouer que l'espèce humaine est bien vile, et mérite les maux dont on l'oppresse (*ibid.*).

> Des enfants de Japhet toujours une moitié
> Fournira des armes à l'autre !

Les uns ne veulent rien donner, les autres veulent tout prendre. Alternativement *la Réaction* siffle : Éteignons les lumières et rallumons le feu ! ou l'*Hydre de l'anarchie* (c'est le style courant) relève la tête. Naturellement les deux partis commettent tous les crimes au nom de principes dont le plus honnête est l'aphorisme de Pitt : « Si nous étions justes un seul jour, nous n'aurions pas un an à vivre. » Mais le temps passe ; l'Humanité se traîne cahin-caha, ahurie par les clameurs de ses guides ; les uns, ne voulant voir que le

---

1. Bons et derniers avis de Catherine à Paul Ier, trouvés parmi les papiers de l'impératrice.

mal, prêchent le retour en arrière; les autres, comprenant que cette folle fermentation finira par donner du vin, s'efforcent de dégager du mal présent le mieux futur. Ces derniers s'appelèrent en Russie *les Occidentaux*; l'élite de la nation les approuva, et l'événement les justifia. Les souverains, enviés à tort, se débattront au milieu d'intérêts dynastiques et d'intrigues diplomatiques, seront serrés entre la perspective d'une révolution et l'opportunité d'une guerre injuste, presque toujours punis, par une fatalité diabolique, d'avoir voulu bien faire; témoin Paul I<sup>er</sup>, signant « le traité le plus honnête et le plus populaire que les rois aient jamais fait, qui devait résoudre ce grand problème d'humanité et de civilisation, la liberté des mers[1] » et mourant le lendemain, assassiné. Dans ces circonstances, alors que tout est permis ou tout défendu, selon le vent, la littérature, cherchant un compromis entre l'antique et le moderne, entre la foi et la libre-pensée, désirant le succès et craignant la prison, ne saura trop sur quel pied danser. Ainsi nous avons vu Raditchev condamné à mort; Kapnist, pour sa comédie *La Chicane*, fut exilé puis rappelé; *Novikov*, journaliste, éditeur, auteur d'un *Dictionnaire historique des écrivains russes*, s'attira quinze ans de prison; *Poléjaiev* (1817-1838), poète spirituel mais assez mauvais sujet, faillit être fusillé, et connut le bataillon de discipline; le prince *Odoievski* (1802-39), poète, ami de Lermontov, passa onze années en Sibérie; *Herzen* fut exilé; *Dostoïevski* fut déporté; *Lermontov, Pouchkine* furent invités à partir contempler le beau ciel du midi, etc. Mais qu'importent au destin les misères privées? Du chaos des intrigues, des guerres, des ruines se dégagea une société nouvelle, très bruyante et très brillante; oublieuse du passé sanglant, elle pensa à vivre et à jouir; c'était son droit; elle jeta sur les charniers du sable fin et le ratissa proprement; l'orgie de la Révolution et de l'Empire fut nommée *épopée*; la réalité devint légende (*Le vaisseau fan-*

---

1. Th. Lavallée, *Hist. des Français*, IV, 306.

tôme, *La revue nocturne*, etc.); soixante mille hommes tués enrichirent la langue d'une métaphore : *Le soleil d'Austerlitz !* et le cauchemar fut tamisé en rêve agréable à raconter. Au canon a succédé la musique, et les mazurkas de Chopin vont mener la danse, car le monde, le beau monde raffole du bal ; les théâtres redeviennent des temples pour ténors italiens, toute l'Europe fredonne les airs d'opéra-comique ; le tsar commande à Boïeldieu trois opéras par an, paye d'avance et fournit les livrets...

Que peu de temps suffit pour changer toutes choses !

Ne semble-t-il pas que, entre Catherine II et Alexandre I$^{er}$, — si drus et si terribles se sont pressés les événements, — plusieurs siècles se sont écoulés ? Gœthe a raison de dire que l'humanité se plaît à ravauder, à rafistoler. Dans le fait, si on ne cassait pas la jambe à son frère, de quoi vivraient les rebouteurs ?

## XII

### KARAMZINE. — DMITRIEV. — KRYLOV. — JOUKOVSKI

Mettons Karamzine (1736-1826) en tête de ce nouveau chapitre, car il est plus *moderne* qu'aucun de ses contemporains ; il s'est même forgé une langue nouvelle, d'une clarté toute française, dont il emprunta les éléments aux dialectes populaires, et maintes tournures aux langues étrangères ; d'où la plaisanterie courante : que le russe avait été remplacé par la langue de Karamzine. Accessible à tous (*même aux femmes*, dit le professeur Martynovski), elle facilita la dispersion des idées. Plus encore charma les galants lecteurs la sentimentalité que l'auteur sut distiller à propos, les ravit la teinte de religiosité, de christianisme mondain, complaisant, qui n'est au fond qu'une forme courtoise de l'indifférence. Karamzine n'est pas un lutteur comme Lomonosov ; c'est un délicat et un maliu, un Philinte :

> Mon Dieu, des mœurs du temps mettons-nous moins en peine
> Et faisons un peu grâce à la nature humaine !

Bien élevé, connaissant l'Europe, témoin de ses prodigieux bouleversements, narrateurs de longs siècles d'histoire[1], sachant à quel prix s'achète le moindre progrès, voyant que l'humanité se démène dans le vide, pouvait-il ne pas être sceptique? Mais il le sera avec une grâce infinie, avec un tact si sûr qu'il saura plaire à tous, qu'il vivra dans l'intimité de la famille impériale sans être courtisan, sans renier ses rêves de jeunesse. Le monde va mal sans doute, mais alla-t-il jamais bien? S'indigner, se révolter est donc imprudence autant que mauvais ton. Homme d'ordre, il sait d'ailleurs que la liberté ne peut durer sans la loi ; il sent que, au pis aller, un honnête homme a toujours assez de liberté pour rester honnête.

Ces qualités s'épanouissent déjà dans le premier ouvrage qui illustra Karamzine : les *Lettres d'un voyageur russe* (1790). Dans un style limpide, avec une indulgence rare chez un jeune homme de vingt-quatre ans, le touriste note ses impressions. Il a visité Kant à Kœnigsberg

> dans sa maisonnette où tout est simple... excepté la métaphysique,

écouté le chef-d'œuvre de Kotzebue[2] « qui manque de goût, » vu à Ferney la chambre de Voltaire et, sur le même panneau, en belle peinture « Catherine la Grande, la marquise du Châtelet, Voltaire, lui-même, le roi de Prusse, Helvétius, Diderot et le pape Clément XIV. » Curieuse juxtaposition ! Puis, le voici à Paris, et ses lettres attestent une joie vive, enfan-

---

1. Son *Histoire de l'empire russe* a 8 volumes.
2. *Misanthropie et Repentir*.

tine, dont je lui garde reconnaissance. Il arrive en 1790 et n'a ni crainte ni souci. Nos historiens, suivant leurs opinions politiques ou religieuses, exaltent ou injurient la Révolution française ; voici le jugement du voyageur russe :

Ne croyez pas que toute la nation se mêle à la tragédie qui se joue maintenant ; au plus, la centième partie ! Les autres regardent, discutent, supputent, pleurent ou rient, sifflent ou applaudissent, comme au théâtre. Ceux qui n'ont rien à perdre sont effrontés comme des loups ; ceux qui ont tout à perdre sont poltrons comme des lièvres... L'histoire n'est pas finie ; mais en ce temps la noblesse et le clergé sont de piètres défenseurs de la royauté !

Tout à Paris l'amusa, l'occupa, jusques aux guinguettes. Aussi le départ est triste.

Je t'ai quitté, aimable Paris ! Je t'ai quitté avec regret et gratitude. Au milieu de tes scènes tumultueuses j'ai vécu calme et joyeux... Ni tes Jacobins ni tes aristocrates ne m'ont fait le moindre mal. Que d'idées j'emporte ! Que de souvenirs ! Peut-être pourrai-je un jour revenir m'asseoir encore sur le mont Valérien et rêver devant ton pittoresque paysage !

Karamzine parcourut Londres, et rend galamment justice aux qualités des Anglais :

Les progrès des sciences et des arts y frappent l'esprit ; mais vouloir vivre ici pour le charme de la société s'appelle chercher des fleurs dans le sable... Je reviendrais en Angleterre avec plaisir, mais je la quitte sans regret.

Célèbre, fêté, Karamzine eut le courage de s'enfermer pendant douze années pour écrire son *Histoire de l'empire russe* terminée en 1816. « Trois mille exemplaires furent vendus en un mois, succès unique chez nous. Tous, même les femmes du monde, se jetèrent sur cette histoire de la patrie inconnue jusqu'alors. Il semblait que la Russie eût été découverte par Karamzine, comme l'Amérique par Colomb...

Karamzine est notre premier historien et notre dernier chroniqueur... Claire et fidèle exposition des événements. Son récit n'est insuffisant que lorsque les sources lui firent défaut; il ne les a du moins pas remplacées par des conjectures fantaisistes » (POUCHKINE). Les compliments ont, comme les médailles, leurs revers; témoin une épigramme de ce même Pouchkine :

> Son histoire est vraiment mielleuse, de bon goût,
> Nous expliquant avec une douce ironie
>   Les charmes de la tyrannie
>   Et les avantages du knout.

L'ouvrage donne à un Français l'impression d'une immense fresque. Le récit est épique, patriotique, philanthropique. Oyez ces phrases empanachées :

> Il me semble que nous sommes trop modestes dans notre opinion sur les mérites de notre peuple... Nous avouons que certains peuples sont, en somme, plus civilisés que nous... Nous n'avons pas besoin, comme les Grecs et les Romains, de recourir aux fables et aux fictions pour exalter notre origine; la Gloire fut le berceau du peuple russe, et la Victoire fut la messagère de son existence!

Néanmoins la savante naïveté de l'auteur vous embobeline; on se représente l'excellent homme comme Serge Nikolaiévitch[1]

> s'enfonçant plus à l'aise dans le fauteuil, allumant un cigare, regardant d'abord son hôte, puis levant les yeux au plafond

et narrant avec calme, d'un air demi-malin, demi-simplet. Il a dit à ses périodes : Hâtez-vous lentement! et elles obéissent. Pourquoi se presser? Le cercle des auditeurs est attentif, les soirées sont longues, les tasses pleines de thé

---

1. Dans le roman de TOURGUÉNIEV : *Premier amour*.

odorant, et l'histoire est si morale ! Karamzine est si bien conscient de sa prolixité qu'il soupire parfois :

> Peut-être mes lecteurs ne tiennent-ils plus mon livre entre leurs mains; peut-être se sont-ils assoupis...

ou

> Cher lecteur, pardonne-moi cette digression !...

Si Mentor, qui savait tant de choses, avait su lire dans les yeux de Télémaque le muet reproche : Tu m'instruis mais tu m'ennuies, — Mentor eût abrégé son prêche. — Tel quel, l'ouvrage est plus agréable à lire que ses concurrents plus doctes, plus *documentés* (de *Polévoï*, par exemple), lesquels rappellent trop Guizot, Barante, etc. lesquels, n'ont, je l'avoue, jamais ragaillardi ma somnolence.

Karamzine fut comblé de faveurs par l'empereur reconnaissant; mais son triomphe d'historien ne ternit pas devant le public sa réputation de romancier; il la confirme, comme de juste; l'histoire n'est-elle pas un roman agrémenté de quelques vérités, pour l'illusion? Donc, le rusé compère avait publié de 1793 à 1800 trois *Nouvelles*, dont le succès en dit long sur l'état d'âme des contemporains : *L'île de Bornholm,* — *Nathalie, fille de boïar,* et *Pauvre Lise.* — En visitant à Ermenonville l'ermitage de Rousseau, il avait examiné ce décor d'opéra-comique : houlettes, couronnes, chalumeaux suspendus à des branches entrelacées comme symbole de l'amitié, le temple sibyllin dressé à la philosophie nouvelle, les noms de Théocrite, de Virgile, de Thomson, gravés partout sur l'écorce des hêtres, etc.: et voyant

> de braves gens venir contempler les lieux consacrés par l'invisible présence du génie, respirer l'air que Jean-Jacques respira jadis, arroser sa tombe d'une larme mélancolique,

il comprit qu'il n'y a pas de conte absurde qu'on ne fasse adopter aux oisifs d'une grande ville en s'y prenant bien.

Ah! Karamzine sut s'y prendre! Ses *Nouvelles* qui passèrent, qui passent encore, pour attendrissantes, sont une bien réjouissante facétie.

*Pauvre Lise* est, on le devine, une histoire d'amour malheureux. Paysanne idéale, ange de douceur, *Lise* file la toile la plus fine, et cueille le plus blanc muguet. Un jeune noble lui fait promettre qu'elle n'en cueillera plus que pour lui, et le petit roman s'ébauche. Les premiers feuillets sont tournés au bord de la rivière, sous les ormeaux :

Là, souvent la lune discrète, à travers le feuillage, argentait de ses rayons lumineux les cheveux de Lise, dans lesquels se jouaient les zéphyrs et la main du doux ami.

Éraste était ravi de sa pastourelle; il l'embrassait, mais en toute innocence,

— et la chaste et pudique Cynthie ne se voilait pas à leur vue derrière un nuage.

Les derniers feuillets furent tournés par une nuit plus sombre, lorsque Cynthie vagabondait; puis, délaissée, l'infortunée se noya. — Cette élégie en prose doit se lire sous un saule-pleureur; mais l'exagération de l'attendrissement devient comique. Karamzine avait touché juste en exploitant la tendance du romantisme à s'apitoyer sur les pécheresses. C'est un sentiment très chrétien qui domine, chose étrange, aux époques les plus irréligieuses. La nôtre, par exemple, va même plus loin et s'intéresse plus aux coupables qu'aux vertueuses. Place à Manon! Quand une paysanne *faute* avec un gars (plus riche qu'elle, naturellement), c'est, paraît-il, la société qui est coupable. Il devient cependant difficile de s'attendrir encore sur elles, car elles sont trop. Belles téméraires qui ont joué quitte ou double, pile ou face : tomber pécheresses ou monter princesses!

Le procédé artificiel de Karamzine est encore plus visible

dans *Nathalie, fille de boiar*, conte digne de nos *Veillées des Chaumières*. Il n'y manque même pas

la centenaire qui vivait dans l'obscurité des forêts, cueillant des simples, et conversant plus avec les loups et les ours qu'avec les humains.

Nathalie est une fille adorable, joie de son père; celui-ci, conseiller de l'empereur, est un saint, qui nourrit les pauvres et les sert à sa table. Ajoutons : une nourrice dévouée, un proscrit innocent, un prêtre vénérable, un enlèvement pendant l'horreur d'une profonde nuit, et la lune de miel au-dessus d'une forêt impénétrable : bref, tous les condiments romantiques.

A peine les premiers rayons de l'astre majestueux sortaient du brouillard matinal, déversant sur la terre silencieuse un or fluide et impalpable, que Nathalie s'éveillait, ouvrait ses yeux et, s'étant signée de sa main blanche comme le satin, nue jusqu'au coude mignon, se levait; puis, vêtue d'un tissu fin et soyeux..., etc.[1].

Nulle n'est plus fidèle au service divin; mais l'auteur ajoute :

Jadis il n'y avait ni cercles ni mascarades où l'on va maintenant voir et se faire voir; où donc, si ce n'est à l'église, une fillette curieuse pouvait-elle donner son petit coup d'œil?

C'est juste; et la fillette est ainsi louée et excusée de sa piété. Nathalie brûle pour le bel Alexis, qu'elle a précisément distingué à l'église, et, dès la première entrevue, consent à fuir la maison paternelle, monte en traîneau et dit à son amant :

Conduis-moi où tu voudras.

1. Sentez-vous venir les *Natchez*, *Atala*? On est honteux de penser qu'un peuple réputé spirituel se soit pourléché d'une telle sauce.

Pourquoi cette fuite mystérieuse ? Parce que Alexis est le fils du proscrit. Dans la nuit de noces, il dit à sa femme qui il est (elle l'ignorait encore !) et tous deux s'adorent dans les bois ; lui, peinturlurant des paysages ; elle, brodant des fichus.

Alexis ne combattait plus les bêtes féroces, car celles-ci, comme par respect pour la belle Nathalie,... n'approchaient plus et ne rugissaient qu'à distance !

Le dénoûment est sublime. A la nouvelle que les guerriers lithuaniens menacent la patrie, Alexis « veut aller là, où volent les flèches messagères de la mort ; » Nathalie revêt les habits que son mari portait à l'âge de quatorze ans, cache ses cheveux blonds sous un casque, et le couple part en guerre. Peu après, les généraux écrivent à l'empereur :

Victoire !... Le carnage fut terrible. Déjà le premier rang de l'armée russe, pressé par la multitude des Lithuaniens, fléchissait, quand soudain une voix retentit : Vaincre ou mourir ! et au même moment un jeune guerrier, l'épée à la main, se détache des rangs et se jette sur l'ennemi. D'autres le suivent, toute l'armée s'ébranle... Les Lithuaniens prennent la fuite... Nous ne pouvons assez louer ce jeune guerrier, auquel revient tout l'honneur de la victoire... Son frère, un délicieux adolescent, le suivait partout, le couvrant de son bouclier...

Tout finit par des pardons et des bénédictions.

Le succès de cette niaiserie fut extraordinaire.

*L'île de Bornholm* serait l'ouvrage d'un radoteur si ce n'était tout simplement une attrape. On donne aux enfants des bonbons entortillés dans des papillotes ; leur main impatiente défait l'une après l'autre et ne trouve enfin qu'une boulette portant l'inscription : *Fi ! que c'est vilain d'être curieux !* L'enfant fait la grimace ; mais s'il n'a pas le plaisir de la trouvaille, il a eu l'émotion de l'attente. La Nouvelle de Karamzine est également *à surprise*. Elle débute comme une ballade de grand opéra : Au bruit des vagues, le navigateur s'assoupit sur le rivage, sous un orme centenaire. Soudain — (trémolo à l'orchestre) — il aperçoit un jeune homme pâle comme un fantôme; d'une main il tient un luth, de l'autre il arrache des feuilles à l'arbre et ses yeux noirs fixent l'océan bleu!... Ce navigateur est russe; ce rivage est anglais; ce fantôme est danois; et, préludant, il chante :

Les lois condamnent l'objet de mon amour, mais, ô mon cœur, qui peut te résister? Quel pouvoir est plus fort que l'amour et la beauté? O Bornholm, oh! oh!...

Au dernier couplet, le capitaine vient lui-même poliment prendre le navigateur par la main et l'avertir que le vent est propice. Ils partent, et le jeune homme à l'œil noir continue à fixer la mer bleue. Réflexions et exclamations de l'auteur sur la témérité des hommes franchissant dans un frêle esquif l'empire de Neptune. Devant Bornholm, les bas-fonds forcent le capitaine à jeter l'ancre; et l'envie d'élucider le mystère — (le jeune homme au luth avait soupiré : O Bornholm, oh, oh!) — incite le navigateur à atterrir dans le canot. Il va et soudain... (trémolo) il aperçoit un château gothique, noir et lugubre. Un vieillard en deuil l'y loge dans la salle des ancêtres, et notre homme rêve que ces preux veulent le taillader pour punir sa curiosité. Afin d'échapper à ce cauchemar, il se lève, atteint une porte secrète, puis un escalier dérobé; de là dans le parc, au clair de lune. Mais que voit-il? Il voit une caverne, une porte de fer entr'ouverte, des barreaux de fer, un grabat, et, sur ce grabat, une jeune fille!

Si un peintre voulait représenter la tristesse immense, infinie, jonchée des pavots de Morphée, cette femme eût prêté à son pinceau un ravissant modèle!

Scène de désespoir, où l'inconnue supplie l'inconnu de ne pas la questionner. L'inconnu sort et, vaincu par l'émotion, dort sur l'herbe, devant la caverne, un bon somme de deux heures. Son hôte le réveille —

et, le fixant d'un œil enflammé, lui demanda d'une voix rude : Tu l'as vue? — Oui, répondis-je, ignorant qui elle est, et pourquoi elle souffre dans cette geôle. — Tu le sauras, jeune homme, et tu verseras des larmes de sang, et tu te demanderas à toi-même : Pourquoi le Ciel a-t-il déversé toute la coupe de sa colère sur ce débile vieillard, lequel aimait la vertu, lequel vénérait ses saintes lois?... Nous prîmes place sous un arbre, et le vieillard me raconta la plus horrible des histoires, une histoire... que vous n'entendrez pas maintenant, mes amis; ce sera pour une autre fois. Je vous dirai seulement que j'appris, moi, ce secret plein d'horreur... Les matelots m'attendaient à la porte du château; on mit à la voile, et Bornholm disparut à mes yeux !

Karamzine faisait œuvre pie en montrant *les ficelles* du romantisme germanico-catholico-ridicule. Quelques années plus tard, agacé de voir son intention méconnue, résolu d'étaler la nullité des bouquins qui abrutissent le public, il exagéra encore la parodie dans *Un chevalier de notre temps*, pages où l'art de parler à vide est devenu une virtuosité.

CHAPITRE QUATRIÈME, qui n'est là qu'à cause du cinquième. Messieurs! Vous ne lisez pas un roman mais un récit; par conséquent l'auteur n'est pas obligé de vous rendre compte des événements. Telle chose advint et advint ainsi! Je n'ajouterai pas un mot. Fût-ce à propos? Fût-ce en son lieu? Ce n'est pas mon affaire. La plume en main, je suis pas à pas la destinée, et je décris ce qu'elle crée dans sa toute-puissance. Pourquoi crée-t-elle? Demandez-le lui! Mais je vous préviens que vous n'obtiendrez pas de réponse. Depuis sept mille ans, si les chronologistes disent vrai, elle émerveille le monde, et n'a encore expliqué ses merveilles à personne. Feuilletons les annales ou regardons notre entourage : partout des énigmes, partout des sphinx! Œdipe lui-même resterait muet. La rose se fane, les épines restent; le chêne centenaire, bienfaiteur des voyageurs, s'abat sous un coup de foudre; l'arbuste vénéneux s'en tire indemne et prospère! Pierre le Grand, au milieu de ses conceptions patriotiques, est glacé par le baiser de la Mort, tandis qu'un être borné vit comme Mathusalem. Un jeune mondain, dont la vie s'épanouit heureuse au sourire du Destin et de la Nature, passe et s'éteint comme un météore ; le gueux, inutile au monde, à charge à lui-même, vit à perpétuité... Que faire? Pleurer, si vous avez des larmes, et, dans l'intervalle, vous consoler à la pensée que l'existence terrestre n'est que le prologue du drame!!

Il y a là un comique intense et une excellente leçon. Quand donc les abonnés comprendront-ils à quel point les romanciers les méprisent, pour leur servir dans le même ragoût-feuilleton le nouveau-né vagissant, sa nourrice, Mathusalem, Œdipe, les sphinx, la rose flétrie et Pierre le Grand?

Prévoyant Hugo et son école, Karamzine avait, passez-moi le mot, *débiné le truc* de l'enfance encadrée, dorée, sucrée.

En dépit des amertumes et des bourrasques de la vie, la jeune âme de l'enfant tourne au bien comme l'héliotrope au soleil... Elle retient les noms de tous les oiseaux qui voltigent dans le bocage... Et semblable à la prairie printanière qui boit avidement les premières ondées d'avril, elle s'imbibe des premières notions... Et sa tendre mère l'embrassait, pleurait et bénissait le Ciel ; et la fraîche voix de l'enfant répétait : Je t'aime, ma petite mère!... Voyez, si e voulais, j'inventerais encore un chapitre ; les mots couleraient comme une rivière, si je voulais entrer dans les détails! Mais je ne veux pas, non, je ne veux pas! J'ai encore tant de choses à décrire! Je garde mon papier, l'attention du lecteur, et finis le chapitre.

Hugo, qui a si merveilleusement pincé cette guitare, riait dans sa barbe. Après avoir chanté un air sur *le pauvre doux enfant*, il ajoute en à-parte :

> Le mioche était horrible et monstrueux. Cet ange
> Louchait ; il ressemblait vaguement à Dupin ;
> Et, pendant qu'il mangeait, son nez noyait son pain.

Karamzine s'égaie aussi aux dépens de Jean-Jacques qui a, dans son *Émile*, enseigné aux femmes l'art d'allaiter.

En ce temps-là Rousseau ne parlait pas encore, mais la nature avait déjà parlé, et la mère de notre héros sut lui donner le sein...

Et, puisque nous sommes en train de rire, n'oublions pas la bonne histoire de l'ours. Le petit Léon étudiait sa leçon dans le bocage, à plat ventre dans l'herbe. A gauche, son précepteur, bedeau de la paroisse. Le temps devient orageux ; et, tandis que le petit Léon regarde, le nez en l'air, les nuages, s'élance de la forêt prochaine... un ours! Il fond sur l'enfant, cette proie délicate ; le bedeau pousse un cri de détresse et s'évanouit.. Quand il revint à lui, le petit Léon était à genoux, versant un torrent de larmes, et l'ours gisait les quatre fers en l'air, tué raide d'un coup de foudre!

Karamzine a laissé le renom d'un galant homme, serviable, d'un ami sûr et du plus agréable commerce. Un monument élevé en son honneur orne la ville de Simbirsk, sa patrie; sur un piédestal de granit, la Muse de l'Histoire, en bronze; à ses pieds, le buste de l'écrivain. — Maintenant je crois, sans me vanter, avoir dessiné cette figure sympathique plus nettement que *Katkov* expliquant que « Karamzine était à la fois russe et européen, et portait en soi deux centres de gravité, lesquels, loin de se contrarier, s'unissaient ; c'est pourquoi il plongeait, d'un côté, dans les archives du passé et, de l'autre, restait fils de son siècle, pourquoi il aimait les racines du passé dans les fleurs du présent ! »

Le président de l'Académie, *Chichkov*, détourna un jour sur *Dmitriev* la médaille d'or (pour services rendus à la langue russe) que méritait Karamzine ; petit épisode de la grande lutte entre la coterie des *Chichkovistes* et la coterie des *Arzamas*, du perpétuel débat entre réactionnaires et progressistes, entre Gluckistes et Piccinistes, etc ; vengeance maladroite, puisque Karamzine ne pouvait être jaloux d'un intime ami et d'un allié littéraire.

A ce *Dmitriev* (Ivan Ivanovitch, 1760-1837, né dans le gouvernement de Simbirsk, à Bogorodski, propriété de son père) on peut appliquer le vers d'E. Augier :

    Il est charmant, il est charmant, il est charmant !

Sa figure sympathique, son caractère égal, son humeur douce, son existence rangée (*quoiqu'il vécût célibataire*, ajoute avec étonnement un de ses biographes), lui gagnaient toutes les amitiés. Aussi le voyons-nous monter sans secousse, sans effort ; devenir de sergent dans la Garde, ministre de la Justice (1810). Retiré (en 1814), il vit à Moscou dans les cercles littéraires, s'intéressant à tous les progrès intellectuels, encourageant les jeunes talents, menant la vie d'un sage. Chaque matin, invariablement, il faisait sa petite promenade ; mais on ne dit pas qu'il ait, comme Kant, suivi toujours à la même heure les mêmes rues.

Des langues étrangères il n'étudia que le français « *et s'y forma le goût.* » (*Bibl.* SOUVORINE). Ses premiers essais en furent des traductions, assez réussies pour que les libraires les lui payassent... en livres. C'est toujours payer. Un de ses modèles fut Moilevaut ; il eût pu mieux choisir ; mais les auteurs secondaires se laissent plus facilement assimiler. Exempt de jalousie, d'ambition politique et littéraire, d'une tenue irréprochable, il équilibra son existence, s'accommoda de tous les régimes[1], et se déclara satisfait même de son climat :

Fils du Nord, ton climat est âpre et froid, tes glaces sont terribles, mais tu n'en es que plus heureux. Ton souffle en est plus fort

---

[1]. Surtout du juste milieu, comme il le conseille dans le *Poisson volant*, qui craint, en haut, d'être happé par l'aigle, en bas par le loup marin. « Suis ton petit chemin en tapinois ; frôle l'air et longe l'eau ! »

et ta force héroïque. En Sicile, ils ont le volcan; ils ont la peste au bord du Nil.

Il admire, de loin, l'audacieux, mais ne l'imite pas, et le compare au chapon qui veut s'enlever comme l'aigle, et s'abat tout plat sur un plat. Il obéit à la nature (il l'avait bonne) et, sans tant philosopher, cède à cette douce violence dont elle nous entraîne.

Pourquoi me suivre? dit l'aimant au fer. Pourquoi m'attires-tu? répond-il?

Et Dmitriev, le célibataire susnommé, attribue même involontaire vertu au beau sexe et même zèle irréfléchi au nôtre, le laid.

On pourrait lui adresser, comme Damasippe à Horace, le reproche :

*Sic raro scribis, ut toto non quater anno*
*Membranam poscas...*

Pendant ses trente dernières années il n'écrivit ou du moins ne publia rien. (Ses mémoires, Взглядъ на мою жизнь, ne furent édités qu'en 1866, par les soins de son neveu.) Il se reposait. Repos bien gagné! Songez donc qu'une cinquantaine de ses apologues comptent quatre vers! « La grande notoriété dont Dmitriev jouit de son vivant s'explique par son caractère, par l'amitié de Karamzine (!), par sa haute situation civile, par son zèle attentif aux talents et aux ouvrages littéraires. Dans l'histoire de la littérature, il occupe la place d'un poète de talent et de goût qui s'efforça de donner à la versification clarté, légèreté, aisance et grâce. Ce que fit Karamzine pour la prose, la rapprochant de la langue parlée, Dmitriev tenta de le faire pour le vers... » (Souvorine).

Maintenant, qui n'a au moins entendu parler des fables de Krylov? Qui n'a répété le compliment stéréotypé : « Le La Fontaine russe » — qui excita si promptement notre curiosité? Car la littérature étrangère ne nous émeut d'habitude que lentement. Rival de La Fontaine? Krylov avait trop de sens pour ne pas décliner lui-même telle flatterie ; ainsi fit déjà Kniajnine, lequel, comparé à Racine, répondit spirituellement :

Au nom du ciel, parlez plus bas! Si l'on vous entendait, on ne vous croirait jamais plus.

Mais la seconde place est glorieuse, et Krylov y brille sans conteste.

Son existence (1763-1844) ne fut pas compliquée. Fils d'un officier, il connut la vie monotone de garnison (à Orenbourg); puis, à la mort de son père, il connut la gêne; mais sa mère accepta toutes les privations pour instruire son fils. Nous voyons Ivan Andréiévitch successivement copiste, buraliste, journaliste, secrétaire, — cherchant sa voie. Ses premiers ouvrages, comédies, vaudevilles, opérettes, n'ont aucune valeur. Des articles critiques attirèrent d'abord l'attention, entre autres *Le panégyrique de mon oncle*, paru en 1792 dans le *Spectateur*, satire des hobereaux braillards et paillards, pressurant leurs serfs, sans comprendre que la misère des fermiers mène le propriétaire lui-même à la ruine.

Quel dommage qu'un oncle chassant si bien le lièvre soit tombé dans un fossé! Son bisaïeul était déjà un héros... en son genre; en maillot, il savait mordre sa nourrice, lui égratigner la figure, lui déchirer les oreilles. Il voulut en faire autant à son chien, mais son chien se rebiffa et le mordit. Sur quoi son père, homme sage, lui dit : N'as-tu pas des serfs à maltraiter? Amuse-toi sur eux. Le chien est sot : on ne peut l'habituer à tout endurer avec soumission, comme les créatures raisonnables.

La satire n'est pas farouche; mais elle ne pouvait l'être dans un pays où l'on avait surtout le droit de se taire.

Comment chanter quand le chat vous tient dans ses griffes ? Il a beau vous dire, sans lâcher son grappin : Ne te gêne pas, fais entendre ta belle voix !... On ne profère qu'un piaillement plaintif (VII, 23).

De fil en aiguille, la fable parut enfin à Krylov la forme la moins imprudente du pamphlet. Il traduisait *Le Chêne et le Roseau*, et l'accueil favorable décida sa vocation. La générosité de l'empereur fit le reste : il donna au poète le loisir et la sécurité. Oui, l'empereur Alexandre confia sa bibliothèque à des gens de lettres ! Quelle fantaisie de despote russe ! Heureusement que l'opinion publique en Russie n'ose guère réclamer. Nous retrouvons donc Krylov dans le plus somptueux quartier de Saint-Pétersbourg, à l'angle de la Perspective Nevski, en compagnie de *Gnéditch* l'helléniste, traducteur d'Homère; de *Lobanov*, traducteur de Racine ; de *Batiouchkov*, du baron *Delvig*, de *Zagoskine* et d'*Olénine*, directeur de la bibliothèque. Renté, car outre son traitement, il recevait 3,000 roubles sur la cassette impériale, Krylov vécut sans souci trente ans à la même place, — « d'une vie calme, uniforme, presque immobile. Il s'enfonça dans sa paresse poétique » (PLETNEV). Fonctionnaire scrupuleux, il arrivait exactement à son poste, s'étendait sur un canapé « *et tuait le temps avec des romans idiots.* » Il ne se décida à paraître travailler au Catalogue, qu'en voyant que Delvig, encore plus paresseux que lui, refusait nettement toute occupation. *Pletnev*, son biographe, donne sur sa vie privée des détails amusants : intérieur négligé, malpropre, de célibataire endurci ; trois pièces ; une femme de ménage et la fille d'icelle, balayant et essuyant si peu qu'un hôte proprement vêtu n'osait s'asseoir ; pas de bureau ; à peine trouvait-on du papier et une plume ; mais partout du tabac, cigarettes, pipes variées, petits tas de cendres machinalement pétris, arrondis, alignés. S'il réclamait du feu, la maritorne calait devant lui un lumignon dans quelques gouttes de suif ; puis sortait, muette, laissant son maître fumer comme un poêle et rêver à son aise.

On dit qu'il éleva des pigeons. Je ne le crois pas. La fenêtre ouverte, les pigeons s'installèrent d'eux-mêmes chez lui, impunément, impudemment, et régnèrent dans le logis. L'homme, qui ne se décida pas à consolider ou à doubler l'unique crochet du tableau surplombant son canapé, ne pouvait chasser des oiseaux qui n'étaient que malpropres. L'exemple de son voisin Gnéditch (leur escalier était commun), rangé, coquet, artiste autant que lettré, eût dû secouer cette torpeur; entre célibataires on peut se donner des conseils; et ce fut sans doute pour lui plaire que Krylov consentit, à soixante ans, à se nettoyer. Il se meubla richement, s'entoura de bronzes et de porcelaines... Mais cette fantaisie passa, ce luxe le lassa; il retomba dans son existence morne. La poussière s'épaissit sur les meubles, et les pigeons revinrent, de plus en plus malpropres.

Ce maniaque est le premier écrivain qui ait, dans une proportion exacte, fondu la langue savante et la langue banale en un style classique, dans lequel la Russie a reconnu pour ainsi dire son sang, son âme. D'où cette boutade de Gogol : « L'âne est originaire de pays lointains; cependant Krylov a si bien portraituré l'âne que, à l'ombre de ses oreilles, dans la moindre fable, le lecteur s'écrie : Tiens, un Russe ! » Ses deux cents fables, dont cent soixante sont originales, forment un cours complet de morale pratique auquel ne manque çà et là, à mon avis, qu'une qualité : la grâce.

Krylov a vu, à côté des erreurs contemporaines, le bon vouloir de l'empereur et pressenti les grandes réformes d'Alexandre II, mais, raillant par exemple les fonctionnaires — (*Les Paysans et la Rivière* : Se plaindre des ruisseaux ? à quoi bon? La rivière se gêne encore moins pour inonder ! — *L'Ours chez les abeilles* : On devine ce que devient le miel confié à cet inspecteur. — *Le Chien* : Rien ne sert de rosser le chien voleur; l'essentiel est de lui reprendre le morceau volé; etc.) — le poète ignore l'utopie et la sentimentalité. L'inégale répartition des biens, qui a brouillé tant de cervelles, ne l'indigne ni ne l'étonne; voyez, dit-il, *La Nue* (V, 20) voler au-dessus de la contrée desséchée sans y répandre une goutte d'eau, et se déverser à torrents dans la mer! Il désire un joug léger; mais humilier le seigneur et exalter le serf? Le serf même gagnerait-il beaucoup à ce régime de la tête en bas? *L'Arbre* (III, 14) a réclamé large place au soleil, fait abattre ses voisins; isolé maintenant, il souffre davantage du vent, de la grêle et de ce même soleil. Ne pas vouloir grandir trop vite ni surtout aux dépens du prochain! D'ailleurs l'égoïsme du pauvre vaut l'égoïsme du riche; *La Grenouille* (V, 23) qui s'est traînée sur le versant de la colline et y sèche, supplie les dieux de noyer plutôt le monde pour qu'elle ait de l'eau. Eh, la fille, retourne dans ton marais! Etes-vous sûrs, instituteurs-propagateurs-émancipateurs, que la populace que vous voulez instruire à grands frais, *à nos frais*, ne regrettera pas sa vase? M<sup>me</sup> de Maintenon regrettait bien la sienne! *Trahit sua quemque voluptas...* En tout cas, il est injuste de l'en retirer malgré elle; telles plantes dépérissent au jour qui prospèrent à l'ombre; d'autres végètent heureuses dans la demi-teinte, et l'héliotrope se tournera bien vers le soleil, sans vous. Ne contrariez donc pas la nature!

Je n'ai pas besoin de nommer les bons apôtres qui ont prêché que le règne des gueux ramènerait l'âge d'or; j'exhorte seulement ceux qui les approuvent à méditer cette fable [1].

## LE RUISSEAU

Près du ruisseau pleurait un pâtre
Robin-Mouton, perdu dans l'abîme profond
Du grand fleuve, coulant ample, fougueux, jaunâtre,
Tel, que seul le bélier qui franchit l'Hellespont,

---

1. Pour mes traductions en vers, assez nombreuses dans cette *Littérature*, je réclame l'indulgence du lecteur, le priant de considérer la difficulté.

Portant Phryxus, eût pu gagner l'adverse rive.
Du berger la peine plaintive,
D'un innocent mouton la déplorable mort,
Émurent le Ruisseau qui murmura plus fort,
Indigné qu'un fleuve puisse être,
Parce qu'il est puissant, si traître.
« Oui, voilà bien le cours du monde ! le méchant
Va tranchant
De l'important personnage,
Bousculant,
Insolent,
Les petits sur son passage !
Il fait rage ;
Coûte que coûte il ira
Où sa passion l'entraîne,
Et perdra
Sans remords ce qui le gêne,
Scélérat !...
Moi, plutôt que de mal faire,
Quels détours !
Je lave et roule la pierre
Et je cours
Aux fleurs et les désaltère ;
Mais je ne puis, ruisselet,
Faire au monde
Le bien, autant qu'il me plaît,
Plus complet
Si ma source était profonde,
Si, puisant
Au gouffre de la Nature,
D'aventure
J'étais né riche et puissant !
Fleuve immense,
J'aurais craint de faire mal,
Su garder ma transparence
De cristal,
Couler doux et charitable,
N'affliger
Ni la plaine ni l'étable,
Ni berger ! »

Ainsi parlait, ainsi pensait en conscience
Le Ruisseau. Cependant, sur le versant d'un mont,
        Un épais brouillard se condense,
        Devient nuage noir et fond
        Comme un déluge sur la terre,
        Cherchant sa pente. Le Ruisseau
        S'émeut; turbulent, téméraire,
        Il se démène comme un sot,
Puis comme un fou; mugit, déborde, écume, inonde.
        Fléau fatal, monstre qui gronde,
        Qui ne connaît ni droits ni lois...
Il noya le berger, les moutons, la bergère!
        Bref, en un seul jour de colère,
Il commit plus d'excès, fit pire en une fois
Que le Fleuve en vingt ans n'avait jamais su faire
        La moralité?
        Bon cœur, âme pure,
        Rêvant la droiture
        De l'Humanité,
        Le pauvre proteste,
        En Ruisseau modeste,
        De sa charité.
        Il le dit, le pense,
        Promet d'être doux...
        Mais voyez ses coups
        Quand vient l'abondance!

Aux pauvres qui envient les dignités, *le pompon*, Krylov dédie son *Ane décoré* (VIII, 3). Tant qu'il n'eut pas au cou la jolie clochette, il put impunément pousser une pointe dans le seigle, voire dans le potager, attraper quelque morceau de chou qui ne lui coûtait rien; maintenant il est décoré, se croit duc, et dès lors plus d'aubaine, que de coups. Le carillon prévient le maître et les voisins. A l'automne le baudet avait maigri de moitié. — Ainsi les coquins jouissent de mainte licence, tant qu'ils vivent modestes; *si quid deliquere, parci sciunt...* Avec un ordre au cou, le vol est moins facile. Krylov pensait du reste avec Montaigne que ces récompenses honorifiques étaient belle invention et « receue en la pluspart des polices du monde, « mais riait d'en voir payer « le danser, le voltiger et les plus vils offices. »

Vieille comme le monde est l'opinion à peu près générale que : si le gouvernement voulait, le gouvernement pourrait! Ἄναξ, ἔευρε μηχανήν τινα κακῶν! Πόριζε δή, πόριζε!... Krylov, plus sage, sait que devant les rois, comme devant les peuples, se dresse une certaine *Force des choses*, que personne n'a encore pu *museler*[1].

## ВЕЛЬМОЖА И ФИЛОСОФЪ (II, 3)

« Hélas, à contre-sens va ce que j'élabore !
J'ordonne pour le mieux, et tout finit à mal.
Je fonde un Institut : l'Ignorance y pérore ;
Et le fripon prévient le juge au tribunal !
    Au lieu du bien que je propose
Surgit nouvel abus... Quel remède à la chose ? »
— « Les abus supprimés ? Les humains assagis ? »
Dit un ministre au roi, — « Beau rêve, mais bonasse.
Avant le Bien, ce roi, vient le Mal, populace...
L'hôte n'a pas encor les clefs de son logis
Que déjà les grillons sont logés dans la place.

Que faire alors ? Travailler, espérer ; le labeur honnête est toujours récompensé, plus ou moins directement. Après tout, il est à lui-même sa récompense. Fuir la foule, fuir les coteries, dans lesquelles on aliène son indépendance, dans lesquelles on devient forcément dupe ou fripon. Krylov avait ri, avec toute l'Europe, des Français partis en guerre pour fonder la république parthénopéenne, la romaine, l'helvétique, la ligurienne, etc. pendant que Bonaparte leur confisquait leur république française ; il pensait que toutes les rues seraient propres si chacun se contentait de balayer

---

[1]. Comme le réclama textuellement un député français, en pleine Chambre.

modestement devant sa porte. A vouloir s'occuper du prochain, on s'attire plus de horions que de reconnaissance. Dévoue-toi, philanthrope, mais gare à ta peau ! Exemple :

### LE BERGER ET LE MOUSTIQUE (V, 9)

Le maître a dit : « Mon gars, veille sur le troupeau ! »
Puis le gars à Médor bâilla la même chose ;
Et de son propre père il étendit le veau
A l'ombre, platement ; petit somme repose
     Grand paresseux. N'osant bouger,
D'ailleurs appréciant la sieste autant que l'homme,
Médor, sans plus penser aux moutons, fit un somme ;
Et le troupeau paissait sans penser au berger.
Heureux gouvernement dont le peuple est docile !
Peuple heureux sous un roi dont le joug est léger !
Or, le Serpent guettait sa proie. Il rampe, affile
     Un dard mortel, et lâchement
Va déjà l'enfoncer... Ce voyant, le Moustique
S'indigne et veut sauver le dormeur, mais comment ?
Il le chatouille en vain ; le temps presse, il le pique...
L'homme est sur pied, hachant le traître qui se tord.
Mais, en portant la main sur sa face bouffie,
D'un geste machinal il avait tout d'abord
Écrasé le pauvret qui lui sauva la vie.

Parler net, avertir l'imprudent, est scabreux.
Vérité qui le sauve, et qui lui défigure
Le bout du nez, l'offense ; il punit la piqûre.
     La moralité saute aux yeux.

Krylov eut néanmoins le courage d'avertir l'aristocratie dans deux fables charmantes — même dans ma traduction, j'espère : *Les Oies* et *Le Grand Seigneur*.

## LES OIES

« Sale bête, attends voir !... » Longue perche à la main,
　　Un rustre ramenait une oie
　　A son rang, sur le droit chemin ;
Chef et troupeau dompté marchaient à leur destin,
Le rustre sans esprit, et les bêtes sans joie.
Certain air de famille allait d'elles à lui.
　　C'est jour de volaille aujourd'hui,
　　Jour où, pour vendre et faire emplette,
De bêtes et de gens la cohue est complète. —
On marche, on s'évertue ; et, si quelques traînards
Désertent, le bâton les rabat, sans égards.
Fin d'insurrection. La troupe rabrouée
Repart, avec éclat de trompette enrouée.
Un rustre est dans son droit ; une oie est dans son tort ;
La raison du bâton est toujours la plus sage ;
Mais l'escadron blanc geint des injures du sort,
Crie et claque du bec, dénonçant son butor
　　A quelque quidam de passage :
　　« Coquin ! Criminel endurci !
　　C'est nous qu'il tarabuste ainsi,
　　Nous qu'il bouscule, la canaille !
Qu'il ose conspuer comme inepte volaille !
　　La brute ignore apparemment
　　Quels sont nos aïeux, et comment
　　Au temps jadis, pour sauver Rome,
　　Ils ont marché comme un seul homme !
Sur le mont Capitole ils furent anoblis ;
Pour l'Oie, oiseau sacré, des honneurs établis !... »
— « Et vous les réclamez pour vous ? » — « Comme de juste !
　　Car nos ancêtres, race auguste... »
— « C'est dit. On sait l'histoire ; » interrompt le passant ;
« Mais quels sont vos exploits personnels ? » — « Nos ancêtres
　　Ont sauvé Rome... » — « En jacassant.
　　Soit ! Bons serviteurs de leurs maîtres

Ils furent mis au rang d'oiseaux divinisés ;
Vous, qui n'avez rien fait, serez mis à la broche. »

A qui ces vers sont adressés ?
Quel est ce troupeau ? Chut ! Garde, sage à l'excès,
La moralité dans ta poche.

La seconde fable qui semble inspirée par deux vers de La Fontaine :

Peu de grands sont nés bons dans le siècle où nous sommes ;
L'univers leur sait gré du mal qu'ils ne font pas...

ne fut publiée qu'après la mort du poète.

### LE GRAND SEIGNEUR

Damis partit. Ce fut un superbe départ ;
Rien n'y manquait, hormis l'épouse désolée.
A son aise il fut mis sur un lit de brocart ;
    Les cloches à toute volée
    Carillonnèrent ; sur son char
    Parents, amis, jetaient des roses,
Et pour le voir passer tout le peuple accourut.
    En deux mots, *id est* : il mourut.
Mais un grand seigneur fait pompeusement les choses.

Aux Champs-Élyséens régnait encor Pluton,
    Proserpine était encor reine ;
    Insensible au qu'en-dira-t-on
    Minos pesait l'espèce humaine.
Damis parut. — « Ton nom ? Ton âge ? Ton état ?...
    C'est juste. Passons. Ta patrie ? »
    — « La Perse ; et d'une satrapie
    Je fus longtemps le potentat.

Mais, aimant le travail bien moins que le bien-être,
Du pays je n'eus cure, il faut le reconnaître.
   Mon secrétaire s'en chargea. »
  — « Et, tandis qu'il veillait, son maître... »
  — « Son maître but, dormit, mangea. » —
  — « Va, goûte la paix éternelle ! »
Éaque et Rhadamante opinent du bonnet.
Mercure n'y tint plus : « Vous nous la baillez belle,
Dit-il, Maître Minos, avec un tel arrêt ! »
Minos sourit. « Mon cher, se jugeant sot, ce prince
S'abstint de gouverner lui-même sa province ;
Cette nullité même égalait un bienfait.
Ainsi que tes talons sa tête étant légère,
   Le mal qu'il n'a pas voulu faire
   Vaut tout le bien qu'il n'a pas fait. »

Évidemment. « On souhaite la paresse d'un méchant et le silence d'un sot » (CHAMFORT). Krylov écrivit cette fable à soixante-douze ans. C'est la même fraîcheur de talent qu'on admire dans les strophes adressées au duc de Bourgogne par La Fontaine septuagénaire aussi.

Krylov savait le français, l'allemand, l'italien, l'anglais ; à cinquante ans, il apprit le grec, seul, en cachette, et stupéfia Gnéditch. Il savait même davantage : il savait se taire. Quelque opinion absurde que soutînt son interlocuteur, il ne le contredisait jamais ; il appelle du reste (dans sa fable : *Alcide*) la dispute « *une bestiole qui devient grosse bête dès qu'on y touche.* » N'était-ce pas énergie plus qu'apathie ou politesse ? Aussi, à voir cette ténacité, suis-je induit à tenir ses manies pour affectées. Il faut parfois qu'un homme d'esprit sache faire la bête.

Krylov fut un ami sûr et reconnaissant ; il eut la modestie d'attribuer son succès à une heureuse coïncidence :

Sans toi, qui dirigeas sur ma muse paresseuse et insouciante les rayons de la générosité impériale, mon faible talent se fanait sans fleurs, sans fruits, et je mourais tout entier. (Vers adressés à Olénine en 1826.)

Il remercia l'impératrice Marie par son *Bluet*, fable touchante que ma traduction gâterait. — Aux bas-reliefs, représentant les animaux familiers des fabulistes, le touriste reconnaîtra dans le Jardin d'Été, à Saint-Pétersbourg, la statue de Krylov[1].

Cette *Force des choses*, que nous rappelions plus haut, protégea visiblement *Joukovski* (1783-1852) et nous admirons, après sa naissance, le progrès de son éducation. Trop bien doué, il perdait son temps à l'école primaire : on l'en expulsa pour *incapacité*. S'il est crétin, qu'il soit troupier ! pensa le tuteur, qui l'envoie au régiment où il arrive... en même temps qu'un décret de Paul Ier modifiant le recrutement des pupilles de l'armée. Retour. La mère le mène alors à Moscou dans un collège aristocratique, « à la tête duquel était le directeur », comme le note le biographe Ikornikov. Joukovski s'y distingua par ses dons littéraires, y devint président d'une petite *académie d'émulation* ayant séances semi-publiques avec discours et controverses rimées ou non et, comme tel, fit la connaissance de Karamzine et de Dmitriev. Ses succès scolaires lui méritèrent enfin la médaille d'or. De 1800-1812, douce existence au pays natal, vouée aux Muses ; il traduit le théâtre de Kotzebue, *Don Quichotte*, des Nouvelles allemandes, anglaises, françaises ; puis, en

---

[1]. Nommons au moins un des satellites de l'astre : *A. Ismaïlov*, fabuliste aimable, n'ayant d'autre ambition que d'amuser les écoliers. Son *Métromane* amuse même les magisters :

<pre>
        Si l'ivrogne fatalement
     Doit retourner à la bouteille,
Le versificateur subit même tourment.
Perdre la tête à boire ou la perdre, rimant, —
     Au fond, la folie est pareille, — etc.
</pre>

vers d'une rare souplesse[1], il vulgarise les ballades de Goethe et de Schiller, la *Lénore* de Bürger ; puis imite ce dernier, heureusement plutôt mal que bien, en ce sens que le nébuleux, le mystique et le sépulcral ne lui imprégnèrent que la peau, juste assez pour trouver le ton de son *Épître à l'empereur Alexandre*, après la campagne de France. Dès lors tout va sur des roulettes : présenté à la Cour, nommé lecteur de l'impératrice, plus tard (1826) précepteur du tsarévitch, Joukovski passe vingt-cinq années dans un rêve doré. Pourquoi l'interrompit-il en épousant, à cinquante-huit ans, une Allemande de dix-neuf ans? Une jeune femme et un grand âge, voilà ce qui trouble la tête d'un vieillard.

Les œuvres — je devrais dire : les traductions — de Joukovski (six forts volumes) parmi lesquelles je citerai encore l'*Iliade* et l'*Odyssée*, *Jeanne d'Arc* de Schiller, *Ondine* de La Motte-Fouqué, etc., sont remarquables par une aisance légère ; l'empreinte ressort ferme ou molle suivant l'original ; car Joukovski ne domine pas son modèle, il le subit ; il a l'âme subjective, comme devait lui dire s   beau-père Reutern. Au moral, il était le meilleur des hommes ; on peut dire qu'aucun littérateur contemporain n'échappa à ses bienfaits ; son intervention auprès du souverain fit grâcier Baratynski, Chevtchenko, sauva maintes fois Pouchkine et d'autres ; sa maison était hospitalière ; sa bourse ouverte à tous. Apprenant la mort d'une amie qui laissait trois orphelins, il donna 115,000 roubles (environ 260,000 francs). C'était agir en prince ou plutôt en pacha, dont il avait le type. « Assis sur un divan, dans sa robe de chambre orientale, les jambes croisées en tailleur ; fumant la chibouque à bout d'ambre, il ressemblait bien à un Turc. Front haut, profil droit, teint

---

[1].    Его стиховъ плѣнительная сладость
         Пройдетъ вѣковъ завистливую даль...

(Pouchkine).

C'est-à-dire : de ses vers la grâce captivante vaincra le temps, l'envie et la distance.

olivâtre, yeux vifs, voix de basse, langueur rêveuse... »
(A. Ikonnikov). Les signes concordent; et Pangloss n'eût pas
manqué de démontrer que l'assaut de Bender avait été un
bienfait; car, autrement, une jolie Turque n'eût pas été
emmenée captive, le vieux Bounine n'eût pas eu d'elle un
enfant, et le tsarévitch n'eût pas eu Joukovski pour précepteur;

par conséquent, ceux qui ont avancé que tout est bien ont dit une sottise; il fallait dire que tout est au mieux.

Le commerce d'esprits d'élite ayant aidé la nature, nous avons le plaisir de voir l'ancien admirateur de Bürger et de ses lunes, de Gray et de ses cimetières, grandir et finir en pur classique. Joukovski avait d'ailleurs fait son chef-d'œuvre en donnant à la Russie, à l'humanité, son élève, le tsar libérateur Alexandre II. Il est incontestable qu'il l'aida à *voir clair*, ce qui est toujours difficile, surtout à la Cour. La Révolution française, si même elle eût été plus sage, ne pouvait plaire aux monarques étrangers; elle donnait aux peuples une théorie menaçante et la manière de s'en servir; là-dessus, les réactionnaires clamèrent ou, suivant leur tempérament, insinuèrent que c'était la faute à la philosophie, laquelle éloigne de Dieu; à la littérature en général, laquelle éloigne du catéchisme; la faute à Voltaire. On se prit à douter que l'instruction fût un bien.

N'affaiblit-elle pas le cœur et la main? Ne corrompt-elle pas les mœurs? Par elle les esprits s'aigrissent, les royaumes périssent... D'autre part, pourquoi Dieu nous aurait-il donné la raison et la curiosité? etc.

et Krylov compare dans cette fable (V, 4) l'instruction à la perle qu'il est imprudent d'aller pêcher trop au large et trop au fond. Cherchez sur le rivage ou louvoyez sans le perdre de vue! — C'était un moyen terme, conciliant. Joseph de Maistre, consul de Sardaigne à Saint-Pétersbourg depuis

1803[1], conseille aux Russes de s'aveugler : « La science rend l'homme paresseux, inhabile aux affaires et aux grandes entreprises, disputeur, entêté de ses propres opinions et méprisant celles d'autrui, observateur critique du gouvernement, novateur par essence, contempteur de l'autorité et des dogmes nationaux. » Le militaire ne doit pas être instruit, car il deviendrait *casanier*. Pas d'histoire ! « car nul genre de littérature peut-être n'est plus infect. » Je comprends ; l'histoire remémore certaines choses sur lesquelles de Maistre souhaiterait passer l'éponge. « *Surtout pas de grec!* » Je comprends encore ; le génie lumineux de Périclès effarouche les choucas.

Les libéraux protestaient prudemment, demandant au moins le *statu quo*. Suivant leurs intérêts ou leurs passions, toutes les classes de la société donnaient, plus ou moins haut, leur opinion ; de sorte que, pour mieux avertir le gouvernement, tous l'abasourdissaient. En tout cas, ils ne le renseignaient guère.

> Peut-être on a raison ?... ou peut-être on a tort ?
> Si bien que le débat, complexe dès l'abord,
> S'embrouillait, s'empêtrait au fur et à mesure ;
> Tous les partis grippant à soi la couverture.
> — J'ai le meilleur onguent ! — Je suis le rebouteur !
> — J'ai le pur élixir ! — Moi, j'ai la panacée !
> — L'hydre de l'Anarchie est par moi terrassée !
> — Ah, ne l'écoute pas, grand roi ! C'est un menteur ! ..

Il était naturel que le gouvernement russe écoutât les défenseurs de l'autocratie. L'empereur Paul « considérant les funestes doctrines émises en royaumes étrangers » rétablit une censure rigoureuse, interdit la presse privée, l'importation des livres, les voyages hors frontière ; etc. Si l'ins-

---

1. En réalité, il était agent secret du Saint-Siège, et gagna loyalement ses gages, puisque le tsar le mit à la porte en 1817 — « pour s'être mêlé aux affaires de la Compagnie de Jésus plus qu'il ne convenait à sa qualité d'ambassadeur » (Henri LUTTEROTH, p. 91).

truction ne peut être supprimée, du moins sera-t-elle étroitement réglementée, et les Ordres religieux s'offrirent à ne filtrer qu'au profit de l'Empire la lumière mise sous le boisseau. Les Jésuites eux-mêmes qui, pendant deux siècles, ont lancé la Pologne contre la Russie, s'offrent alors à sauver la Russie! Avouons franchement que les Slaves orthodoxes avaient lieu de suspecter ce zèle. C'est pourquoi les Jésuites furent expulsés de Moscou et de Saint-Pétersbourg par le même empereur qui venait de signer le traité de la Sainte-Alliance[1]. D'autre part Alexandre déclara solennellement que cette Sainte-Alliance était « *une neutralité armée contre l'irréligion.* » Alors, pourquoi le pape refusa-t-il son adhésion à ce traité? Décidément, la politique est une science bien compliquée.

On sait par quels sifflets cette réaction fut accueillie en France, où Voltaire, foudroyé tant de fois, était moins mort que jamais. « Serons-nous capucins? ne le serons-nous pas? Voilà aujourd'hui la question. Nous disions hier : serons-nous les maîtres du monde? » (P.-L. COURIER.) Si excellentes que fussent les intentions d'Alexandre I<sup>er</sup>, elles n'eurent pas non plus en Russie les rieurs de leur côté. On riait sous cape, bien entendu! L'élite intellectuelle avait depuis longtemps son opinion arrêtée; l'armée russe composée, comme toutes les armées, d'intelligents et d'indifférents, avait pris Paris et trouvé les Parisiens moins noirs que leur réputation, et le dit au retour; l'Europe, béatifiée malgré elle, en vint à regretter le joug de Napoléon, et constata aigrement que les vaincus s'amusaient encore plus que les vainqueurs; elle se rappela que le cheval s'étant voulu venger du cerf, s'était fait sangler serré et brider court. Dès lors, les peuples, dupés une fois de plus, et cette fois justement, sont partout en lutte contre leur souverain; suspectés, traqués, emprisonnés, fusillés, pendus, ils expient leur gallophobie; tandis que les rois, dont la profession ne fut jamais moins en-

---

1. Henri LUTTEROTH, *passim* (Fischbacher, éditeur).

viable, méditent l'avertissement à eux donné par Gœthe :
« Ceux qui attaquent mal à propos des idées nouvelles remuent des charbons ardents, lesquels, déplacés, mettent le feu à des endroits où il n'eût pas pris ».

Toutes proportions gardées, la Russie connut chez elle cette lutte des libéraux et des réactionnaires. Les écrivains menacés se serrèrent les coudes et s'encouragèrent; Dmitriev aide Krylov, Karamzine aide Joukovski, qui aide Pouchkine; etc. Ils savent que le siècle travaille pour eux; que la raideur du gouvernement le lassera lui-même. Si hargneuse soit la police, il lui faut cependant prendre le temps de se moucher! Vivement la littérature profite de ce répit, risque un article, une traduction, une vérité cachée dans un roman banal; au moindre grognement de la Censure, elle lui jette en pâture des poésies pleurardes, des descriptions champêtres, d'interminables méditations sur la vertu, sur le Vendredi saint...

*Melle soporatam et medicatis frugibus offam*
*Objicit*

et l'assoupit; elle se présente *propugnatrice* de la belle antiquité et veut la sauver de la profanation! (Ce fut le rôle de *Batiouchkov*, 1787-1855, gentil poète, émule de Parny et qui ne savait pas mieux le grec qu'un bachelier français.) Araktchéiev, le terrible ministre, peut-il suspecter les traducteurs d'idylles? Elle fonde des sociétés aux allures plus mondaines que littéraires (*Arzamas*, par ex.), véritable état-major qui recrute les bons esprits et leur enseigne la tactique; elle fonde des revues qui soutiennent bruyamment l'autorité, et la dérident doucettement; puis, profitant d'un gai rayon de soleil, du moindre sourire d'indulgence, elle cueille tel ou tel fruit défendu. Un beau jour, la muse de Pouchkine escamotera la clef du jardin — « la plus neuve de toutes, Monsieur Figaro!... » et dans ce duel de la ruse et de la force la Littérature dupera son geôlier, comme Rosine se joue de Bartholo.

# XIII

## POUCHKINE. — GRIBOIÉDOV

Quel Français n'aimerait Pouchkine, qui s'est imprégné de notre esprit, qui nous présente successivement, suivant l'évolution de son génie, les plus séduisantes qualités de nos grands écrivains? Ses œuvres sont un jardin où nous retrouvons les fleurs dont s'enorgueillit notre climat, si fraîches, si ingénieusement disposées qu'on les tient pour indigènes, pour croissance spontanée, et que tout semble création. Si la littérature française disparaissait dans quelque cataclysme, les écrits de Pouchkine en transmettraient à la postérité une sensation précise, le ressouvenir fidèle. Il a l'entrain, la joie de vivre; à cœur triste, esprit gai. Il *secoue* ses amis, les réveille :

> Allons, mouchez-vous et bénissez Dieu!
> Le monde présent vaut le monde antique :
> Beaucoup de savants, de sages très peu,
> Masse de cousins, mais d'amis... bernique!

Il garde son franc-parler même devant les gens de cour; — « il s'anime, se monte, est intarissable et toujours imprévu et original[1] ». Et cette libre allure racheta souvent son imprudence, la Censure s'habituant à le traiter comme un enfant gâté, incorrigible. Ses boutades, voire ses extravagances, rapprochent encore de nous celui que ses camarades avaient surnommé le Français; et je dirai de lui ce qu'il a dit lui-même d'Henri IV :

---

1. Lettres d'Alex. Smirnova, publiées par le Сѣверный Вѣстникъ (mai 1893).

J'excuse les faiblesses, quand un homme laisse quelque chose à son pays.

Aussi mon regret de me borner à une rapide esquisse n'est adouci que par le plaisir de louer un si charmant poète.

Alexandre Sergéiévitch Pouchkine est né à Moscou, le 26 mai 1799. Jusqu'à sept ans, le plus grand poète russe passa pour un crétin; soit que le sang africain infus si brusquement à la race moscovite eût en lui déconcerté la nature, soit que l'enfant eût dérouté sa famille. Celle-ci, mécontente, l'abandonna aux soins d'une nourrice, Arina Rodionovna, dont la tendresse est inoubliable; elle aima son pupille, le choya, le consola, lui fut dévouée jusqu'à la mort et, dans des vers reconnaissants, fut immortalisée. Il semble que, à un certain degré, la bonté d'âme devienne une seconde vue, une intuition merveilleuse. A sept ans, la nature s'est décidée; la fusion est faite et fermente tapageusement. Sacha (abrév. d'Alexandre), jadis calme comme une borne, se démène comme un diablotin; si bien que ses parents, à bout de patience, allaient l'interner chez les Jésuites, réputés, en Russie comme ailleurs, pédagogues intrépides, lorsque s'ouvrit le lycée de Tsarskoïé-Sélo (1811). Trente élèves seulement étaient admis, qui devaient marcher militairement, *à la Napoléon*; mais la bonhomie slave reprit vite le dessus; entre ces jeunes aristocrates et leurs maîtres se noua une aimable intimité; tout se passait en famille; écoutait, travaillait qui voulait. Pouchkine passa là « six années dorées », ayant trouvé une société d'élite, l'air, l'espace, le temps de penser et de lire à son goût.

> Ces enfants gâtés de l'Amour,
>     Parny, Grécourt,
> Riaient, tapis dans ma cachette;
> Les soirs d'hiver, ces polissons
> Me chuchotaient dans leurs chansons...
>     Landerirette!

Ses premiers essais reflètent ces lectures, peu édifiantes, dira-t-on.

« Réponds-leur qu'ils ont tort. Veulent-ils bannir de la poésie le léger, le badin? Alors la satire, la comédie ne sauront plus où se fourrer! Faut-il donc brûler *Vert-Vert*, *Roland furieux*, *Reinecke Fuchs*, la *Pucelle*?... » (*Lettre à Ryléiev*, 25 janv. 1825.)

Diplômé (avec la note *Médiocre* pour la langue russe), le jeune homme prit au ministère des Affaires étrangères un emploi peu lucratif mais purement nominal et, encouragé par Joukovski et Karamzine, publia en 1820 le poème *Rouslan et Lioudmila*, dont le succès fut inouï. Ce conte enfantin, mais narré avec une aisance, un laisser-aller qui stupéfièrent (rappelez-vous *Mardoche* de Musset) — troubla le Parnasse. L'enfant terrible cassait les vieux meubles. « La langue neuve et les quelques idées nouvelles introduites dans la littérature russe semblèrent en ce temps-là tellement anormales qu'elles provoquèrent, à côté de l'enthousiasme, l'indignation » (Vodovozov, 113).

> Scandale! Fallait-il qu'à mon tour je parusse
>     Pour effaroucher les lettrés!
> Mes vers, affirment-ils, ne sentent pas le russe;
> La Censure, hochant la tête, dit : « C'est très!... »
>     Très... quoi? J'écris comme je pense,
>     J'écris le moins mal que je peux,
> Et j'empêche du moins, la servant de mon mieux,
> Ma Muse de crever, à vingt ans, d'abstinence.

La police s'émut (!), proposa la Sibérie, la prison... On choisit le transfert dans le sud, à Iékatérinoslav. La province était l'exil pour un jeune homme mondain, joueur, pour lequel la nature n'est qu'un décor quand elle est belle, une caisse d'épargne quand il est endetté; et qui l'avoue : « La solitude est une chose très bête, n'en déplaise aux philosophes et aux poètes qui font semblant d'adorer la vie rurale!

> Heureux qui, dans le bruit des villes,
> Sait rêver de l'isolement
> Et goûter — de loin seulement —
> Le charme des vallons tranquilles !
> Le jardinet, le ruisselet
> — Car le petit ruisseau ruisselle —
> Le ravissent ; même il se plaît
> Aux moutons, à la pastourelle.
> Je dis : Avec des amis vrais,
> Heureux qui fait le soir la fête,
> Et raille en russe, en style honnête,
> Nos Slaves, masques ou portraits !
> Aller vivre aux champs ? Rien ne presse.
> Le bruit des villes a du bon ;
> Mieux qu'en imagination
> On embrasse en vrai sa maîtresse. »

Aussi arriva-t-il maussade, malade. Par chance, son nouveau directeur, Inzov, est un brave homme ; et, comme un bonheur ne vient jamais seul, une famille amie, les Raïevski, en route pour le Caucase, l'emmène ; de là, en Crimée, à Ioursouv, et le poète, soudain guéri, voit et comprend la nature.

> J'en jouis avec l'abandon d'un lazzarone ; je me baigne dans la mer, je couche à la belle étoile, je hume le vent...

Les paysages pittoresques, les versants couverts de villas, les excursions en montagne (le Aiou-dagh a 600 mètres), la population bariolée, lui révèlent un monde nouveau ; enfin Byron, Shakespeare et les demoiselles Raïevski achèvent de l'égayer.

Nous le retrouvons en Bessarabie, nouveau poste de Inzov ; mais sa biographie n'est pas édifiante. A Kichinev grouillait un ramas de races indécises, au milieu desquelles Pouchkine, dans une tenue extravagante, mène « la vie de bohème », joue, se querelle, épuise l'indulgence de son chef. N'a-t-il pas eu

l'idée, rencontrant une horde nomade, de se faire tzigane!...
En 1823, la préfecture est transportée à Odessa, et le nouveau préfet, Vorontsov, est un tyran qui exige de ses employés assiduité, décence, hélas! Pouchkine essaie de se dédier à bonnes mœurs, et son chef essaie de l'encourager par une mission de confiance, une enquête sur une invasion de sauterelles. Vous comprenez? Rapport... Éloge et envoi du rapport au ministre... Avancement, croix peut-être au rapporteur... Eh bien, voici le fruit des travaux et les résultats de l'enquête :

> Monsieur! L'infect peuple des sauterelles
>     S'en est venu,
> Puis a bâfré; si, que le sol sous elles
>     Est nu, nu, nu !

Une lettre plaisantant la Bible est détournée à la poste, aggrave le scandale, et voilà l'auteur « mis en surveillance. » Or, dans cette existence turbulente, il avait appris l'anglais, l'italien, et composé deux volumes de poésies (*Les Bohémiens; Le prisonnier du Caucase*, etc.) que revendiquèrent, détail piquant, à la fois romantiques et classiques. Le poète savait en effet extraire du fatras romantique les quelques éléments vrais, humains; son goût délicat triait, éliminait; et, vu le point de départ, vu le point d'arrivée, les deux partis le réclamaient. Mais il avait déclaré préférer Gœthe à la Bible; d'où, deux ans d'arrêts aux champs, dans sa famille affolée par la disgrâce impériale, espionné, catéchisé. (Littéralement. Un moine reçut l'ordre de visiter le coupable à jour fixe, et de droguer sa conscience). On devine l'humeur du poète mis en cage, regrettant le sud joyeux!

> Si le ciel était pur, je pleurerais de rage; mais, Dieu merci, le ciel est grisâtre, et notre lune a l'air d'une citrouille. Ma seule société est une vieille voisine dont j'écoute les histoires patriarcales. (*Lettre à la princesse Viazemska.*)

Dans les soirs lugubres de l'hiver, on le voit s'arrêtant d'écrire pour se réchauffer l'âme auprès de sa dévouée Arina :

    Bourrasque de neige et rage du vent !
    C'est l'hiver avec sa blanche tempête,
    Qui tantôt rugit comme fait la bête
    Et parfois gémit comme fait l'enfant ;
    Qui brutalement s'engouffre et pénètre
    Par les trous du toit demi-lézardé,
    Ou timidement cogne à la fenêtre
    Ainsi que peut faire un pauvre attardé.

    Il fait triste et sombre en cette masure
    Qui grelotte au froid et ne tient pas trop ;
    Et toi même aussi fais triste figure,
    Ma vieille servante, et tu ne dis mot.
    Est-ce l'ouragan qui t'abat, ma bonne,
    Les grandes clameurs des bises du Nord ?
    Ou de tes fuseaux le bruit monotone,
    Ronron régulier qui berce et t'endort ?

    Viens boire avec moi, viens, ma bonne vieille,
    Qui m'as su, petit, choyer, protéger !
    Buvons en jasant toute la bouteille,
    On se sentira le cœur plus léger.
    Redis-moi, tu sais, comment une reine
    Se piqua le doigt au fuseau fatal ;
    Comme Cendrillon eut une marraine
    Qui la conduisit, ravissante, au bal...

    Bourrasque de neige et rage du vent !
    C'est l'hiver avec sa blanche tempête,
    Qui tantôt rugit comme fait la bête,
    Et tantôt gémit comme fait l'enfant.
    Viens boire avec moi, viens, ma bonne vieille,
    Qui m'as su, petit, choyer, protéger !
    Buvons en jasant toute la bouteille,
    On se sentira le cœur plus léger !

Sa chaîne l'exaspère au point qu'il souffre d'être russe, qu'il voudrait fuir n'importe où, pour respirer librement. Il supplie un ami de l'emmener, déguisé en domestique; il feint une maladie grave, pour consulter un médecin célèbre, à Derpt, d'où il gagnerait la frontière; etc. Le gouvernement refuse toute autorisation.

Toi, qui n'es pas bridé, comment peux-tu rester en Russie ? Si le tsar me donne congé, je n'y reste pas un mois. Quand je pense à Londres et à son industrie, à Paris et à ses plaisirs, je dessèche de rage dans mon morne Mikhaïlovskoïe... Un jour tu demanderas : « Où donc est mon poète ? Il paraissait bien doué ? » Et l'on te répondra : « Filé sur Paris, mon cher, et disposé à ne jamais revenir dans cette satanée Russie ! » (*Lettre au prince Viazemski*, juin 1826.)

Plus tard (1830) il supplie de nouveau le ministre Bekkendorf :

Puisque je ne suis ni marié ni en service, laissez-moi voyager en France ou en Italie ; ou, si cela m'est interdit, laissez-moi, de grâce, partir en Chine avec la mission y déléguée !

Quand mourut Alexandre Ier (mort bien brusque ! bien inopinée !), Pouchkine ne dut qu'à Joukovski et au baron Delvig de n'être pas impliqué dans le complot du 14 décembre. Il avoue à Viazemski avoir été en correspondance avec la plupart des conjurés.

Ceux qui sont pendus restent pendus ; mais cent vingt amis ou camarades aux travaux forcés, c'est affreux !

(1) Un ami sûr. Pouchkine écrivit cet impromptu sur un de ses portraits :

A son favori le Bonheur
Ayant donné ce que plus on admire,
La richesse, un grand nom, une épée, une lyre,
Et mis la bonté dans le cœur, —
Ajouta, gracieuse erreur,
La malice dans le sourire.

Nicolas le gracia à Moscou, le jour du couronnement, lui permit même d'aller à Saint-Pétersbourg, s'il prévenait par lettre la police ; enfin, d'écrire « des poèmes utiles à la patrie », mais lui défendit de rien imprimer sans son autorisation. Cela s'appelle chanter dans les griffes du chat! Pouchkine personnifiait alors, aux yeux de la Russie pensante, le génie captif et la liberté déniée ; mais cet honneur et la gloire littéraire ne peuvent le dédommager. Il se décourage, parle de suicide ; il assombrit la doléance qu'il avait écrite un jour à Delvig :

>Oui, tout passe, hélas! et tout s'use!
>A la gloire, idole d'un jour,
>J'ai dit adieu, même à la muse,
>Et ne veux plus faire ma cour.
>Mais je vous aime, ô mes poètes,
>Vos jeux, votre monde enchanté !
>Votre rire fait ma gaîté
>Et vos succès me sont des fêtes.
>A vos feux, jeunes gens, allez, je compatis !
>Comme se plaît la vieille femme,
>Fringante et fougueuse jadis,
>Qui rapproche aujourd'hui les amants (la bonne âme !)
>Et leur fournit sous main la clef du Paradis.

Puis une même demande revient comme un refrain : « Écrivez-moi! »

Écrivez-moi n'importe quoi. Sans vos lettres je m'abêtis ; c'est malsain, même pour un poète.

Que faire? Se marier? Justement il entendit vanter les succès mondains de Nathalie Gontcharova, qu'il avait connue jouvencelle ; il revint à Moscou, devint le prétendant préféré, puis le mari (1831). Voici, à propos de son mariage, deux lettres qui intéresseront les célibataires et les autres.

**Première lettre**, à Viazemski, 1826 :

Est-il vrai que Baratynski se marie? Je crains pour sa raison. Une femme légitime est un tiède bonnet à oreillettes; la tête entière y disparaît. Mettons que toi-même fasses exception! N'importe, je suis persuadé que tu serais dix fois plus intelligent si tu étais resté dix ans de plus célibataire. Le mariage glace l'âme. Adieu! Écris.

**Deuxième lettre**, à Krivtsov, 1831.

Je suis marié ou à peu près. Tout ce que tu pourrais me dire en faveur du célibat et contre le mariage, je l'ai ruminé. J'ai pesé de sang-froid les avantages et les désavantages de l'état que je choisis. Ma jeunesse s'est passée dans le bruit, sans profit. Jusqu'à présent, j'ai vécu autrement qu'on ne vit d'ordinaire, et n'ai pas trouvé le bonheur. Il n'est de bonheur que dans les voies communes.

Ma foi, je le crois aussi. Mariez-vous! La famille alliée vous aidera. Prends la main de ma fille, je te prêterai mon bras. A charge de revanche. On se fait réciproquement la courte échelle. La belle-mère ennuie le gendre, mais le beau-père le pousse. Alliez-vous, mariez-vous! Dans la société moderne, comme dans les pépinières bien tenues, les *sujets* ont besoin, pour prospérer, d'être greffés. L'isolé sèche.

Pouchkine prévint donc la police, revint à Saint-Pétersbourg, et loua une villa à Tsarskoïé-Sélo, voisinant avec Joukovski. Sa fameuse pièce : *Aux calomniateurs de la Russie*, lui rouvrit le ministère des Affaires étrangères; mais cette réintégration et un traitement de 5,000 roubles l'*attachèrent* plus que jamais. Ses admirateurs mêmes parlèrent de « patriotisme officiel; » et quand l'empereur, mal inspiré, le nomma chambellan, ils parlèrent de courtisanerie. —

L'étiquette, la livrée, les bavardages niais à moi, barbe grise! J'aimerais mieux être fouetté en place publique!

C'était une situation fausse, donc douloureuse. A la Cour,

parmi les seigneurs, le poète ne pouvait être que le premier ou le dernier.

La noblesse, Dangeau, n'est pas une chimère !...

Le poète se sentit traité comme un pianiste à la mode, que *ces dames* admettent à l'honneur de les amuser; elles jacassent pendant qu'il joue, applaudissent du bout des doigts quand il a joué, puis l'engagent, par leur expressive indifférence, à retourner garder ses musiciens allemands. Ajoutez à cette vie mondaine, ruineuse, une lutte incessante avec la Censure :

Je suis exaspéré. Vivre est sans doute une agréable habitude ; mais la vie renferme une amertume écœurante. Le monde est un marécage infect. (*Lettre à M<sup>me</sup> Osipova.*)

L'infortuné fut enfin victime d'une odieuse machination : ses envieux exploitèrent, pour provoquer un duel, l'assiduité très innocente d'un officier de la Garde auprès de sa femme. Ce prétendu séducteur (Georges Dantès, baron légitimiste, émigré français) ayant affirmé sa loyauté, ayant, pour mieux l'attester, épousé la propre belle-sœur de Pouchkine, on raviva, envenima le malentendu au moyen de lettres anonymes! Et, le 29 janvier 1837, le poète, frappé d'une balle, expirait dans le plein épanouissement de son génie. L'émoi fut tel à Saint-Pétersbourg que l'on craignit des troubles. Le tsar paya les quelques dettes du défunt, pensionna la veuve et les deux enfants, donna 150,000 francs pour une impression des œuvres complètes, et prit ainsi dignement part au deuil national.

Le mérite de Pouchkine est d'avoir vu et jugé la réalité à distance, sans se tacher les doigts. Dans le tohu-bohu romantique, il a nettement discerné les quelques vérités éparses, les quelques thèmes neufs, et s'est détourné, sans hésitation, des paradoxes, des grimaces, des miévreries. Son goût l'a préservé des exagérations qui ont si souvent défiguré le génie de V. Hugo. Son esthétique est celle de Gœthe, dont il a la sérénité; de là vient que leurs créations sont vivantes et cependant sont idéales; que la moindre piécette est objective, fait tableau.

> Devant l'Espagnole tous deux,
> Cavaliers de haute naissance,
> Avec amoureuse arrogance
> Plongent leurs regards dans ses yeux.
> Ils sont égaux tous deux en charmes,
> Leur amour est aussi brûlant,
> Et du même geste insolent
> Ces jaloux caressent leurs armes.
> Elle est plus chère que le jour
> A tous deux, comme l'honneur même;
> Mais la jeune fille, à son tour,
> Quel est enfin celui qu'elle aime?
> « Décide et dis quel est l'heureux!... »
> Chacun espère et chacun tremble;
> Et les ardents rivaux ensemble
> Plongent leurs regards dans ses yeux.

L'adage *Ut pictura poesis* a-t-il jamais été plus vrai? Ne croit-on pas voir une toile de Vélasquez? Certes, je n'oppose pas Pouchkine à Gœthe, ce colosse, ce demi-dieu; mais comme *artiste* il l'égale. Puis si humain!

> Vivant de notre vie, étant ce que nous sommes —

dédaignant le masque transparent de l'hypocrisie, ce qui précisément scandalisait les automates officiels, les poupées mondaines; passionné jusqu'à jouer et perdre ses manuscrits; railleur comme un merle, jusqu'à rendre à Oronte qui le consultait sur son sonnet, ses vers ainsi annotés:

## BIOGRAPHIE D'UN POÈME

La rime lui vient en tête,
    Bête ;
Il griffonne et le couplet
    Plaît
A l'auteur, qui vous invite
    Vite
A goûter l'échantillon
    Long.
C'est, en style ridicule,
    Fort !
Et, fu, voilà l'opuscule
    Mort.

Sceptique, parce que clairvoyant ; bon vivant, épicurien comme Horace, goûtant le falerne non moins que le cécube, aimant Lydie non moins que Chloé ; mais franc, ferme et brave. Dans le silence qui suivit la répression de 1825, la Russie entendit son poète saluer les forçats de Sibérie :

Courage ! L'heure désirée viendra. Vos généreuses pensées ne sont point perdues ; l'amitié se frayera un chemin jusqu'à vous, comme ma voix libre s'est frayé passage. Vos chaînes tomberont, les geôles crouleront, et vos frères vous rendront votre épée !

Il s'exposait à les aller rejoindre. De là, je crois, la popularité de Pouchkine, aimé même du menu peuple qui lit peu ou point. Car, en fait, sa poésie est la plus aristocratique qu'on puisse imaginer ; elle affiche même pour la foule le plus superbe dédain.

D'une main pure et innocente j'ai semé la liberté .. mais j'ai perdu mon temps, ma peine. Paissez, peuples débonnaires ! Ce n'est pas le cri de l'honneur qui vous secouera. A du bétail les dons de la liberté ? A quoi bon ? Qu'on le tonde et qu'on l'abatte ! Son héritage de race en race : le joug, des hochets et le fouet.

*Specie libertatis insanit*, disait Quintilien. A preuve encore cet altier sonnet que — « tout écrivain qui débute devrait apprendre par cœur et garder dans sa mémoire comme un commandement de Dieu » (TOURGUÉNIEV).

    Indifférent à l'humeur populaire,
Aux éloges d'un jour, honte du lendemain,
Aux jugements des sots, aux rires en arrière,
    Va droit, poète, et passe ton chemin!

    Vis seul, en roi, dans ta majesté fière
Et que ta volonté domine ton destin!
Va, prodigue les fruits dorés, — au genre humain
    Ne demandant ni merci ni salaire.

    La récompense est dans ton cœur.
    C'est toi le rigide censeur
    Qui s'absout lui-même ou s'accuse.

    Chante, prie! Offre au Ciel l'encens!
    Les fous se heurtent impuissants
    A l'autel où sourit ta Muse.

Comparer la prose de Pouchkine à celle de Voltaire s'appelle louer les deux écrivains ; ce sont néanmoins les pages célèbres de Mérimée (*L'enlèvement de la redoute*, par exemple) qui la reflètent le mieux. Mérimée nous vanta du reste un des premiers ces *Nouvelles russes*, concises et brillantes : *Le coup de feu*; — *Surpris par la neige*; — *La dame de pique*, etc. Comme je ne puis tout citer, je donnerai seulement le sujet de *Doubrovski* (en prose, écrit en 1832) lequel, par son étrangeté même, fournit des arguments à la théorie littéraire : peu importe le fond, si la forme est belle.

Deux amis, Troïékourov et Doubrovski, se brouillent à propos d'un chenil. D'honnêtes courtiers alimentent la haine, si bien que le plus riche, achetant les juges, dépouille le plus pauvre de son héritage. Le jeune Doubrovski, officier de la Garde, arrive pour assister à la ruine, au désespoir, à la mort de son père. Il voit les sbires s'enivrer dans sa maison, l'expulser lui-même... Exaspéré, il brûle elle et eux, et devient, chef de brigands, la terreur du pays. — Pendant ce temps Trofékourov continuait à édifier chacun par son genre de vie. « En dépit de ses forces physiques, il crevait d'indigestion deux fois par semaine, et flottait chaque soir entre deux vins. » Passant du chenil au harem, le sire entretenait une vingtaine de femmes disciplinées et enfermées, et toute fille accorte lui passait par les mains. Entouré naturellement de la considération générale Cyrille Pétrovitch prospérait. Il a mandé un précepteur pour un de ses fils naturels ; ce précepteur français se morfond à un relais de poste, quand un bel officier l'aborde, le questionne, apprend où il va et lui dit : « Vous me donnez vos papiers, vous prenez ces 25,000 francs, me jurez le secret et repartez immédiatement pour Paris. » Le Français ne demandait pas mieux ; et, marché fait, Doubrovski entre comme précepteur dans la maison de l'ogre.

Il va venger son père? Non. Terrifier son ennemi par des menaces? Non. Il fait au piano chanter la demoiselle! Il l'aime, il en est aimé malgré l'écart des positions, bref, lui demande, *par écrit*, un rendez-vous dans le parc pour lui avouer qui il est. — « Mademoiselle, je suis Doubrovski. — Ah! — Ne craignez rien. Votre vue a chassé ma haine. J'ai compris que la maison où vous habitiez était un sanctuaire!... Si jamais vous aviez besoin d'aide, promettez d'avoir recours à moi... Prenez cette bague. Au moment du péril, déposez-la dans le creux de ce chêne et *j'apparaîtrai!* »

Scribe, l'heureux librettiste, n'a rien écrit de plus naïf. — Le péril prévu menace sous forme d'un prince quinquagénaire ; en vain Marie supplie son père de détourner ce calice ; en vain elle invoque la loyauté du prétendant ; celui-ci aime la chair fraîche et ne lâche pas sa proie. Marie sanglote : Eh bien, plutôt vivre femme d'un brigand! Et la bague est déposée dans le creux du chêne.

Le pope a officié. Marie, pâle comme une morte, attend son sauveur. La calèche l'emporte chez l'époux odieux... Hélas ! Doubrovski l'a-t-il oubliée ?... Soudain les chevaux s'arrêtent ; le cliquetis des sabres retentit ; et une voix chère prononce ses paroles : *Vous êtes libre!* — Eh bien, qu'arrive-t-il ? Il arrive que, sauvée sur sa prière, Marie envoie promener son sauveur. Elle a changé d'avis. « Non, je ne veux pas être libre ! Le pope m'a bénie dans l'église. Laissez-moi ! » C'est bien fait pour ce brigand ridicule. Quelque métier que vous choisissiez, exercez-le consciencieusement ; tandis que Doubrovski, terrible vengeur des mânes paternels, ne venge rien du tout, et se borne, en résumé, à brûler sa maison, à couper quelques bourses, et à faire chanter une péronnelle. J'oubliais ! Il a, comme précepteur, appris au petit Alexandre à ne pas manger avec ses doigts, et tué d'un coup de pistolet un ours... captif.

Le dernier chapitre est un des plus vraisemblables : Doubrovski bat, avec ses quelques compagnons dépenaillés, cent cinquante hommes de troupe régulière, puis dit adieu à ses gens, et passe tranquillement la frontière ! C'est du Scribe.

Soit dit pour la justification de l'auteur que la Censure avait exigé des coupures, des retouches, un dénoûment moral, etc., qui défigurèrent évidemment le plan primitif.

Revenons aux poèmes. Dans *Poltava* (1828, à la même date que *Mazeppa* de V. Hugo) Pouchkine a derechef racheté l'odieux du sujet par le talent poétique. — Kotchoubei était fier de sa richesse, mais surtout fier de sa fille qui était bien la plus ceci, la plus cela qui fût en Ukraine. Rebelle aux prétendants jeunes et beaux, Marie s'enfuit sans pudeur, sans remords, de la maison paternelle et court les champs avec l'hetman Mazeppa, vieux barbon. Vengeance ! Dieu, qui punit les coupables, ne tardera pas à punir... le père. Au temps de leur amitié, Mazeppa n'avait pas caché à Kotchoubei ses projets de défection ; Kotchoubei, loyal sujet, avertit le tsar qui croit l'avis calomnieux et, confiant en l'hetman, lui livre son ennemi. Et tandis que Marie dort avec délices, les lèvres mi-closes, son père est torturé et, dans quelques heures, sera décapité. Sa mère la réveille, lui apprend l'horrible vérité : « Sauve au moins ton père!... L'hetman ne te refusera pas, lui, pour qui tu as oublié l'honneur, la famille et Dieu! » L'exécution a lieu; le père a la tête tranchée, comme de juste, ainsi que son fidèle Ikra, coupable d'avoir aimé Marie, et d'avoir obéi à son maître; la mère mendie à l'exil, et Marie disparaît.

D'après une tradition, que rapportent Pouchkine et Voltaire, Mazeppa aurait été maltraité par Pierre le Grand sous les murs d'Azov ; sa trahison serait venue moins d'un rêve ambitieux que d'une rancune. On peut douter d'une grande partie de ce que raconte l'histoire, et l'on ne fait pas tant de bruit pour trois poils de barbe arrachés dans une turbulente ivresse. Je remarque, parmi les principaux agents de la défection du Cosaque, la princesse Doulska, un archevêque bulgare, qui faisait, déguisé en mendiant, le voyage de Pologne en Ukraine et *vice versa*, et le Jésuite Zalenski. Ces saintes gens se dévouaient ainsi pour venger l'offense faite à la barbe de Mazeppa? Croyez-vous?

Quoi qu'il en soit, Mazeppa passa aux Suédois « plutôt comme un fugitif que comme un allié puissant. Les Moscovites avaient découvert et prévenu ses desseins; ses principaux amis, pris les armes à la main, avaient péri au nombre de trente par le supplice de la roue » (VOLTAIRE). Pouchkine suppose qu'après la bataille de Poltava les fuyards s'arrêtèrent près de Dikanka, propriété de Kotchoubei.

Pourquoi Mazeppa a-t-il frémi? Cette ferme déserte, ce jardin abandonné, la porte ouverte sur les champs, ont-ils rappelé en lui une histoire oubliée? Meurtrier de la sainte innocence, as-tu reconnu cette demeure heureuse? Cette maison où, près d'une famille joyeuse, tu buvais le vin de la gaîté? L'asile où habitait cet ange? Le jardin d'où, pendant la nuit sombre, tu l'enlevas dans la steppe?

Marie, traînant dans ces ruines une vie misérable, se présente soudain à son amant; elle est devenue folle et ses propos le terrifient.

Mazeppa mourut à Bender en 1709, à soixante-dix ans. C'est un bel âge, et Dieu lui donna tout le temps nécessaire pour regretter ses méfaits. Grâce à Pouchkine, à Hugo, à Byron, etc., ce vieux scélérat est plus fameux que jamais ne le sera un bienfaiteur de l'humanité.

*L'Ondine* (1832; mise avec succès en opéra par Dargomijski).

> Meunier, tu dors, ton moulin va trop vite!
> Meunier, tu dors, ton moulin va trop fort!

Et ta fille n'est pas surveillée. Or, la vertu des filles est, comme le mot qui leur démange la langue, preste à partir. *Et semel emissum volat irrevocabile...* Le mal est fait; et le pis du destin est que le galant — un prince, car les meunières sont ambitieuses — las de cette amourette, fait un mariage de raison. Des bijoux, une bourse d'or, compensent-ils l'affreuse trahison? Que deviendra l'enfant qui va naître?

Infortunée, ne fût-ce que pour lui, prends soin de toi! Je n'abandonnerai ni toi ni ton enfant. A l'occasion, peut-être, je viendrai moi-même vous voir. Du courage! console-toi. Viens, que je t'embrasse pour la dernière fois!... (En s'éloignant.) Ouf! c'est fini. J'ai l'âme plus légère. Je m'attendais à un orage; mais tout s'est réglé en douceur.

La délaissée se noie dans le Dnièpr; son père devient fou de douleur; et le séducteur n'est pas heureux en ménage. Une force mystérieuse l'attire vers le fleuve; pour rêver sur la rive, il renvoie ses piqueurs. Un beau jour il ne reviendra plus.

Écoute, fillette, maintenant je compte sur toi. Sur notre rive un homme aujourd'hui viendra. Guette-le et sors à sa rencontre. C'est un parent, c'est... ton père. — Celui qui t'a quittée pour se marier à cette femme? — Lui-même. Séduis-le, espiègle et câline : raconte-lui ce que tu sais par moi sur moi-même et sur ta naissance. Et s'il demande : l'ai-je oublié ou non ? dis-lui que je me souviens, que je l'aime et que je l'attends. Tu m'as comprise? — Oh oui! — Va vite. (Seule.) Depuis l'heure où, fille dédaignée, désespérée, je me jetai à l'eau et repris mes sens dans le Dniépr profond, ondine froide et puissante, huit longues années passèrent ; et chaque jour je pense à la vengeance. Mais cette fois, me semble l'heure, est venue !

Composition pleine de fraîcheur et de poétique réalité.

Pouchkine fut, comme tant d'écrivains, séduit par le sujet de *Don Juan*; et Dargomijski, que nous nommions tout à l'heure, fut séduit par la curieuse ébauche de son compatriote au point d'oser concourir contre Mozart.

*Scène I.* — Don Juan, s'ennuyant en exil, revient à Madrid, incognito. Il attend la nuit et, pour tuer le temps, conte à Leporello le malheur d'Inès.

LEPORELLO. — Bah ? après celle-là, il y en eut d'autres.
DON JUAN. — C'est vrai.
LEPORELLO. — Et tant qu'on se portera bien, il y en aura d'autres.
DON JUAN. — Oui.

Cela, dans le cimetière où se dresse la statue du Commandeur. Sa veuve y vient prier; et Don Juan, l'appréciant, se promet de lier connaissance.

*Scène II.* — Chez Laure, chanteuse et charmeuse, dîner d'amis. Carlos (son frère fut tué par Don Juan) lui fait un beau sermon sur la beauté qui fuit, et Laure lui déclare qu'elle l'aime et le gardera chez elle ce soir. Don Juan survient, se bat, et tue Carlos. D'où cet étonnant dialogue :

DON JUAN. — Qu'y faire? C'est lui qui l'a voulu.
LAURE. — Ah, Don Juan, c'est vraiment désagréable. Toujours des histoires!... Mais d'où viens-tu? Es-tu ici depuis longtemps?

Don Juan. — J'arrivais et en tapinois... Tu sais que je ne suis pas gracié.

Laure. — Et tu t'es souvenu aussitôt de la Laure? C'est bien, cela! Mais suffit. Je ne te crois pas. Tu passais par hasard et tu vis ma maison...

Don Juan. — Non, ma Laure; demande à Leporello. (Il l'embrasse.)

Laure. — Mon doux ami!... Mais laisse... près du mort... Qu'en faire?

Don Juan. — Laisse-le là. Avant le jour, je le porterai dans un carrefour.

Laure. — Garde qu'on ne te voie!

Don Juan. — Dis-moi, combien de fois m'as-tu trompé pendant mon absence?

Laure. — Et toi, polisson?

Don Juan. — Dis d'abord. Non... après!...

*Scène III*. — Tout marche à souhait. Don Juan, déguisé en ermite, attend la veuve du Commandeur. Il lui fait une déclaration brûlante et savante, en plein cimetière, et obtient un rendez-vous pour le lendemain, chez elle.

Leporello. — Que dira le Commandeur?

Don Juan. — Crois-tu pas qu'il sera jaloux? C'est un homme posé. Il est mort, ça l'a calmé.

Leporello. — Hum? Regardez sa statue! Elle a l'air mécontent.

Don Juan. — Va l'inviter à dîner pour demain.

Suit la fameuse scène, telle qu'elle est dans Molière.

*Scène IV*. — Chez Donna Anna. Scène d'amour; mais la belle veuve, inquiète, soupçonne son amant de lui cacher un secret; elle le presse de questions; il avoue qui il est, le meurtrier du Commandeur. La veuve *pardonne* et l'embrasse, quand la statue entre et entraîne Don Juan.

Mais c'est dans *Eugène Onéguine* (1823-31; également mis en opéra, par Tchaïkovski) que Pouchkine se retrouve tout entier. Le sujet est banal : Eugène, jeune viveur, vient en province recueillir un héritage. (Chant I) Il se lie avec

Lenski, jeune rêveur byronien, qui le présente aux demoiselles Larine. (II) Olga et Lenski s'aiment; Tatiana reconnaît dans Onéguine le fiancé de ses rêves, et l'avoue dans une lettre charmante. (III) Onéguine, redoutant le mariage et les marmots, refuse le bonheur offert. Douleur de Tatiana (IV). Onéguine tue le temps en courtisant Olga. Colère de Lenski, (V) qui réclame un duel et se fait tuer ainsi pour Olga (VI) qui l'oublie aussitôt au bras d'un hussard. Tatiana est mariée par sa mère *à un gros général*. Onéguine est parti en voyage. (VII) Il revient, rencontre dans les salons mondains Tatiana, et maintenant, ô cœur mobile de l'homme! s'éprend d'elle follement. Entrevue suprême, Tatiana avouant qu'elle l'aime encore, mais qu'elle veut rester honnête femme.

Il n'est pas étonnant que les œuvres de Pouchkine aient inspiré les musiciens : le rythme y règle la passion ; elles sont humaines et cependant flottent entre ciel et terre. Et voyez, autant que mes traductions peuvent la reproduire, la vivacité du style :

> Respirons un peu! Mon roman
> Prend forme, a déjà bonne mine.
> Huit cents vers! Et je sais comment
> S'appellera mon héroïne.
> J'ai relu, revu de mon mieux,
> Mis des points, fait quelque rature,
> Et laissé des lapsus nombreux
> Pour faire enrager la Censure.
> Les journalistes de tout crin
> Qui s'abattront sur mon ouvrage,
> De l'ergot, du bec, page à page
> Éplucheront tout brin à brin —
> Je le sais! Mais pars pour la Ville,
> Onéguine, mon dernier-né,
> Et dis leur que j'ai pardonné
> Au méchant comme à l'imbécile.

A propos d'imbéciles, ce portrait de Lenski. Il a visité l'Allemagne, cela se voit! Il se promène avec sa belle, sans lui rien dire, à l'instar du modeste Gautier[1]; il aime le brouillard et la lune, avec laquelle son Olga offre d'ailleurs quelque analogie. Le sceptique Onéguine la définit « fille ronde, rouge, sotte lune sur un sot horizon. » Mais, si Lenski est trop naïf, Onéguine est trop coquet, et le poète a grand' peine à le disculper :

> On peut être un homme d'honneur
> Et s'adoucir les mains à la pâte d'amande !
> Quand la Mode, tyran versatile, commande,
> Maladroit qui regimbe, obéir est meilleur.
> Onéguine, si Dieu l'eût fait femme et coquette,
> N'aurait pas à sa peau donné plus petits soins,
> Plus tremblé que le Temps ne comblât sa fossette ;
> Si bien, qu'hérétique en tous points,
> Il fut orthodoxe en toilette.
> Lovelace ou Vénus ? Voulant fuir les témoins,
> Vénus se travestit en homme et fait la fête...
> Son sexe polisson perce par tous les joints.

Dans cette province, dont il redoute la monotomie fastidieuse, ira-t-il, n'ira-t-il pas faire visite à la ronde avec son ami Lenski? Il le plaisante, mais le suit :

> Tu pars, doux poète, ô Tityre ?
> — C'est l'heure, Onéguine ; au revoir.
> — Eh bien, pars ! Mais non sans me dire
> Où tu comptes passer le soir.
> — Chez Larine. — L'histoire est bonne !
> Tu ne trouves pas monotone
> De passer ainsi le temps ? — Non.
> — Tu perds la tête, compagnon !
> Sur le bout du doigt se dévide
> Ton roman : famille candide,
> Patriarcale, du vieux temps,
> Ouvrant la porte à deux battants;

---

1. Dans la *Louise*, de Voss. — Voir le tableau dans *Profils et Types de la Littérature allemande* (Fischbacher, Paris).

Hospitalité légendaire
Gavant l'hôte des plats du cru,
Et lui caquetant au plus dru
Sur le chenil et la volière !
— Le mal n'est pas grand. On s'y fait.
— L'ennui nous tue, et je l'esquive.
— Dans le monde il me poursuivait ;
La vie est meilleure, naïve !
Famille et foyer... — En un mot,
Les accessoires de l'idylle,
En empruntant à feu Virgile
La houlette et le chalumeau !
Dieu te bénisse !... A cette belle,
Objet de tes vœux, de tes vers,
Qui t'a mis le cœur à l'envers,
Et qui t'a brouillé la cervelle,
Présente-moi, si tu permets !...
— Es-tu sérieux ? — Il en doute !
Je suis plus grave que jamais.
— Nous serons bienvenus. En route !

Ils arrivent et admirent l'ordre, la belle tenue de la maison. C'est que

Madame fit marcher l'État sur des roulettes,
    S'occupa des travaux mignons,
    Tint registre, compta les dettes,
Et, sage, pour l'hiver sala ses champignons.
Cela, du même pas, ni leste ni trop lente :
Tel jour sécha le linge, et tel jour prit son bain ;
    Pour un rien gifla la servante...
Et l'époux, superflu, n'y mit nez ou la main.

Enfin Lenski a présenté son ami ; et la belle Tatiana prend feu dès la première entrevue :

Son petit cœur est bien malade !
Tiana s'ennuie à la maison ;
Et s'arrête à la promenade,
Les yeux fixés sur le gazon.

Tantôt pâle et tantôt vermeille,
Les seins émus, le souffle court ;
Un frisson sur la peau lui court,
Un bruit lui ronfle dans l'oreille...
Voici la nuit. La lune aux cieux
Promène sa lanterne blanche,
Et le rossignol sur sa branche
Se berce et chante de son mieux.
O mélodie ! O nuit propice !
Tiana soupire à sa nourrice :
« Je ne puis dormir cette nuit.
On étouffe. Ouvre la fenêtre
Sur le jardin. Parle ! Peut-être
Ton babil tuera mon ennui.
Sieds-toi là. Dis-nous une histoire
Du temps jadis, quand les follets
Faisaient office de valets,
Quand les démons... » — « Et la mémoire ?
Ma fille, tu n'y penses pas !
Légendes et contes de fées,
Sorciers déçus, femmes sauvées,
Fuites, enlèvements, combats,
Dans ma cervelle radoteuse,
Tout s'est brouillé !.. » Tiana sourit.
« Dis-moi si tu fus amoureuse
Avant d'avoir eu ton mari ? »
— « Amoureuse ? Il eût fallu faire,
En mon temps, de ces façons-là !
Dieu ! Défunte ma belle-mère
M'aurait rompu les os, tout plat. »
— « Comment eut lieu ton mariage ? »
— « Hélas ! Comme il plut au bon Dieu.
On vit que je prenais de l'âge,
Ne me consulta que très peu,
Fit très peu de cérémonie ;
Le premier venu l'emporta.
On me coiffa, me fagota ;
Huit jours après j'étais bénie
Par mon père et par le curé...
Je n'avais jamais tant pleuré.

Puis partir, changer de contrée...
Mais tu n'écoutes peu ni prou... »
— « Nourrice, je suis torturée,
Je me mettrais je ne sais où !
C'est à crier ! » — « Chère petite,
Dieu nous donne un bel embarras !
Laisse-toi mouiller d'eau bénite,
C'est infaillible, tu verras.
Tu trembles, tu brûles, fiévreuse... »
— « Je ne suis pas malade, non, !
C'est bien pire et c'est plus profond.
Nourrice, je suis amoureuse!... »
Et la vieille de s'exclamer,
De se signer, de se pâmer.

Tout cela est gai comme la musique de Mozart ; et l'on ne discute pas Mozart quand on a l'oreille juste.

Pouchkine a pu se rendre à lui-même[1] le témoignage d'avoir

> chanté le vin, la belle nature, raillé actes et paroles des vains favoris de la mode, déchiré l'habit des sots et gaiement éclaboussé d'encre Zoïle et l'ignorance... Mais jamais malice ni calomnie, jamais flatterie ni trahison, n'ont terni la pureté de mon cœur.

Peut-être pressentait-il sa fin prématurée, lorsqu'il terminait son *Eugène Onéguine* par ces vers mélancoliques :

Heureux celui qui part sans achever sa vie,
Qui salue et sort dignement,
Sans dégoût d'avoir bu son vin jusqu'à la lie,
Sans le regret d'avoir épuisé son roman !

Quel Français n'aimerait Pouchkine, notre compatriote !

Un astre ne va pas sans son satellite. L'honneur de graviter autour du brillant poète revient, à mon avis, à *Gri-*

---

1. *A mon encrier*, IV, 75.

boïédov¹, l'auteur de la comédie en vers libres : *L'esprit nuit*. Elle est isolée dans la littérature russe, et causa autant d'étonnement qu'en eût causé le *Misanthrope*, écrit et publié en 1823. Cette œuvre hardie, personnelle², fut une révélation pour la Russie d'alors, quand Joukovski, Batiouchkov imitaient, traduisaient, et que Pouchkine n'avait pas encore évolué définitivement. Le style, d'une précision si remarquable que chaque vers devint une citation courante, excuse les défauts de composition ; Griboïédov n'était pas né auteur comique ; c'était un lettré qui, éprouvant l'indignation d'Alceste, retrouva sa généreuse éloquence.

Aujourd'hui, remarque Lermontov « le malheur vient non plus de l'excès d'esprit, mais de l'excès de bêtise. » Heureux les pauvres d'esprit ! Jésus leur promet les royaumes du ciel ; injustement, car ils possèdent déjà ceux de la terre. Ils y rampent mieux et, naturellement, s'y encroûtent davantage ; il faudrait que le sol fût bien ingrat pour qu'ils n'y fissent point souche. Ni délicats, ni dégoûtés, ils s'accommodent de tout, du plat, du sec et du bourbeux. Si la terre fut un paradis, voilà bien longtemps de ça ! si longtemps qu'il ne reste rien du jardin. Les pauvres d'esprit font le nombre et font la loi, multipliant vite et s'entr'aidant ; ils ont leurs cris de ralliement ; par exemple : *A bas la poésie !* Musset l'a signalé. « Elle a cela pour elle

> Que les sots d'aucun temps n'en ont pu faire cas.

Pour étouffer les idées neuves, ils les dénomment *hérésies* ou *utopies* ; à la moindre alerte, dès qu'un voltairien s'approche, les huées étouffent sa voix : Aux armes ! L'ignorance

---

1. Né à Smolensk, en 1795, d'une famille noble. Étudia le droit à Moscou ; savait le latin, le français, l'allemand, le persan. Servit comme hussard en 1813, puis dans la campagne de Perse, avec le maréchal Paskévitch, son parent. Ambassadeur à Téhéran, il périt dans une émeute en 1829, trop jeune.

2. Elle circula manuscrite pendant dix années, et ne fut jouée qu'en 1860.

est en danger! Imbéciles de tout âge et de tout rang, sauvez le sanctuaire de la sottise!... Voltaire l'a décrit, ce sanctuaire[1]; et j'ai lu dans maints auteurs que vouloir, affligé de science et de bon sens, y pénétrer, s'appelle risquer sa peau. Le sage est en ce monde un intrus, un malfaiteur. La hart pour lui! Et, s'il a la vie dure, on le fera passer pour fou. Notre histoire abonde en exemples[2]. — « De l'esprit pour réussir? », s'écrie Figaro, — « Monseigneur se rit du mien. Médiocre et rampant, et l'on arrive à tout. » Même dans l'armée, même dans la magistrature, même à la Cour, a eu Griboïédov le courage de dire :

Voyez Maxime Pétrovitch! Il dînait dans la vaisselle d'or, avait à ses ordres cent domestiques, ne sortait qu'en huit-ressorts... Plus qu'un comte, plus qu'un prince; regard sévère, aspect hautain; mais, s'il fallait plaire, il se faisait plat comme planche. A la Cour, dans une réception, un faux pas faillit lui casser le cou; le bonhomme gémit, sa voix s'étranglait... Il fut payé d'un sourire. On daigna s'égayer. Que fit-il? Il se redresse, s'ajuste, veut saluer et tombe à plat... exprès, cette fois, et le rire allant son train, retombe! Hein! Qu'est-ce selon vous? Selon nous, un trait de génie. Tomber ainsi, c'était grandir! Aussi, qui donc était le plus souvent invité à un whist? Qui donc s'entendait dire à la Cour un mot affable? Maxime Pétrovitch. Qui donc avant tous jouissait du respect? Maxime Pétrovitch!... »

Et plus loin, bravant les Chats-Fourrés :

Voilà nos juges! Voilà nos rigides inquisiteurs! Maintenant, qu'il se présente un jeune homme détestant l'intrigue, altéré de science, peut-être génie créateur, tous de crier : Au meurtre! Au feu!... »

Mais racontons la pièce.

1. *La Pucelle*, III.
2. Ce fut littéralement la mésaventure de Biélinski (père du célèbre critique), médecin-major, que ses concitoyens (à Tchembar, province de Pensa) accusèrent de voltairianisme, puis de folie. Le déchaînement fut tel que le docteur craignit pour sa vie (*Biographie de Biélinski*, par Protopopov, 1891, Saint-Pétersbourg).

Tchatski, jeune, riche, spirituel, généreux, revient de voyage, et presse les postillons. Il va revoir Sophie son amie d'enfance, sa tendre amie; un doux émoi l'agite; honnête et heureux, il épousera cette charmante fille, et vivra à Moscou, sa chère patrie, dans le cercle de ses concitoyens honnêtes et heureux. Son futur beau-père est un magistrat, riche aussi, donc indépendant, intègre sans effort. Les amis de la maison ? Skalozoub, un colonel décoré, représentant l'honneur et la patrie; la princesse Tougooukhovskaia, digne mère de six filles; Nathalie Dmitrievna, jeune mondaine qui adore son mari; etc. Quel plaisir, dans cette élite de la société, de traîner le fardeau de la vie de bon cœur, à plein collier !... Or, Lise, la soubrette, a passé une nuit blanche, sentinelle postée à la porte de sa maîtresse. Celle-ci, la douce Sophie, est encore enfermée avec Moltchanine, son doux ami; elle a passé avec lui une nuit trop courte en d'innocentes distractions musicales.

LISE (frappant). — Sophie Pavlovna ! Il fait jour. Maîtresse ! Alexis Stépanytch ! Êtes-vous sourds ?... (à part) Le père, hôte importun, peut les surprendre... Quel métier, servir une maîtresse amoureuse !

*Voix de* SOPHIE. — Quelle heure ?

LISE. — Toute la maison est réveillée.

*Voix de* SOPHIE. — Quelle heure ?

LISE. — Sept heures... huit... neuf.

*Voix de* SOPHIE. — Tu mens.

Lise avance les aiguilles et met la pendule en jeu. Au bruit arrive Phamousov, le père. S'il entre tout droit chez sa fille, il la surprend mal à propos... *Sic vivimus ut deprehendi sit, subito adspici...* Mais l'intègre magistrat, défenseur des lois et de la morale, badine avec la servante :

> A mon coucher ton aimable présence
> Pour ton bonheur ne sera pas sans fruit...
> Allons, Lisette, un peu de complaisance...

D'où la réflexion de Lisette :

> Près d'un maître tout est misère !
> Son amour est à craindre autant que sa colère.

Malgré une prudente sortie, nos galants se heurtent à Phamousov, qui s'étonne de trouver si matin son secrétaire avec sa fille. Il gronde, mais il discute, et sur ce terrain se fait, comme tout homme, bientôt battre. Phamousov du reste n'exige de sa fille qu'une honnêteté relative ; qu'elle noue une intrigue plus ou moins sotte avec tel ou tel, peu lui importe ! L'essentiel est de *tenir son rang*, de sauvegarder le décorum. Aussi, au dernier acte, quand le linge sale est étalé devant lui, pousse-t-il ce cri naïf :

> Oh, mon Dieu ! que va dire la princesse Marie Alexievna ?

Ce Moltchanine, tiré par lui de la pauvreté, protégé, poussé, enjôle sa fille. Sophie, aimée d'un homme distingué, lui préfère un pleutre, auquel le manque d'esprit sert de talisman ; Moltchanine plaît parce qu'il est plat ; il évite de penser, car le travail cérébral use la santé, gâte le teint ; l'homme qui pense n'a jamais l'air béat, n'est jamais grassouillet, rose à point. Or, ces charmes-là sont triomphants. Moltchanine parle peu (son nom l'indique ; on pourrait traduire par *Pincebec*), marche à pas mesurés, écoute, et n'interrompt jamais, approuve, acquiesce, obéit, tient les cartes comme il tient sa plume d'oie, flatte les vieilles femmes influentes et l'avoue candidement :

> Nous trouvons quelquefois protection là où nous n'y pensions pas... Je n'ose émettre mon jugement... A mon âge, on ne doit pas avoir une opinion... Il faut bien dépendre d'autrui !...

Bref, le catéchisme de la lâcheté. C'est pourquoi les grades lui viennent, les faveurs, l'avancement.

Avec de tels sentiments, une telle âme, elle l'aimerait ? La coquette se moquait de moi !

s'écrie Tchatski. Nullement. Quand le butor, qui ne peut même pas se tenir en selle, tombe de cheval, Sophie tombe en pâmoison. Qui sait? Elle se tuerait peut-être pour lui, pour lui, le pleutre irrésistible! Aujourd'hui Hercule serait vaincu par Paillasse.

Le soir, Phamousov donne un bal; et le poète a mis en scène et raillé amèrement la mondaine coterie, son bavardage inepte et méchant. Ah, ces mondaines à la voix métallique! Sous le sucre et le miel fermente l'égoïsme, verdit l'hypocrisie. Tenez, Nathalie Dmitrievna affecte envers son époux une sollicitude maternelle, l'appelle *mon ange, mes délices*; Platon Mikhaïlovitch tomba, bonace, dans les panneaux, et maintenant énervé, démoralisé, est réduit au rôle d'un zéro.

C'est si peu de chose un homme, dans un ménage!

Époux passif, englué, il a cessé de se débattre. Mais j'aime mieux traduire la scène que l'analyser.

### NATHALIE

Y vois-je clair? En vérité, c'est son visage.. Est-ce bien vous, Alexandre Andréitch?

### TCHATSKI

Vous doutez? Examinez de pied en cap. Trois années m'ont-elles tant changé?

### NATHALIE

Je vous croyais loin de Moscou. Depuis quand?

### TCHATSKI

J'arrive.

### NATHALIE

Pour longtemps?

### TCHATSKI

Cela dépend. Mais vous? A vous voir on s'étonne. Embellie,

épanouie! C'est merveille. Vous me semblez plus jeune, plus fraîche; le feu, l'incarnat, les ris dans les fossettes.

**NATHALIE**

Je suis mariée.

**TCHATSKI**

Cela saute aux yeux!

**NATHALIE**

Mon mari est un homme charmant. Il va venir; je vous présente à lui, n'est-ce pas?

**TCHATSKI**

De grâce.

**NATHALIE**

Je sais d'avance qu'il vous plaira. Voyez, jugez.

**TCHATSKI**

Je vous crois. Il est votre époux.

**NATHALIE**

Oh, ce n'est pas la raison! Par lui-même, pour son humeur et son esprit, Platon Mikhaïlovitch est mon unique trésor. Civil maintenant; mais il fut officier; et tous ceux qui l'ont alors connu affirment que, avec sa bravoure et ses talents, il serait devenu, s'il n'eût démissionné, gouverneur de Moscou... Tenez, voici mon Platon Mikhaïlovitch.

**TCHATSKI**

Un vieil ami, on se connaît de loin! Voyez le hasard!

**PLATON MIKHAÏLOVITCH**

Tchatski? Bonjour, frère!

**TCHATSKI**

Mon cher Platon, mes compliments et la mention *Très bien*! Tu as pris le bon parti.

**PLATON MIKHAÏLOVITCH**

Comme tu le vois, frère. Bourgeois de Moscou et marié.

**TCHATSKI**

Adieu les alarmes du camp! Adieu les camarades! Calme et oisif!

### PLATON MIKHAILOVITCH

Non, je m'occupe couci-couci. Je répète sur la flûte un duo en *la* mineur.

### TCHATSKI

Tu le répétais déjà il y a cinq ans. La constance est une vertu louable chez un homme!

### PLATON MIKHAILOVITCH

Mon cher, marie-toi, et tu me comprendras. L'ennui te fera siffler le même air sur les mêmes trous.

### TCHATSKI

L'ennui? Comment? Tu lui payes déjà tribut?

### NATHALIE

Mon Platon aime les plaisirs variés qui manquent maintenant : les revues, les manœuvres et cavalcades... Il s'ennuie parfois, le matin.

### TCHATSKI

Eh, mon bon! Qui t'impose l'oisiveté? Au camp! On te donnera un escadron. Était-ce la ligne ou la garde?

### NATHALIE

Mon Platon a une santé délicate.

### TCHATSKI

Délicate? depuis quand?

### NATHALIE

Les rhumatismes... Les névralgies...

### TCHATSKI

Besoin de mouvement. A la campagne, à l'air tiède! Et monte à cheval. L'été, le village est un paradis.

### NATHALIE

Mon Platon aime la ville, Moscou. Pourquoi aller s'enterrer vivant?

### TCHATSKI

Moscou... La ville?... Tu plaisantes! Rappelle-toi le passé!

#### PLATON MIKHAILOVITCH

Frère, oui, c'est le passé!

#### NATHALIE

Ah! mon pauvre chéri! Tu restes là en plein courant d'air, sans boutonner ton paletot!

#### PLATON MIKHAILOVITCH

Maintenant, frère, je ne suis plus celui...

#### NATHALIE

Obéis-moi une fois, mon cœur! Boutonne-toi vi .

#### PLATON MIKHAILOVITCH (résigné).

Tout à l'heure.

#### NATHALIE

Éloigne-toi un peu de ces portes. Tu as juste un vent coulis dans le dos!

#### PLATON MIKHAILOVITC

Maintenant, je ne suis plus celui...

#### NATHALIE

Mon ange, au nom du ciel, éloigne-toi de cette porte!

#### PLATON MIKHAILOVITCH (levant les yeux au ciel).

Ah, ma toute bonne!

#### TCHATSKI

Oui, Dieu m'est témoin que tu n'es plus le même; et peu de temps a suffi. Il y a trois ans à peine, au régiment, te rappelles-tu? Dès l'aube — le pied dans l'étrier, puis au galop sur un rapide pur-sang, en narguant tous les vents d'automne!

#### PLATON MIKHAILOVITCH (soupirant).

Ah, frère, alors c'était le bon temps!

Tchatski observe, indigné, les vilenies sociales. Dès qu'il parle, il effarouche ces tristes oiseaux; sa franchise les épouvante, son bon sens passe pour folie. Littéralement. « *Il est fou, vous voyez bien!* » Cette calomnie, échappée à Sophie, est ramassée, répétée, crue ; et Tchatski se voit abandonné de tous. — Au dernier acte, nous voyons la sortie du bal. Les invités se pressent dans le vestibule, endossant les fourrures, attendant les voitures. Celle de Tchatski n'arrive pas ; et, pour se soustraire à quelques importuns, il se réfugie dans la loge du suisse. On entend s'éloigner les derniers carrosses ; le vestibule est vide... Soudain, un léger bruit : Sophie, penchée sur le palier, appelle Moltchanine ; elle désire passer encore cette nuit « *en d'innocentes distractions musicales.* » Mais notre homme a sommeil ; cette corvée lui déplaît ; et, pressé par Lise de monter chez sa maîtresse, à son tour il cajole la servante, lui jure qu'il n'aime qu'elle, lui marchande impudemment un rendez-vous!... Sophie a tout entendu : elle fait au traître une *scène* violente, et le chasse ; mais Tchatski à son tour se dresse devant elle :

Vite, qu'on tombe en pâmoison ! C'est à propos maintenant... Voilà donc le mot de l'énigme ! Voilà à qui j'étais sacrifié ! Ah, c'est à perdre toute mesure ! Je regardais, je voyais, je n'osais croire. Et le gars, pour lequel vous avez oublié votre ami d'enfance et, fille, votre pudeur, se cache derrière sa porte, et tremble dans sa peau. Jeu bizarre de la destinée ! Elle persécute les hommes de cœur ; mais les Moltchanine, — ça s'épanouit, ça prospère !

Toute la maison est en rumeur ; Phamousov se précipite suivi de domestiques portant des flambeaux ; il accable de reproches sa fille, qu'il enverra « dans un trou de pays, au fond des bois », et menace Tchatski « de le dénoncer au sénat, aux ministres, au souverain... » Tchatski, reprenant son sang-froid, exprime dans une dernière tirade son mépris pour ce monde plein de fausseté, mené par un égoïsme mesquin — « ayant pour unique trait-d'union la haine de tout ce qui est noble et honnête ; dont chaque membre épie les faiblesses d'autrui pour les exploiter » (Vodovozov, 225) ; — il maudit Moscou et ses turpitudes, et s'enfuit.

*L'Esprit nuit* est la plus belle comédie russe. Le défaut de composition fut signalé par Pouchkine à première vue ; à savoir que — « le propre du sage étant de discerner d'un coup d'œil à qui il a affaire, Tchatski a tort de jeter ses perles à des pourceaux » (Lettre à Bestouïev, 1825). Quand Alceste, en effet, rabrouait Philinte, il était du moins sûr d'être compris. Mais qu'importe ? Je ne doute pas que Molière n'ait fait aux Champs-Élysées le plus flatteur accueil au Russe Griboïedov ; et moi-même le louerai mieux en traduisant une des scènes. — (Sophie vient d'être surprise et sermonnée par son père, I, 5).

### LISE

Le régal vous plaît-il ? goûtez-vous la leçon ?...
    Hélas, il n'est plus temps de rire ;
    J'y vois trouble et j'ai le frisson.
Passe pour le péché ! Mais on jase ; — c'est pire.

### SOPHIE

Qu'on jase. Il ne m'en chaut. Mon père seul... un peu...
    Brusque, tapageur, il querelle ;
    Jamais si vite il n'a pris feu...

### LISE

    J'en ai tâté, mademoiselle. —
Il vous mettra sous clef ; demi-mal, avec moi !
Mais si, poussé du diable, il faisait maison nette
De vos meilleurs amis, Moltchanine et Lisette ?

### SOPHIE

Vois-tu comme le sort est fantasque. Pourquoi
Rebrousse-t-il les vœux et déçoit-il l'attente ?
Aux plus méchants calculs advient meilleur succès.
Telle est la vie. Il faut qu'il pleuve, il faut qu'il vente
A contre-sens ! — Heureux, insouciants, bercés
    Par la musique, en quelque sorte
    Privilégiés du Destin,
On coulait des moments délicieux... Soudain
    Le malheur vous guette à la porte.

**LISE**

Votre servante avait prédit
Le mal de point en point et de fil en aiguille.
Mais comment croire qu'une fille
Chambrière ait jamais d'esprit?
Je disais que ces amourettes
Vous mèneraient je ne sais où,
Au scandale, à la brouille. Un bon père à Moscou
Exige de son gendre un rang, des épaulettes,
Des croix et surtout de l'argent,
Pour qu'il donne des bals et joue un personnage.
Décoré, gradé, riche — un si bel assemblage
Fera de Skalozoub un époux...

**SOPHIE**

Enrageant.

**LISE**

Colonel et bientôt général.

**SOPHIE**

Belle avance!
En sera-t-il moins sot? Moins soudard? Je l'entends
Me raconter cent fois sa campagne de France
Et m'expliquer à fond la charge en douze temps!

**LISE**

D'une giberne issut sa rhétorique...
Mais, soit militaire ou civil,
Nul n'a le cœur sensible et nul l'esprit subtil
Comme Tchatski!... Ce mot vous pique?
Excusez-moi. Mais je sais bien
Qu'il est resté lui-même; absent, il se souvient.

**SOPHIE**

Lui? D'aiguiser sa malice.
Aux frais même des amis
Il faut qu'il se divertisse.
Il m'amusait. C'est permis.

### LISE

Amusait... seulement? Et pourtant ce me semble
Qu'il avait au départ les larmes dans les yeux.
« Vous pleurez, dis-je, vous? Le rire vous va mieux. »
— Je sais ce que je quitte et tremble
De trouver au revoir les choses autrement!.. »
Le pauvre homme! Il avait vague pressentiment...

### SOPHIE

Bride ta langue. A la légère
Que j'aie agi, c'est vérité;
Mais de quel droit quelqu'un me peut-il faire
Reproche d'infidélité?
Sans doute avec Tchatski je grandis camarade;
On se courait après à l'envi, pour le jeu;
Puis moins; puis plus du tout; le jeu devenait fade,
Et ce monsieur chez nous ne se montra que peu.
Puis volte-face! Il m'aime, est jaloux, susceptible,
De galants madrigaux avec rage il me crible!
Pour lui l'amour n'est rien qu'une thèse à bons mots;
Sur les cordes du cœur, spirituel, il joue;
Dans son cercle mondain pérore, fait la roue,
Et le cercle poli l'applaudit à propos.
Sous tant de qualités gronde un orgueil extrême!
Aimer est chose simple; il l'embrouille en problème.
Un jour, impatient de courir les chemins,
Il part... Hélas! Pourquoi s'éloigner si l'on aime?
Les amants valent mieux, moins savants, plus humains.

### LISE

Voyage-t-il à l'aventure?
Où s'arrête-t-il aujourd'hui?
Il prend les eaux, dit-on; quelle est la source pure
Qui rafraîchira son ennui?

### SOPHIE

Qu'il cherche un puits, une rivière
Pour noyer sa malignité!...
Celui que j'aime est d'autre caractère :
Il est, pour plaire à tous, timide, humble de cœur;

La journée avec lui me semble être plus brève.
Nous sommes, cette nuit, restés là tous les deux,
Et cette longue nuit a passé comme un rêve.
Devine ce qu'il fait avec moi?

### LISE.

                Je ne veux
Ni ne dois rien penser. Je suis votre servante.

### SOPHIE

Il me prend une main et langoureusement
La presse sur son cœur; sa passion latente
S'exhale en longs soupirs. Trop ému, trop aimant
Pour faire de l'esprit, sans dire une parole,
Sans me quitter la main, durant toute la nuit
      Il me contemple, et le temps fuit...
  De quoi ris-tu donc? Es-tu folle?

### LISE

Moi? Presque. Votre tante aima jeune Français
Follement. Il s'enfuit. Si forte fut la crise,
Que, oubliant ses pinceaux, sa teinture à succès,
Elle se coucha brune et se réveilla grise!      (Elle rit.)

### SOPHIE (vexée).

Ce que de moi plus tard les servantes diront!

### LISE

    Pourquoi gronder? Ne soyez point sévère!
J'ai l'humeur enjouée et le babil trop prompt,
    Mais ne voulus que vous distraire.


# XIV

## LERMONTOV. — GOGOL

Après Pouchkine, l'accord de la réalité et du rêve se résout en éléments plus heurtés. De même que, après Mozart, les musiciens se sont ingéniés à renfler le son, à compliquer l'harmonie pour secouer les oreilles et l'esprit blasés, ainsi les auteurs chercheront, pour ne point paraître déchoir, les uns les gammes éclatantes, exagérant le lyrisme, les autres pour plaire à un public plus sceptique, les recoins de l'existence vulgaire, exagérant le réalisme. De là l'emportement du célèbre critique *Biélinski* († 1848). — « Ses opinions qui semblèrent hardies sont devenues des lieux communs admis par tout le monde », dit Tourgueniev, qui fut son ami personnel. Biélinski discernait les dangers de cette scission, sentait que la littérature s'engageait, à droite et à gauche, dans une route extravagante, et concluait que se noyer tôt ou tard, dans l'azur ou dans la fange, s'était toujours se noyer. L'invasion trop brusque des théories occidentales augmentait encore le trouble littéraire; l'atmosphère était saturée de romantisme, de byronisme, de réalisme; au milieu d'effusions mystiques se lisaient les Lettres de Samson le bourreau, les Mémoires du policier Vidocq; les plus sages lisaient pêle-mêle la Bible et les pamphlets de P.-L. Courier, Béranger et Hégel, et tentaient de tirer la moyenne! Biélinski avait notamment étudié la philosophie allemande; et il est intéressant de voir l'esprit russe se débattre dans ce brouillard pour gagner le plein air, le terrain solide. Son activité ne fut point vaine; il conseilla, protesta, encouragea, et l'on peut dire que les littérateurs russes contemporains furent ses amis ou ses obligés. Mais il ne put rétablir l'équilibre réalisé par Pouchkine; et cette divergence littéraire aboutit d'abord à Lermontov et à Gogol.

La vie de *Lermontov* est facile à raconter; elle fut si courte (1814-41)! Né à Moscou, élevé par une tante (les parents étaient brouillés), inscrit à l'Université, officier de la Garde (1835), disgracié pour ses vers sur la mort de Pouchkine, envoyé au Caucase, etc., enfin tué en duel à vingt-sept ans. En d'autres termes : chagrins de famille, études irrégulières, existence mondaine puis exil : le Caucase après les salons; cela, au milieu d'une génération enfiévrée, dans des circonstances politiques peu agréables. On conçoit que le poète surexcité, pessimiste (ou plutôt irascible), ait maudit l'humanité, préférant vivre avec les anges ou avec les diables.

### LE PROPHÈTE

Depuis que le Juge éternel
Me fit prophète, ô race humaine,
Sur ton front j'aperçois la haine
Et dans ton cœur je vois le fiel !

Prêchant l'amour, mes doux reproches
Ont évoqué la vérité ;
Résultat ? Je fus maltraité
A coup de pierres par mes proches.

Soit, l'exil ! De cendres couvert,
Gueux, j'ai fui ma patrie impure ;
Avec les oiseaux du désert
Me nourrit la grande Nature.

A d'intimes frémissements
Elle a pressenti le prophète ;
Les astres veillent sur ma tête,
Les fauves me suivent, charmants.

L'exil est doux quand Dieu nous mène
Loin des Sodomes, loin de toi,
Stupide populace humaine,
Ricanant, vous montrant au doigt !

« Quel exemple pour vous ! » dit-elle ;
« Enfants, voyez passer ce fou ;
« Il pérorait sur Dieu, sur tout...
« L'orgueil lui brouilla la cervelle.

« Voyez ! Avant l'âge il est vieux ;
« Il fuit, ahuri, tête basse,
« Mal nourri, vêtu comme un gueux,
« Le mépris public qui l'écrase[1] ! »

---

1. Dans cette pièce célèbre les traits caractéristiques du prophète Élie nourri par les corbeaux ; Daniel dans la fosse aux lions ; etc.)

Toutes les œuvres de Lermontov reflètent plus ou moins le désenchantement :

Des ombres noires glissèrent sur son front; son esprit vif pressentait les calamités. Connaissant les hommes et le monde, il ne pouvait s'étonner de la méchanceté. Au bien, il ne croyait plus depuis longtemps » (dans *Boïar Orcha*).

Jeune voyageur, qui s'est étourdiment embarqué pour retrouver les Iles Fortunées, et qui revient, vieilli avant l'âge, battu par les tempêtes, désillusionné, soupirant après le calme, après le repos des humbles.

> J'aimais, dans mes jeunes années,
> Alors que j'étais innocent,
> Au ciel l'orage rugissant,
> Au cœur les amours déchaînées.
>
> O splendeurs ! Mais un vent léger
> S'élève et disperse ces choses !
> Cet orage était passager,
> Et ces amours étaient sans causes.
>
> Aussi j'ai borné mon espoir :
> Jouir d'une claire journée,
> Puis, auprès de la cheminée,
> Causer tout bas quand vient le soir.

Dans *Un Original* (écrit en 1831, 4 actes et un épilogue), cet état d'âme est expliqué et justifié. Vladimir souffre entre son père et sa mère divorcés ; celle-ci meurt, sans que l'époux ait consenti à la revoir. Vladimir croyait à l'amitié : un ami détourne sa fiancée ; il croyait à l'amour : Nathalie le quitte avec désinvolture, et sa noce aura lieu le même jour que les obsèques du malheureux. — Malgré l'enflure fréquente, malgré les maladresses d'un auteur inexpérimenté,

sont fortement résumés. La critique loua unanimement « ces vers coulés en bronze ».

cette psychologie est bien plus intéressante que l'entassement d'événements, et la pièce est d'une très agréable lecture. Mais ce Vladimir est frère ou cousin de cet Alexis (dans *Demoiselle et Paysanne*, de Pouchkine) qui

apparut aux dames sombre et désenchanté, leur parla des joies perdues et de sa jeunesse fanée ; qui, de plus, portait une bague noire en forme de tête de mort... Les dames raffolèrent de lui.

Parfois un rayon de soleil, un éclat de jeunesse raniment le poète, l'illuminent ; il pardonne alors au Caucase d'être pour lui un lieu d'exil, et s'éprend de cette nature grandiose, devant laquelle, dit-il,

s'apaisent les troubles de mon âme, s'effacent les rides de mon front. Je vois le bonheur sur la terre, et je vois Dieu dans le ciel.

Parfois aussi la religion le console, et il écrit cette oraison célèbre :

> Lorsque la vie est trop amère,
> Que le cœur s'emplit de dégoût,
> Je me répète une prière
> Qui me tient vainqueur et debout.
>
> Car la force en est bienfaisante,
> Car c'est le mot du Dieu vivant,
> Vertu du Verbe triomphante
> Qui nous bénit et nous défend !
>
> Le mal s'évanouit sur l'heure,
>   Les doutes sont bannis ;
>   Je crois, je pleure...
>   O soulagements infinis !

Puis il raille lui-même ces émotions passagères :

Non, les hommes ne méritent pas la sympathie; ils sont cruels, fourbes; leurs vertus ressemblent à des vices (dans *L'Ange de la mort*, 1831) [1].

Ils ne méritent en somme que le mépris hautain de Petchorine (dans *Un héros de notre temps*), ou la raillerie froide de Kazarine (dans *Le bal masqué*) dépeignant Chprikh :

### ARBÉNINE

Il me déplaît. J'ai vu mainte grimace,
Mais de la sienne aucune n'approchait.
Rire sournois, yeux couleur de mélasse...
Sur cet homme le diable a posé son cachet.

### KAZARINE

Fi donc ! Ne pas juger les gens d'après la mine !
D'ailleurs, mon cher, le diable est homme à ménager;
Il arrive à propos, vous oblige en sourdine;
Un bon diable en Russie est « un noble étranger ».
  Vois celui-ci : complaisante nature,
Venu je ne sais d'où, parlant tous les patois,
  Aux décavés, sauveur, il tend dix doigts
Crochus, et vous harponne aux piquants de l'usure;
Ami de tous, ayant un flair prodigieux,
Des noms, des faits, le Code et les chiffres en tête;
Se pliant aux besoins, aux désirs, aux milieux;
Sans foi chez les païens, dévot chez les pieux,
Chez nous, joueur ; et, chez les bonnes gens, honnête.

Tous les héros de Lermontov (Petchorine, Arbénine, Vladimir, Fernando, etc., Lucifer lui-même) sont une copie de sa propre personnalité; il est rare d'être aussi subjectif. De là sans doute une exagération maladive, mais aussi l'intérêt très humain qu'éveillent en nous ces peintures passionnées.

---

1. Dans ce poème, c'est l'Ange de la *Mort* qui *ressuscite la défunte*! И дѣвы трупъ онъ оживляетъ. Exemple, entre mille, des contresens du romantisme.

Ainsi nous avons tous, en imagination, ébloui puis enlevé une princesse plus belle que le jour, occis plusieurs rois rivaux, ou ladite princesse, si elle les lorgnait, ou nous-mêmes, pour l'affliger, pour jouir d'avance de la douleur qu'elle éprouvera à n'avoir pas, de notre vivant, assez apprécié nos mérites!... Vous retrouvez le même orgueil dans *Le bal masqué* (4 actes, en vers).

Nina a eu le tort d'aller au bal à l'insu de son mari, et tort de ne rentrer qu'à deux heures du matin; d'où les réflexions d'Arbénine :

> Elle va donc coucher dehors?... Des amis — on appelle cela des amis! — m'ont conseillé le mariage. Dieu juste! J'expie maintenant mes vieux péchés. Autrefois, à cette heure-ci, les femmes des autres m'attendaient; et maintenant j'attends ma femme!

Nina ensuite a eu le tort de perdre son bracelet; car une jeune veuve (masquée, s'entend bien) l'a ramassé et, peu scrupuleuse, donné comme gage d'amour à un jeune prince. Celui-ci, reconnaissant le précieux bijou, est convaincu d'avoir conquis Nina; le mari est convaincu d'avoir été trompé. Il empoisonne l'innocente, se venge du prétendu séducteur en le dénonçant comme *grec*, et se venge de lui-même en devenant fou. — Après s'être dépeint comme un roué — « j'ai tout vu, tout ressenti, tout compris; je connais le monde et ses jeux », etc., Arbénine agit comme un toqué. Shakspeare explique la jalousie d'Othello par le sang africain, par la conscience de sa laideur, de son âge; justifie même en quelque sorte le meurtre de Desdémone, innocente sur le point en litige, mais coupable, grandement coupable de s'être enfuie de la maison paternelle; tandis que Nina l'étourdie répond avec raison à son farouche époux : « Tout ce bruit pour un bracelet! En vérité, votre conduite semblera comique à tout le monde. » Oui, la donnée est enfantine; mais le style est vif, les vers sont spirituels et, somme toute, la pièce est charmante.

J'aime moins *Les Espagnols*, drame en vers, écrit en 1830[1].

Acte I. — Le riche et noble Alvarez a recueilli jadis un enfant trouvé; Fernando, petit, joue avec sa fille; à vingt ans, l'aime. Indignation d'Alvarez qui en appelle à ses nobles aïeux. Bref, il le chasse. — Suit une scène assez humoristique avec le Jésuite Sorrini. Puis, changement de tableau : Nuit. Lune. Un balcon : Émilie et Fernando se disent adieu... Soudain, du bruit... Un juif affolé supplie qu'on le sauve de l'Inquisition. Fernando l'affuble et l'emmène; tandis qu'arrivent les gendarmes avec des torches, — trop tard, naturellement. — Malgré le romantisme suranné, ces scènes sont intéressantes, et les caractères sont assez nettement tracés.

Acte II. — Ripaille chez Sorrini. Il gave une bande de gredins, ses procureurs de femmes. Ils lui promettent d'enlever Émilie, et d'assommer au préalable Fernando, qui pourrait protester. — Le juif sauvé sauve à son tour Fernando blessé, et le soigne chez lui. Noémi, sa fille, s'enflamme doucement. — (Suit une curieuse profession de foi, peu flatteuse pour les chrétiens.)

Acte III. — Donna Maria, la belle-mère, a pris en aversion Émilie, qui gêne involontairement ses rendez-vous. D'accord avec Sorrini, elle lui livrera la pauvrette; le Jésuite aura la primeur, et « quand elle le lassera, il la mariera avec une dot, et peut-être ainsi reviendra-t-elle à Fernando. » — Devant la maison de Moïse: Fernando, guéri, veut partir; Noémi veut le retenir... Rentre Moïse attristé, qui raconte le rapt d'Émilie. Fernando supplie Moïse de lui donner de l'argent pour faciliter la vengeance, et s'enfuit comme un fou. — Noémi avoue à sa nourrice quels sentiments l'agitent; son père revient de voir le rabbin, revient également fou : il a appris que Fernando est son fils!

Acte IV. — Sorrini se pourlèche, attendant Émilie. Il a, le rusé, divisé ses émissaires en deux troupes : l'une enlèvera, l'autre feindra de délivrer... Son examen de conscience nous montre le bandit sous l'habit monacal. — Scène passionnée, violente, *réaliste*, avec

---

[1]. Comme *Hernani*. L'emphatique Espagne était à la mode. Lermontov a même eu l'idée de la scène des portraits (*Hernani*, III, 6). La coïncidence est curieuse.

la jeune fille... Fernando surgit, tue son amante pour la préserver de l'outrage, et l'emporte sur son dos ! Sorrini, le bec dans l'eau, reçoit la visite d'un sien ami, dominicain ; ils conviennent d'imputer à Fernando l'hérésie, les meurtres, etc. et discutent gaîment quels supplices seront les meilleurs.

ACTE V. — Malheureusement, inachevé. Noémi est devenue folle. Fernando a rapporté à Alvarez le cadavre de sa fille ; les sbires de l'Inquisition enchaînent le héros assassin, et nous voyons préparer l'auto-da-fé.

Si l'on admet ce genre dramatique, si l'on admire *Lucrèce Borgia* ou *Hernani* déjà nommé, on admirera au même titre *Les Espagnols* ; mais j'avoue que, en dépit de V. Hugo et de Lermontov, ce genre me déplaît.

Quelques lignes peuvent résumer *Un héros de notre temps*, roman. Petchorine est un Onéguine plus sombre, plus tragique ; où Pouchkine a glissé, dessiné, Lermontov appuie et burine. Chose curieuse ! Le crayon est le mieux fixé. Petchorine est une sorte de dieu terrestre, fatal aux hommes comme aux femmes, lesquelles lui donnent tout, tandis qu'il se réserve. Il passe, broyant les cœurs. Maxime, le vieux sous-officier, avec son dévoûment naïf, Biéla, Mary, etc., filles si joliment poétisées, meurent plus ou moins de sa rencontre, et ces victimes semblent bénir leur sort ! Oui, elles semblent dire : « Souffrir et mourir pour un si grand homme, quelle aubaine ! » Ainsi pensaient les armées de Napoléon... Mais, j'y suis ! Parbleu ! Tous ces héros romantiques sont des caricatures de l'Empereur. Napoléon a brouillé plus de cervelles qu'il ne fracassa de crânes. Être un Jupiter assembleur de nuages, déchaîner les tempêtes et rasséréner les airs, marcher dans les apothéoses, dans le tintamarre de la gloire, fasciner les cœurs et les yeux, n'atteindre à la toise que $1^m,60$, et nonobstant être grand comme le monde, quel rêve ! Les ambitions, qui sont presque toujours indécises, eurent dès lors un modèle précis ; et sur le type-Napoléon se tirèrent des milliers de copies qui, même difformes, même grotesques, eurent toutes un trait commun : l'égoïsme. Les impuissants mêmes sentaient bien que, par l'égoïsme au moins, ils ressemblaient au héros. Les mieux doués cultivèrent leurs facultés parallèles aux siennes, les surexcitèrent jusqu'à la névrose; mourir de rage ou être sublime! Ne fût-ce que sur un seul point! ne fût-ce qu'un seul jour! Au pis-aller, ils voulurent du moins ressembler physiquement; ils louchèrent, ils grimacèrent, pour que leur œil fulminât des regards d'aigle, pour que leur ganache saillît en menton césarien; et les commissures de leurs babines majestueusement méprisantes attestèrent à quel point la plèbe humaine leur était inférieure. Ah! depuis Byron qui, à seize ans, sort avec un ours — (les caniches, fi donc! C'est bon pour les bourgeois!) — sable du champagne dans des crânes humains, dédaigne de siéger à la Chambre des Pairs — (pour qui donc les trônes, coquins!) — et parcourt en débauché les pays qu'il eût voulu parcourir en conquérant; depuis Lermontov, inconsolable de n'avoir pas assez de succès auprès des femmes; depuis Chateaubriand, allant, drapé à la romaine, chercher solennellement une fiole d'eau du Jourdain, « allant partout bâillant sa vie », *poseur* jusqu'au tombeau inclusivement; depuis Lamartine, qui tout fraîchement de l'Asie

Arrive en trois bateaux, exprès pour nous charmer —

jusqu'à tel diplomate contemporain, pérorant sur la stratégie, avec des poses *à la Bonaparte*, devant un état-major stupéfait, — on les reconnaît, les Napoléonides[2]!

Dans les beaux-arts, où la vanité tient naturellement tant de place, la parodie est encore plus réjouissante. Soyez assurés qu'un artiste romantique est un conquérant, un dominateur. Tenez, analysez cette phrase : « Je pourrais en finir, des Polonais, si je venais à bout des Polonaises! disait l'em-

---

1. Son père le fut du reste encore plus que lui.
2. Lermontov l'avoue nettement dans les *Stances* datées de juin 1831 : — « J'ai besoin d'agir; chaque jour je rêve d'être immortel, comme l'ombre du grand héros. »

pereur Nicolas. C'était là rêver l'impossible et, dans tous les cas, compter sans la musique de Chopin !... *Les mazourkes de Chopin sont des canons braqués sous des roses*[1]. »

C'est pourquoi, depuis Austerlitz, l'homme joue dans le romantisme, plus souvent que la femme, le grand rôle. Il est pour les *Doña Sol* de tous les étages « *le lion superbe et généreux!* » Même vieux et laid, comme Mazeppa, il est adoré par les belles filles ;

> О, не сердись! Верь, верь, готова
> Тебя я жертвовать, вспрь !

(Ne te fâche pas ! Je suis prête, crois-moi, à tout te sacrifier, tout !) Il est l'homme fatal (rappelez-vous *Antony*); il est Onéguine, qui ne daigne même pas toujours se laisser adorer :

moins on aime une femme, plus on lui plaît facilement,

dit-il.

Je jouirai, sans aimer.

Il est le héros, le dieu pour qui l'on meurt avec joie. La femme, en s'immolant aux pieds de l'idole, a l'air de ne faire que son devoir, petitement.

Au dernier échelon, nous apercevons *les ratés*, comme les appelle A. Daudet, les *Hamlets de province*, dépeints si spirituellement par Tourguéniev, qui, ayant voulu sauter trop haut, sont tombés à plat et, aux trois quarts fous, hurlent de rage impuissante. Le génie de l'écrivain, le prestige des vers, etc., voilent cet odieux état d'âme. Ainsi, *Un héros de notre temps* est devenu classique, grâce au style ;

---

1. BLAZE DE BURY, *Revue des Deux-Mondes*, octobre 1883. — Aussi ce pianiste, dont les mazourkes inquiétaient les armées russes, ne se fit pas enterrer comme le premier venu, mais bien dans sa toilette de concert; car la tenue en impose toujours et forcera Dieu à dire : Cette fois je suis le plus fort, mais ce défunt a du savoir-vivre !

mais ce brio même fatigue le lecteur. On admire l'écrivain, mais on ne sympathise pas. Dans l'éclat anormal des yeux flamboie le génie... ou la fièvre. Dans la dédicace du *Démon*, Lermontov déclare franchement que son poème « est un douloureux délire de son âme malade ». *Délire... âme malade...* C'est-à-dire que ce démon a le diable au corps[1]. — L'ange déchu, Lucifer

> auquel la comète prêtait avec joie sa chevelure,

ne dispose plus que de *la terre infime*. Il y sème le mal, mais mal faire finit par l'ennuyer. Les beautés de la création lui semblent bien surfaites; il hausse les épaules devant le Caucase. Mais soudain

> le désert de son âme s'emplit d'harmonie; derechef son âme sentit l'amour, la beauté, le bien.

Car, dans les plaines de la Géorgie, il a vu les apprêts d'une noce; il a vu danser la belle Tamara, et en tombe amoureux. Le fiancé sera supprimé, assassiné; et, tandis que Tamara pleure, une voix mystérieuse lui promet visite et consolation.

Ce séducteur n'était pas son ange gardien; nulle couronne de rayons irisés n'ornait sa chevelure. Ce n'était pas non plus le terrible esprit des enfers, bourreau des crimes, — non! Il ressemblait à une soirée limpide : ni jour ni nuit, ni ombre ni lumière.

La pauvrette est affolée :

> Elle écoute, elle attend. Une voix lui murmure :
> « Il viendra; ton rêve a dit vrai.
> « N'as-tu pas dans les yeux retenu son portrait?
> « Son souffle n'a-t-il pas effleuré ta figure?
> Pleurer? Dans le corps alangui
> L'imagination se démène plus vive!

---

1. Ce poème occupa l'auteur depuis 1829 (il avait donc quinze ans jusqu'en 1838, et ne parut qu'après des remaniements nombreux.

> Prier? Hélas, à la dérive
> Ses prières s'en vont vers lui!
> Dormir? Mais respirant la fièvre
> Son oreiller brûle son front!
> Et, prise de désirs que les remords suivront,
> Frémissante elle tend la lèvre,
> Elle ouvre les bras au Démon!

DEUXIÈME PARTIE. — Tamara, réfugiée dans un couvent, s'y ennuie. Le Démon, qui s'ennuie de son côté, vient l'y retrouver. — ELLE : *Pourquoi m'aimes-tu?* — LUI : *Pourquoi, ma belle? Hélas, je n'en sais rien!* Afin de l'attendrir, il lui explique sa pénible situation, puis lui promet monts et merveilles; par exemple de lui montrer le fond du puits de science. Offre ridicule, puisque, avec sa science et sa prescience, il s'est fait mettre à la porte du ciel. C'est un démon sans place.

Ne crains pas Dieu; il ne prend garde à nous; il est occupé du ciel, non de la terre. — Mais l'expiation? Les tourments de l'enfer? — Eh bien, tu y seras avec moi!

L'offre devient séduisante, surtout par sa conclusion :

Tout ce que j'ai m'assomme; je m'ennuie à crever... Partageons!

Tamara le supplie de la laisser tranquille; mais le cruel l'embrasse, et ce baiser *corrosif* (жгучий) la tue. — Funérailles sur la cime du Kazbek. Un ange expulse le Malin qui osait réclamer cette âme :

Depuis longtemps nous l'attendions... Elle a souffert, elle a aimé. Le Paradis s'ouvre à l'amour.

C'est la conclusion de Béranger, l'ouvrant tout grand

> A la beauté leste et bien mise
> Que l'on regrette à l'Opéra.

La critique russe s'est égayée de ce démon qui ne lui

semble pas assez sombre. C'est en effet un mal-noirci. D'ailleurs l'œuvre n'est pas homogène; mais l'éclatant coloris et l'harmonie des vers ont justifié le succès du poème[1].

Lermontov est par excellence un poète lyrique; de plus, jeune; la logique sera donc la moindre de ses qualités, et il n'en plaira que davantage aux lectrices. Il est naturel qu'elles ressentent profonde pitié pour un malheureux tué à vingt-sept ans; juste, qu'elles aiment le poète qui les a tant aimées; qui les admira plus que toutes les merveilles, qui se battit pour elles, et brava pour elles les piqûres les plus venimeuses, c'est-à-dire la calomnie au milieu des rumeurs mondaines. Voyez quelle fierté et quelle brutale ironie dans la pièce suivante (écrite en 1830), réponse du poète aux médisants :

Прелестницѣ

(A ma Charmante)

Le monde, c'est-à-dire un ramas d'hypocrites,
Dénie à notre amour toute légalité,
Nous fûmes amoureux sans l'avoir consulté!
Notre cœur s'est ému sans observer les rites,
Brusquement, au mépris du train-train usité,
Sans mettre les gants blancs, sans faire les visites,

Sans frais, sans passe-port, sans avoir entendu
A l'église ronfler l'orgue et la grosse caisse!
S'aimer et, souriant, mordre au fruit défendu,
C'est scandaleux! De quoi vivra le diocèse?
La douairière aux yeux gris s'en pâme sur sa chaise;
Le *Parfait Secrétaire* en est tout morfondu;

Des magots décorés, commentant la nouvelle,
Critiquent, le cigare au bec, ma passion;
Jugent — « que ce jeune homme épris d'une donzelle
Gâte son avenir et sa position;
Que sans dot on ne fait pas de bonne union;
Qu'un mari vieux mais riche eût mieux valu pour elle;

---

1. Mis en musique par Rubinstein.

Que de nos jours surtout, un homme intelligent
Ne s'amourache pas en l'air, à l'étourdie;
Préfère à la beauté qui s'envole l'argent;
Sait que le temps n'est plus des bergers d'Arcadie;
Que la femme est volage et que l'homme est changeant;
Et que l'amour au fond n'est qu'une maladie!... »

Le monde ne m'est rien. S'il nous traite de fous,
Laissons faire, laissons siffler sa médisance!
Lorsque je vis heureux, ma belle, à tes genoux,
Libre à ce monde faux de peser sa finance!
De lui je n'attends rien; il ne peut rien pour nous,
Et notre amour, ma belle, échappe à leur balance.

Marchons tout droit toujours, sans morgue mais sans fard!
Ton cœur est innocent, ma conscience est nette.
Notre amour fut profond dès le premier regard,
Dès le premier baiser notre foi fut parfaite.
Grâce au ciel nous avons pris la meilleure part!
Nous avons le bonheur, dont ils ont l'étiquette.

Viens, jeune fille, viens! Et la main dans la main,
Et les yeux dans les yeux, vivons notre beau rêve!
Viens effeuiller les fleurs et chanter en chemin!
L'amour est immortel, si l'existence est brève.
Radieuse, insensible au jugement humain,
L'étoile du berger sur nos têtes se lève!

O le regard d'une femme, cause de tant de larmes, d'émois et de folies! Faut-il donc que pour mon malheur je ne puisse l'oublier!.. Je veux aimer, j'implore du ciel de nouvelles souffrances...

Comme il était loin d'être un bellâtre (trapu, très brun, l'air maussade), les demoiselles interposaient souvent par malice le petit frère. Et l'officier de soulever le marmot —

> Très gentil!... Mais vous savez comme
> Les compliments sont superflus.
> Quand Dieu t'aura donné quelques pouces de plus,
> Tu seras parfait, mon bonhomme!

et de le reposer vivement par terre. La sœur eût été bien ingrate de n'être pas touchée de ce madrigal :

> Ce n'est pas une beauté grande
> Qui stupéfait les jouvenceaux,
> Qui va remorquant une bande
> D'énamourés, sages ou sots ;
> Elle n'a ni taille divine,
> Ni l'exquis féminin remous
> Qui fait onduler leur poitrine
> Et tomber un homme à genoux ; —
>
> Mais elle a l'indicible grâce,
>   Le rayonnement de l'esprit ;
>   C'est la gentillesse qui passe,
>   C'est un bon ange qui sourit !
> Sa voix réveille en nous les fanfares de fête.
>   Les souvenirs du paradis perdu...
> Et vous êtes épris et vous perdez la tête,
>   Et livrez votre cœur sans l'avoir défendu.

On ne serait pas littérateur, si l'on n'était pas curieux, surtout de ce qui ne nous regarde pas. A ce titre je me pardonne à moi-même la question indiscrète : Qui le poète aima-t-il ? Était-elle noble ou plébéienne ? riche ou pauvre ? brune ou blonde ? — Quel dommage de n'être pas mieux renseigné ! Que Lermontov ait aimé successivement plusieurs belles personnes ; que Biéla et la princesse Méry (dans *Un héros de notre temps*) aient été plus ou moins fidèlement peintes d'après nature, c'est probable ; mais, en tout cas, il n'eut jamais qu'une préférée, sa cousine (ou une amie de sa cousine ?), qu'il aima sans espoir. Il eut cette douleur (de la tendresse incomprise) en partage avec un autre poète, Henri Heine, dont il a du reste traduit plusieurs poésies écrites dans une semblable disposition d'esprit. Jamais il ne l'oublia ; c'est elle qu'il voyait toujours dans d'autres amours passagères ; c'est d'elle qu'il parlait encore aux jeunes filles qu'il admirait :

Si belle que tu sois, ce n'est pas toi que j'aime;
La flamme de tes yeux n'échauffe pas mon cœur,
Et ton aspect ne peut que réfléchir l'emblème
De la jeunesse heureuse et de l'amour vainqueur.

A travers ta beauté je cherche une autre image;
Quand tu parles j'entends vibrer une autre voix,
Et mon âme tressaille à ce lointain langage,
A ce ressouvenir des chansons d'autrefois.

Celle que j'aime c'est ma compagne d'enfance !
La mort n'a point rompu l'accord mystérieux;
De sa voix la voix douce est une résonnance,
Et ton plus doux regard un reflet de ses yeux.

En résumé, Lermontov me semble romantique par le fond, et classique par la forme. Il a exagéré les qualités de son maître; transcrit, en les diésant à l'excès (ce que Chopin faisait dans le même temps pour la musique), les mélodies de Pouchkine. Nul doute que l'âge n'eût développé son génie; et la voix secrète dont il parle dans ses *Stances* (11 juin 1830) ne mentait pas, quand elle lui promit l'immortalité.

Avec Gogol, nous revenons de l'empyrée sur la terre. La littérature devient *réelle*, selon le vœu de Biélinski — « que la poésie réponde aux questions du temps ou, si elles sont insolubles, sympathise et s'afflige avec nous ! » Outrée, cette imprudente théorie aboutira aux versicules de circonstance, à l'épithalame d'une voisine, au pamphlet contre un huissier, au *baptême du petit ébéniste*; la poésie, mêlée à nos querelles, froissera ses ailes sans nous rendre plus sages, car les hommes mépriseront la muse qu'ils oseront tutoyer. Mais enfin, bonne ou mauvaise, cette tendance fut, au dire général, favorisée par *Gogol* (1810-1852).

Fils d'un petit propriétaire du gouvernement de Poltava, Nicolas Gogol vint, après des études médiocres, chercher fortune dans la capitale. Il observa, à 100 francs par mois, l'existence bureaucratique qu'il a raillée si amèrement; ses *Nouvelles* lui attirèrent la renommée et l'amitié de Joukovski, lequel lui procura une chaire d'histoire dans un lycée de filles, puis à l'Université, puis mieux que cela : une pension de 5,000 roubles, et la permission de séjourner en Italie. C'est à Rome qu'il apprit la mort de Pouchkine. —

Les jouissances de la vie, l'intérêt que j'y trouvais, disparaissent avec lui. Je n'ai rien entrepris sans ses conseils, jamais écrit une ligne sans me le figurer debout devant moi. Mon œuvre présente (*Les Ames mortes*) qu'il m'a inspirée, qu'il a créée en moi, mon Dieu! je n'ai plus la force de la continuer!

Cet hommage du disciple au maître les honore tous deux. En fait, l'œuvre de Gogol est, disions-nous, la continuation logique de l'impulsion donnée par Pouchkine, lequel avait, par sa netteté d'esprit, par son atticisme, mis la poésie où elle doit être, dans le beau, et trouvé le beau dans le vrai; rendu ridicules les livres mensongers et creux. Étant beau, il devint vrai; Gogol fut si vrai qu'il devint beau. — Les souvenirs du pays natal lui ont inspiré plusieurs Nouvelles : *Taras Boulba*, cette épopée petite-russienne (voir chap. vii); *La Nuit de mai*; *Le vieux ménage*, etc. Son passage dans les bureaux lui inspira *Le Manteau*, devenu classique.

Akaki Akakiévitch est le type du parfait gratte-papier, heureux d'avoir une plume d'oie dans la main. Quel sort que le sien! En échange de son assiduité, il gagne à peine du pain; en même temps plastron et cible, tous les quolibets tombant sur le pauvre hère, mal nourri, mal vêtu, sans paletot. L'hiver est terrible à Saint-Pétersbourg; pourtant Pétrovitch même, tailleur à façon dans une mansarde, refuse de rapiécer la loque d'Akaki. Enfin, à force de privations, Akaki achète un paletot, avec col en peau de chat : c'est moins cher et aussi beau que la martre. Ses facétieux collègues l'invitent à un thé, le retiennent tard dans la nuit, et l'infortuné, regagnant par des rues désertes son taudis, est dépouillé (pour rire un peu!) du précieux paletot — « du plus beau jour de sa vie. » Son désespoir eût attendri des pierres. Or, ses chefs, ennuyés de ses plaintes, le raillent et le congédient. Akaki rentre, se couche avec une pneumonie, et meurt en deux jours... Mais on assure que des fonctionnaires huppés, des conseillers auliques même, furent parfois attaqués par un revenant et dépouillés de leur manteau. Dans les environs du pont de X, une ombre terrible rôda longtemps, quand soufflait la bise, guettant l'enrichi, et lui posant sur l'épaule la main redoutable du spectre de la misère.

Les deux chefs-d'œuvre de Gogol sont : *Les Ames mortes* et la comédie *L'Inspecteur* (1835). Une anecdote contée par Pouchkine[1] lui en donna, dit-on, le sujet, qui rappelle le proverbe russe : *Donne-moi en pension une vache du gouvernement, je nourrirai tout mon troupeau.* — De même que le malfaiteur voit partout l'ombre du gendarme, ainsi les fonctionnaires d'une ville de province, troublés par leur conscience, soupçonnent en Khlestakov, jeune Pétersbourgeois, joueur décavé mais *bien mis*, un inspecteur voyageant incognito. Après le réjouissant aveu d'invraisemblables concussions, les coupables, tremblant que le pot-aux-roses ne soit découvert devant la justice, ont recours au moyen classique : graisser la patte. Khlestakov est choyé, promené, empiffré, et les billets de banque lui sont glissés dans toutes les poches. D'abord décontenancé, le drôle entre dans le jeu, puis décampe. La mystification est à peine dévoilée, qu'un gendarme annonce l'arrivée d'un véritable inspecteur.

Si jamais volée de bois vert a dûment redressé la moelle épinière à quelqu'un!... Onc n'avaient messieurs les fonctionnaires reçu pareille bastonnade. Cette hardie satire eut la chance inouïe d'être jouée sur l'ordre de l'empereur Nicolas; elle hâta sans doute l'émancipation; et, quoiqu'elle

---

[1]. Un voyageur pris pour émissaire du ministre et fêté comme tel. — L'idée était dans l'air. Dans *La petite ville* de KOTZEBUE, l'étudiant Olmers est pris pour un ministre; le *Schlemihl* de CHAMISSO est pris pour un roi; etc.

n'ait plus, Dieu merci, qu'un intérêt rétrospectif, elle a gardé sur la scène son épanouissante gaîté.

Voici la première scène; et, à la suite, quelques extraits, *passim*, du second acte.

LE GOUVERNEUR [1], LE DIRECTEUR DE L'ASSISTANCE PUBLIQUE, L'INSPECTEUR DES ÉCOLES, LE JUGE, LE COMMISSAIRE, UN MÉDECIN. — AGENTS DE POLICE.

LE GOUVERNEUR (Antoine Antonovitch).

Je vous ai convoqués, Messieurs, pour vous communiquer une nouvelle fâcheuse : il nous vient un inspecteur.

LE JUGE (Ammos Fédorovitch).

Comment, un inspecteur ?

LE DIRECTEUR DE L'ASSISTANCE PUBLIQUE (Artémi Philippovitch).

Comment, un inspecteur ?

LE GOUVERNEUR

Un inspecteur... de Pétersbourg... incognito. De plus, avec des instructions secrètes.

AMMOS FÉDOROVITCH

Sacristi !

ARTÉMI PHILIPPOVITCH

On était bien tranquille, — et vlan ! il vous tombe une tuile !

L'INSPECTEUR DES ÉCOLES (Lucas Loukitch).

Seigneur Jésus ! Et avec des instructions secrètes !

LE GOUVERNEUR

On eût dit que je sentais cela !... Toute la nuit dernière j'ai rêvé de deux gros rats... oh ! d'une taille ! et noirs, poilus ! Ils vinrent,

---

1. A peu près le grade de sous-préfet, — de préfet, quand la ville est plus importante.

reniflèrent et déguerpirent. Du reste, je vais vous lire la lettre que j'ai reçue d'André Tchmykhov, — que vous connaissez, Artémi Philippovitch. Voici donc ce qu'il m'écrit : « Cher ami, compère et bienfaiteur... (Il marmotte, en parcourant la lettre des yeux)... pour l'informer »... Ah, j'y suis! « Je m'empresse, entre autres, de t'informer qu'un fonctionnaire vient d'être délégué à l'inspection de la province et notamment de notre district (Il lève le doigt avec expression). Je tiens la chose d'une source sûre; on m'affirme qu'il se présentera sans flâ-fla, en civil. Comme je sais que tu as, tout comme un autre, quelques peccadilles sur la conscience, en homme intelligent qui ne crache pas sur les petits profits... » (s'arrêtant)... ici, des affaires privées... « je te conseille d'être prudent; il peut arriver d'une heure à l'autre, en admettant qu'il ne soit pas déjà installé incognito... Hier... » ici encore des affaires de famille : « Ma sœur Anna Kirilovna est arrivée chez nous avec son mari; Ivan Kirilovitch a beaucoup engraissé et racle toujours son violon... » Et cœtera, et cœtera! Vous voilà renseignés!

###### AMMOS FÉDOROVITCH

C'est tout simplement phénoménal,... phénoménal! Il y a anguille sous roche.

###### LUCAS LOUKITCH

Voyons, Antoine Antonovitch, pourquoi, je vous prie, pourquoi nous envoyer un inspecteur?

###### LE GOUVERNEUR (avec un soupir).

Pourquoi? hélas! C'est la fatalité!... — Jusqu'à présent, grâce au ciel, ils s'étaient abattus sur les autres villes. Notre tour est arrivé.

###### AMMOS FÉDOROVITCH

Je crois, Antoine Antonovitch, qu'il y a là-dessous un mobile plus délicat... politique. J'entrevois le bout de l'oreille : la Russie... n'est-ce pas?... veut faire la guerre; alors le ministère envoie un fonctionnaire savoir s'il n'y aurait pas de trahison dans l'air.

###### LE GOUVERNEUR

Quelle idée! Vous radotez, l'ami! De la trahison dans une ville de province? A cent lieues de la frontière! On crèverait vingt chevaux avant de sortir de l'empire.

###### AMMOS FÉDOROVITCH

Vous avez beau dire... Écoutez-moi !... Le gouvernement a une arrière-pensée subtile ; la distance ne prouve rien, et n'empêche que la moutarde ne lui monte au nez.

###### LE GOUVERNEUR

Enfin, que la moutarde lui monte au nez ou ailleurs,... moi, Messieurs, je vous ai prévenus. Attention ! J'ai pris de mon côté quelques mesures, et vous conseille le même jeu. A vous particulièrement, Artémi Philippovitch ! Il est évident que le fonctionnaire voudra d'abord visiter les services de l'Assistance publique... Tâchez que tout soit en ordre ; que les bonnets de coton soient propres et que les malades ne ressemblent pas à des fumistes, — et va comme je te pousse !

###### ARTÉMI PHILIPPOVITCH

Soit ! Ce n'est pas une affaire !.. On peut leur donner des bonnets de coton, même propres.

###### LE GOUVERNEUR

Oui. Il serait bon aussi de spécifier au-dessus de chaque lit en latin, ou dans une langue quelconque — c'est de votre compétence, cela, Christian Ivanovitch — la maladie, avec la date exacte, etc. Il n'est pas décent que vos malades fument du tabac si fort, que la fumée vous prenne à la gorge en entrant. Il vaudrait même mieux qu'il y eût moins de malades ; on dira que c'est défaut de surveillance ou ignorance du médecin.

###### ARTÉMI PHILIPPOVITCH

Oh ! pour le traitement nous sommes d'accord avec Christian Ivanovitch : le mieux est de suivre la nature ; — nous n'employons jamais de remèdes coûteux. L'homme est un être simple ; s'il doit mourir, il meurt, et guérit, s'il doit guérir. D'ailleurs, pourquoi Christian Ivanovitch écouterait-il leurs doléances ? Il ne sait pas un mot de russe.

###### CHRISTIAN IVANOVITCH

(Voyant qu'on parle de lui, émet un son inarticulé).

###### LE GOUVERNEUR

A vous aussi, Ammos Fédorovitch, je conseillerais de revoir le tribunal et le greffe. Dans la salle d'attente, vos huissiers ont élevé des oies ; et les oies et leurs oisillons se fourrent dans les jambes des plaignants. L'économie domestique est une bonne chose, évidemment ; et pourquoi la défendre aux huissiers ? Seulement, vous comprenez ?... dans un palais de justice ce n'est pas convenable... Depuis longtemps je voulais vous en faire la remarque, mais j'ai oublié.

###### AMMOS FÉDOROVITCH

Parbleu, je les ferai dès aujourd'hui battre en retraite... dans la cuisine. A votre service, si vous voulez venir dîner.

###### LE GOUVERNEUR

Autre chose encore... C'est mauvais genre d'étaler là toutes les nippes, comme dans un séchoir... et de placer au-dessus du bureau votre fouet. Je sais bien que vous aimez la chasse ; mais il vaut mieux l'ôter de là, provisoirement ; quand l'inspecteur aura tourné les talons, vous l'y remettrez. Enfin, votre assesseur... C'est un homme érudit, soit ! Mais il exhale une telle odeur... comme s'il sortait du cabaret. Ce n'est pas convenable. Je voulais depuis longtemps vous en dire deux mots, mais je fus distrait par je ne sais quoi. Il y a des remèdes à cela, quand bien même, comme il le prétend, ce serait une odeur innée ; on pourrait lui conseiller de manger de l'oignon ou de l'ail, ou je ne sais quoi. Dans ce cas là, Christian Ivanovitch indiquerait un médicament.

###### CHRISTIAN IVANOVITCH

(Émet le même son inarticulé.)

###### AMMOS FÉDOROVITCH

Non, c'est chronique ; il paraît que, étant tout petit, sa nourrice le fouetta trop fort ; depuis ce temps il sent l'eau-de-vie.

###### LE GOUVERNEUR

Vous savez, ce que je vous en dis !... Quant aux dispositions intérieures et quant à ce que André Ivanovitch appelle dans sa lettre des peccadilles — j'y perds mon latin ! C'est un point de vue bizarre... Voyons, quel est l'homme qui n'ait pas quelque péché sur la conscience ? Le pourboire est d'institution divine ! Les Voltairiens n'y changeront rien.

###### AMMOS FÉDOROVITCH

Qu'entendez-vous, Antoine Antonovitch, par : des péchés ? *Distinguo* ! Je le dis tout haut, franchement, que j'ouvre la main sans bégueulerie ; mais pour prendre quoi ? Un lévrier quelconque. C'est tout différent !

###### LE GOUVERNEUR

Accepter un lévrier ou autre chose, — c'est toujours avoir la patte graissée.

###### AMMOS FÉDOROVITCH

Pardon ! Ah, si, par exemple, je vois tel ou tel accepter une fourrure valant cinq cents roubles, et pour sa femme un châle valant...

###### LE GOUVERNEUR (vexé de l'allusion).

Et savez-vous pourquoi vous acceptez des lévriers ? Parce que... parce que vous ne croyez pas en Dieu ! Jamais vous n'allez à l'église ! Moi du moins j'ai des principes... des principes religieux ; je vais à la messe tous les dimanches. Tandis que vous... Oh, je vous connais ! Quand vous racontez la création du monde, vous nous faites dresser les cheveux !

###### AMMOS FÉDOROVITCH

Bah ! chacun a son point de vue, et j'ai trouvé le mien.

###### LE GOUVERNEUR

N'importe ! Il y a plus de danger à être trop savant qu'à être totalement bête... Du reste à quoi bon parler de la justice et des tribunaux ? Le diable m'emporte, si jamais quelqu'un vient y fourrer son nez ! C'est une arche sainte, que Dieu protège lui-même. — Mais vous, Lucas Loukitsch, en qualité d'inspecteur des écoles, vous devriez surveiller un peu votre personnel. Gens instruits, vos professeurs, parbleu ! élevés dans maintes facultés ; mais ils affectent des procédés bizarres... inhérents, paraît-il, au professorat. L'un d'eux, par exemple, vous savez, celui qui a une si grosse tête... j'ai oublié son nom... à peine monté en chaire, il fait cette grimace (*il l'imite*), puis se met à se gratter le cou et à se caresser la barbe. Qu'il fasse une telle gueule devant des élèves, c'est licite, nécessaire peut-être dans sa profession... je n'y suis point compétent... Mais, jugez vous-même, — devant un inspecteur, ce serait fâcheux; il pourrait se vexer, prendre cela pour lui. Les conséquences seraient graves.

### LUCAS LOUKITCH

Je n'y puis rien. Plus d'une fois, je lui en ai fait la remarque. L'autre jour encore, à l'entrée du directeur, il a grimacé à faire peur au diable. Il le fait par bonté d'âme, et moi j'aurai des reproches! On dira que je laisse inoculer à la jeunesse la libre-pensée!

### LE GOUVERNEUR

Je vous signale aussi votre professeur d'histoire. Un vrai savant, cela se voit, enfoncé dans les brouillards de l'érudition; mais, en chaire, il ressemble à un fou furieux. Je l'ai entendu une fois : tant qu'il traita des Assyriens et des Babyloniens, ce fut tolérable; mais, arrivé à la Macédoine, il tomba sur Alexandre et la tempête fut déchaînée. Je crus qu'il y avait le feu! Il bondit hors de sa chaire, brandit une chaise et, de toute sa force, la projette sur le plancher! Sans doute Alexandre le Macédonien était un héros; mais pourquoi briser les chaises? Ce sont des frais pour la caisse publique.

### LUCAS LOUKITCH

Oui, il s'emballe... Je le lui ai reproché quelquefois. Il m'a répondu : « A votre aise! Moi je donne ma vie pour la science! »

### LE GOUVERNEUR

Oui, c'est une loi inexplicable de la nature : un homme intelligent devient ivrogne ou grimacier comme un singe.

### LUCAS LOUKITCH

Ah, le professorat, quel rude métier? Et l'on est espionné, et contrôlé et conseillé de tous les côtés! Car chacun veut jouer au savant et paraître ferré sur la pédagogie.

### LE GOUVERNEUR

Tout cela, — autant de vétilles, n'était ce satané incognito! Un museau de fouine qui passe là tout à coup : « Ah, mes amis, vous voilà! Et qui de vous est le juge? — Liapkine-Tiapkine. — Amenez-moi Liapkine-Tiapkine! Et qui est directeur de l'Assistance publique? — Zemlianik. — Amenez-moi Zemlianik! » Voilà le fléau!

### KHLESTAKOV. — OSIP (son valet).

**OSIP**

L'hôtelier a dit qu'il ne vous donnerait plus à dîner.

**KHLESTAKOV**

Comment? Il aurait le toupet? Voyons, tu veux rire?

**OSIP**

Et même il a dit : J'irai me plaindre au gouverneur. Voilà trois semaines que ton maître ne paie pas. Toi et ton maître, vous êtes des filous. Je m'y connais! J'en ai vu, de ces farceurs-là!

**KHLESTAKOV**

Et toi, sale bête, tu es content de rapporter ces compliments-là?

**OSIP**

Et même il a dit : Ne nous gênons plus! Ça vient, ça s'installe, prend tout à crédit; puis impossible de les expulser!... On ne se moque pas deux fois de moi, non! Tout droit je dépose ma plainte; on t'arrête mon individu et me le fourre en prison!

**KHLESTAKOV**

Va dire à l'hôtelier de monter. (Osip sort). — Je crève de faim. J'ai fait une petite promenade pour oublier l'heure du repas; l'appétit n'en est que plus vif. Oui, si je n'avais pas nocé à Pensa, j'aurais eu assez d'argent pour retourner à la maison. Ce capitaine d'infanterie m'a plumé jusqu'au sang! Canaille! Il s'entendait à filer la carte! En un quart d'heure, il m'a mis nu comme un petit saint Jean. N'importe, je voudrais bien refaire une partie avec lui! Mais cours après!... Quelle sale ville! Pas une baraque où l'on vous prête cent sous! C'est simplement scandaleux!.. (Il sifflote un air de *Robert le Diable*). Et personne ne monte! Ah!

**UN VALET**

L'hôtelier fait demander ce que vous désirez.

**KHLESTAKOV**

Bonjour, mon garçon! Ça va bien?

LE VALET

Dieu merci !

KHLESTAKOV

Et les affaires ? Ça marche dans l'hôtellerie ?

LE VALET

Oui, ça marche, Dieu merci.

KHLESTAKOV

Beaucoup de clients ?

LE VALET

Suffisamment.

KHLESTAKOV

Écoute, mon ami, on ne m'a pas encore apporté à dîner ; je t'en prie, dépêche-toi.. Aussitôt après dîner, j'ai à m'occuper d'une affaire pressée.

LE VALET

Le patron a dit qu'il ne vous avancerait plus rien. Pour un peu, il serait allé aujourd'hui se plaindre au gouverneur.

KHLESTAKOV

Se plaindre ? Voyons, mon cher, juge toi-même, je ne peux pas vivre de l'air du temps ! Je n'aurais bientôt plus que la peau sur les os. J'ai très faim, sans plaisanterie !

LE VALET

Oui, mais le patron a dit : Je ne lui donnerai pas à manger, tant qu'il n'aura pas payé ce qu'il doit déjà. — Voilà ce qu'il a dit.

KHLESTAKOV

Va lui expliquer... fais lui enfin entendre raison.

LE VALET

Lui dire quoi ?

KHLESTAKOV

Lui dire sérieusement que j'ai faim. Quant à l'argent... Ah, ça, il s'imagine donc qu'on a comme lui un estomac de paysan, qui mange ou ne mange pas, comme ça se trouve ? Il a un grain, ton patron ? *(Le valet sort.)*

OSIP (entrant vivement).

Le gouverneur vient d'arriver en bas et il s'informe de vous.

KHLESTAKOV (effrayé).

Que le diable !... Cette brute d'aubergiste a déposé sa plainte ! Est-ce qu'on va réellement me fourrer en prison ?... Si j'essayais en le prenant de haut ?... En prison, moi ? Je ne veux pas, je ne veux pas !... Il y a des officiers qui se promènent, du monde comme il faut, et j'ai déjà donné le ton, indiqué le chic ; j'ai déjà échangé des œillades avec la fille d'un commerçant... Je ne veux pas ! Est-ce qu'il aurait vraiment l'audace de me ?... Suis-je un vulgaire épicier ? (Il se redresse et s'encourage). Je vais lui dire carrément : Ah ça l'ami, vous osez... (On entend tourner la clef ; Khlestakov perd contenance.)

---

KHLESTAKOV. — LE GOUVERNEUR. — DOBTCHINSKI [1].

LE GOUVERNEUR

à peine entré, s'arrête. Tous trois, intimidés, se dévisagent, puis baissent les yeux.

LE GOUVERNEUR

(se redresse un peu et prend la position militaire.) Je vous souhaite la bienvenue !

KHLESTAKOV

Votre serviteur, monsieur !

LE GOUVERNEUR

Veuillez excuser, si je...

KHLESTAKOV

Comment donc !

LE GOUVERNEUR

Administrateur de cette ville, j'ai le devoir de veiller au bien-être et à la sécurité des voyageurs et de tous les honnêtes gens...

1. Un petit rentier brouillon, bavard et curieux, qui accompagne le gouverneur. Celui-ci, persuadé que Khlestakov n'est autre que l'inspecteur redouté, prend les devants.

### KHLESTAKOV

(Brouillé, mais peu à peu affermit sa voix.)

Que faire aussi ? Ce n'est pas ma faute... Oh ! je paierai... On va m'envoyer de l'argent de chez moi. C'est la faute de l'aubergiste : il me sert du bœuf coriace ; sa soupe... de l'eau croupie ; je l'ai jetée par la fenêtre... Il m'affame positivement... Son thé ? supposez du foin sentant le poisson ! Et c'est pour cela que j'irais... C'est raide !

### LE GOUVERNEUR (tremblant).

Excusez, la faute ne m'incombe point. A mon marché le bœuf est toujours excellent. Il est apporté par des marchands de Kholmogor, de braves gens, qui ne se grisent pas. Je ne sais pas où il est allé chercher du mauvais bœuf. Du reste, puisqu'il en est ainsi... permettez-moi de vous offrir un tout autre logement.

### KHLESTAKOV (d'une voix ferme).

Non, je ne veux pas ! Je sais ce que vous entendez par un tout autre logement ! La prison. Et vous oseriez ?... Mais savez-vous bien que je suis fonctionnaire à Pétersbourg !... Que suis... que je suis...

### LE GOUVERNEUR (à part).

O Seigneur mon Dieu ! Quelle colère ! Il sait tout !!... Les maudits marchands lui ont tout raconté.

### KHLESTAKOV (payant d'audace).

Amenez, si vous voulez, tout un régiment... Je n'irai pas ! Je vais prévenir directement le ministre ! (Il frappe du poing la table). Qui êtes-vous, près de moi ?

### LE GOUVERNEUR
(En position militaire, — tremblant de tout son corps.)

Grâce ! Ne me perdez pas ! J'ai une femme et des petits enfants... Ne causez pas notre ruine !

### KHLESTAKOV

Non, je ne veux pas ! En voilà bien d'une autre ! Sous prétexte qu'il a femme et enfants, j'irais en prison ! Non, pas de ces histoires-là[1] !

1. Le jeu de scène complète l'idée, qui est ici un peu vague : Khlesta-

###### LE GOUVERNEUR (tremblant).

Par inexpérience, mon Dieu, par inexpérience... Par insuffisance de traitement. Jugez vous-même; mon traitement officiel ne suffit pas au thé ni au sucre. Si j'ai reçu des pots-de-vin, ils étaient tout petits : quelques bourriches de gibier, quelques pièces d'étoffe. Quant à la veuve du sous-officier, établie maintenant commerçante, on prétend que je l'ai fait fouetter... C'est pure calomnie, par le Ciel! Mes ennemis ont forgé cette invention-là; au milieu de ce sale peuple, ma vie n'est pas en sûreté!

###### KHLESTAKOV

Mais je n'ai rien à faire avec ces gens-là... (Pensif). Je ne sais pas d'ailleurs pourquoi vous me parlez de vos ennemis et d'une veuve de sous-officier... Fouetter la femme d'un sous-officier, passe encore[1]! Mais n'osez jamais me faire fouetter, moi! Vous n'avez pas le bras assez long... Voyez-moi cet aplomb! Parbleu, je dois... eh bien, je paierai! Mais maintenant je n'ai plus un sou et c'est pourquoi je ne puis bouger d'ici.

###### LE GOUVERNEUR (à part).

Ah, le rusé compère! Comme il sait vous jeter de la poudre aux yeux et vous embrouiller un écheveau! On ne sait plus par quel bout le prendre... Je vais risquer le paquet... Advienne que pourra! Je le risque au petit bonheur. (Haut) Si vous avez besoin d'argent ou de n'importe quoi, je suis prêt à vous obliger... Mon devoir est d'assister les voyageurs.

###### KHLESTAKOV

C'est cela, prêtez-moi de l'argent et je réglerai le compte de l'aubergiste. Prêtez-moi deux cents roubles, ou même moins.

###### LE GOUVERNEUR (présentant des billets).

Juste deux cents... Ne prenez pas la peine de compter.

---

kov a peur de la prison pour dettes, et le gouverneur croit qu'il craint (à son retour à Pétersbourg) la prison allouée aux inspecteurs trop indulgents.

1. La loi le défendait, précisément; d'où les transes du gouverneur que cet abus de pouvoir ne soit ébruité.

#### KHLESTAKOV (prenant l'argent).

Grand merci! Je vous retournerai l'argent dès mon arrivée... Je me suis trouvé dégarni à l'improviste... Mais vous êtes un brave homme, je vois cela. Maintenant les choses changent de face.

#### LE GOUVERNEUR (à part).

Le ciel soit béni! Il a pris l'argent. On va s'entendre en douceur; au lieu de deux cents roubles, je lui en ai glissé quatre cents.

#### KHLESTAKOV

Eh, Osip! (Osip entre). Appelle-moi le garçon d'office. (Au gouverneur et à Dobtchinski.) Mais pourquoi rester debout, Messieurs? De grâce, asseyez-vous!

#### LE GOUVERNEUR

Non pas! Nous pouvons rester debout.

#### KHLESTAKOV

Asseyez-vous, je vous prie. Je vois maintenant que j'ai devant moi de bonnes et braves gens; Un peu plus, j'allais croire que vous étiez venus pour me fourrer... Mais asseyez-vous donc!

#### LE GOUVERNEUR (à part).

Il faut faire un pas de plus. Le drôle veut qu'on respecte son incognito. N'ayons pas l'air de soupçonner qui il est, et parlons à côté de la question avec un petit ton dégagé. (Haut.) J'étais en tournée de service, précisément avec Pierre Ivanovitch Dobtchinski, rentier, quand nous eûmes l'idée d'entrer à l'hôtel, pour vérifier si les voyageurs sont bien traités; car je ne suis pas, moi, de ces gouverneurs qui se désintéressent de ce souci-là; ne fût-ce — sans considération de service, — que par charité chrétienne, je veux que mon prochain soit bien accueilli — et voilà! Je suis récompensé de ma sollicitude par votre agréable connaissance.

#### KHLESTAKOV

Je vous assure que le plaisir est pour moi. Sans vous, je risquais de piétiner sur place; ne sachant vraiment pas comment payer mon hôtelier.

### LE GOUVERNEUR (à part).

Va toujours, conte-nous des bourdes!... Tu ne savais comment payer, farceur! (Haut.) Oserais-je vous demander où vous avez l'intention de vous rendre ensuite?

### KHLESTAKOV

Dans la province de Saratov, où sont mes biens.

### LE GOUVERNEUR
(À part, avec une figure narquoise).

Vraiment? Il vous débite cela sans rougir! Très fort ce gaillard-là! Attention!... (Haut.) Les voyages ont leurs agréments; je sais bien que, d'une part, les postillons vous font enrager; mais d'autre part, quelle distraction pour l'esprit! Du reste, n'est-il pas vrai? vous voyagez pour votre plaisir?

### KHLESTAKOV

Non pas! Mon père me rappelle. Le vieux s'impatiente des lenteurs de mon avancement; il s'imagine qu'à peine arrivé à Pétersbourg, on vous passe à la boutonnière le cordon de Vladimir. Je voudrais bien le voir, lui, se démener dans les chancelleries!

### LE GOUVERNEUR (à part).

Écoutez-moi ce boniment! Et ce vieux père qui arrive là à la rescousse!... (Haut.) Et vous comptez voyager longtemps¹?

### KHLESTAKOV

Je ne sais. Mon père est un vieux bonze, entêté et bête. Mais je lui dirai nettement : A votre aise; je ne puis vivre sans Pétersbourg. Dans le fait, dois-je m'abrutir à vivre avec des paysans? Autres temps, autres mœurs! Mon âme a soif de civilisation.

### LE GOUVERNEUR (à part).

Hein? Comme c'est amené! Il ment, il ment, sans se couper une seule fois! Et il se fait petit, humble, simplet; il semble qu'on

---

1. La phrase est à double sens, c'est-à-dire : 1° Comme inspecteur, votre tournée sera-t-elle longue? 2° Simple particulier, rappelé par son père, resterez-vous longtemps auprès de lui, à Saratov?

l'étoufferait comme un poulet. Attends un peu, mon garçon! Je te tirerai les vers du nez, tout madré que tu sois! (Haut.) Votre remarque est admirablement juste. Que faire dans un trou de campagne? Tenez, ici, par exemple : pas de repos, ni jour, ni nuit; on se dévoue, corps et âme, au bien public — et qui le voit? Qui vous en récompense? (Il examine la chambre.) Il me semble que cette chambre est un peu humide?

#### KHLESTAKOV

Elle est infecte, et pleine de punaises enragées, qui vous dévorent.

#### LE GOUVERNEUR

Que dites-vous? Un hôte si distingué, exposé aux morsures de viles punaises, sale engeance qui n'eût pas due être créée! La chambre paraît d'ailleurs peu claire?

#### KHLESTAKOV

Dites qu'elle est noire. De plus, l'hôtelier a l'habitude de ne pas fournir les chandelles. Qu'il vous prenne envie de travailler, de lire ou d'écrire quelques vers — impossible! Vous n'y voyez goutte!

#### LE GOUVERNEUR

Oserais-je vous prier de... Mais non, je ne suis pas digne d'une telle faveur!

#### KHLESTAKOV

De quoi?

#### LE GOUVERNEUR

Non, non! Ce serait trop d'honneur!

#### KHLESTAKOV

Qu'est-ce donc?

#### LE GOUVERNEUR

Je voudrais m'enhardir à vous proposer... Chez moi, j'ai une belle chambre, claire, confortable... Mais non! Je sens moi-même que je ne mérite pas une telle grâce... Ne vous formalisez pas, au nom du ciel! Je vous offrais cela, moi, simplement, naïvement.

#### KHLESTAKOV

Me formaliser? Pas le moins du monde. J'accepte avec plaisir.

Je serai plus à mon aise dans une maison bourgeoise, que dans cette cambuse.

### LE GOUVERNEUR

Oh, comme c'est aimable de votre part! C'est ma femme qui sera contente! J'ai l'hospitalité à cœur; c'est dans le sang! Surtout quand je reçois un homme distingué. Et ne croyez pas que je veuille vous faire un compliment; je ne sais pas flatter, moi! Je dis ce que j'ai sur le cœur.

### KHLESTAKOV

Vous m'obligez vraiment. Moi de même, je n'aime pas les gens à double masque; aussi suis-je charmé de votre franchise et de votre cordialité; au fond je ne demande et ne désire rien que le respect et la déférence, la déférence et le respect.

Tourguéniev revit l'auteur à Moscou, en 1851. « Je fus frappé du changement survenu. En 1841, Gogol était bien le Petit-Russien trapu et replet; maintenant c'était l'homme amaigri, que la vie avait épuisé. Un mal secret, une inquiétude douloureuse trou...aient ses traits. » Quelles souffrances dut en effet éprouver Gogol en écrivant ses *Ames mortes*, cette description de la Russie d'autrefois! Le servage, les abus, l'engourdissement moral, l'ignorance, la misère épaissie en crasse; maîtres et valets abrutis par la jouissance immédiate ou par une bestiale résignation. Partout la sensation de l'impuissance, de l'écœurement; le paysan ne répare pas sa clôture; le seigneur garde devant lui le même livre ouvert depuis deux ans à la même page. On sent que le brouillard s'étend plus sombre, que la mare croupit plus stagnante, que l'homme a cessé d'espérer, si bien que le passage de la vie à la mort sera presque insensible. Un seul ouvrage m'a causé une impression analogue, le *Moyen âge* de Michelet. Du reste, l'histoire n'est qu'un roman lugubre.

Voici la trame du livre. Le propriétaire payait pour ses serfs une capitation proportionnelle; tant pis si quelques-uns mouraient dans l'intervalle de deux revisions! La capitation inscrite restait due. Or, Tchitchikov, chef douanier révoqué pour fraude, cherche à rétablir sa fortune en proposant à des propriétaires soit gratuitement, soit contre remboursement de la taxe due depuis le décès, la cession de ces serfs défunts, de ces *âmes mortes*; il deviendra, sur papier légalisé, seigneur fictif de serfs imaginaires; mais comme le nom évoque la chose, comme le laboureur suppose le labour, il passera pour un gros propriétaire terrien, jettera de la poudre aux yeux, et dupera le monde. — Les voyages, les négociations de Tchitchikov nous exposent toutes les variétés morales, tous les caractères dépeints avec une précision que le jargon moderne appellerait *cruelle*. Il nous semble avoir voyagé et négocié nous-mêmes; et nous fermons le livre, harassés mais instruits.

Le style est souvent lourd, et l'ouvrage fut élaboré à l'aide de documents péniblement amassés. Gogol voit tous les détails, comme son héros qui « mettait dans sa cassette tous les papiers qui lui tombaient sous la main, jusqu'à une affiche de théâtre. » Il eut la naïveté de prier ses amis « de recueillir pour lui des traits de mœurs pris sur le vif, » oubliant que ce don d'observer n'est pas commun. Il remarque comment se mouche Tchitchikov, comment aboient les chiens, et du concert conclut au village. Ce jeune homme porte au col une épingle à grosse tête : Gogol s'aperçoit qu'elle provient de Toula. Ce tableau d'auberge, à l'huile, représente une nymphe aux seins disproportionnés :

nos grands amateurs, soutiens des arts, en achètent de ce mérite en Italie, sur le conseil de leurs courriers ! — Dans les rues, des tables avec des noix, du savon, du pain d'épice, lequel du reste ressemblait au savon. — Le gouverneur est un brave homme; et quel artiste ! il vous tricote une bourse mieux que ne le ferait une femme.

Gogol avoue sa curiosité (ch. VI.)

J'aime à tout voir, à tout scruter, et veux en ce sens être, quoique Russe, aussi vétilleux qu'un Allemand. »

Il compare (ch. VII) avec amertume le sort de l'écrivain idéaliste, ne servant à ses lecteurs que des confitures, et le sort de l'écrivain naturaliste, peignant la réalité et, par conséquent, offensant le public qui se signe avec pudeur, qui l'accuse

de fouler aux pieds l'humanité, lui dénie cœur et âme et même la flamme divine du talent... Oui, bons lecteurs, vous ne désirez pas voir l'humaine misère dans sa nudité; à quoi bon? dites-vous; ne savons-nous pas nous-mêmes que dans la vie maintes choses sont sottes et méprisables?

Sans doute; mais il est malaisé, nous explique Molière, d'entrer comme il faut dans le ridicule des hommes. Les portraits ressemblent; les figures de Manilov, de Nosdrev, de Sabakiévitch, etc., sont évoquées couramment; et à Gogol s'applique, aussi bien qu'à Molière, le mot de Tourguéniev :

Le monde voit son rire et ne voit pas ses larmes.


## XV

L'ÉCOLE LAÏQUE, GRATUITE ET OBLIGATOIRE (FOYER LUMINEUX. — PHARE. — SOLEIL). — PLANS ET EXPLOITS DES BONAPARTES SCOLAIRES. — POGOSSKI. — GRIGOROVITCH. — NIKITINE. — NÉKRASOV. — KOLTSOV. — MÉI. — TOLSTOI. — PÉDAGOGIE SENTIMENTALE. — PREMIERS RÉSULTATS, TRÈS TOUCHANTS.

J'enrage de voir barbouiller l'esprit russe par des maniaques atteints du diabète pédagogique! Leurs écoliers sont impropres aux champs comme à la ville... Savoir lire et écrire, c'est une bonne chose, parbleu ! Mais cette rage de cultiver la tête du pauvre !... Regardez-les bâtir des palais scolaires, avec sculptures, avec arcades ; cela coûte des millions et on y fabrique des idiots, des poseurs, des ramollis... Ça n'a pas dix-huit ans et ça croit tout savoir, c'est blasé, c'est usé, c'est chauve comme une boule de billard... Et on veut maintenant que le paysan mijote à cette sauce-là ! On devrait bénir Dieu d'avoir jusqu'à présent préservé de cette épidémie au moins l'agriculture ! — Et de fureur Kostanglov crachait par terre (GOGOL, *Ames mortes*).

La question pédagogique est, à première vue, tellement complexe que la moindre controverse aigrit les discoureurs. Est-il bon d'instruire le peuple ? Krylov conseilla la prudence (V, 4) puis se prononça plus franchement (VIII, 7) pour le rasoir affilé contre le rasoir obtus. Gogol en Russie, en France Renan[1], etc., eurent beau prévoir et prédire le danger, l'impulsion était donnée. La littérature, le journalisme, qui se démocratisaient, qui dégénéraient chaque jour en branches commerciales, menèrent le chœur. Que manque-t-il au peuple ? L'instruction. Vous verriez, s'il était instruit, quels talents il émettrait !... Quelles vertus sous sa rude écorce !... etc., et, pour plaider la cause et appâter leur clientèle, ils cherchèrent *les cœurs d'or* sous la blouse, sous le bourgeron. D'où les paysans en sucre candi, peinturlurés par George Sand ; *Agricole*, l'ouvrier sublime d'Eugène Sue ; les voyous divins de V. Hugo ; etc. Jugez un peu, s'ils eussent été lettrés !

Tous les hommes sont frères, car tous sont faits à l'image de Dieu... La barrière sociale ? L'instruction. Donnez l'instruction à l'illettré, et la barrière tombe !

s'écrie Pogosski (Маиорская дочка). Ah ? Il me semble que,

---

[1] « Tandis que ses amis sont atteints de la superstition de l'instruction populaire et proclament qu'elle va guérir tous les maux de la société, Renan reste incrédule et défiant et doute qu'on en puisse attendre les résultats merveilleux qu'on se promet » (Gaston BOISSIER, *Discours à l'Académie française*, 1894).

les hommes n'étant pas également doués, l'enseignement donné produit beaucoup, peu ou rien ; de sorte que la barrière ne tombera pas du tout ; à moins qu'on n'empêche les aristocrates d'apprendre de leur côté... Oh ! nous ne les en empêcherons pas ! Tout le monde sera savant ! L'instruction c'est-à-dire la lumière, pour tous, comme le soleil ! Dès lors, le brouillard se dissipe, les préjugés s'évanouissent ; la bonté qui sommeillait dans l'âme du peuple rayonne sur toute la nation, sur toutes les nations ; *le cœur d'or d'Agricole*, encadré dans le savoir, éblouit le tsar, qui lui cède la place...

Devant le succès de leurs théories, les malins firent un pas de plus, expliquant au peuple que les honneurs de ce monde lui étaient *dus*, et ne seraient que minime compensation de sa longue attente[1] ; et d'innombrables romans s'apitoyèrent sur le pauvre obligé de travailler, sur le pauv' paysan, sur le pauv' cocher, sur la pauv' modiste, etc. ; tous les métiers y passèrent ; puis, sur toutes les infirmités physiques (comme si le gouvernement en était responsable !), sur la pauv' petit' bossue, sur le pauv' petit pied-bot... Bref, sous couleur d'émancipation, d'instruction, de charité (les rubriques variant selon les temps et les lieux), on flatta les mauvais instincts de la populace. Nous les voyons s'épanouir.

Que des écrivains tels que Grigorovitch, Pogosski, Nikitine, Tolstoï et autres, aient cru bien faire, la chose est évidente ; mais la preuve qu'ils se sont fourvoyés est que, malgré leur talent, ils n'ont pu préserver du ridicule leurs thèses, et sont tombés dans le puérilisme ; ou, grâce à leur talent, ont, sans s'en douter, prononcé contre leurs protégés un terrible réquisitoire. Entre beaucoup d'autres, j'ai choisi les écrivains précités, parce que leurs histoires sont recommandées dans les écoles. — Feuilletons les ouvrages

---

[1]. En Russie on n'a pas encore osé dire, comme chez nous, que le gouvernement lui était dû. Mais patience !

de Pogosski. *La Fille du major.* Apothéose de l'éducation mutuelle. La fillette instruite instruit le petit Boris qui, de moins en moins crétin, devient sous-officier, fait la lecture à ses camarades illettrés (il leur lit la Bible, pour les amuser probablement), refuse la croix de Saint-Georges au profit d'un vieux sergent (l'instruction mutuelle élevant l'âme) et finit par épouser la fillette instruite, sa bienfaitrice, devenue veuve après très court mariage, c'est-à-dire presque vierge. (Que toutes les fillettes instruites instruisent tous les petits Boris, comme le désire Pogosski, et tous les petits Boris seront officiers. Il n'y aura plus de simples soldats.) Ajoutez les ingrédients obligatoires : la jeune femme, ange de charité, au chevet du blessé; la sainte vieille femme bénissant son ex-pupille; la sainte vieille Machine et le saint vieux Machin!

*Le musicien.* — Enfant pauvre mais doué d'aptitudes musicales; eût pu être un jour une gloire nationale, si on l'avait nourri jusqu'à trente ans à ne rien faire. Mais la baronne qui s'était intéressée à lui et paya les leçons, ne s'est pas intéressée suffisamment, puisque notre homme *est réduit, après une vie amère, à l'état de musicien de régiment!* Réduit à jouer devant des camarades ignares, devant des caporaux, lui, qui aurait dû briller dans les salons! Triste! Triste!... O! la so-ci-i-été!

*L'alêne.* — Au bord d'une route, dans un taudis, vivent trois enfants avec leur mère ivrognesse. Un canonnier voit ces gnomes, et offre à la mère d'apprendre à lire à l'un d'eux. Philippe devient, quinze ans plus tard, commis de magasin; et un jour que *le canonnier* a besoin d'une *alêne* (?), il entre dans une boutique, et Philippe lui donne la meilleure du paquet. — Ainsi ce troupier a accompli une grande œuvre : il a donné au monde un apprenti mercier. — Et ce bonhomme Nazarytch qui revient au pays après quarante ans d'absence, et n'est reconnu que par un aveugle! Il devient garde-forestier, rencontre une cousine dans le dénûment, avec marmot (père inconnu, naturellement), l'adopte, et lui rabote des jouets... Pour tant de vertu, Dieu lui envoie des visites : un invalide décoré mais bancal, un sacristain; et tous trois prisent à qui mieux mieux. — Ces histoires ne sont que niaises; mais que penser de *Pasestra-Tanjka*, débauchée, à laquelle la misère inspire enfin le repentir et qui ne se marie que plus glorieusement? Elle eût donc été bien sotte de ne pas courir le guilledou. Le récit n'est pas écrit pour les enfants; il s'adresse aux adultes, auxquels Pogosski prêche sans vergogne la réhabilitation des filles perdues. De même dans *Podosinoviki* (Les adultérins), la femme, en l'absence du mari soldat, procrée tant et plus, pour les mêmes raisons qu'indique l'épigramme latine : *Milo domi non est; Milone perinde profecto...*

> Colas parti, son champ reste en friche. On s'étonne
> Que son épouse accouche en son absence, à jeun. —
> Pour cultiver son champ il n'est venu personne;
> Pour cultiver sa femme il est venu quelqu'un.

Ostrogorski remarque (243) que « ce fait donne souvent lieu à la mésintelligence, voire aux coups de bâton. » Mais ici, le héros pardonne saintement et nous est proposé en modèle. C'est honteux ! Soit dit, à l'excuse de Pogosski, qu'il a reproché au peuple sa lâche brutalité envers la femme, son ivrognerie — (il raconte comme un pochard se réveilla devant tout le village dans une mare puante, à côté d'un cochon, digne camarade) — sa superstition, montrant un sorcier, la terreur du village, mystifié par un soldat et réduit à se pendre.

Les défauts du genre sont encore plus sensibles chez *Grigorovitch*. Personnellement il est prolixe, oubliant que la facilité est perfide à l'écrivain. Lui aussi défend les humbles, *les pauvres gens*, « flagelle ceux qui font souffrir le peuple. » Eh bien, s'il a eu l'intention de le faire aimer, il a manqué son but; ses ouvrages (10 volumes) suffisent amplement à nous en dégoûter. Ex. : *Mère et Fille* : Mariette fut une beauté de village. Elle est devenue folle, parce que, après une journée de fête, on l'a réveillée en sursaut, en lui apprenant la mort de son enfant (père inconnu, naturellement). Ses frères l'ont rouée de coups... Maintenant, elle erre échevelée, en loques, et presse sur son sein un bâton auquel elle donne à téter ! — *Le Village* : Une vachère meurt en couches. Long martyre de l'orpheline élevée par les paysans à coups de pied. Mariage malheureux. Elle meurt. Le mari ivrogne jette sur un traîneau le cercueil mal cloué, et galope sans souci de sa fille qui court, en hurlant de douleur, derrière l'attelage. « Ceci est l'exacte et nue vérité. » (Note de Ostrogorski.) — *Pauvre gueux* (Бобыль) est un exemple de l'apitoiement sur les métiers. Le zingueur a quatre-vingts ans et monte encore sur les toits, etc.

Et quand on le traîna dans la rue, quand la pluie *inexorable* lui *piqua les reins*, quand les loques gelées de sa chemise gonflées par le vent furieux, fouettèrent sa poitrine exténuée, le vieillard souleva la tête, et ses lèvres décolorées semblèrent demander grâce; mais les hurlements de la tempête farouche étouffèrent les paroles du martyr..., etc., etc. »

C'est idiot. — *Les Colons* (Переселенцы), roman digne d'Eugène Sue. Un enfant est volé par des vagabonds. Description de la vie nomade. Après maintes aventures, l'enfant et le père se retrouvent. Effusions. — Les candidats truands trouveront là des renseignements utiles ; mais le lecteur se demande piteusement, s'il n'y aurait pas moyen de refouler cette vermine vers le pôle nord ? Jamais romancier ne me fera non plus aimer les orgues de Barbarie (ou de Berberi). Si les joueurs sont valides, qu'ils travaillent ! S'ils sont infirmes, qu'un hôpital les reçoive ! Enfin, qu'ils se taisent !

Grigorovitch a longuement parlé du paysan qui trouve que la terre est trop basse ; qui, s'il est dans le steppe, devient vagabond ; s'il est près des fabriques, est séduit par le gain plus rapide, et se corrompt dans les orgies du faubourg. L'auteur conclut que la ferme vaut mieux que la mansarde. Sans doute; mais si l'ouvrier n'est sobre que lorsque le cabaret est trop éloigné, il est déjà ivrogne.

*Nikitine* (1824-61) avait vu de près l'ivrognerie et ses suites, querelles, rixes, la ruine, à la maison, chez son père descendu cabaretier. Doué, laborieux, autodidacte, il émergea de cette tourbe, et conclut naïvement que les mêmes lectures guériraient tous les estomacs. Il crut à la régénération du bon peuple, à sa noblesse innée, à tout ce dont nous avons fait en France l'amère expérience, et il a narré les souffrances du pauvre. Or, comme il avait du talent, ses récits sont pires qu'une satire. Quel est ce paysan à qui « Dieu donna force, intelligence, âme tiède » et qui s'enivre bestialement? *C'est la misère!*... Est-ce la misère qui le pousse à brutaliser femme et enfants, qui l'empêche de nettoyer son logis? Est-ce le diable qui tue son cheval? (dans Поминки, L'Obit.) Ce hideux maraud écorche la bête morte sous ses coups, et porte sa peau encore moite (кожу сыpyю) au cabaret;

il y chante, il y braille, et ses compagnons d'applaudir. Bravo! Il chante l'obit, le *De profundis* de sa rosse! — Fainéantise, voracité, mendicité... La créature, image de Dieu, est défigurée.

En effet. Et ce meunier (dans Хозяинъ) qui festoie avec une commère, tandis que sa femme sanglote devant son fils mourant, tandis que l'autre fils (pour compléter le tableau), pâle et hâve, devenu fou sous la trique paternelle, fait des grimaces et gratte un bâton qu'il prend pour un violon!...
Nikitine de s'écrier:

Oh, lugubre intérieur, lugubre comme la vue de l'échafaud... parce que ici trop peu de lumière, parce que ici la pensée reste sans réponse, parce que ici il n'y a ni joie ni caresses!...

La femme et les enfants ne comptent donc pas pour ces infortunés paysans? Quant à leurs souffrances en plein air, oh! oh!

Chaleur insupportable... Le ravin déboisé!...

Ils trognonnent les arbres, et se plaignent de n'avoir pas d'ombre.

Les champs, les prés à perte de vue! Et le soleil les brûle sans pitié! (Nekrasov.)

Il faudrait leur tenir une ombrelle.

Une pièce célèbre de Nikitine : *Le grand-père*, dépeint le sort lamentable du pauvre, quand il est vieux. Tâchez de pleurer.

>   Tête chauve et la barbe blanche !
>   Bonhomme grand'père est assis
>   Et trempe en eau pure une tranche
>     (Pour dîner) de pain bis.
>
>   Les ans, les jours ont fui rapides ;
>   Et sur son visage amaigri
>   Le deuil a dessiné ses rides,
>     Le chagrin s'est inscrit.
>
>   Il a vu sa force décroître,
>   La clarté de ses yeux baisser
>   Et ceux qu'il aimait reposer
>     Sous les pierres du cloître.
>
>   Hélas, il est seul aujourd'hui !
>   Sur son poêle, débris antique,
>   Il n'a qu'un chat, vieux comme lui,
>     Perclus, paralytique.
>
>   De quoi vit-il ? Il faut bien peu
>   Au pauvre bonhomme pour vivre ;
>   Il tresse des chaussons, les livre...
>     Puis s'en va prier Dieu.
>
>   Il va, s'agenouille et murmure
>   Derrière un pilier, près du seuil ;
>   Il bénit Dieu qui fit son deuil, —
>     Cœur soumis, âme pure.

> Il mourra sans peur, — aimant mieux
> Différer pourtant le voyage...
> Où puisas-tu tant de courage,
> Bonhomme, pauvre vieux ?

Ostrogorski remarque avec raison que cette résignation ressemble à l'abrutissement (близко граничитъ съ тупымъ равнодушіемъ къ добру и злу).

Peuvent-ils faire aimer le peuple, ces tableaux du Кулакъ (Le coup de poing) où Nikitine nous montre le gars tordant le cou aux oiseaux pour s'amuser, volant dans le tiroir paternel sans scrupule et sans crainte; puis, marié, mangeant la dot, battant sa femme, vendant sa fille... Nikitine prétend morigéner ces brutes-là? Lectures et conférences agissent moins qu'une corde au cou. — Quand les récits du poète ne sont pas odieux, ils sont ridicules; témoin son *Tailleur* pour lequel il a rafistolé toutes les loques romantiques. Un enfant tombe dans l'escalier, et se foule le pied. Devient tailleur, état sédentaire. D'ailleurs, laid, maladif; donc, il se marie. Femme meurt en couches... Fille chétive, poitrinaire... obligée de travailler... crache le sang. Pauvre père avec béquilles va supplier fossoyeur creuser tombe gratuitement pour épargner dépense à fille chérie. Fille chérie pleure dans le silence... etc. « O lugubre intérieur! parce qu'ici trop peu de lumière » (*bis*). Chœur des philanthropes : Instruisons donc le peuple pour sécher ses larmes!

Nékrasov (1822-77), un des meilleurs amis dudit peuple, a dessiné du *paria social* ce portrait :

### CALLISTRATE

> Nouveau citoyen de la terre,
> Quand je braillai mon premier cri
> Ma mère en extase prédit
> Que j'ignorerais la misère.

> De point en point c'est arrivé !
> Pour dîner je ronge une croûte,
> Par l'eau du ciel je suis lavé,
> Et pour m'asseoir j'ai la grand'route.
>
> Peigné, ma mère, avec un clou,
> Sans chapeau, chemise et cravate,
> En tous lieux fêté comme un loup...
> Il est joli, ton Callistrate !
>
> Travailler ? Me gâter les mains ?
> Ce n'est pas dans mon caractère.
> J'aime mieux vivre à ne rien faire,
> A trucher par les grands chemins.
>
> Viens voir ! Ma femelle récure,
> Mère, les petits-fils gorets.
> Elle a des sabots pour chaussure...
> Sur mes pieds nus c'est un progrès !

La quatrième strophe notamment inspire maintes réflexions. C'est pourquoi, soit que j'aie le cœur sec ou l'esprit borné, je ne puis goûter cette littérature malpropre, menteuse, qui a exploité la sensiblerie. Son seul mérite est de mettre en relief, par comparaison, la poésie saine, mâle d'autres auteurs, de *Koltsov*, par exemple, dont la muse est trop franche pour être envieuse. Koltsov dit au peuple : Travaille et tu seras heureux ! Paysan lui-même, il donne l'exemple du labeur ; affligé, l'exemple du courage. Son père, marchand de bestiaux, fournissait de suif les fondoirs, et l'enfant grandit parmi ces campagnards butors, retors, au bruit des jurons. Abandonné à lui-même, il erre dans les champs, et la nature lui paie son amour en santé. A dix ans, il sait lire, et le père le prend comme aide. Koltsov mène la vie des steppes, couchant à la belle étoile, par le vent et la pluie, à cheval des journées entières, gardant, poussant les troupeaux, mangeant le gruau cuit au bivouac, harassé, enchanté. De passage à la ville il achète, au lieu de jouets, des livres, entre autres *Les Mille et Une Nuits*, les poésies de Derjavine, de Dmitriev. Le libraire, brave homme, clairvoyant peut-être, lui donne une prosodie, et le talent s'éveille dans le petit bouvier. Un jour il lit ses vers à un étudiant de Moscou, Stankiévitch, qui fait imprimer à ses frais (1835) ces essais d'un autodidacte, d'un poète-paysan, et Koltsov connut la célébrité. Son père la lui fit expier; car, comme le remarque Biélinski, « l'ivrogne ne tolère pas le sobre, ni le coquin l'honnête homme; mais l'ignorance surtout garde rancune à l'esprit. » Sa mère le nourrit souvent en cachette du père, qui refuse au malade tout médicament et, même en hiver, la chandelle et le feu.

Si mon mal est incurable, abrégez!

dit le jeune homme au médecin.

Plus tôt ce sera fini, mieux cela vaudra. Pour vous-même, moins d'ennuis.

Il guérit, à peu près, ne devant mourir qu'à trente-quatre ans. Comme contraste il était fêté à Moscou, à Saint-Pétersbourg, accueilli par Pouchkine; et modeste, timide, très observateur — d'autant plus que personne ne se méfiait — le bouvier-poète passe ainsi d'un genre de vie à l'autre, de Moscou à Voronèje, de l'idéal au terre-à-terre, vivant en partie double, sans se laisser éblouir, sans refuser le plus humble travail. « L'arc se courbe puis se redresse », dit-il.

> Je suis double en étant le même;
> Marchant, sans trop voir où je vais,
> Je ne fais pas les vers que j'aime
> Et garde les veaux que je hais.

Koltsov a l'âme si saine que, malgré le contact brutal, malgré les vexations, malgré le chagrin d'un amour malheureux[1], il garde la foi, le courage, et ne se pose pas en victime de la société. Sachant qu'il n'est sur terre si pauvre homme qui n'ait la liberté de vivre honnête, il garde sa sérénité, sa *rondeur*, et reste, comme tous les sages, indulgent pour l'humanité. Les maniaques, les toqués y sont légion, comme dans la forêt les arbres tors et noueux ; eh bien, ils n'en sont que plus pittoresques.

J'ai tenté parfois d'expliquer, d'imposer mon opinion aux amis; ils ont ri de ma sottise, et se rebiffèrent. Maintenant je les écoute en pensant à autre chose... Ils sont ravis. De fait, pourquoi se mettre les sots à dos ?

Il voit clairement qu'au fond le peuple n'a qu'un désir : boire, manger, ne rien faire ; mais au lieu de flatter ces instincts, peu louables quoique très naturels, il prêche le travail, l'existence rangée. Ainsi, dans son *Luron*, il esquisse le rêve de tout jeune gaillard : tourner le dos au travail monotone et devenir, bien armé, bien monté, un Fra-Diavolo ;

dans les forêts vivre à ma guise, et dès qu'on m'aperçoit, chapeau bas !

Mais vient la réflexion que de si gros péchés se paient cher, que cette bravoure est gredinerie, qu'on risque son âme à ce jeu-là et que mieux vaut mettre sa fougueuse jeunesse au service de la patrie. — Voilà le langage d'un brave homme ; et c'est pourquoi Koltsov a subi, malgré les distances, l'influence artistique de Pouchkine. Est-ce vraiment un bouvier qui a écrit par exemple cette pièce charmante, ou l'auteur d'*Onéguine* ?

---

1. Il aimait une servante. Le père profita d'une absence de son fils pour transporter hors frontière cette pauvre fille qui mourut de douleur et de misère. Koltsov avait mis tout en œuvre pour la rejoindre, et ne se consola jamais.

Pourquoi me suivre comme une ombre,
Et sur sa lèvre et dans ses yeux
Constamment cette lueur sombre,
Ce sourire malicieux ?

Ma mise est-elle impertinente ?
Mon air évaporé, s'il croit
Me traiter en fille-servante ?
Oser me suivre, de quel droit ?

Une fois, cavalier fidèle,
Avec moi, comme un insensé,
Rien qu'avec moi, je me rappelle,
Toute la nuit il a dansé !

Certes il est bien ; taille élégante...
Le nez, le front... de jolis traits...
Mais quel regard ! Il m'épouvante,
Et pour ses yeux seuls je le hais !

Bleus, ayant la nuance étrange
Des fleurs où dorment les venins ;
Yeux fixes d'idole qui mange
Au fond d'un temple les humains.

Yeux diaboliques, lueur sombre !
Laissez-moi, fatal séducteur !
De grâce, éloignez-vous, j'ai peur...
Pourquoi me suivre comme une ombre ?

« La floraison de la poésie populaire coïncide toujours avec le développement de la littérature savante... Ce qui prouve que les classes lettrées influencent les illettrées » (WÉDENSKI). Alors, quel sens peuvent bien avoir ces mots : *poésie populaire?*

Koltsov est resté isolé; l'opinion publique a suivi les poètes philanthropes et, après l'émancipation, nous voyons la *Renaissance scolaire*. Les traces de cette poussée pédagogique se retrouvent (je me borne à la littérature) par exemple chez Tolstoï. Le grand homme activa le mouvement, fonda des écoles, rédigea un journal spécial, et publia toute une bibliothèque populaire en brochures dont la plus longue n'a que trente pages. — « Pas un mot, pas une expression qui ne soient accessibles, même à un enfant borné » (V. Ostrogorski, p. 195). Un de ces récits : *L'enfant trouvé*, — « est accessible même à un marmot de quatre ans. » C'est le *nec plus ultra* de la pédagogie. La flûte, trop complexe, se simplifie en mirliton. Épèle, Toto, comment deux moines, parents

> De cet ermite saint qui remuait les pierres
> Avec le signe de la croix.
>
> (V. Hugo.)

se firent servir par le diable à coups de *Pater*; comme un ivrogne, désespoir de sa famille, revient (guéri) du régiment; il rapportait des économies, et le revoir fut touchant; comment, en dépit de sa femme (mauvais cœur), un paysan (bon cœur) hébergea un vieux soldat; comment le capitaine Golovnine double le cap de Bonne-Espérance et flotte vers le Japon, pays très important et même île... entourée d'eau de tous côtés! Tiens, Toto, voici Pierre le Grand, voici Robinson, voici Nikon le patriarche! Écoute maintenant une *leçon de choses* :

Ceci est de l'eau. Qu'est-ce que l'eau? L'eau est... L'eau sert...

Et Toto, à l'unisson :

Ah, oui! Et puis, je sais bien, moi! L'eau, elle mouille! N'est-ce pas, petite mère?

Petite mère pleure de joie.

Quand on dit et fait des bêtises, on a, outre le plaisir personnel, la satisfaction de se sentir en confrérie, au milieu de précurseurs et d'imitateurs. *Meï* (1822-62), aimable poète, philologue, traducteur de Milton, de Byron, de Goethe, de Hugo, etc. écrivit aussi pour la petite clientèle ; il lui raconte la création du monde, le triste trépas d'Holopherne ; lui montre le prophète Nathan, la sorcière d'Hendor — *qui avait un esprit de python* » (Samuel, 1, 28) ; le diable tentant Jésus... Ce dernier récit est très plaisant, car Satan, non content de promettre en bloc les royaumes terrestres, les énumère, et fait à Jésus un cours d'histoire et de géographie assez complet. Sous la plume des néo-pédagogues la Bible se déride, amusante et pratique ; sans la moindre fatigue Toto deviendra très savant, et sa sœurette Tata saura par quelles offres belle Judith attire chez elle vilain Holopherne, pour lui couper la tête, *après*.

Ce puérilisme est très évangélique, très... tout ce qu'on voudra. Salut à l'homme de génie qui écrit des historiettes pour les enfants de quatre ans ! Néanmoins il retarde sur Quintilien qui prend les marmots à la mamelle, et recommande formellement de veiller à ce que la nourrice, tandis qu'ils tètent, ne leur enseigne pas un latin barbare, ne leur gâte le style !

Comme nous avons ressenti cette *poussée scolaire* quelque vingt ans avant la Russie, nous en dégustons les résultats plus tôt qu'elle. Je néglige les millions gaspillés, l'argent étant rond pour mieux rouler ; mais on pourra apprécier l'influence exercée sur les disciples, d'après l'influence exercée sur les chefs, hommes personnellement très distingués, par ce puérilisme.

### Instructions officielles du 15 juillet 1890
#### Enseignement secondaire (Lycées)

Page 52 :

Il n'est pas si ridicule qu'on pourrait le croire d'avertir l'élève que les chemins de fer n'existaient pas avant notre siècle.

Vrai ?

Page 209 :

Une mère très intelligente ne reprochait qu'une chose au lycée, un bon lycée du midi; c'est que l'enfant n'avait jamais été dans une classe où il y eût un porte-manteau.

Jugez un peu, si cette mère n'avait pas été très intelligente!
Page 49 :

Le chant(!) est recommandé au professeur, sans lui être imposé.

Heureusement. La danse est-elle autorisée comme intermède ?
Page 12 :

Il y a mérite et satisfaction haute à assouplir une intelligence obscure et lente.

On voit cela dans les cirques. Des clowns ont réussi à faire chevaucher un phoque. C'est un beau résultat.
Page XII :

L'esprit est mis en péril par la surcharge du savoir.

C'est l'opinion de Garo : on ne dort pas quand on a tant d'esprit...
Page IX :

Le profit des promenades serait plus grand encore si les professeurs consentaient parfois à accompagner leurs élèves.

Avoir soin de se munir de parapluies, de taffetas et d'alcool camphré, en cas d'ondée, de coupure ou de foulure ! Quand les élèves seront las, ils monteront sur le dos des professeurs. Ceux-ci ne seront pas obligés de marcher à quatre pattes... plus de dix minutes de suite. Si les professeurs sont mariés, c'est un voisin complaisant qui, pendant ce temps, promènera leur femme.
Page XIV :

Il faut toucher l'amour-propre de l'enfant sans l'humilier.

C'est-à-dire, s'il a pissé dans ses chausses, ne point se boucher le nez ostensiblement; ça pourrait le vexer. On finit, sur cette pente, par trouver choquant que les prix soient donnés aux plus intelligents:

Page 219:

La distribution des prix ne doit pas tourner au chagrin, et à l'humiliation d'un seul bon sujet, à la gloire exclusive des plus habiles.

Allons, exilez-les tout de suite, franchement, et place aux crétins! Place à Toto, issu de l'école laïque, gratuite et obligatoire! Krylov a eu l'intuition de ce produit pédagogique.

## L'ANON

Un peintre errait, cherchant le modèle idéal.
Devant un jeune ânon en extase il s'arrête,
Le félicite et, bref, emmène l'animal
      Qui de joie en perdit la tête.
« Ah! ce n'est pas trop tôt! disait-il. Croiriez-vous
Que le bourgeois osait me traiter de bourrique!
Qu'il voulait m'atteler à la charrette aux choux!
M'infliger un métier! Lever sur moi la trique!..
Suis-je un nègre?.. Nenni! Les ânons surmenés
Protestent à la fin. La bricole aux orties!
Je suis jeune, il est vrai, mais aux ânes bien-nés
Les salons sont ouverts et les académies.
J'ai mon brevet. Aussi j'ai trouvé mon emploi.
Mon cher, dans les Beaux-Arts... Carrière libérale...
Le grand peintre Rapin permet que je m'étale
Sur ses coussins; sourit, me traite comme un roi.
Le modèle idéal qu'il cherchait, c'était moi!
Le brevet des ânons du peuple? Force et grâce.
Oui-dà! Rapin n'a pas mis le doigt à côté!
Dès qu'il m'a vu, mon cher, il ne m'a pas raté.
Ne pose pas qui veut, paraît-il, pour Pégase! »

> L'ânon de se vanter, et les autres baudets
> D'être jaloux du camarade.
> Il n'était mère-ânesse, ayant un fils dadais,
> Qui ne rêvât pour lui les honneurs de l'estrade,
> L'épanouissement du roussin sous un dais.
> Bien qu'on voie ici-bas souvent chances pareilles,
> Mères, vous égarez vos tendresses! Hélas,
> Quand le tableau parut on comprit ces merveilles;
> Rapin, voulant montrer ce que cachait Midas,
> Avait choisi l'ânon pour ses rares oreilles.

Tolstoï du moins relève le plus possible l'importance du travail manuel; mais c'est là où le bât blesse. Le peuple désire l'instruction, précisément pour esquiver ledit travail manuel. Il faut être naïf pour croire qu'un paysan instruit daignera bêcher! Il voudra *tenir un rang en rapport avec l'instruction reçue*[1]. Le danger apparaît aux plus aveugles : « De tous côtés, dans les feuilles les plus libérales, on pose la question : A quoi nous a servi cette fameuse instruction primaire répandue à flots depuis vingt ans? N'a-t-elle pas fait plus de mal que de bien? *La criminalité augmente et la folie pareillement...* On voulait faire des heureux et des hommes libres; on a fait des déclassés dont la perversité précoce étonne leurs naïfs précepteurs. » (A. CLAVEAU, dans le *Soleil* du 28 déc. 1893.)

La statistique judiciaire, relative à la criminalité chez les enfants, relevait en effet le 8 octobre 1893, pour les neuf mois écoulés :

30 assassinats qualifiés.
39 meurtres.
3 parricides.
3 empoisonnements.
33 infanticides!

---

[1]. Paroles textuelles d'un trop savant employé condamné pour vol de 230,000 francs. (*Gazette des Tribunaux*, 29 décembre 1893.)

4,213 coups et blessures (par enfants qui n'ont pas eu la force de réussir au delà).

25 incendies.

153 viols! (« bien qu'on ne poursuive pas ce crime dans la plupart des circonstances connues. »)

11,852 délits simples.

En dix ans, on a arrêté 48,000 garçons au-dessous de seize ans pour vagabondage, 13,732 fillettes au-dessous de seize ans pour crime plus douloureux, etc. Instruits, Toto et Tata s'émancipent.

En mettant les choses au mieux, où les mène la science? Bornons l'enquête à une seule Faculté. « Pendant les dix-sept années passées, 175 femmes ont été admises à la Faculté de médecine de Genève. Sur le total, 50 étaient polonaises: on n'a pu en citer que 4 ayant terminé leurs études. On ne sait ce que sont devenues les autres. — Sur les 125 autres, 10 ont atteint le doctorat. Sur ces 10 doctoresses, 1 est morte, 2 ont abandonné la médecine et se sont mariées, 4 gagnent médiocrement leur vie, 3 ont une clientèle assez nombreuse. Ces trois ont réussi. Quant aux 115 autres, on ne sait dans quel bas-fond elles ont sombré, mais on s'en doute un peu. Ce n'est guère encourageant. » (*L'Éclair* du 13 février 1894.)

Et que peuvent faire les 13.000(!) institutrices sans place qui battent le pavé de Paris? La plupart sont nées aux champs ou dans les faubourgs; le mirage de l'instruction « qui mène à tout » les a leurrées, les a enlevées à la ferme et à l'ouvroir, où elles auraient trouvé du travail et un *marieux*, et elles errent maintenant déclassées, affamées...

> La belle aurait pu loin d'ici,
> N'ayant en l'âme aucun souci,
>   Marcher en plaine
> Près d'un robuste laboureur
> Qui l'aurait prise sur son cœur...
> Elle aurait eu bien moins de peine!

Pour les hommes, c'est tout pareil. Ils s'écrasent autour des carrières dites libérales, et l'encombrement engendre l'exaspération. Le mal commence à sévir en Russie (ils verront d'ici vingt ans!) comme le constate le Сѣверный Вѣстникъ (janvier 1893, 2ᵉ partie, p. 31) : « On ne cherche plus un homme instruit pour occuper une place ; ce sont les hommes instruits qui se bousculent pour attraper une place... A la moindre vacance, un afflux de candidats, pourvus des plus hauts diplômes, se rue vers un traitement de 10 à 30 roubles (30 à 100 francs) par mois ! »

Je conclus donc que l'instruction est une mauvaise chose? — Je rougirais de le penser. Mais je conclus que deux mots introduits dans les programmes ont gâté les meilleurs projets et perverti les meilleures intentions.

Ces deux mots sont : OBLIGATION et GRATUITÉ.

Ne forçons point notre talent! dit La Fontaine. Que penser de ceux qui forcent le talent des autres ? Imprimez, bâtissez, ouvrez des écoles et des bibliothèques, mais n'y traînez pas les gens par le collet! Lucas et Valère aperçoivent le bûcheron Sganarelle et le transforment, sous la trique, en médecin malgré lui. Ne les imitez pas. — « La noblesse ne s'apprend point... Chaque homme a des qualités différentes, et la Nature a donné à chacun des aptitudes diverses, parce qu'elle a prévu que chacun en aurait besoin. Enfin, chacun n'est bon et heureux qu'à sa façon » (GŒTHE). Voilà le langage du bon sens. La pédagogie moderne s'efforce, au rebours, de rendre les hommes heureux à *sa* façon, oubliant le proverbe caractéristique : On ne fait pas boire un âne qui n'a pas soif. — Au nom du ciel, laissez ceux qui aiment les chevaux devenir cochers, ceux qui aiment l'eau salée devenir matelots! Seront-ils moins estimables, moins utiles? Et que ceux-là seuls qui sont nés pour la science s'occupent de science! Si vraiment l'instinct les pousse, ils s'en occuperont avec ou sans vous. Les Palissy cuiront, les Monge calculeront, les Cuvier reconstitueront, les Edison inventeront.

Soit! dira-t-on. Cela s'applique aux adultes. Mais les enfants n'ont pas conscience de leurs instincts et, bien ou mal doués, n'iront jamais à l'école spontanément.

Certes ; et c'est pourquoi la *gratuité* me semble aussi dangereuse. L'instruction ne coûtant rien, les parents la laissent ingurgiter à leurs enfants bien ou mal doués, ayant soif ou non ; il les envoient à l'école pour se débarrasser d'eux [1], pour qu'ils aient la gamelle gratuite, la culotte gratuite, ou même dans l'espoir que petit crétin grandira et deviendra ministre, tout comme un autre. Or, les petits crétins ne deviennent pas ministres et ont désappris d'être bons ouvriers ; d'autre part, ils ont encombré les classes, étouffant sous le nombre les progrès de quelques camarades d'élite.

Mais comment discerner *a priori* ces élèves d'élite ?

Par la suppression de la gratuité scolaire. Lorsque tout à l'école se donne pour rien, toutes les familles trouvent que leurs gars ont des *dispositions*. Lorsqu'elles devront rétribuer l'instituteur, elles ne lui enverront leurs gars que jusqu'à un certain âge (jusqu'à la première communion, vers douze ans, comme autrefois, du reste), puis les enverront, pourvus d'une érudition très suffisante pour leurs goûts et leur genre de vie, sagement aux champs ou à l'atelier. Et lorsque les parents, riches ou pauvres, citadins ou campagnards, sauront que, pour faire de leur fils un savant, il leur en coûtera 30,000 francs, ils hésiteront (l'argent étant cher à tous), s'informeront, observeront si vraiment le fils *a de l'étoffe*. Si oui, ils placeront leurs économies sur sa tête, comme ils les eussent placées dans une entreprise quelconque. En cas d'insuccès, ils n'accuseront que la malechance ou l'incertitude des calculs humains, et n'en auront pas moins accompli noblement leur

---

1. C'est le fait évident à la ville ; et même à la campagne ; Molière l'a signalé :

> La bonne paysanne apprenant mon désir
> A s'ôter cette charge eut beaucoup de plaisir.

Cette charge, c'est sa fille.

devoir; en cas de succès, ils recueilleront la reconnaissance et l'honneur.

Dès lors, le triage des élèves s'effectue de soi-même; et l'État se trouve pourvu, sans efforts de sa part, sans frais, d'hommes supérieurs qui doivent tout à leurs parents et à leur propre énergie, et ne doivent rien à la mendicité. On se plaint de l'abaissement des caractères : mais ne voit-on pas que la gratuité sous toutes ses formes, depuis la gamelle donnée à l'école primaire jusqu'aux *bourses* données dans les Facultés, précipite cet abaissement? Que peut répondre le boursier à l'État qui lui dit : « Je t'ai élevé, je t'ai nourri, il faut que tu marches! » Logiquement, de quel droit, n'ayant rien payé lui-même, fera-t-il payer, professeur, ses leçons, ou médecin, ses visites? Et s'il ne les fait pas payer, de quoi vivra-t-il? Ne décourage-t-on pas comme à plaisir l'initiative privée, le bon vouloir des braves gens? Lorsque, par exemple, un commerçant économise, se prive pour envoyer son fils au lycée, n'est-il pas écœuré d'apprendre un beau jour que son voisin (je le suppose d'égale fortune) y envoie son fils boursier? La concurrence est-elle loyale?

« Les bourses sont données aux pauvres! » Quelle plaisanterie! Comme les billets de faveur dans les théâtres, sans doute? Mais, admettons! Je vous dirai avec Gogol : « Quelle est cette rage de cultiver la tête du pauvre? » Et dites-moi vous-mêmes où commence et où finit la pauvreté? Au moment de payer, il advient souvent que le riche s'estime pauvre. Alors, la gratuité scolaire intervient, et Madame n'est pas obligée de supprimer son groom.

L'État ne sent-il pas le ridicule d'élever à ses frais des ingénieurs, des musiciens, etc., etc., quand l'initiative privée ne lui en offre déjà que trop? Ne sent-il pas l'injustice de favoriser quelques citoyens aux dépens des autres? Et si jamais, au prix de quelques milliards, il pouvait donner « l'instruction intégrale et gratuite à tous les degrés » — que messieurs les socialistes réclament logiquement, l'État devant donner des bourses à tous les enfants puisqu'il s'est mêlé d'en donner à quelques-uns — que deviendra la France pourvue, au bout de quelques années, de 40 millions de savants [1] ?

La rage de l'instruction populaire, qui couvait depuis 1830 dans la littérature sentimentale, s'est déclarée en Russie après l'Acte d'affranchissement (1861). L'élite de la société donna ses soins et son argent pour le grand œuvre, pour la transformation des sots en sages. Les théories étaient sonores, les intentions chrétiennes; mais l'esprit est toujours la dupe du cœur. Ainsi Tourguéniev transforme son village, lui donne une école, un asile, un hospice, un refuge pour vieillards, une chapelle, en mémoire de l'Affranchissement, etc. Vingt ans après, il trouve le village sale, ruiné, l'école déserte, les cabarets pleins et la campagne saccagée. — « Tourguéniev ne parlait de sa désillusion qu'avec des larmes. » (KRAMP, *Biog.*, p. 82.)

Quant à Tolstoï, la pédagogie l'a rendu fou. — « Beaucoup de ses écrits scolaires sont passablement vides (довольно пусты по содержанію), d'autres sont complètement faux (совершенно ложны). » (OSTROGORSKI [2], p. 196.)

Quel dommage! Un homme si distingué! Un romancier si remarquable!

Donc, suppression de la gratuité. Voilà mon remède, et je le crois bon.

Cette digression pédagogique qui, à première vue, pourra sembler un hors-d'œuvre, m'a servi à résumer les tendances de toute une école littéraire. Elle donnera, je l'espère, un fil conducteur dans la lecture de beaucoup d'ouvrages, elle expliquera le dépit, le malaise qu'ils nous causent si souvent, malgré le talent de leurs auteurs, dont les théories plus ou moins voilées, plus ou moins conscientes, mènent

---

1. Dans les beaux-arts, le mal saute aux yeux. A Paris seulement s'exposent chaque année 54 kilomètres de peinture! *Horribile dictu!* Naturellement la qualité diminue, ou, en tout cas, est submergée par la quantité.

2. Русскіе писатели, какъ воспитательно — образовательный матеріалъ... для чтенія народу.

tout droit un peuple à la ruine. Lichtenberg, mathématicien de Göttingen, disait spirituellement : « Celui qui n'a pas payé sa place au théâtre a beau y être, gratuitement, bien placé, — il n'entend pas, il ne voit pas! » Le peuple se laisserait moins leurrer, s'il réfléchissait : 1° que la charité est le prétexte le plus joli, le plus commode, inventé pour escamoter la justice; témoin telle grande dame, telle Arsinoé, prompte à l'aumône et rétive au paiement de ses dettes; 2° s'il se rappelait que rien ne coûte enfin plus cher que ce qui d'abord ne coûte rien.

## XVI

LE ROMAN. — DOSTOIEVSKI. — DANILEVSKI. — CHEVTCHENKO. — GONTCHAROV. — AKSAKOV. — TOURGUÉNIEV. — TOLSTOI. — OSTROVSKI, REPRÉSENTANT DU THÉATRE CONTEMPORAIN. — CONCLUSION.

J'espère n'avoir pas jusqu'ici endormi le lecteur; mais je m'aperçois que mon ouvrage est déjà longuet, et qu'il serait interminable si je ne supprimais résolument plusieurs rayons de bibliothèque. Ne plus citer que quelques « illustrations » sera d'ailleurs présenter à son avantage la littérature contemporaine; mes lecteurs, russes ou français, qui chercheraient ici un nom familier ou préféré et auraient le désappointement de ne le pas trouver, voudront bien reconnaître que mon livre n'est pas une encyclopédie. Ils se dédommageront en accusant l'auteur d'avoir mal pris ses mesures, d'être aussi maladroit que le potier d'Horace :

> ... *amphora cepit*
> *Institui; currente rota cur urceus exit?*

Heureusement pour moi, *urceus* ne signifie pas *cruche*, mais

seulement *petit pot à l'eau*, somme toute, objet gracieux...
L'heure de s'épancher était pourtant propice, puisqu'il me
reste à parler du roman et du théâtre. La seule énumération
emplirait un volume, le roman occupant l'imprimerie plus
que tout autre genre littéraire. Il envahit; certains disent : il
encombre. Au temps où il amusait les nobles oisives, où il
reposait, richement relié, sur la table nacrée, le roman
garda, malgré ses torts, toujours une certaine élégance;
puis il devint bourgeois, suivant sa clientèle; puis populaire,
flattant la canaille. Il se lit aujourd'hui de la loge à la mansarde; le feuilleton se glisse sous toutes les portes; il trans-
figure tous les métiers, pour plaire à la foule payante, exal-
tant les humbles, abaissant les superbes. La concierge au
rude langage devient grandiose; Jenny l'ouvrière, la pauvrette du sixième étage, se prive de pain pour donner du
millet à ses canaris et devient sublime; quant à la dame du
premier, avec son salon à trois fenêtres, « c'est rien de propre!... Si vous saviez, vrai!... » Mais vous le saurez dans le
prochain feuilleton, que ne manqueront pas d'acheter les
ouvrières et les concierges, par sympathie. Multiplié, le sou
se change en or; et c'est pour plaire à cette foule que le
romancier dépeint si fréquemment, sous le nom de *tableaux
de genre*, les choses malpropres, qu'il met en scène, au premier plan, si fréquemment les femmes galantes, parce que
on les trouve à plus d'étages.

Son droit n'est-il pas de tout peindre ? — Sans doute; à
la condition (j'allais écrire: de se proposer un but moral;
mais je ne veux même pas être si exigeant) — à la condition
de racheter par la noblesse de la forme la vilenie du sujet.
Les délicats, pour qui seuls on devrait écrire, admireront
du moins le virtuose brodant des variations sur un thème
banal; la curiosité satisfaite n'émoussera pas l'intérêt, puisque
l'artiste n'a point voulu seulement exploiter un engoû-
ment passager; semblable en cela aux dramaturges grecs,
lesquels, trop sages, trop fiers pour spéculer sur la curiosité
publique, sur un coup du théâtre étonnant mais qui n'é-

tonne qu'une fois, traitaient sans hésiter un thème connu de tous (Œdipe, Iphigénie, etc.), et les Athéniens, n'ayant nul souci de l'intrigue, du mariage ou du trépas final, écoutaient librement chanter la Muse. Les romanciers contemporains, tout au rebours, veulent stupéfier. Ils disent : *épater*. Le titre du volume est déjà phénoménal. Dès la première page, le lecteur doit blêmir, écarquiller les yeux ; être exsangue, dès le second chapitre... Ils oublient que ce tragique prête à rire, que ces situations extraordinaires deviennent, le lendemain même, un lieu commun facile à reproduire ; pour garder leur renommée, ils veulent aller plus loin et tombent dans la folie et dans l'ordure ; leur analyse, toute fière d'éplucher la conscience d'un idiot, dégénère en triage de scories, en étalage de pustules. Vous m'accorderez bien que ces romans, malgré la science de l'écrivain, malgré le mérite de la difficulté vaincue, doivent être peu ragoûtants[1] ; que seront-ils, lorsque leur auteur sera aussi malade que ses héros? C'est précisément le cas de *Dostoïevski*. Un nom célèbre ne m'effraie pas, et j'attaque résolument ce représentant d'une école nauséabonde ; puisqu'il est le chef, il paiera pour sa séquelle. Je m'en réfère à sa plus récente biographie[2] et mes lecteurs sauront que penser de ceux qui nous le vantent.

*Dostoïevski* naquit à Moscou (1821) dans un hôpital. Son père était médecin-major, et, soit par humeur, soit par métier, broyait souvent du noir. Le ménage était uni mais peu fortuné. Dostoïevski étudia volontiers quoique à bâtons rompus. Enfin, reçu et diplômé à l'École des ingénieurs, il eût pu vivre à l'aise avec son traitement de 14,000 francs ; mais voici le caractère et les goûts du romancier-apôtre,

---

1. « Psychologie hypocritement sadique pour névrosés des deux sexes », dit M. Pailleron (*Notice sur E. Labiche* lue à l'Académie le 22 novembre 1891).

2. Достоевскі, Его Жизнь и литературная дѣятельность. Е. Соловьева. С. П., 1891.

ami des *pauvres gens*, dont le cœur saignait devant le prolétariat, dont l'âme slave, etc.

Dostoïevski était susceptible à l'excès, rageur, ombrageux, égoïste rebelle à la camaraderie comme à l'amitié... Trop indulgent envers lui-même, trop exigeant envers autrui (p. 24). C'était un déséquilibré (6). Sa vanité maladive éloignait les amis (43). Il voulait satisfaire tous ses caprices, vivre sur un grand pied. Il loue un appartement de 300 francs par mois... s'adonne au billard, à la roulette... Les dépenses vaniteuses occupent dans son budget la première place (34).

Il quitte le service, parce que le service l'ennuie. Le succès de son premier roman *Les pauvres gens* (en 1845), et les compliments de Nékrasov, directeur du *Contemporain*, de Grigorovitch, etc., lui tournent la tête. Il se juge homme de génie, supérieur à Gogol, ne souffre plus la contradiction, et Biélinski ne le protège plus qu'à titre de malade :

Ne voyez-vous pas que le malheureux est surexcité et ne comprend pas ce qu'il dit (41) ?

Ruiné, endetté, il eût pu réparer ce désordre par une occupation régulière ; mais le grand homme se fâche quand on lui offre une place dans une administration même gouvernementale (7). Sachez, Monsieur, que le génie plane et ne s'assied pas sur un tabouret ! Le génie accepte l'argent, mais n'admet pas les remontrances d'un bipède, chef de bureau. — Dostoïevski entreprend de *produire* à jet continu, et les plans dépassent ses forces.

Lisez toute sa correspondance, tous ses ouvrages, et vous ne verrez pas une ligne qui témoignât d'un intérêt quelconque à la science. Il est même douteux qu'il ait jamais su l'histoire de la Russie... Il avait seulement beaucoup lu, mais pêle-mêle et n'importe quoi (27).

Pressé d'argent, il vend aux éditeurs la peau de ses héroïnes avant qu'elles ne soient tuées, travaille par nécessité, quand les dettes sont trop criardes, quand il n'a plus une croûte à manger (6).

Franchement, que peut produire dans ces conditions ce romancier malgré lui? Mais continuons.

> Dostoïevski était sujet aux hallucinations, à l'épilepsie... Tous ces héros sont psychopathes, hystériques, épileptiques (72), mystiques, maniaques, tortionnaires, automates moraux, fous aux passions dépravées (78).

Soloviev eût pu ajouter : ivrognes qui vivent de la débauche de leur fille. Dans les *Frères Karamazov,*

cette épopée de la pourriture humaine,

Lise se prostitue à quinze ans. Parfois la folie de Dostoïevski prend une tournure bizarre; il se croit atteint de toutes les maladies successivement ;

> Il en arriva à être insupportable à lui-même (45).

En 1849, vexé de n'avoir pas assez d'argent pour satisfaire ses goûts, Dostoïevski s'aperçut que la fortune emplissait trop les poches des bourgeois économes et pas assez le gousset des prolétaires (quand il logeait à 300 francs par mois, il jugeait la question sociale sagement résolue). Traqué par ses créanciers, il devient le chantre des humbles, des pouilleux, joue le révolté, et se fait expédier en Sibérie.
Vous devinez qu'il y gagna l'auréole du martyre. On se jeta sur ses *Mémoires d'outre-tombe* (Записки изъ мертваго дома), narrant les horreurs du bagne (le héros est un gentilhomme, assassin de sa femme). — Que des innocents aient souffert dans les geôles, je le crois et les plains de tout mon cœur; mais je ne m'apitoie pas sur les assassins, qu'on eût dû pendre sitôt pris. Même au point de vue de Dostoïevski, sa thèse est ridicule; car voulant flétrir le

bagne-enfer, le gendarme-démon, etc., il intercale des aveux de ce genre :

> A mes premiers pas dans cette existence, je n'y trouvai rien d'extraordinaire. Il me sembla même qu'elle était plus légère que je ne me l'étais représentée. Le travail ne me sembla pénible que parce qu'il était forcé... On avait sa petite théière ; on obtenait pour quelque argent des plats supplémentaires... Le pain était excellent... Mais on trouvait dans les choux trop d'araignées. A vrai dire, les forçats n'y prêtaient pas la moindre attention. — Tantôt Dostoïevski maudissait cette vie en Sibérie, tantôt la bénissait (57) ; Maïkov déclare nettement que la chiourme lui fut utile.

Alors pourquoi geint-il ? Autre aveu :

> J'en vins à aimer mon existence retirée... (*retirée* me plaît). Je réfléchis sur ma vie passée, me jugeai sévèrement, et bénis le ciel... J'avoue avoir mérité le châtiment (61).

> Quand le malheur ne serait bon
> Qu'à mettre un sot à la raison,
> Toujours serait-ce à juste cause
> Qu'on le dit bon à quelque chose.
>
> (La Fontaine.)

Mais quand on est bête, c'est pour longtemps. Sans argent, sujet à l'épilepsie, notre homme se marie ; et sa femme étant aussi toquée que lui, ils passèrent des mois à se quereller, à se réconcilier. Il lui pardonna de s'être « pendant toute une saison laissée entraîner à vivre avec un autre. » Elle mourut phtisique. Deux ans après (1867), il se remaria, et nous le retrouvons à Genève, loin de ses créanciers. Il écrit *L'Idiot* (ce n'est pas une autobiographie) ; *Les Diables* (il les avait dans le corps). En 1873, le prince Mechtcherski, le nommant rédacteur du *Citoyen*, le tira d'embarras, une fois encore. On l'ensevelit pompeusement en 1881.

Dostoïevski est surtout connu en France par *Crime et Châtiment*, histoire d'un nihiliste qui se pose en réformateur de l'infâme société et, pour commencer la refonte

d'icelle, égorge une femme. Le bagne purifiera cette âme.
— Le roman est très convenable... aux souteneurs et aux filles publiques qui ont pu le voir, mis en drame, joué, en 1888, dans un théâtre faubourien de Paris, aux *Bouffes-du-Nord*. C'était sa place.

La théorie du mal héréditaire, exposée, entre autres romans, dans les *Frères Karamazov*, aboutit à l'irresponsabilité, puisqu'il n'y a plus alors de coupables, mais seulement des malades. Ni le Code pénal ni le bon sens ne peuvent l'admettre, et le talent de M. Zola ne l'a pas réhabilitée. Parlons plutôt des *Pauvres gens*, le seul ouvrage que Dostoïevski ait écrit à loisir — « la seule production qu'il ait soignée et refondue » (SOLOVIEV, 36), et qui est plus sotte que sale. Le héros, Macaire Alexéevitch, est un rare imbécile en correspondance avec Barbara Dobrosélova, à laquelle il veut servir de tuteur et de père, car elle a bu la coupe d'amertume. Il lui achète, en se privant, un pot de fleurs et un pot de confitures. Joie de Barbara devant les pots. Deux vieilles de la Salpêtrière ont entre elles de ces conversations-là; pour deux sous de tabac à priser, elles vous bénissent, et vous adorent pour quatre sous d'eau-de-vie. L'auteur lui-même se juge ridicule :

Je suis vexé au souvenir des niaiseries que je vous ai écrites... Je me relis, et vois que tout cela n'a pas le sens commun .. J'ai mal à la tête et mal aux reins (?) et dame! mes idées sont étranges, comme si elles étaient malades... Je suis vieux et ignorant; dans ma jeunesse, je n'ai rien étudié, et maintenant rien ne m'entre dans la cervelle...

Alors, mon bonhomme, tais-toi, soigne-toi, et va te faire étriller.

Quand on est petit employé gagnant juste de quoi manger, on ne va pas au théâtre s'amouracher de l'actrice. Macaire étale sa sottise :

Je rentrai tout ébaubi. En poche ne me restait qu'un rouble, et j'avais dix jours à attendre mon salaire. Eh bien, devinez, ma chère! Le lendemain, j'entrai chez un parfumeur et lui achetai des pommades et du savon superfin; toute la somme y passa!

Puis il va se promener sous les fenêtres de l'actrice, quinze jours de suite, museau graissé. Mais, hélas! une primadonna n'aime pas le pauvre prolétaire pour lui-même! Le riche s'assied dans le boudoir et s'y prélasse; le pauvre rôde sous le balcon et se crotte. O l'infâme société!... Désespéré (car il espérait!), Macaire se saoule et se fait ramasser dans le ruisseau.

Ces mœurs peuvent être fidèlement peintes; mais convenez que le tableau ne flatte pas le peuple. Voici le cadre. Deux escaliers desservent la maison; le premier, clair, balayé, est réservé aux gens qui ne puent pas; l'autre, accessible à Macaire,

est en tire-bouchon, humide, sale; des marches sont défoncées, et les murs sont si graisseux que les mains qui s'y frottent s'y collent; des ordures variées y sont déposées; et quelle odeur! En un mot, l'escalier n'est pas merveilleux... Dans les chambres ce n'est pas précisément une puanteur, mais néanmoins, si je puis m'exprimer ainsi, une odeur quelque peu fétide, douceâtre, piquant le nez. La première fois, l'impression n'est pas favorable. Mais bientôt, comme soi-même on pue, comme les habits, les mains sont imprégnés, on s'y habitue. Les oiseaux ne vivent pas dans cet air-là; tous les serins que mon voisin le gabier avait achetés sont morts.

Macaire me charme; il personnifie assez bien ce *prolétariat intellectuel* (le mot est de Dostoïevski) qui a goûté à l'instruction et n'y a puisé que l'orgueil stupide, l'horreur du travail manuel. Dans ces âmes envieuses, l'instruction n'a pu qu'aviver les appétits; et cette tourbe qui croit avoir tous les droits parce qu'elle se sent les crocs plus aiguisés, rôde, menaçante et fainéante, sous les balcons, indignée qu'il n'en tombe pas des alouettes rôties et des princesses sucrées. Le succès de ces romans ne prouve rien, sinon la bêtise humaine; nous n'avons chez nous que l'embarras du choix. A propos, mais ce sont les mêmes! Ce bric-à-brac romantique ne nous vient pas, il nous revient de Russie! Les vieilles défroques d'Eugène Sue et de V. Hugo nous reviennent rafistolées *grosso modo* avec les jupes fripées de Fleur-de-Marie, d'Esméralda, de Marion Delorme, etc. Sentez, vous reconnaîtrez l'odeur. Le bain de psychologie alambiquée, dans lequel Dostoïevski et consorts les ont trempées, les a reteintes mais non lavées. La réhabilitation des filles perdues, l'apologie du laid, la béatification des gredins, etc., tous ces *trucs*, avec lesquels V. Hugo, à sa honte, a si souvent battu monnaie, sont éventés depuis longtemps! J'étais très jeune encore lorsqu'un littérateur à la mode, émerveillé de ma naïveté, me confia ce secret de Polichinelle. Je l'écrivis tout frais, de peur de le perdre; mais en ce temps-là j'écrivais plus volontiers en vers qu'en prose.

> Au dessert enfin, tandis que la mousse
> De « Moët et Chandon » s'évanouissait,
> Notre Marseillais, té! se lève et tousse
> Et lit un poème en voix de fausset.
>
> Le poème aussi venait de Marseille.
> On le voyait bien! Jamais à Paris
> Ne se fabriqua machine pareille.
> On applaudit fort. Nul n'avait compris.
>
> Il parla de tout, mais pour ne rien dire;
> Et se promenant du ciel aux enfers,
> Des Buttes-Montmartre au Céleste-Empire,
> Il noya l'idée en un flux de vers;
>
> Puis accommodant une bouillabaisse
> Gâcha le moderne et l'antiquité,
> Gargota les mots en pâtée épaisse...
> Brave Marseillais! Marmiton raté!
>
> Il me prit le bras lorsque nous partîmes,
> L'excellent garçon, aimant à jaser;
> Et dix pas plus loin nous étions intimes, —
> Amis-champignons qu'un soir fait pousser.

Lui. — Si tu veux, dit-il, que l'on t'applaudisse,
Si tu veux la gloire aux cent mille voix,
Je me mets, mon cher, tout à ton service!
J'ai beaucoup d'objets en double, à ton choix.

Moi. — ?

Lui. — Tu connais Hugo? Je suis, par ma tante,
De son Almanzor pur cousin germain...
Aussi de Marseille... Une âme excellente...
Et ledit valet me passe sous main

Les habits, galons, que l'illustre maître
A portés jadis et pas mal usés ;
Du chapeau tromblon, de la vieille guêtre
Aux fonds de culotte à moitié percés.

Moi. — ??

Lui. — J'ai de tout, mon cher! J'ai des métaphores...
Toutes les couleurs! C'est un peu déteint,
N'est-ce pas? Mais bast! J'ai des mots sonores
Qui vibrent encore au Quartier latin.

Moi. — !

Lui. — Je te prêterai quelques antithèses,
Du blanc sur du noir: tombes et berceaux ;
Ouragan, soupir; flûte et grosses caisses ;
Zénith et Nadir; anges et pourceaux...

J'ai ses vieux souliers, ses gants et ses toques,
Trois paires de bas, une de vieux draps;
J'ai rafistolé pour moi ses défroques...
Ça peut resservir; tu me les rendras !

Je décrocherai du clou les tirades
Sur « la douce enfance et les pauvres gens ; »
Nous partagerons en bons camarades
Le fatras pleurard et les boniments :

Moi. — ?!

Lui. — « N'insultez jamais la femme qui tombe ! —
« Salut aux voleurs ! Respect aux crétins ! —
« Gloire à Marion, ange qui succombe ! —
« Vivent les forçats, les gueux, les catins ! .. »

Tout ça n'est pas neuf, comme bien l'on pense.
Porté par Hugo, c'était très joli ;
Mais ça fait encore un effet immense...
Le public, mon cher, est si ramolli !

Moi. — ? ! !

Lui. — Avec des ciseaux, du fil, des aiguilles
Et force toupet — je me suis cousu
Un manteau lyrique avec ces guenilles !
Hugo rit si fort quand il m'aperçut,

Qu'il m'a pardonné mes caricatures —
Il est si bonhomme et riche, après tout ! —
Et qu'il m'a laissé chiper des rognures
Que je puis encor coller bout à bout.

Moi. — ! ! !

Lui. — Et je me suis fait un nom littéraire !
Et je suis rapsode, au vrai sens du mot !...
Mais voici ma porte... Au revoir, confrère.
Nous partagerons, si tu n'es point sot.

Victor Hugo, mort octogénaire, a eu le temps d'user beaucoup de nippes, et les regrattières de Moscou ont pu s'en procurer. C'est pourquoi il m'est impossible de prendre au sérieux la littérature *à la Dostoïevski*. Ses imitateurs ignorants sont... à plaindre ; ses imitateurs instruits sont de joyeux drilles qui, pour agripper les écus, cuisinent le salmigondis à la mode.

Examinons le procédé.

Premier exemple. — L'enterrement de Pokrovski. (Encore un pauvre !) :

La matinée était triste et lugubre, comme la vie d'un moribond, pauvre flamme défaillante. Pas un rayon de soleil...[1]. La bruine se liquéfiait sur les vitres et y ruisselait en gouttes froides et sales... etc., etc. Anna acheta un cercueil du dernier simple et loua un voiturier. Comme cautionnement de ses dépenses Anna fit main basse sur les livres et sur toutes les affaires du défunt. Le vieux père se disputait avec elle, faisait tapage, lui reprenait tous les livres qu'il pouvait, en remplissait toutes ses poches, les mettait dans son chapeau, les colporta pendant trois jours et ne s'en sépara même pas quand il fallut aller à l'église. Pendant ces jours-là il fut comme affolé, comme abruti. ... Enfin, on referma le cercueil, le cloua, le plaça sur la charrette et l'emporta... Le voiturier allait au trot. Le vieillard courait derrière lui, en pleurant tout haut, et ses sanglots hoquetaient, scandés par la course. Le malheureux perdit son chapeau et ne s'arrêta point pour le ramasser. La pluie lui ruisselait sur la tête ; et, le vent s'étant levé, le grésil lui cinglait et lui gerçait la figure. Le vieillard semblait ne point sentir l'intempérie et, toujours pleurant, courait d'un côté de la charrette à l'autre. Les pans de sa redingote râpée battaient au vent, comme des ailes. De toutes ses poches sortaient des livres ; il tenait dans les mains un énorme volume, qu'il serrait fiévreusement. Les passants saluaient et se signaient. Quelques-uns s'arrêtaient, étonnés [2]. A tout instant, les livres tombaient de ses poches dans la boue. On l'arrêtait, lui montrait ce qu'il perdait ; il le ramassait et reprenait sa course derrière le cercueil. Au coin de la rue une vieille mendiante le rattrapa pour suivre le cercueil avec lui. La charrette enfin tourna le coin et disparut à mes yeux... »

Pourquoi la vieille court-elle avec le vieux, qu'elle ne connaît pas? Pour se réchauffer?

**Deuxième exemple.**

Toute la famille de ces misérables occupe chez notre hôtesse une chambre, dans un coin. Des gens bien calmes! On ne les entend pas. Ils vivent dans cette seule chambre, où ils établissent des compartiments. L'homme est un fonctionnaire sans place, exclu du

---

1. Le soleil, c'est pour les riches !
2. On le serait à moins.

service, il y a déjà sept ans, pour telle ou telle raison[1]... Grisonnant, malingre; un habit graisseux, râpé; ça fait mal à voir. C'est pis que le mien. Débile, piteux (nous nous rencontrons quelquefois dans le corridor), ses genoux tremblent, ses mains tremblent, sa tête branle; de quelle maladie, Dieu le sait! Il est timide, craint tout le monde, se colle contre le mur... Il a de la famille: une femme et trois enfants. L'aîné, un garçon, tout le portrait du père, est aussi maladif. La femme n'a pas dû être mal, cela se voit encore; la malheureuse n'est plus vêtue que de guenilles. Il paraît qu'ils doivent à l'hôtesse; elle ne les traite pas trop doucement... Ah, Seigneur, mon Dieu! Dans leur chambre, c'est toujours silencieux, comme s'il n'y avait personne. On n'entend pas même les enfants. Il n'arrive pas que les enfants se taquinent et jouent; c'est mauvais signe, cela..., etc.

Et quel travail faisait le mari? A quel lavoir savonnait la femme? Travailler! savonner! Fi donc! Serait-ce décent pour un homme qui a failli étudier le latin? Décent pour une femme *qui n'a pas dû être mal* et qui avait rêvé d'un piano à triple queue? Fi donc! Mieux vaut geindre et croupir, sales et fainéants, dans l'attente de la fortune, ou se redresser révoltés, nihilistes.

Se régale qui voudra de cette littérature, de ces tirades écrites en style de portière, mais qui, bien glapies, humectent l'œil! Voyant des hommes distingués, pianistes, académiciens, bacheliers, louer ces romans-là, je dois admettre: 1° (sans discussion) que leur admiration est sincère; 2° fondée. — Sur quoi? Comment ce fatras peut-il plaire? Est-ce parce que Dostoïevski prêcha l'émancipation des femmes? Parce que les idiots puants qu'il met en scène sont *à la recherche du ciel* et débitent une théologie ridicule? Parce qu'il a flétri le servage? C'est louable. Prêché l'abnégation, la renonciation? Je comprends moins; mais les alchimistes aptes à distiller la quintessence de l'âme slave (car il paraît qu'elle n'est pas créée comme les autres) affirment qu'ils

[1]. Il n'a pas voulu admettre les remontrances du bipède, chef de bureau.

comprennent. O Dostoïevski! O âme slave exhalant ces lignes sublimes :

> Il s'est formé chez nous, en Russie, un type d'hommes qu'on ne retrouve en aucun autre pays — le type des hommes qui souffrent pour tout le genre humain. C'est le type russe par excellence! (Dans Подростокъ, L'adolescent).

Cette sublimité n'est-elle pas simplement bouddhique? N'est-ce pas dans l'Inde que le saint se charge des maux de l'humanité pour alléger leur poids? Nous disions plus haut que la charité est l'ingénieux moyen de remettre la justice; cette fraternité universelle est aussi un moyen d'esquiver les devoirs immédiats. On aime le monde entier, tous les humbles, tous les pauvres collectivement, théoriquement, et se dispense ainsi d'assister ses proches; on néglige sa famille et le devoir quotidien sous prétexte d'aller travailler à l'universelle félicité. Macaire se couche sans chandelle, sans soupe et sans actrice et offre à Dieu son jeûne et son dépit pour que Dieu ait enfin pitié du *prolétariat intellectuel!*... Macaire avait de quoi souper; pourquoi achète-t-il des pommades? Il avait plutôt besoin d'ellébore.

Laissons à d'autres le plaisir d'analyser les âmes slaves. Ces arcanes effraient ma simplicité qui n'aime que la lumière. Il faut être néo-psychologue pour apprécier un psychopathe, pour entrevoir le génie sous l'hallucination; il faut avoir une vocation singulière pour débrouiller avec amour les fils mystérieux qui, dans le cerveau d'un forçat ou dans la conscience de dames plus ou moins publiques, s'enroulent autour de la bobine du Vice... (Voyez l'influence de cette néo-psychologie sur un être faible! A peine évoquée, elle me dicte une phrase ridicule). Il est indifférent ce me semble, au lecteur, qu'un Dostoïevski ait eu des cauchemars merveilleux, qu'il ait ou non rêvé, au cours d'une crise épileptique, des romans extraordinaires, s'il ne les a pas écrits extraordinaires et merveilleux; et le rhétoricien abuse des tropes, qui des souffrances d'un auteur conclut à son génie. La biographie d'un auteur peut expliquer son œuvre mais ne la justifie pas; peu nous importe qu'il l'ait conçue dans un salon ou dans une mansarde, ayant la poche pleine ou vide, pourvu que l'œuvre soit bonne. Il y a témérité sentimentale à reporter sur le roman l'émotion que nous a causée la misère du romancier.

La profondeur d'analyse métaphysique, cabalistique, attribuée aux ouvrages venus du nord est, en général, une illusion d'optique; la distance, l'obstacle de la langue, produisent un mirage devant lequel s'extasie bruyamment une coterie littéraire : « Accourez voir l'œuvre septentrionale, la merveille polaire! Elle est bigarrée, marquetée, vergetée et mouchetée! » Telle la peau du léopard :

> Partant chacun la vit.
> Mais ce fut bientôt fait, bientôt chacun sortit.

Ce mirage induit d'honnêtes critiques à trouver dans le roman russe : *cœur, cervelle et système nerveux*; puis, adoptant la classification de Taine en *géologie sociale* (!) à s'écrier : « Le Français est (dans les romans) le mineur pratique; l'Allemand, le géologue; le Russe, le paléontologue! » (Conrad ALBERT, *Études sur le roman contemporain*.) Détournons les yeux.

*Danilevski*, plus modeste et plus adroit, emprunta à la chronique la matière de ses romans. Les *Annales d'une famille*; *Les Fugitifs*. — *Le Retour des Fugitifs*. — *Terres vierges*, etc., montrent le steppe conquis peu à peu par les pionniers russes. Tel d'entre eux fut jadis soldat de la Garde et raconte les événements politiques dont il fut le témoin ou l'instrument; si bien que les figures de Pierre le Grand, de Catherine, etc., nous repassent sous les yeux. Ce genre mixte est sans doute un peu faux, et l'histoire toute nue me plaît davantage; mais Danilevski raconte agréablement. Je donne la préférence à sa *Neuvième vague*, œuvre que Tourguéniev eût peut-être signée, la plus moderne par les questions débattues. (De même que la neuvième vague, si dangereuse au dire d'Ovide, *Métam.*, XI, 529 sq., engloutit le vaisseau désemparé, ainsi le flux du Progrès doit submerger le ponton porteur des vieilles superstitions.) Le conflit de l'ancienne société et de la nouvelle est présenté très poétiquement par Danilevski ; la figure de l'abbesse Ismaragda se détache hautaine ; le héros, Vetlougine, esprit sage, libre quoique discipliné, sauve enfin son amante des réseaux où s'engeignait la pauvrette. Le roman est joli ; mais un Français l'aurait abrégé.

La plupart des romans écrits avant 1860 recèlent une satire de l'état social, plus ou moins adroite et discrète. Le tableau des souffrances imméritées est un reproche à qui pourrait les alléger ; et les romanciers préparaient ainsi l'acte d'émancipation. V. Ostrogorski (*Litt.*, p. 253) émet à ce propos l'opinion, que c'est sottise de montrer aux enfants le seul côté riant de la vie ; hardiment il permet, sous réserves, les récits d'amour aux jeunes élèves.

Amour, amante, maîtresse, enfant naturel... sont des mots que garçonnets et fillettes entendent couramment au logis... Immoraux sont seuls les romans passionnels ; *la sentimentalité douceâtre, voilà le danger!* Mais la narration sincère des douleurs de l'amour méconnu, outragé, loin d'être malsaine, inspire le respect envers le sentiment vrai, capable de dévoûment, inspire le mépris pour ceux qui se jouent de ce sentiment sacré.

La pédagogie russe est donc plus libérale que la nôtre. A ce point de vue, je serais charmé des touchantes histoires de *Chevtchenko*, le poète de l'Ukraine (1814-61), qui, malheureux, plaignit les malheureux, si... Mais résumons d'abord une ou deux de ces histoires.

1. *L'ouvrière.* — Une jeune fille fut séduite et abandon-

née ; elle livre l'enfant à la pitié publique, et une famille sans enfants recueille celui-là. La mère vient se placer comme ouvrière dans cette même famille, et on devine quels soins elle prodigue, quelle tendresse elle garde. Les années passent. Elle goûte la joie de voir son fils bien élevé, joli garçon et maintenant heureux fiancé. Elle le suit dans son ménage, le sert en esclave fidèle, et ne lui révèle qu'au lit de mort la vérité sur sa naissance.

2. *Catherine*. — Encore une imprudente qui s'est livrée avant le mariage. Le fiancé est pris par les recruteurs, et la malheureuse, rejetée par le village, fuit, mendie,

> Errant de lieux en lieux,
> Aux regards des humains n'osant lever les yeux.

Mais les troupes reviennent; elle verra le défilé, et si Dieu a protégé son fiancé, elle est sauvée, elle sera heureuse... Il vit! Le voici! Il est officier!... L'officier ordonne à ses soldats de chasser cette mendiante, cette effrontée. Elle n'a plus qu'à mourir, et se noie.

Ces histoires, disais-je, seraient charmantes si elles opposaient moins le riche et le pauvre, la victime et le bourreau. On souffre dans toutes les conditions sociales, et dans toutes on commet des bévues; qui débute par un écart finit généralement de travers, et ce n'est pas la faute du gouvernement. Affranchies ou non, sachant ou non lire et écrire, les jeunes paysannes ne seront pas plus prudentes devant des gars plus loyaux... Chevtchenko, longtemps serf, défendit les serfs si hardiment qu'il fut incorporé dans un régiment disciplinaire (à Orsk, de 1847-57). Il fut patriote, dessinateur[1]; il passe pour poète national en Petite-Russie, qui honore en lui l'esprit libéral, l'émancipateur. C'était enfin

---

1. Assez habile, dit son biographe Tchoujbinski. Saint-Pétersbourg, 1861, « pour improviser en une heure une illustration représentant les personnes présentes sous forme de carottes, de choux et de navets. »

un très brave homme, ami de la dive bouteille, et qui ne raisonna pas toujours juste.

A. *Gontcharov*[1] trouva, pour critiquer le servage, un cadre ingénieux. Son héros Oblomov, joli garçon de trente-deux ans, gras à point, paresseux à plaisir, reçoit un matin congé de son appartement. Se remuer, changer ses habitudes, se soucier d'un nouveau logis! Que de tracas en vue! Ajoutez une lettre à écrire. Hélas! L'existence est souvent bien rude. Abattu par tant d'émotions, notre pacha, qui ne s'était levé que pour dîner, se recouche, s'endort et revoit en songe son existence passée. — Avec une rare finesse, Gontcharov a montré, point par point, comment les soins de plusieurs centaines d'êtres humains entourent, protègent un petit monsieur qui s'est seulement donné la peine de naître; comment, à force de travailler, de penser pour lui, de se priver du nécessaire pour lui assurer 30,000 francs de rente, ses serviteurs paralysent en lui toute énergie, toute valeur morale; bref, font de cet efféminé un homme malheureux au sein du bien-être. Un certain Stolz, Russe mâtiné d'Allemand, actif, industrieux, ami d'Oblomov,

par cette seule raison que si les extrêmes se touchent, ils ne se heurtent pas,

essaie en vain de le dégourdir; le mal est fait, tous les ressorts sont cassés; Oblomov n'a même plus la force d'écrire à son intendant les ordres nécessaires. Il croupit, moisit, s'immobilise, puis meurt ruiné et acoquiné. — Ce *Songe d'Oblomov* est devenu classique. Sans acrimonie, sans vaines tirades, Gontcharov a composé contre l'ancien ordre

---

[1] Fils d'un marchand de Simbirsk; étudiant de Moscou; attaché au ministère des Finances. Prit part à l'expédition commerciale envoyée au Japon en 1852; d'où ses deux volumes: *La frégate Pallas*. Est décédé récemment.

des choses un pamphlet très réussi. Les détails amusants abondent, et la conclusion se dégage d'elle-même. Cette objectivité annonce la grande manière de Tourguéniev.

*Aksakov* (1791-1859) mérite le même compliment. Il a de commun avec Tourguéniev la sérénité du style qui rend classique un ouvrage. Si l'un a écrit *Les Mémoires d'un chasseur*, l'autre a écrit les *Mémoires d'un chasseur dans la province d'Orenbourg* (Aksakov y chassa avec passion pendant quinze années de suite), mêlant les détails les plus précis, les plus techniques à de frais tableaux de la nature, à des descriptions virgiliennes. Il sait, par exemple, nous intéresser aux mœurs des oies sauvages, à cette république errante et vigilante, menacée de mille dangers mais tremblant d'abord pour ses poussins; au point qu'une sympathie spontanée nous émeut devant *nos semblables inférieurs*. Puis le chasseur contemple le marais, *ces eaux dormantes dans le brouillard* : d'où viennent-elles? Voici un ruisselet qui murmure si gaîment que nous remonterons son cours, lequel nous reconduit à

un de ces lacs des steppes d'une remarquable limpidité. La réfraction de la lumière dans ces ondes lacustres est à ce point décevante, que le nageur qui s'éloigne du bord et plonge peu à peu, s'imagine gagner une rive, et croit monter quand il descend.

Et la description se déroule, évoquant le souvenir du Clitumne, *qui lato gremio patescit purus et vitreus... Ripæ fraxino multa, multa populo vestiuntur, quas perspicuus amnis, velut mersas, viridi imagine annumerat* (PLINE).
La *Chronique d'une famille* montre en quelque sorte la contre-partie de ce tableau, l'homme après le paysage. Le grand-père d'Aksakov, natif de Simbirsk, avait émigré avec ses 180 serfs dans le district de Oufa, pour y vivre plus tranquille. *De visu* et par des récits immédiats, son petit-fils Serge connut en détail la vie du gentilhomme campagnard,

et ses peintures justifient les novateurs qui réclamaient *autre chose*. On lit partout entre les lignes : fainéantise, égoïsme, goinfrerie, brutalité, vanité. Le dit aïeul

s'attribuait sept siècles de gentilhommerie, et refusa une fiancée riche et belle qui lui plaisait, simplement parce qu'elle avait eu un bisaïeul roturier. — Emporté jusqu'à la fureur, cruel dans ses transports... Sa femme était toujours sans ressources, obligée de liarder...

L'argent ne doit, parbleu! profiter qu'au mari. Levé tard, flânant toute la journée, réduit à faire battre entre eux ses serfs pour se distraire, comme faisait Brékékékoaks XII, roi des Grenouilles (dans le conte de Joukovski); exigeant qu'on lui chassât les mouches, que sa pitance fût immédiatement servie, à quelque heure qu'il rentrât; dévorant, dans son avidité, les choux si fumants, qu'il prenait une cuiller de bois, parce que la cuiller d'argent lui brûlait la bouche; déjeunant à crever — « dînant plus plantureusement, parce qu'il faisait moins chaud » — ce hobereau tenait le milieu entre l'homme et l'ours. Aksakov, présentant ces tableaux, semble dire à ceux qu'effarouchent les mœurs et les idées modernes : Alors, vous regrettez ce temps-là?... Mais ce récit est soudain comme ensoleillé par une apparition charmante. On ne peut lire sans émotion les pages inspirées par la reconnaissance, par la piété filiale plus que par le talent, que Aksakov a écrites sur sa mère; et l'on bénit la Providence qui permit que l'enfant malade fût sauvé, fût un bon fils, et devînt un écrivain célèbre, pour récompenser dès ce monde l'abnégation d'une femme.

Ces lacs d'une pureté si merveilleuse, alimentés par des sources de fond, abondantes et vives; ces miroirs limpides, sensibles aux plus légères impressions, à toutes les émotions de la nature, me semblent un emblème du talent de TOUR-

GUÉNIEV — « talent poétique, observation fidèle, ironie délicate, sous laquelle se cache tant de sentiment. Beauté simple, calme, chaste. » (BIÉLINSKI.)

*Fontis aquæ reddunt simulacra imitantia verum.*

Cette objectivité est la marque des maîtres. Devant les yeux de Tourguéniev ont passé toutes les questions humaines ; il a vu, il a reproduit les images, et nous a laissé le plaisir de conclure. Il aimait voir, il voulait vivre ; la vie passe et n'attend personne ! Il en contempla les mouvements dans la campagne, où elle est la plus naïve, dans les centres populeux, où elle est la plus ardente ; si bien que des amis lui reprochèrent de *s'encanailler*. A la suite d'une brouille avec sa mère, qui lui coupa les vivres, il connut la gêne et en donna dans Безденежье une amusante peinture. Les années de vaches maigres eurent donc leur utilité. Consigné dans ses terres (1852-56), pour un article sur la mort de Gogol, il put chasser, lire et penser à son aise. Ces arrêts le servirent donc, comme servit Hugo l'exil à Jersey. Il vit le ridicule sans s'étonner ; le mal, sans crier ; et concilia, comme feu Socrate, l'ironie avec la bonhomie. Ainsi, pour citer un exemple entre mille, il ne raille pas les disputes théologiques, non ! Il montre Biélinski malade, toussant à rendre l'âme, mais ne voulant ni se taire ni laisser l'interlocuteur aller dîner,

avant d'avoir résolu le problème de l'existence de Dieu.

De là le charme des romans de Tourguéniev. Pensés avant d'être écrits, ils ravissent par leurs formes achevées, par leurs contours précis, polis, finis, les lettrés, les stylistes ; et l'on excuse, à ce point de vue, les compliments un peu hyperboliques de Renan et autres académiciens.

Les Parisiens se rappellent le vieillard à barbe blanche, aux épais sourcils et dont la voix douce et les gestes presque timides étonnaient chez ce géant. On pensait, dès le premier coup d'œil, à un seigneur[1] ami du luxe des arts, exigeant le respect, mais n'exigeant pas de son régisseur des comptes trop méticuleux. Né à Orel en 1818, il passa ses premières années dans le domaine maternel, à Loutovino, au milieu de jardins. On y jouait parfois la comédie; le parc s'illuminait de lampions et s'emplissait d'invités plus ou moins spontanés. Son père, brave homme, bon vivant, était ce qu'on appelle en province *un bel officier*; mais sa mère était une terrible femme.

Je la craignais comme le feu... J'étais fouetté pour des vétilles et presque chaque jour..

Ivan Sergeiévitch, élevé, suivant la mode du temps, par des gouverneurs étrangers (étrangers surtout à la pédagogie; le précepteur allemand était en réalité sellier), a dépeint son précepteur français,

qui ne pouvait s'habituer à l'idée d'être tombé en Russie comme une bombe et, désespéré, exaspéré, se roulait tout le jour sur son lit.

Mais, de même que Pouchkine par sa nourrice, le jeune Ivan fut initié par un simple domestique au monde populaire russe. Il a célébré dans *Pounine et Babourine* cet instituteur improvisé.

Nous le retrouvons dans une pension de Moscou, puis à l'Université de Saint-Pétersbourg, où l'un de ses maîtres fut *Pletniev* (auquel Pouchkine dédia son *Onéguine*) qui l'encouragea à s'adonner aux lettres. Un premier essai poétique fut imprimé dans un journal en 1837. L'année suivante, Tourguéniev décidé, comme il le dit, « à se plonger dans l'océan allemand », se rend à Berlin. Il y étudia la philosophie, si bien que son domestique, un certain Kar-

---

1. Sa race remonterait (selon Kaamp, *Biog.*, Saint-Pétersbourg, 1885) à la Horde d'Or. Soit dit sans reproche.

tachev, mentor choisi par sa mère, mû par l'exemple, étudia aussi et devint médecin. (Philosophie et médecine! La Providence met souvent le remède à côté du mal.) Aux heures de loisir, le maître et le valet concentraient leurs talents sur l'éducation d'un caniche.

J'ai entendu les professeurs allemands, lu les livres allemands sur leur terre natale. Belle avance! Je me frottai à des lieutenants en demi-solde, altérés de science... comme moi! D'ailleurs bornés et taciturnes. Je frayai avec quelques familles idiotes, me traînai dans les cafés, dans les théâtres, lus les journaux. Avec les indigènes nulle intimité, nul abandon dans l'entretien; je ne reçus la visite d'aucun, excepté celle de deux ou trois jouvenceaux tenaces, de race juive, qui venaient m'escroquer de l'argent... Un professeur allemand, instruit mais toqué, m'invite un jour. Il a deux filles frisant la trentaine... nez énorme, œil bleu clair, mains rouges... On hume ensemble du café au lait; on regarde ensemble la lune... Je ne supportai pas un tel bonheur, et je m'enfuis. (Гамлетъ щигровскаго уѣзда.)

Néanmoins, Tourguéniev revint de Berlin gagné aux idées de l'Occident et prit hardiment position parmi les libéraux. C'était le temps où l'historien *Granovski* remémorait à la Russie combien d'efforts et de sang coûta à l'Europe occidentale cette civilisation que les slavophiles voulaient méconnaître. En 1852 parurent les premières *Lettres d'un chasseur*, dont le succès fut extraordinaire; elles sont mises à part dans la littérature russe, et dénommées « purs diamants. » Représentez-vous une série de paysages animés par des centaines de pauvres humains qui simplement, naïvement, viennent, à leur insu, exposer leurs souffrances, nous raconter leurs chagrins; certains passent même sans mot dire, las de la plainte ou la dédaignant. Une courte conversation avec un paysan, une scène entrevue, un adieu que se murmurent deux amants au bord d'un ruisseau, évoquent le souvenir des abus du servage. Ces Lettres font revivre la Russie d'autrefois; elles sont, avec les *Ames mortes*, la plus précieuse déposition d'un témoin. Ces récits détachés sont reliés par un fil unique, par le même vœu : Liberté ! Tourguéniev avait vu la sèche injustice de sa grand'mère envoyant un jeune homme en Sibérie pour avoir eu devant elle une attitude trop peu humble ; il avait entendu l'exclamation de Babourine : « Ça ne peut pas durer ainsi ! » et précipita par un chef-d'œuvre l'évolution libérale du 19 février 1861.

Quand son vœu fut réalisé, notre philanthrope, pour montrer aux affranchis l'emploi de la liberté, voulut fonder un journal, *Le Moniteur économique*, traitant les questions spéciales, provoquées par la crise politique ; mais un fait inattendu se produisit : la plupart des paysans n'étaient pas aises de voir le servage converti en fermage ; soit que la liberté trop neuve les effarouchât, soit qu'ils eussent compris autrement la révolution. Alors, ils ne deviennent donc pas boïars à leur tour ?.. Ils restent donc paysans ? Alors, c'est encore une réforme pour rire ? Le peuple en tout pays soupire après la transformation instantanée du pauvre en riche, du serf en roi, après une métempsychose politique qui le dédommagera. « Tape toujours ! disait un Indien à un Anglais. Plus tard je te cravacherai d'autant mieux, quand tu seras changé en cheval, et moi en colonel. »

La fièvre politique qui inspira les *Lettres d'un chasseur* est depuis longtemps dissipée ; cependant le livre a gardé son charme et prouve une fois de plus que la façon de dire vaut encore mieux que ce qu'on dit. Rien ne vieillit plus vite que les passions politiques ; les événements extraordinaires sont recouverts par d'autres plus extraordinaires encore ; les théories qui enthousiasment une génération seront demain une fable ou un lieu commun, matière à vers latins ; et le romancier doit moins compter, pour atteindre la postérité, sur le fond de son livre que sur sa forme. Les sujets passent de mode ; l'art est immortel. Si Horace revenait au monde, notre civilisation le déconcerterait sans doute ; mais du premier coup d'œil, il reconnaîtrait, aux grandes règles immuables, ses pairs en littérature. — Lisez les *Lettres d'un chasseur*, le chef-d'œuvre de Tourguéniev!

L'écrivain goûta les jouissances de la célébrité : les applaudissements saluèrent son passage à Moscou, à Saint-Pétersbourg; les universités le nommèrent *in partibus*; Paris le traita en Parisien. Le grand seigneur goûta les plaisirs de la vie semi-mondaine, semi-artistique (un ami de la famille Viardot eût-il pu ne pas aimer les beaux-arts?); mais le philanthrope éprouva de dures désillusions. Il note bientôt lui-même qu'il n'est plus dans le ton moderne.

Aujourd'hui on ne requiert ni talents ni esprit; l'emporte, celui qui, souple et patient, sait se sacrifier sans ostentation, ne rechigne sur aucune tâche mesquine. . Nous entrons dans l'ère des gens UTILES.

Oui; et impatiente de « parvenir », la nouvelle génération ressemble trop au sanglier de la fable qui franchit les marécages en y pataugeant sans vergogne, et nargue, crotté jusqu'aux yeux, l'hermine trop proprette et le castor trop industrieux.

Oh! papa, quelle chatouilleuse délicatesse! s'écrie Arcadi, éprouvant pour son père, ce bonhomme, une indulgente pitié, jointe à la conscience de sa supériorité sur lui, à la satisfaction de se sentir l'esprit libre, l'âme indépendante, inaccessible aux préjugés.

Son ami Bazarov est encore plus « moderne ». —

Il est très drôle, ton père! Quelle élégance, quelle distinction! C'est une sensitive, parole d'honneur! Sa politesse frise la timidité... Et sa tenue! Et ses ongles soignés, limés!... Il s'est échappé d'un roman, ton père. C'est une trouvaille pour un archéologue.

Bazarov n'est pas timide, lui! Ce jeune étudiant pense

qu'un chimiste est vingt fois plus utile que le meilleur poète... Que Dieu est une conception absolument démodée... Que la peau des femmes a plus de valeur que leur âme prétendue.... Que l'avenir appartiendra au nihilisme... Ses paroles étaient brèves, ses réponses sèches; sa voix même était grossière et impudente.

Il catéchise Arcadi qui l'admire par gloriole, mais dont les honnêtes instincts protestent. Au demeurant Bazarov est studieux, serviable, loyal, brave devant la mort qu'il ne craint ni pour les autres ni pour lui; et son cœur étant meilleur que sa tête, sa propre vie réfute ses théories effervescentes. Il s'aperçoit, en mourant, qu'il a lâché la proie pour l'ombre, et que son âpreté mène moins sûrement au but que la délicatesse de ces vieux qu'il raillait. Leurs jouissances intellectuelles et morales, qu'ils méritent parce qu'ils savent les apprécier, les charmantes peintures de leur doux bonheur domestique nous montrent, dans ce contraste entre *Les Pères et les Fils*, que les pères ayant choisi l'idéal et ses illusions ont, en somme, choisi la meilleure part.

Ces fils progressent d'ailleurs avec le siècle; à leur tour, ils jugent stupides les Bazarov qui travaillent réellement, rudes gars qui meurent à leur poste; ils jugent plus pratique de se grouper en coteries bavardes, vantardes, — ratés de toute espèce, bas-bleus déteints, candidats impudents, étudiants et étudiantes en sociologie, en obstétrique, — de pérorer, de glapir sur tous les thèmes de la politique, de la charité, de la solidarité, etc., de ne rien faire, sous prétexte qu'ils s'épuisent à rouvrir le paradis, et de manger au râtelier des naïfs qu'ils ahurissent et assourdissent. Oyez leur charabia!

Quant aux principes essentiels... voulez-vous que je les expose suivant la méthode de Lassalle ou celle de Schulze-Delitsch? Car, voyez-vous, pour nous, Russes, le côté financier est ici l'important. Çà et là la corporation, oui! Mais comme germe, comme noyau... au centre. Le problème veut être sondé, doit être creusé. Et quant à la question des terres assignées aux paysans... hum! ah, la commune! (Et Goubarev mugissait et retroussait sa barbe.) La commune est... est... un grand mot! Vous comprenez? Puis, que signifient ces incendies ? Ces... ces... mesures du gouvernement contre l'école dominicale, les cabinets de lecture, les journaux? Enfin, que se passe-t-il en Pologne? Ne voyez-vous pas où tout cela nous mène? Ne voyez-vous donc pas que... que... hum! que nous et le peuple ne sommes qu'un seul cœur, qu'une seule âme, et que nous devons étudier son... comment dirai-je? son... hum! son point de vue?! (Dans *Fumée*.)

*Mutato nomine*, je reconnais là beaucoup de mes compatriotes. Hélas! Les Goubarev sont moins comiques que dangereux, surtout en France, où ils deviennent si aisément députés. Ce joli roman de Tourguéniev instruit mais attriste; le lecteur y entrevoit trop de découragement.

On sait qu'une difficulté littéraire consiste à peindre la femme, mobile comme la vague, indécise comme la nue :

> On voit onder en molles poses
> Son torse au contour incertain,
> Et l'Aurore répand des roses
> Sur son épaule de satin.
>
> (TH. GAUTIER.)

Tourguéniev se jouait d'elle (de la difficulté), devinait l'âme féminine, et souvent la railla, — ce qui n'est pas une conséquence. Un curieux roman est en ce sens *Premier amour*.

La voisine, Zénaïde, a vingt et un ans; le galopin n'en a que seize, et, bête comme on l'est à cet heureux âge... La coquette amorce le garçon, se fait suivre, s'en amuse, paie en menue monnaie, même en pièces fausses, la tendresse vraie ; et, pendant ce temps, Zénaïde est la maîtresse du père. Et quelle famille ! Hobereaux ruinés, sales et fainéants; la mère s'emplit le nez de tabac et escompte la peau de sa fille ; celle-ci, leste à comprendre, préfère l'homme cossu à l'amoureux transi. Si Tourguéniev a voulu rendre cette fille méprisable, il a pleinement réussi. Un de ses amants part, désespéré, se faire tuer dans le Caucase. Rien ne manque à cette vie éhontée, pas même les coups de cravache de l'amant en titre; pas même, pour terminer dignement, le mariage régulier

avec un monsieur du meilleur monde... Joli garçon... De la fortune...

Le roman est, par bonheur, encadré par des paysages ensoleillés, où le printemps répand ses fleurs, et la nature sa sérénité sur les misérables passions humaines.

Tourguéniev mourut le 23 août 1883 (à Bougival). On célébra à Saint-Pétersbourg ses solennelles funérailles.

L'éloge de ce grand écrivain paraîtrait conventionnel, s'il ne s'y mêlait un grain de critique. Notre Russe traite l'humanité comme traite les élèves crétins un bénin proviseur : « Ils ne donnent pas encore tout ce qu'ils peuvent... Progrès lents... Mais cela ira mieux, plus tard. » Aussi la moitié de ses narrations peut être lue par des enfants; l'ensemble, je crois, par des jeunes filles. Est-ce là lui faire un grand compliment? D'autre part, Tourguéniev a un pied dans le romantisme, en ce sens qu'il est plein de mansuétude pour les pécheurs et les pécheresses; par exemple, Akime (dans Постоялый дворъ) est un homme excellent qui ne fit dans sa vie qu'une sottise : d'épouser, déjà barbon, une fille trop jeune et, qui pis est, coquette. Il a pour elle toutes les indulgences, sourit de ses défauts et cède à ses caprices. En retour, elle le trompe avec un vil coquin, le vole, le réduit à la besace.

Son procès est tout fait, et je l'étrangle net!

eût dit Petit-Jean. Mais Akime non seulement pardonne, mais encore s'accuse lui-même! Il se passe cette besace au cou et se voue au pèlerinage. « On dit même dans le pays qu'il est allé à Jérusalem. » Cette indulgence encourage le vice.

On trouve dans Tourguéniev des notions exactes sur toutes les bêtes des bois et des champs (son chien *Pégase* est devenu légendaire), où se trouvent les meilleurs rossignols, et l'art de les prendre, etc. Il eût mieux fait d'indiquer l'art de prendre et de pendre les oiseleurs, dénicheurs et autres chenapans, et de le recommander. Son garde-forestier surprend un braconnier en flagrant délit, et lui fait grâce : il a tort. Le braconnier se vengera[1]. — Sa psychologie est souvent efféminée, parfois même maladive; malgré l'élégance, malgré *le fini* de ses Nouvelles, je crains la défaveur pour ses Roudines qui chantent la romance fade, pour ses demoiselles qui cherchent l'Idéal et quelqu'un pour le leur expliquer. Tourguéniev frôle Werther, lorsque, après avoir décrit (*Journal d'un inutile*) la souffrance de l'éconduit devant le duo d'amour des heureux, énuméré les divers palliatifs (avertir la fille du précipice où elle court; prévenir le père; guetter le rival et le poignarder à l'espagnole, etc.), il ajoute : « Il n'y a, je l'avoue, qu'un expédient, auquel je ne songeai point : me suicider. » Puis il appelle l'amour : une maladie, et se rencontre là avec H. Heine.

Mais je m'arrête; et si légère soit ma critique, j'aurais voulu avoir la main plus légère encore.


Le comte Léon Tolstoï est l'écrivain dont les lecteurs d'une Littérature russe sont peut-être le plus curieux. Son *Récit du siège de Sébastopol* intéressait, par le sujet même, les peuples alors belligérants, les étrangers non moins que les Russes, et rencontra sans doute le succès en Turquie comme en Angleterre. Dans ce livre écrit *de visu*, les émotions du jeune

---

[1]. « Depuis vingt-cinq ans, nous avons eu trente-sept gardes assassinés par les braconniers... » (Discours du Ministre de l'Agriculture; — Chambre des députés; séance du 6 avril 1895).

officier, revenu d'escarmoucher dans le Caucase pour assister « à la grande guerre », sont si humaines, si sincères qu'elles pénètrent l'âme; elles sont si vives que nous revivons ce drame terrible. Je n'ai pas à résumer cet ouvrage, traduit plusieurs fois; il ne fait pas seulement honneur à l'écrivain qui fut dès lors réputé classique, mais encore au galant homme. Avec tact et délicatesse, Tolstoï a ménagé toutes les susceptibilités, su admirer la vertu où il la voyait, chez l'ami comme chez l'ennemi; enfin il a fait planer les idées divines au-dessus des égarements humains, et l'ouvrage nous fiert encore d'une aussi vive secousse.

Comment caratériser le talent de Tolstoï? Vous souvenez-vous que certaines affections, par exemple : un accès fébrile, une crise de somnambulisme, la conscience d'un péril imminent, etc, surexcitent nos nerfs, nos sens, en raffinent l'acuité, au point de doubler notre énergie pendant la crise? Dans cette tension anormale l'artiste conçoit son chef-d'œuvre, le général invente la manœuvre décisive, et le somnambule se promène sur les toits; devenus tous trois, ne fût-ce que pour une heure, supérieurs à eux-mêmes, devenus Raphaël, César, chat. Leur santé, quelquefois leur raison, paieront les frais de ce gaspillage, car la nature est sage ménagère et inscrit toutes ses dépenses; mais il n'en est pas moins évident que ces fiévreux ont vécu, à certaines heures, avec une voluptueuse intensité.

C'est précisément cet état d'âme que Tolstoï excelle à provoquer chez son lecteur. C'est pourquoi il plaît tant aux Français, mes contemporains (sans excepter maintes dévotes) avides de sensations aiguës. Nos dames du monde affectent de ne point lire les romans de Voltaire; elles disent qu'ils sont trop impies, et pensent qu'ils sont trop fades; mais elles affectent de goûter les romans de Tolstoï. Elles en laissent traîner quelque tome, avec un signet, dans leur salon; et les domestiques chuchotent : « Madame lit du russe! » *Zadig* ou *Candide* choque ces dames; mais *Anna Karénine* ne les effarouche pas du tout. Elles dégustent avec délices cette psychologie quintessenciée, ces analyses *cruelles*... Oh! les beaux chapitres, où Tolstoï leur dissèque fibre à fibre les souffrances d'un mari trompé, leur explique sa rage impuissante! Rien n'est omis : tout ce qu'un homme peut sentir, penser, projeter en pareil cas; les diverses formes possibles d'une vengeance et les moyens variés de l'éviter; les trente-six joies de l'adultère, présentées avec un rare talent; la clameur mondaine et l'art de la narguer (6ᵉ partie, chap. xxxiii); l'art de pénétrer dans l'ancien domicile conjugal en soudoyant le portier, etc. Il y a abondance de renseignements. Ces chapitres se relisent, s'apprennent par cœur; qui sait? Ils peuvent servir.

> ...*Forsan et hæc olim meminisse juvabit !*

Et quel charme à leur lecture! Le talent du romancier est si remarquable qu'il transforme le lecteur en acteur; on est entraîné. Ainsi, quand Anna trompe son mari, on l'aide, on coopère. C'est très amusant. D'autant plus, qu'en échange de ce service sympathique, de cette connivence due à l'*intensité psychique* de la situation, vous ressentez, lectrice-actrice, les émotions de l'héroïne, ses joies : c'est vous qui oubliez votre enfant, vous qui êtes mise à la porte par un époux courroucé... C'est très amusant.

Chez Tolstoï les personnages sont tellement imbus de science analytique qu'elle suinte sur leurs enfants. Les marmots eux-mêmes sont psychologues. C'est de naissance. Témoin le petit Serge, fils d'Anna.

> Serge n'avait que neuf ans, mais il connaissait son âme : elle lui était chère, il la gardait comme la prunelle de ses yeux; et nul ne pouvait, sans la clef de l'amour, ouvrir son âme! (Vᵉ partie, ch. xxvii.)

A neuf ans, en France, les enfants sont plus arriérés. Mais le romancier a touché juste en amenant à ses lectrices ce génie blanc-bec, ce philosophe en petite culotte; grâce à ladite *intensité psychique* de la situation, elles reconnaissent, elles embrassent en lui leur propre Serge, esprit d'élite, incompris de ses professeurs, êtres vulgaires, compris seulement de sa mère (esprit d'élite, naturellement) qui a seule la clef de l'amour pour ouvrir cette âme. Leur Serge n'a que neuf ans, mais il est déjà psychologue et polyglotte comme sa mère; et il sera beau, oui! Il n'aura pas de grandes oreilles comme son père! (Anna le dit, dès qu'elle connaît Wronski, son officier bellâtre.)

On m'excusera de ne point raconter cette histoire : elle a 1,500 pages, beau format! Elle se déroule lentement, avec un art extraordinaire; mais ce n'est pas un roman. C'est : 1° une synthèse de tous les romans imaginables, de tous les cas romanesques; 2° une encyclopédie des connaissances humaines. Elle renseigne, mieux que les traités spéciaux, sur la chasse au lièvre, au canard, aux cailles; sur le labourage, les semailles, la fenaison, la moisson ; sur l'équitation, sur le patinage, sur les courses (Wronski, le bel officier, y tue son cheval); sur les soins à donner aux malades, comment on les lave, les habille, les couche, les panse, etc. Suit un cours complet de phtisie pulmonaire. Les beaux-arts feront digression; pendant leur séjour en Italie, Anna et son amant s'adonnent à la peinture; ils s'abouchent avec un professionnel; d'où dissertations à perte de vue. Puis l'auteur retourne à sa marotte : les frères Lewine approfondissent la politique rurale, l'économie sociale, les questions agraires, les rapports du travail avec le capital, etc.; et comme l'un des frères, le valide, est amoureux et l'autre, le poitrinaire, abruti par la débauche et l'ivrognerie, on devine le charme de leurs divagations.

Alors, je conteste le mérite de l'œuvre? — Au contraire, Messieurs! L'œuvre me semble extraordinaire; tel tableau, comme la fenaison (III, 4 et 5), par exemple, est objectif; mais j'ose dire que cette pente est dangereuse; et la preuve est sous nos yeux. Avec tout son génie, Tolstoï n'a pu se contenir en moins de 1,500 pages. Un rival moins habile débordera en 2,000, en 3,000 pages! L'impitoyable inondation submergera la littérature, noiera l'éditeur, l'imprimeur et le lecteur. Un chapitre entier pour décrire les bottes du cavalier! Un autre pour expliquer le symbolisme des nœuds de sa cravate!... Belle avance que l'œuvre soit titanesque, si elle me tue! Soit préjugé, dû à mon culte de l'antiquité grecque, soit simplement faiblesse d'esprit, je me hérisse d'effroi devant les poèmes en 126,000 vers; devant les trilogies dramatiques dont la représentation exige deux soirées (le *Wallenstein* de Schiller, par ex.); devant les tétralogies musicales, dont l'exécution dure trente heures, bataille polyphonique crevant les tambours, fendant les flûtes, bossuant les cuivres. Trente heures! Les survivants sont fous ou sourds. Je ne conteste pas le génie tonitruant dans ces cyclopéennes conceptions; mais je récuse cet emploi du génie. *Anna Karénine*, *La Paix et la Guerre* sont des œuvres prodigieuses, qu'un rare génie pouvait seul concevoir et exécuter, certainement! Mais de *Candide* on peut dire la même chose et *Candide*... n'a que 100 pages.

Par quels procédés, par quelle psychologie à haute pression Tolstoï provoque-t-il chez son lecteur l'état d'âme dont je parlais? — Sans vouloir analyser subtilement cet analyste subtil, je puis bien indiquer un de ses artifices, celui qui a trouvé tant d'imitateurs infatués et maladroits: prendre une situation quelconque, une démarche insignifiante, et tirer de ce thème *tout* ce qu'il peut fournir. Vous ou moi, écrivant un roman, diriez par exemple: « La jeune femme se rendit à l'Opéra, où sa toilette et sa beauté firent sensation; tous les yeux la contemplaient; le public oubliait les roulades du ténor. » Tolstoï écrit là-dessus cinq cents lignes! Nulle minutie n'est omise; nul détail oiseux; pas même la tête trop pommadée de l'huissier contrôleur. *Est in tenui labor*... C'est écœurant d'exactitude.

Je ne puis non plus me résoudre à admirer les scènes anatomiques, répugnantes par leur exactitude même; ces descriptions de grossesses et d'accouchements, de la dépression des reins chez les poitrinaires, des affres de l'agonie, etc. Évidemment ces détails ne sont pas immoraux — la nature n'est pas immorale — mais dans un roman, même russe, ils sont superflus. Pourquoi donc les tirer des manuels de médecine? Le procédé n'a même pas le mérite de la nouveauté. Certains critiques — je parle des plus huppés — ont l'air d'en attribuer la paternité à Léon Tolstoï; mais Ovide le connaissait et n'en était pas l'inventeur. Quoi de plus *réaliste* que son supplice de Marsyas?

*Clamanti cutis est summos derepta per artus :*
*Nec quidquam, nisi vulnus, erat ; cruor undique manat,*
*Detectique patent nervi ; trepidæque sine ulla*
*Pelle micant venæ ; salientia viscera possis*
*Et perlucentes numerare in pectore fibras...*

(*Métam.*, VI, 397.)

Aussi Ovide n'est-il qu'un poète du second ordre[1]. Les imitateurs essaieront, par la reproduction de ces crudités, par cet étalage de chair humaine, d'émouvoir le public, d'attirer les mouches bleues; et n'ayant le savoir-faire ni d'Ovide, ni de Tolstoï...

Je crois donc que l'influence de cet astre sur les romanciers contemporains a été maligne; elle a fécondé des germes morbides, développé l'éclosion de romans psychopathiques, psycholâtriques, alambiqués, malsains, *à la Bourget*, *à la d'Annunzio*, etc. Je dis ce que je pense. J'ai au moins le mérite d'être franc[2].

---

1. « Son talent..... ne fait que mieux ressortir le caractère profondément artificiel et faux de l'œuvre » (Paul Albert, *Littér. romaine*, II, 113).

2. On s'est étonné récemment de voir M. de Vogüé vanter *Il Piacere* (L'enfant de volupté) de Gab. d'Annunzio, ce volume suintant la fatuité et d'une prolixité décourageante ; vanter *L'Intrus*, du même, ce roman intéressant... comme une autopsie. Pourquoi s'étonner? Le distingué académicien était conséquent avec lui-même : il suivait la filiation.

Ces restrictions formulées, je m'incline devant le génie du comte Tolstoï. Certains traits qui étonnent d'abord s'expliquent par les hasards de sa vie. Il est né dans la province de Toula; perdit sa mère à l'âge de deux ans, fut élevé par différents précepteurs qui tirèrent peut-être à hue et à dia l'esprit de l'enfant.

> Au village (Ясная Поляна) nous n'avions que des séminaristes; à la campagne on n'a point de meilleurs maîtres.

Inscrit à l'Université de Kazan, il ne termina pas ses études et, en 1851, rejoignit son frère, officier au Caucase.

Toutes ses œuvres sont plus ou moins imprégnées de baume mystique, dans les pages même où le lecteur ne s'y attendait guère; de sorte que, dès l'abord, j'avais pris cette religiosité pour une concession à la censure ou à la clientèle. Un détail biographique a retourné mon jugement. La famille hébergeait souvent un vieux vagabond, qui se mortifiait et portait un cilice et des chaînes de fer. D'une cachette, l'enfant fut témoin de cette aberration.

> Jésus! Seigneur! Aie pitié de moi! hurlait-il; mais que ta volonté soit faite!

Et il se cognait le front contre terre, et sanglotait comme un petit enfant. Il avait donc tué père et mère, le vieux gredin? Tolstoï ajoute:

> Bien des flots ont coulé depuis; maints souvenirs ont perdu pour moi leur sens et sont devenus des rêves confus; Gricha (Grégoire) l'ascète a depuis longtemps fait son dernier voyage; mais l'impression qu'il produisit sur moi et le sentiment qu'il éveilla ne s'effaceront jamais de ma mémoire.

---

1. Il dit lui-même que l'examen le plus sévère portait sur le catéchisme.

Là peut-être est le germe de l'Évangile selon Tolstoï qui prête à rire aujourd'hui.

Guerroyant dans le Caucase, Tolstoï écrivit son ouvrage : *Enfance, Adolescence et Jeunesse*. C'est exquis, car c'est mesuré, équilibré, et l'analyse psychologique est fine, sans subtilité. Voyez cette page : Le jeune Nicolas est séquestré pour péchés divers, paresse, désobéissance, etc. dans le grenier. De plus, menacé du fouet par Saint-Jérôme, son précepteur. Assis sur un coffre, il médite.

Je ne pleurais pas, mais j'avais comme un poids sur l'estomac. Dans mon cerveau surexcité se bousculaient les pensées et les images... Tantôt je me voyais en liberté, loin du logis. Je m'engage dans les hussards et pars en guerre. De tous les côtés m'assaillent les ennemis; d'un coup de sabre je tue le premier; d'un revers, raide le second; d'estoc, le troisième. Enfin, blessé, épuisé, je m'affaisse en criant : Victoire! Le général arrive et demande : « Où est-il, notre sauveur? » On me désigne à lui; il se jette à mon cou et s'écrie, pleurant de joie : Victoire! — Je guéris, et me promène, le bras en écharpe, sur le boulevard. Devenu général, je rencontre un beau jour l'empereur qui demande : « Quel est ce jeune blessé? » On lui dit que c'est le héros bien connu, Nicolas! L'empereur vient à moi et me dit : « Je te rends grâces, et t'accorde ta demande, quelle qu'elle soit. » Alors, le saluant, je m'appuie sur mon sabre et lui dis : Trop heureux, grand empereur, d'avoir versé mon sang pour la patrie! J'aurais voulu mourir pour elle. Mais puisque tu daignes m'accorder une demande, je t'en adresse une seule : permets-moi d'écraser mon ennemi Saint-Jérôme, cet étranger. J'ai envie d'écraser Saint-Jérôme, mon ennemi!... Puis soudain je me rappelais que d'un moment à l'autre le véritable Saint-Jérôme allait venir me donner le fouet, et je me voyais non plus général, sauveur de la patrie, mais le plus malheureux des êtres... Tantôt je pensais à Dieu et lui demandais fièrement pourquoi il me punissait. De quel droit me faisait-il souffrir? Avais-je oublié ma prière, soir ou matin? Tantôt je m'imaginais que j'étais mort et me représentais l'ahurissement de Saint-Jérôme entrant dans le grenier et ne trouvant plus que mon cadavre. Je me souvenais d'un conte de nourrice, affirmant que l'âme du trépassé ne quitte pas la maison avant quarante jours, et je me promenais, fantôme imaginaire, de chambre en chambre, jouissant des larmes et des regrets. « C'était un brillant garçon!, dit papa avec des larmes dans les yeux. — Oui, ajoute Saint-Jérôme, mais un grand polisson! — Vous devriez respecter les morts, lui dit papa; la cause de son trépas, c'est vous! Vous l'avez tyrannisé; il n'a pu supporter l'humiliation que vous lui prépariez. Je vous chasse, scélérat! » Alors Saint-Jérôme tombe à genoux, pleure et demande pardon. »

L'état d'âme d'un écolier aux arrêts saurait-il être mieux peint? — Je suis enfin charmé du roman, court celui-là, *Bonheur domestique*. Une jeune et jolie orpheline a pour tuteur un homme sage et dévoué. Tant, qu'elle oublie la différence d'âge, l'aime, l'avoue, et le désire pour mari. Serge Mikhaïlovitch cède, mais mesure tous ses pas, pèse toutes ses paroles, conscient de la délicate situation. Tout ce récit, fait par la jeune femme elle-même, est délicieux. Son roman d'amour se déroule dans le devoir, dans le bonheur domestique; et sa régularité même l'amuse.

Tatiana Séménovna (la belle-mère) ne se montrait pas avant le dîner; elle buvait son thé seule et nous faisait porter le bonjour par un messager. C'était comme une voix d'outre-mer qui sonnait dans notre île fortunée; et l'hilarité me gagnait, quand la chambrière entrait, croisait les bras et déclarait dignement que Tatiana Séménovna lui avait enjoint de s'informer si la promenade d'hier ne nous avait pas trop fatigués; ensuite l'avait chargée de référer que Madame avait eu pendant la nuit un point de côté, et qu'un chien du village, sotte bête, l'avait réveillée en sursaut; ensuite, de demander si le gâteau nous avait régalés, ajoutant qu'il n'était pas un culinaire produit de Taras, mais un essai premier, et, somme toute, assez réussi, de Nicolas; que les biscuits avaient été saisis...

Mais le bonheur continu ennuie. La jeune femme finit par souffrir de ce soin si attentif, si tutélaire, qu'il prévoit les soucis et les prévient. Elle sent que son âme s'engourdit dans un bonheur qu'elle ne se crée pas elle-même. Plutôt la tempête que ce calme plat!

Je voulais remuer, lutter, vaincre; côtoyer des abîmes... Un pas encore, et je suis perdue; au bord du gouffre son bras vigoureux me sauve... mais j'ai senti mon cœur glacé d'effroi.

Bref, Serge Mikhaïlovitch, si sage, a oublié la part du diable. — On quittera la campagne; on ira goûter à Saint-Pétersbourg la vie mondaine; on sera la valseuse adulée. Puis, à Baden, la galante colonie vous lorgnera avec impertinence, discutant vos charmes physiques, engageant des paris sur vous et sur une lady haut cotée. L'époux se résigne à cette appétence mondaine qu'il avait prévue, redevient le tuteur dévoué, et pleure en silence l'amour passé. Jusqu'au jour où sa femme entrevoit sous le clubman, le palefrenier, et s'enfuit avec dégoût. Ses yeux se dessillent; elle voit et juge ce monde faux et vicieux; elle comprend que si le bonheur n'est pas dans le devoir, — il n'existe nulle part.

Pour nous tous, mais surtout pour vous autres, femmes, il est indispensable de savourer la vanité de la vie, avant de pouvoir goûter la réalité de la vie; et l'on ne peut jamais se fier à l'expérience d'autrui. Je t'ai laissée te plonger un instant dans ces attrayantes folies; je sentais que je n'avais pas le droit de t'arrêter, quoique l'épreuve fût pour moi passée depuis longtemps.

Nettement, finement, sans digressions, sans heurts, au milieu de paysages gracieusement peints, le récit suit son cours, et l'on quitte le livre à regret.

Je m'arrête. C'est trop peu, dira-t-on, sur un si grand écrivain. Mais d'autres ont parlé de lui trop longuement. L'équilibre se trouve ainsi rétabli.

On peut dire que tous les membres de la famille Tolstoï sont distingués; Alexis, cousin de Léon, est l'auteur de poésies[1], légendes, ballades, contes, etc. Sa trilogie dramatique (*La mort d'Ivan, Le tsar Fédor, Le tsar Boris*) a été traduite en français[2]. J'aime mieux son roman *Le prince Sérébriany*; car sa trilogie n'est, au fond, qu'une réédition de l'histoire de Démétrius. Quoique la critique russe l'ait accueillie comme un chef-d'œuvre, j'ose penser que le voisinage de *Boris Godounov* de Pouchkine (et même celui du *Démétrius l'imposteur*, d'Ostrovski) lui fait tort. Isolément, chaque page est intéressante; mais *elles sont trop!* L'une fait tort à l'autre, comme se font tort, par leur nombre même, les meilleurs saints du calendrier. Où Pouchkine a glissé, Alexis Tolstoï appuie, amplifie, ayant le goût du fort, du touffu; et je conclus qu'il est fâcheux pour un ouvrage qu'un lecteur, patient par profession, ne puisse le lire jusqu'au bout sans impatience.

Plusieurs fois on a déjà tenté d'importer en France le théâtre russe. Si ces tentatives ont été loyales[3], elles ont été maladroites. Il fallait jouer d'abord les chefs-d'œuvre incontestés et incontestables, par exemple : *L'Inspecteur* de Gogol; *L'Esprit nuit* de Griboïédov, etc., dont le fond est humain et, par conséquent, aussi vrai à Paris qu'à Moscou; puis par une gradation prudente, initier le public français aux pièces plus russes. Était-il sage de lui servir brusquement des crus nouveaux, ayant forte saveur de terroir, supportant d'ailleurs assez mal le voyage? Ne sait-on pas que des vins

---

1. Œuvres complètes, 4 volumes (7 roubles). Les œuvres de Léon comprennent 13 volumes. 5ᵉ édition, 1889.

2. Librairie Savine. Je crois.

3. Ce dont je ne suis nullement sûr. On se garde bien, par exemple, dans nos concerts dirigés par la coterie allemande, de jouer les chefs-d'œuvre italiens, français ou russes! La comparaison nuirait trop aux élucubrations bavaroises qu'on nous jette sur la tête. On joue les copies brouillées, les imitations mort-nées de Wagner, pour que les auditeurs soupirent : « Alors, autant Wagner lui-même, qui, du moins, savait son métier. » Et le malheureux public entre dans ces concerts néo-tudesques avec la morne résignation des bœufs entrant à l'abattoir.

excellents, bus sur place, aigrissent en route ? Était-il loyal (je reviens à mon idée), de choisir des drames incontestablement mauvais, pour nous dégoûter *a priori* du répertoire russe? Comment! dans les dix volumes d'Ostrovski, on choisit *L'Orage!* c'est-à-dire la pièce la plus ridicule, la plus... bref, le remords d'Ostrovski !

Mais je ne veux ni m'irriter, ni imposer mon avis. Voici la pièce résumée scène à scène.

## L'ORAGE

Drame en cinq actes.

### ACTE I

*Scène I*. — (Un jardin public sur la rive escarpée de la Volga.)

Trois personnages : un horloger autodidacte, un commis, un bourgeois, sont d'accord pour juger Saviole Dikoï, riche marchand, un être brutal. Quereller les gens, voilà sa vie. Le commis affirme qu'il n'a pas peur de son patron.

S'il me dit un mot, j'en réponds dix.

*Scène II*. — *Dikoï* dispute son neveu Boris, le dénomme fainéant, parasite, batteur de pavés. On ne sait pas pourquoi.

Va-t'en, je ne veux pas parler avec un Jésuite (?). (Il crache et sort.)

La scène a neuf lignes.

*Scène III*. — Boris conte ses affaires aux trois personnages de la scène I : Il supporte ses querelles, parce que sa grand'mère a ordonné par testament que l'oncle, tuteur des deux orphelins (car Boris a une sœur — vous suivez?), ne leur rendrait compte de leur argent, à leur majorité, que s'ils étaient (le frère et la sœur) *respectueux* envers lui. Clause peu sensée, comme le remarque Koudriasch, le commis :

Vous aurez beau être respectueux ; qui l'empêchera d'affirmer que vous êtes irrespectueux ?

Soudain Koudriasch dit au bourgeois :

Hé ! que faisons-nous là debout ? allons nous promener. (Ils sortent.)

L'horloger autodidacte annonce à Boris que, dans cette ville, c'est tout canaille.

Mœurs cruelles, Monsieur, cruelles ! Dans notre bourgeoisie, Monsieur, vous ne trouvez que goujaterie et pauvreté sordide... Seulement, je voudrais bien moi-même trouver le mouvement perpétuel ! Adieu, Monsieur. (Il sort.)

*Scène IV.* — Boris (*seul*). Ce serait dommage de le désenchanter. Ce rêveur est heureux. — Moi, je suis malheureux et bête. De plus, je suis amoureux — de plus, d'une femme à laquelle je n'ai pas encore pu dire un mot.

*Scène V.* — M$^{me}$ Kabanova querelle son fils, le plus respectueux des fils, pour le plaisir de quereller. Entre autres choses, elle lui reproche de trop aimer sa femme. On en a enfermé de moins folles.

*Scène VI.* —

LE MARI (à sa femme). — Tu vois ce que j'endure *à cause de toi !*
LA FEMME. — Est-ce ma faute ?
LA SŒUR. — Est-ce sa faute ? Notre mère lui tombe dessus, et toi aussi maintenant. Et tu prétends aimer ta femme. Ça me dégoûte de te regarder ! (Elle lui tourne le dos.)

*Scène VII.* — La femme raconte à sa belle-sœur son heureuse enfance et lui fait confidence d'un amour malheureux. Elle rêve que quelqu'un l'embrasse passionnément, et ce quelqu'un n'est pas son mari !

La fillette.... lui donne du cœur au ventre et l'espoir d'un rendez-vous.

*Scène VIII.* — Passe une dame, la canne à la main, et suivie de deux laquais.

Eh bien, mes belles, que faites-vous là? Vous attendez de jeunes cavaliers? Vous êtes en bonne humeur? Oui? Fières d'être belles? Voilà où mène la beauté (Elle montre la Volga) à l'abîme. (Barbara sourit) Vous riez? Vous avez tort. (Elle frappe la terre avec sa canne). Vous brûlerez toutes dans la poix inextinguible (en s'éloignant). Voilà où mène la beauté ! (Elle sort.)

J'ai traduit mot à mot cette scène invraisemblable.
*Scène IX.* —

— Ah! j'ai peur!
De quoi? Vas-tu pas écouter cette vieille bête ! (Premier coup de tonnerre.) Dieu! que j'ai peur! Rentrons. (Deuxième coup de tonnerre justifiant les paroles de la dame aux deux laquais.) Rentrons vite.

## Acte II

M<sup>me</sup> Kabanova expédie son fils en voyage. Catherine, qui a peur de pécher, supplie son mari, *qui n'y comprend rien*, de l'emmener; *elle le prie de la prier de lui jurer fidélité!* Qui donc l'empêche de jurer spontanément? (il sort). Sa femme regrette de n'être pas morte jeune, car

elle serait devenue un ange et voltigerait, avec de petites ailes, sur les coquelicots.

Entre sa belle-sœur, qui, tranquillement, lui donne la clef (qu'elle a dérobée à sa mère) d'un pavillon dans le jardin. Elle y a déjà fait porter des lits!

Nouveau monologue de la femme; la clef en main, elle se demande si elle doit s'en servir.

Oui, je verrai Boris ! Oh ! nuit, viens vite !

## Acte III

*Scène I.* — Conversation de deux vieilles femmes sur l'impiété contemporaine.

*Scène II.* — Qui n'a aucun sens.

*Scène III.* — Boris soupire devant la porte de Catherine. Il est abordé par l'horloger autodidacte, lequel lui propose une promenade. — Ils aperçoivent Barbara au bras de Koudriasch, le commis ; ils constatent que ces deux amoureux s'embrassent. Koudriasch sort, Barbara fait signe à Boris d'approcher.

L'horloger, autodidacte mais poli, ne voulant pas être indiscret, va seul faire la promenade proposée.

*Scène IV.* — Barbara invite Boris à venir, sur le tard, dans le jardin de sa belle-sœur. — Elle est carrée en affaires, la fillette !

*Scène V.* — (Nuit. Le jardin. La petite porte ; le sentier.) Koudriasch chante avec guitare :

Un Cosaque, Cosaque du Don, mena son cheval à l'abreuvoir.

*Scène VI.* — Entre Boris. Étonnement réciproque. Boris avoue que la dame mariée lui a donné rendez-vous.

*Scène VII.* — Entrent Catherine et sa belle-sœur. Après quelques phrases, affirmant la perte de son libre-arbitre, Catherine se jette au cou de Boris. Barbara et Koudriasch ont depuis longtemps fait connaissance.

*Scène VIII.* — Sur un signal de Barbara, on se sépare, se donnant rendez-vous pour le lendemain.

## Acte IV

*Scène I.* — (Une voûte à demi ruinée ; par les arceaux, on aperçoit la Volga.) Des promeneurs s'y sont réfugiés ; il pleut, et ils craignent l'orage. Cette ruine date de quarante ans; un incendie en fut la cause. Ils essaient de reconstituer le sujet des fresques; l'une a dû représenter l'Enfer; l'autre, la guerre en Lithuanie...

*Scène II.* — Entre Dikoï; furieux de ce que l'horloger lui propose l'établissement d'un cadran solaire et l'installation de paratonnerres, il le traite de brigand, de Tartare et l'expulse.

*Scène III.* — Entre Barbara, puis Boris; auquel elle raconte que le mari est revenu et que Catherine est affolée.

(Coup de tonnerre, — pour expliquer l'entrée de divers promeneurs, entre autres M<sup>me</sup> Kabanova, son fils, sa bru, l'horloger.)

*Scène IV.* — Apercevant Boris, Catherine fond en larmes (*elle hurle de douleur*, рыдаетъ).

L'horloger s'élance et les harangue :

Pourquoi craindre l'orage, ce bienfait? Oui, bienfait pour les plantes; toute la nature se réjouit; voilà bien la sotte espèce humaine. Elle craint, au lieu de les admirer, les orages, les comètes, les aurores boréales. Moi, je n'ai pas peur. Allons voir, Monsieur!

Boris. — Allons. On est trop mal à l'aise ici! (Ils sortent.)

*Scène V.* —

Une femme. — Le ciel est couvert.
Quelqu'un. — Il y aura des dégâts.
Catherine (à son mari.) — La foudre me tuera. Priez pour moi alors!

*Scène VI.* — Entre la dame à la canne, moins les deux laquais (*Catherine se cache!*)

La dame, plus la canne, répète presque mot à mot son sermon précédent.

Cache-toi, va, on n'échappe pas à la justice divine! (Coup de tonnerre.) Vous brûlerez toutes dans la poix inextinguible! (Elle sort.)

*Scène VII.* — Catherine s'agenouille, morte de peur, contre le mur. Puis se relève d'un bond terrible, en apercevant la fresque à demi effacée qui représente l'Enfer. Affolée, elle raconte tout à son mari et nomme même Boris. (Coup de tonnerre.)

**Tout cela est à crever de rire.**

### Acte V

*Scène I.* — (Le jardin public). L'horloger siège immobile sur un banc pour mieux trouver le mouvement perpétuel. Le mari trompé vient à lui et lui raconte ses malheurs. Il pardonnerait volontiers « car nous sommes tous pécheurs » mais la farouche belle-mère veut enterrer vivante sa bru.

*Scène II.* — Catherine erre aussi sur le boulevard; elle y fait un monologue...

Quand te reverrai-je, Boris, pour te dire adieu? Vents déchaînés, portez-lui ma souffrance! Ah, mes petits pères, que je m'ennuie!

Et le public, donc! — Elle pleure; — entre Boris.

*Scène III.* — Le mari s'est plaint. L'oncle farouche envoie ce cadet en Chine (ou en Sibérie — on dit les deux). Catherine, folle, essaie de lui dire des choses touchantes. Boris, à qui elle a tout sacrifié, ne trouve à dire que :

1º Pourvu qu'on ne nous surprenne pas ici! (Il a peur à sa peau.)

2º (En sanglotant.) Mon Dieu! je ne te demande qu'une chose. Qu'*elle* meure le plus vite possible! Elle souffrira moins longtemps.

*Scène IV.* — Monologue de Catherine :

Plutôt mourir que revenir au logis! On est bien dans le tombeau. Le soleil le chauffe, la pluie le rafraîchit: au printemps l'herbe tendre y pousse; les fleurettes s'y épanouissent, jaunes, rouges, bleues... (Elle sort.)

*Scène V.* — La belle-mère, l'horloger et un ouvrier (avec une lanterne) et le mari.

Il cherche sa femme. — Où diable est-elle passée?

UNE VOIX DANS LE PEUPLE. — Trouvez-vous?
LA BELLE-MÈRE. — Nous ne trouvons rien.
UNE AUTRE VOIX DANS LE PEUPLE. — Bah! Elle reviendra toute seule.
UNE AUTRE VOIX (dans la coulisse.) — Holà! Une barque!
L'HORLOGER (du bord de l'eau.) — Qui a crié? Qui est là?
UNE VOIX. — Une femme s'est jetée à l'eau!
(L'horloger et plusieurs personnes se mettent à courir.)

*Scène VI.* — Le mari veut courir au secours.

Que vais-je devenir sans elle?

La belle-mère le retient. Bruit derrière la scène. Le peuple a repêché la suicidée.

*Scène VII.* —

L'HORLOGER. — Voici votre Catherine. Faites-en ce que vous voudrez. Son corps est ici, prenez-le; mais son âme n'est plus à vous; elle est devant le grand Juge, qui est plus charitable que vous!
(Il dépose le corps et s'enfuit.)
— Ma mère, c'est vous qui l'avez tuée!
— Tais-toi, tu oublies à qui tu parles. Je te dirai *deux mots à la maison*!

Elle va lui laver la tête.

(Saluant le peuple.) Merci de vos services, braves gens!

La toile tombe toute seule, d'ahurissement [1].

---

1. On pourrait me dire : « Qui n'entend qu'une cloche n'entend qu'un son. » Voici donc l'opinion de M. Léou Sichler : « Dans l'*Orage*, la vérité alliée au sentiment dramatique le plus puissant ressort dans toute sa vigueur ». (*Hist. de la Litt. russe*, p. 324.)

Je mets dans le même sac les cinq actes, en vers, avec prologue, du *Voyvode* ou *Le Songe sur la Volga*.

Un voyvode exploite sa situation pour se permettre tous les méfaits. Le prologue nous apprend que la province est indignée. — Non content d'avoir eu plusieurs épouses tuées sous lui, il a séquestré la femme (Oléna) de Doubrovine, lequel s'est réfugié dans les forêts et s'est fait chef de bande; puis il a jeté le grappin sur *Marie*, la bien-aimée de Bastrioukov. Celui-ci s'associe avec Doubrovine pour tenter de reprendre par ruse ou force la jeune Marie; — ces brigands se font arrêter du premier coup. — Averti par un songe (d'où le titre), le voyvode revient inopinément, les fait mettre aux fers, l'Injustice triomphe, la Tyrannie dresse sa face blême.....

Mais soudain entre le Vengeur, le nouveau voyvode nommé par le tsar. Le cri de l'innocence est parvenu à Moscou ! Doubrovine reprend sa femme, Bastrioukov emmène sa fiancée.

C'est un ridicule feuilleton. Plus de cinquante personnages, aussi inutiles que possible à l'action; entre autres, un bouffon, un ermite de la forêt, des mendiants-chanteurs, tous les ingrédients du romantisme le plus sot.

Le style est cependant un peu plus soigné que d'habitude; Ostrovski semble avoir pris son drame au sérieux. Mais ses personnages ne se parlent guère qu'en proverbes.

Mais alors, Ostrovski ne mérite pas sa renommée? Pardon! Plusieurs de ses pièces sont très intéressantes, pleines de traits finement observés, et l'une est remarquable; свои люди, сочтемся, c'est-à-dire *Lavons notre linge en famille*. C'était sa première comédie; et il eût dû s'en tenir à ce genre où il évoluait avec aisance, sans vouloir courir après Shakespeare et chercher midi à quatorze heures.

Comment un écrivain fécond, créateur, habile, a-t-il pu commettre des bévues si énormes? La cause est toute simple : Ostrovski n'est pas un lettré; — « son éducation première fut assez négligée ; — il ne termina pas ses études »[1]. Voilà ! Il n'est pas imbu de ces *formes* classiques dont l'immortelle grâce préserve une œuvre de la vulgarité. Pour être un grand écrivain, le génie ne suffit pas, car l'inspiration est intermittente par nature, saccadée; elle jaillit, comme la source, avec des *sanglots*. *Nons exit, et exprimitur pluribus venis sed imparibus*. Quand la nature faiblit, l'art intervient, travaille correctement et procure au génie le repos nécessaire. Voilà pourquoi Corneille est ridicule dès qu'il n'est plus sublime; pourquoi Racine est sans doute faible çà et là, mais n'est jamais mauvais.

Je distingue donc dans les pièces d'Ostrovski celles où il a forcé son talent, et où il est tombé à plat, et celles où il a été fidèle à lui-même et où il est remarquable. La petite bourgeoisie, les *Perrichons*, les *Cocarels*, les *Gargarets*, les marchands fripons, les *philistins* ambitieux, vaniteux, égoïstes, les maris complaisants, les femmes trop serviables, les jeunes gens paresseux et coureurs de dots, etc., etc., se sont reconnus dans ses comédies, lesquelles déguisent si peu la vérité, que plusieurs n'ont pas été jouées[2]. Ostrovski est né à Moscou (en 1826); il en parle le langage un peu haché mais pittoresque, et connaît tous les recoins de la cité.

Plus qu'une *étude* sur ces comédies plaira, je pense, un résumé bonasse, acte par acte; car une analyse critique ne saurait intéresser le lecteur que si le lecteur connaît l'ouvrage en litige. Ce n'est pas ici le cas, ou je me trompe fort. Dans mon exposé sommaire et impartial, les uns verront des historiettes plus ou moins récréatives, les autres trouveront d'eux-mêmes matière à commentaires, à

---

1. L. Sichler, p. 323.

2. A propos, pourquoi donc ne joue-t-on plus chez nous le chef-d'œuvre de Labiche? celui qui lui a ouvert l'Académie française : *Le plus heureux des trois*? Est-ce à cause du rôle de Krampach? parce que la pièce est trop vraie? Les intéressés au silence sont donc bien nombreux, bien puissants?

comparaisons et à déductions; mon travail sera utile, et j'esquive le risque d'écrire une ennuyeuse dissertation.

### LAVONS NOTRE LINGE EN FAMILLE
#### Quatre actes. Prose. Écrite vers 1847.

C'est une variation sur ce thème : Ah! les commerçants, quelle fripouille!

#### ACTE I.

Lipotchka (diminutif de Olympiade), fille très délurée, élevée à peu près comme la jeune Benoîton, déclare à sa mère qu'elle a hâte de se marier, mais qu'elle veut un militaire : arrive une courtière-entremetteuse, et ces dames se retirent pour discuter la chose.

Le commerçant, dont les affaires ne sont brillantes qu'en surface, voudrait « faire un coup, » et se retirer les mains pleines. Un clerc expulsé pour filouterie, et qui n'a dû qu'à l'intervention d'un général de ne pas aller au Kamtchatka, lui expose, entre une demi-douzaine de petits verres de rhum, le procédé : ne point passer la maison sur le dos de sa femme, se déculotter ; ça ne prend plus ; — mais sur le dos d'un commis, homme sûr ; après quoi, faire une tournée chez ses créanciers, et leur proposer 50 du 100.

Si l'un d'eux se cabre, on ajoute quelques sous; si l'un se fâche, on le paie intégralement... à condition qu'il signe un acte comme quoi il s'est contenté de la moitié, et cet acte de consentement, vous le montrez aux autres créanciers, qui, l'exemple ainsi donné, consentent *item*.

Lazare, le commis, sondé habilement, consent à tout :

J'irais dans le feu pour vous; vous m'avez pris petit garçon pour balayer le magasin ; c'est bien le moins que je sois reconnaissant;

— et fait remarquer que offrir 50 du 100 aux créanciers n'est pas décent — qu'il vaut mieux ne rien offrir du tout.

### Acte II

Oh Lazare ne perd pas la carte. A l'agent véreux, auquel le patron avait promis 1,000 roubles pour sa complicité, il en offre 2,000 pour l'attirer dans son jeu. Puis, comme la courtière a un parti noble pour la fille, il lui graisse la patte pour qu'elle rompe ce mariage projeté et rabatte la fille sur son pré. — Le père revenu, il se fait très habilement soutirer un aveu d'amour, après avoir expliqué au patron qu'il serait sage, pour sauver l'argent et duper les créanciers, de tout reporter sur la dot de la fille.

Entendu, je mets tout mon bien sur sa tête, et mes créanciers regretteront alors de n'avoir pas accepté 50 du 100!

### Acte III

La mère a pompeusement ajusté sa fille pour le futur attendu. La courtière vient lui ôter ses illusions — et le père ordonne à sa fille d'épouser Lazare. Fureur de la petite Benotton. Un roturier! quelle horreur! Suit une scène bien conduite entre les deux jeunes gens. — Allez-vous-en, vilain monstre! Jamais je ne serai à vous; j'épouserai un noble. — Il ne vous prendra pas sans dot — Dot?? — Vos parents ont fait banqueroute. J'ai racheté la maison; le riche, c'est moi (*un silence*). — Je vous donnerai des robes de velours, un appartement sur la plus belle rue, avec plafonds peints bleu-ciel... Moi-même, pour vous plaire, m'habillerai à la mode, rasé comme les jeunes officiers...

Et Mademoiselle consent avec plaisir, pourvu qu'elle ne vive plus auprès de ses parents. « Nous vivrons à la mode, et nous les laisserons vivre ici à leur guise!.. »

## Acte IV

Chez les nouveaux mariés. Madame nonchalamment étendue sur un canapé, en toilette fraîche; Monsieur, méconnaissable,

ressemblant à un Français comme deux gouttes d'eau.

La courtière vient réclamer la somme promise — on la met à la porte; et elle jure d'aller les diffamer dans tout Moscou.

Le père a été mis en prison, et n'obtient plus de sortir que sous escorte.

En prison? lui dit sa fille; bah, de meilleurs que vous y sont bien! Et les créanciers? Demandent-ils beaucoup? — Ils veulent 25 du 100. — C'est beaucoup, beau-père! — Je le sais, parbleu! que c'est beaucoup! — Voyons, qu'on se mette d'accord sur 10 du 100! 7 1/2 pour leur faire plaisir, 2 1/2 pour les frais de poursuite. Je ne peux pas plus, j'ai tant de frais! Installation de la maison, l'écurie à monter, les toilettes de ma femme... et puis il faut penser aux enfants.

Le père insiste, supplie...

LA FILLE. — Voyons, papa, nous ne pouvons pourtant pas, afin de vous tirer de la prison, rester sans un rouge liard! Je ne suis pas une épicière! Je ne puis pourtant pas sortir en robe de coton!

Bref, ils refusent tout secours. Le père doit rentrer en cage. La mère maudit sa fille.

Lazare demande son plus vieux vêtement pour s'en aller, comme dans Aristophane, apitoyer ses créanciers. Entre temps, il nie ses dettes avec grandeur d'âme, et envoie promener le malheureux clerc qui réclame son salaire.

Il me vole, le brigand! Et j'ai une femme, quatre enfants, et des bottes éculées! Que l'argent volé t'étouffe, et que le diable t'emporte. (Il sort.)

LAZARE. — Tête chaude!... — (Et s'adressant au public) Ne l'écoutez pas, il ment. Je n'ai jamais volé personne, il a rêvé... Nous venons d'ouvrir un magasin, et nous avons l'honneur de vous prier de le visiter... Vous pouvez même envoyer un petit enfant, nous ne le tromperons pas d'un radis!

## LES BOUFFONS

Quatre actes. — Scènes de la vie moscovite.

Ah! quel monde! Le père avoue que, pour soutirer l'argent aux plus riches, il faut faire le pitre. Il le fait.

L'un me plaque les cinq doigts sur la figure, l'autre me barbouille de suie, l'autre me force à danser... c'était dur pour commencer; mais je me suis habitué à faire pantin et paillasse, j'ai cessé de rougir; je suis maintenant rompu à tous ces exercices; vois, j'ai la gueule du singe!

Un jouvenceau ridicule demande la main de la cadette, (dix-sept ans); il a dépensé l'argent qu'un propriétaire de province l'avait chargé de déposer à une caisse publique; il n'a pas de quoi manger, veut se marier, et demande à son futur beau-père une avance de 300 roubles.

Au IV° acte. La fille aînée (vingt-quatre ans) est vendue par son père (il se met à genoux pour la supplier d'accepter ce marché honteux) à un sexagénaire goujat, que la pauvre fille venait elle-même de chasser pour son insolence.

Ah! merci, me voilà leste et dispos! Des filles pareilles, c'est la fortune!

Pouah! — Le titre vient d'abord des aveux du père qui se reconnaît pitre; puis des farces ridicules que quelques polissons jouent à lui et à son futur gendre. (Ils ont grisé ce dernier, et lui ont persuadé d'aller réclamer énergiquement de l'argent à son futur beau-père; le malheureux s'est fait expulser, naturellement.) Au beau-père, ils ont fabriqué un billet de Sainte-Farce d'une valeur de 60,000 roubles, et la joie, puis la déception ont failli tuer le bonhomme.

## SE CHAUSSER A SON PIED [1]
### Comédie en trois actes.

### Acte I

La grande salle d'une auberge. Deux à deux, des amis y viennent boire; Borodkine, jeune marchand, prie Malomalski, l'hôtelier, d'intercéder auprès du riche marchand Roussakov, dont il aime la fille Eudoxie.

L'officier de cavalerie Vikhorev n'a plus que des dettes; bien de sa personne, il veut se remonter par un riche mariage. Il prie son ami Barantchveski de lui prêter son équipage pour jeter de la poudre aux yeux.

Scène finale, — où nous voyons qu'il a déjà su plaire à Eudoxie, ingénue, et que la femme de l'hôtelier leur facilite des petits rendez-vous. — (Vikhorev rappelle Clavaroche.)

### Acte II

Tante Arina se tire les cartes. Elle y a lu de l'ennui pour sa nièce. L'acte se passe en aveux de celle-ci à celle-là, de Borodkine à celle-ci, de Vikhorev au père de celle-ci (la scène IX est assez bonne; le madré marchand voit à qui il a affaire, et *roule* ce coureur de dots); de la fille à son père; elle se trouve mal, parce qu'il lui refuse son bel officier. Pour la consoler, Roussakov promet de tenter un essai : offrir sa fille, — sans dot. S'il aime réellement, il acceptera.

La tante et la nièce, ravies, courent lui porter la nouvelle.

---

1. Mot à mot : ne t'assieds pas dans le traîneau d'autrui.

## Acte III

*Une salle d'auberge. Nous apprenons que Vikhorev a enlevé Eudoxie. Il attend que la voiture soit attelée, et veut la conduire chez son ami Barantchevski. Ce bellâtre de garnison, sans cœur, grossier, est bien dessiné. La pauvre petite lui raconte comment elle s'est trouvée mal, et a obtenu le consentement paternel.*

Eudoxie. — Enfin, que sais-je? je revins à moi, je vois papa près de moi, assis, il pleure... Allons, dit-il, à la grâce de Dieu!

Vikhorev. — Il a consenti : c'est le bouquet! Fallait cela pour notre bonheur. (A part.) Oui, compte là-dessus, mon vieux, qu'on vivra près de toi!

Eudoxie. — Il m'a encore dit un mot; mais cela ne vaut pas la peine de le répéter.

Vikhorev. — Quoi donc?

Eudoxie. — Voilà : Il ne t'aime pas, Doxie; il te trompe, il ne tient pas à toi, mais seulement à ton argent. S'il veut, qu'il te prenne sans un rouge liard.
Moi, je pense que l'argent ne fait pas le bonheur...

(dépit, stupeur, puis fureur croissante de Vikhorev)

Vikhorev. — Je ne demande pas cela. Réponds-moi seulement franchement : te donnera-t-il de l'argent, oui ou non?

Eudoxie. — Non.

Vikhorev. — Non?... *Eh bien! alors, qu'est-ce que tu fais là?*

Eudoxie. — Est-ce ma faute, Victor Arkadytsch?

Vikhorev (se promène dans sa chambre.) — Ça ne sait que s'amouracher, ça veut se faire épouser par un noble, devenir dame!...

Eudoxie. — Que dites-vous là, Victor Arkadytsch?

Vikhorev. — Les prendre gratis! Halte-là! Tu n'es pas née d'hier, il fallait réfléchir... Mais ça n'a que l'amour en tête, les fadeurs!... Cristi! On n'est pas bête à ce point-là! Elles s'imaginent toutes qu'on les prend pour leurs beaux yeux! Elles en deviennent idiotes!

*On annonce que les chevaux sont prêts.*

Eudoxie. — Où m'avez-vous emmenée ?... Que vais-je dire en rentrant ?

Vikhorev. — C'est ton affaire. Pourquoi es-tu venue ?

Eudoxie. — Vous m'avez prise de force.

Vikhorev. — Va demander à ton père 100,000 roubles, alors je t'épouserai, et tu seras dame.

Il se propose, ayant manqué cette affaire-là, de se rendre à Korovaïev, et d'y courtiser d'autres filles de marchands.

### Acte III

Le dîner refroidi, Eudoxie n'est pas rentrée, et le père s'impatiente. Il faut enfin lui avouer la vérité : sa fille a été enlevée ! Pleurs, malédictions... Mais Eudoxie rentre au bercail, honteuse et furieuse. Avoir aimé ce pleutre, qui la chasse parce qu'elle n'a pas les poches pleines. Le père pardonne ; Borodkine, l'honnête jeune marchand, épouse la jeune fille (il avait même offert de l'épouser, si le mal eût été déjà fait).

Je ne suis pas une bête féroce, moi, j'ai dans le cœur une étincelle de l'*amour* divin.

La pièce est intéressante, mais l'auteur abuse des proverbes.

### INTÉRIEUR DE MARCHANDS
#### Un acte.

Peu flatteur, cet intérieur de marchands : meubles de mauvais goût, des oiseaux empaillés pendus au plafond... La grand'mère (soixante ans) a seule le souci du commerce ; Madame se lève à 11 heures, pour manger, puis s'habille comme une noble ; un beau jour, se trouvant si élégante, elle soupirera : « Faut-il que le sort m'ait imposé un mari si commun, pansu, hirsute ! » Elle cherche déjà à redresser l'injustice du sort, guette au passage les jeunes officiers, et la servante Daria porte les petits billets. — Monsieur a horreur du travail ; quand il sort, il oublie d'avertir et revient tard... trois jours après. Sa femme et sa belle-sœur décampent aussi, de leur côté. Le commerce va comme il peut.

Schirialov, l'ami de la famille, marchand sans scrupules, se targue de ses vols, mais, puni par où il a péché, il est volé maintenant par son fils, dont le dévergondage lui empoisonne l'existence. Il en est morfondu. Heureusement que l'expérience lui a fourni un remède admirable : il achète une bouteille de rhum, quelques gousses de piment rouge, mélange, agite, avale et s'endort.

On devine sans peine, que, morte la grand'mère, morte la maison. C'est la faillite inévitable.

## SANS DOT

### Cinq actes. Prose.

Anna Petrovna, veuve, avec fille nubile, est très préoccupée. Elle en perd la mémoire et passe la moitié de la journée à rechercher sa tabatière, son bas en train d'être ravaudé, ses lunettes sans lesquelles elle ne peut lire les lettres de son vieil avocat.

Celui-ci y rend compte des étranges commissions qu'elle lui donne : observer dans les bureaux quel fonctionnaire est mariable. Elle veut trouver un mari pour sa fille, et sa fille est pauvre. Jusqu'ici, on ne trouve donc que des grêlés, des estropiés, des disparates.

### ACTE I

*Scène VII.* — Prise de bec de *deux* entremetteuses qui se rencontrent chez la veuve.

*Scène VIII.* — Elles proposent des marieux. O pudeur! Puis la Хорошая vient proposer son fils. C'est la conversation de deux vieilles portières. Le vide absolu!

— Vous avez là un joli bonnet...
— Si ma fille se marie, j'en commanderai un plus coquet... aux Maréchaux[1].
— Ne faites pas cela! Anna Pétrovna. J'ai une couturière de mes amies qui vous fera quelque chose de simple et de bon goût! Je ne suis qu'une petite bourgeoise, mais j'aime m'habiller avec goût. Je veux que tout soit comme il faut. Mon Michel me dit toujours: Ma mère, qu'il me dit, je vous admire, vous avez un goût, un savoir-faire! Je vous aime, qu'il me dit, et vous respecte; je ne vous en veux pas, qu'il dit, d'être une illettrée.
Adieu, Anna Pétrovna, cherchez-moi donc le patron de votre bonnet.

## Acte II

Des ombres vont et viennent, on ne sait d'où ni où. Un jeune homme timide demande si on l'aime. Non, dit-elle. — Hélas! dit-il (Il sort). Deux jeunes gens, jaloux d'un troisième, viennent, se disent que ce troisième ne vaut pas cher (silence).

— Eh! bien, rentrons chez nous. Nous n'avons, ce me semble, rien à faire ici.
— Oui, rentrons. (Ils sortent.)

Alors pourquoi sont-ils venus? Tout cela est enfantin. Les scènes se succèdent, sans lien, froides, inertes.

Benevolenski est assez bien attrapé; mais en caricature. Employé qui cherche une femme de ménage, se pique le nez, chante la bouche pleine, bref, se conduit devant la fille pauvre comme devant la plus vile servante de cabaret.

---

1. Un des quartiers commerçants de Moscou, près la place du Théâtre.

Le jeune Méritsch, que Marie aime, auquel elle l'avoue très gentiment, qu'elle caresse *item*, — se conduit comme un goujat.

— Tu veux me raconter tes peines ? Ah, mais non ! Ne m'empoisonne pas ces quelques minutes !
MARIE. — Ne te fâche pas, Vladimir... La paix ! (Elle l'embrasse.)
VLADIMIR. — Plus fort ! Encore ! — Je vois maintenant que tu n'es pas une sotte. Hélas ! Marie ! Je me souviens d'une femme... celle-là savait aimer !
MARIE. — Pourquoi me parles-tu de cela ? Crois-tu que ce me soit agréable ?
VLADIMIR. — Tiens ! De la jalousie ? J'en suis ravi ! J'aime beaucoup taquiner les jalouses.
MARIE. — Non, ce n'est point de la jalousie, tu m'offenses à me parler d'autres femmes au moment même que je t'embrasse.

Il me semble qu'elle a raison !
Il bâille, dit des niaiseries, s'esquive au bout de dix minutes.

VLADIMIR. — Je crains que ta mère ne nous surprenne, ce serait contrariant pour toi.
MARIE. — Eh bien, elle me grondera — voilà tout.
VLADIMIR. — Mais j'aurais ma part ! (Il décampe.)

*Scène VI.* —

MARIE (seule.) — Mon Dieu ! que je suis heureuse !...

Anna Pétrovna, la mère, fait cet aveu :

### ACTE III

*Scène VII.* —

Je n'ai jamais rien su faire. Maintenant, je suis devenue tout à fait stupide.

Elle n'exagère pas.

Il est difficile de s'intéresser à ces gens-là ! Dobrotvorski, homme d'affaires, ami de la famille, auquel la veuve demande conseil, répond :

Je ne trouve rien... je suis devenu vieux, je suis devenu bête.

La pièce entière roule sur cette thèse : pas de dot, donc la petite épousera qui la dégoûte. Marie est le seul personnage propre dans cette pièce. Tous les autres sont des idiots et des goujats. Et plus dégoûtée encore des jeunes que des vieux, Marie se sacrifie.

L'action ne se dessine nettement qu'au IV⁰ acte. Trop de scènes de remplissage. Marie a seule quelques accents vrais. Elle se trouve mal quand sa mère la jette ainsi à un bonhomme. Dame ! Il a une position ; et la mère n'a plus d'argent. Elle s'écrie elle-même avec pudeur, indignée :

Je ne peux pourtant pas me faire cuisinière !

Pourquoi pas ? C'est plus propre que de vendre sa fille. A celle-ci non plus ne vient l'idée de vivre en travaillant. Il y a naturellement dans la maison une bonne et un piano.

A la fin du IV⁰ acte, Khorkov, l'étudiant timide, qui, lui aussi, vit à ne rien faire, se grise pour noyer sa peine. Marie se retrouve mal; Khorkov pleure, appuyé contre le mur... Tout cela est ridicule.

### ACTE V

La noce. On redemande du rhum ! Marie se taille une tâche chrétienne. Elle veut entreprendre de décrasser son époux ; lui fait promettre de renoncer au tabac à priser, à l'eau-de-vie. — Mais à quel point il est sans cœur, se voit dans la scène X, avec son *ancienne*, pauvre fille, qui l'a aimé cinq ans, qu'il a toujours maltraitée, et pour laquelle il n'a même pas une parole de politesse banale. — La mère de

Marie, enchantée d'avoir vendu sa fille, boit du rhum avec son complice Markytsch.

C'est écœurant.


### PAS MOYEN DE S'ENTENDRE

Intérieur jadis luxueux, aujourd'hui panné. Prejniev, vieillard usé, dort dans un fauteuil à roulettes; la femme (quarante-cinq ans) lit et discute des romans idiots; le fils — oh! très fin de siècle! le fils, vêtu comme une gravure de mode, gémit de faire une commission (pour sa mère) à pied! pendant la chaleur! et dit carrément à sa mère :

Mon père? Il est fini! ce n'est plus qu'un souffle; et vous, vous avez passé aussi votre temps! Quelle situation pour moi!

Une fois le père tombé en paralysie, Madame a entretenu un précepteur, a voyagé deux fois à l'étranger. — Plus le sou. Aussi, quel supplice pour le jeune Paul, obligé de *servir* dans un bureau! Il est prêt à tout, même à tricher au jeu, plutôt que de vivoter comme ses camarades de bureau, qui grignotent du pâté à l'ail.

Mon oncle me dit: N'aie pas désirs au-dessus de tes moyens! Est-ce ma faute, si je n'ai pas de moyens?.. Il me dit: Travaille! Ah! pour cela, non! Je ne suis pas un cheval! — Ton oncle est un butor.

La mère donne la morale :

— Ah! pourquoi as-tu été si bien élevé, cela te rendra malheureux toute ta vie; personne n'est ton égal; que de qualités devra avoir une fille pour te convenir!...

Ah ça! vous croyez, maman, que je tiens au bonheur en famille!

Une idylle! (Il éclate de rire.) Oh! là là! Je veux simplement de l'argent.

— Mais, mon ami, je connais ton caractère... tu ne voudrais pas épouser n'importe qui.

— J'épouserai n'importe quoi. Il me faut de l'argent, pour être un homme chic, pour jouer un rôle dans la société, bref, pour manifester mes dons naturels, qui ne consistent pas à travailler et à gagner; ils consistent à dépenser noblement, dignement...

Que de Pauls aujourd'hui!

Un mois plus tard, l'ami Paul est marié — mais sa femme économe (elle dit elle-même):

Cela me fait mal au cœur de dépenser.

tient la bourse et en serre les cordons. Elle lui promet, s'il est gentil et obéissant, de lui acheter quelque chose à sa prochaine sortie (un petit chien de porcelaine ou un hussard en sucre). Elle va jusqu'à lui reprocher de changer tous les jours de chemise! Elle est sentimentale, soupire, lève les yeux au ciel; mais dès qu'il demande de l'argent, elle prend la fuite, retourne chez son père, et se propose de vendre la maison.

Paul reste sans un sou, sans abri, sans avenir, sans femme, et comme il le remarque justement: du vivant de la mienne je ne puis en épouser une autre, et il reproche amèrement à sa mère le passé:

Laissez-moi vous remercier, maman, de deux choses: *primo*, d'avoir gaspillé notre fortune; *secundo*, de m'avoir élevé de façon à n'être bon à rien. Je ne sais que dépenser. Et pas d'argent! En avez-vous à me donner? Ça vous amusait de me voir, à huit ans, en veston de velours, danser mieux que les autres enfants de Moscou, et courir déjà après les fillettes! De me voir, à seize ans, parader à cheval! Un joli trio, avec vous et mon gouverneur, votre galant... Et tout y passa! Et maintenant vous aurez le plaisir de me voir chassé du service, vagabond, croupier de cercle, ou pis encore!

Voilà une pièce qu'on pourrait traduire et jouer chez nous; la jeune génération s'y reconnaîtrait.

## IL N'EST SI GROS MALIN QUI NE S'ENSEIGNE
### Cinq actes (1868).

Une de ses meilleures. L'action est bien conduite; les scènes bien attachées; et le fond est humainement vrai. — Le jeune Gloumov, plus intelligent que la moyenne de ses concitoyens, les a jusqu'ici persiflés.

Petite mère, vous me connaissez, je suis intelligent, méchant et envieux: tout votre portrait. Mais il ne faut pas se moquer des imbéciles, il faut exploiter leurs faiblesses.

Il change donc de gamme, et se fait pied-plat; flatte les manies des jeunes et des vieux, écoute patiemment (et gratis, comme il le fait remarquer) les donneurs de conseils, courtise les vieilles, admire le style des Oronte, croit aux songes et aux tireuses de cartes devant les dévotes, calomnie ses rivaux, soudoie les domestiques, expédie des lettres anonymes; bref, se dresse à toutes les infamies sociales... et s'attire l'amour de tous, l'estime universelle. Dès qu'il est infect, l'affinité se produit. Il est la coqueluche des dames.

Comme nous sommes dans la comédie, — un portefeuille, où il note mal à propos (d'où le titre) ses impressions, lui est soustrait et révèle le pot aux roses, au moment où il allait faire fortune en épousant une riche héritière. On vient le chasser, mais il bat en retraite avec tous les honneurs de la guerre.

Je vous suis nécessaire, Messieurs, je vous défie de vivre sans moi, — sans mes pareils.

Il leur faut quelqu'un qui condescende à leurs vilenies.

Mon carnet vous indigne. Comment il vous est tombé dans les mains, je ne sais : il n'est si gros malin qui ne s'engeigne, mais sachez, Messieurs, que pendant que je vivais parmi vous, dans votre société, je n'étais honnête que quand j'écrivais ce carnet ; on ne peut se comporter autrement envers vous, vous m'avez soulevé la bile ; qui vous indigne dans ce carnet, qu'avez-vous trouvé de neuf sur votre compte? vous parlez toujours de vous de même façon, mais en arrière ; si j'avais lu moi-même à chacun isolément ce qui était écrit sur les autres, vous m'auriez applaudi.

Si quelqu'un a le droit de s'offenser, d'enrager, d'écumer, c'est moi. Je ne sais qui m'a volé mon carnet; mais c'est quelqu'un d'entre vous, honnêtes gens !

Vous m'avez ruiné, vous m'avez enlevé argent et réputation : maintenant vous me chassez, et vous vous imaginez que l'affaire en restera là. Vous vous imaginez que je vous pardonne. Non, Messieurs, cela vous coûtera cher. (Il sort.)

(Un silence.)

KROUTITSKI. — Tout de même, Messieurs, on a beau dire, c'est un garçon intelligent, pratique. Il faut le punir, mais je suppose que dans quelque temps nous pourrons lui faire des avances.

GORODOULINE. — Évidemment.

MAMAIEV. (*l'oncle*). — J'y consens.

SA FEMME (*amoureuse de l'expulsé*). — Je le ramènerai, je prends cela sur moi.

On devine le sort réservé à son mari. — En résumé, il y a dans cette comédie la même observation philosophique que dans *Le Misanthrope et l'Auvergnat* de Labiche : la société est tellement vicieuse qu'elle n'a ni le droit, ni la possibilité d'écarter les menteurs.

### UN VIEIL AMI VAUT MIEUX QUE DEUX NOUVEAUX

Trois actes.

#### ACTE I

Un intérieur très modeste. La fille (vingt ans) est couturière.

Elle apprend que son amant, qui lui avait promis le mariage, va se marier avec une autre. Elle prie une commère d'aller aux nouvelles : Cette fille épousée est-elle jeune, belle ? L'aime-t-elle ?

La scène VI (Prokhov épousant une riche et venant prendre congé de sa fiancée pauvre) est honteuse pour l'homme. Tout ce premier acte est un fait-divers assez répugnant.

### Actes II et III

Prokhov, âme bornée, est au fond un bon garçon ; peu instruit (sa mère raconte qu'on a eu grand'peine à lui apprendre à lire, et qu'au collège il passait pour crétin), mais il a le génie du contentieux. Il s'est fait une clientèle lucrative parmi les marchands ; il n'est pas fier avec eux, et c'est à qui lui rincera le bec. L'un d'eux le lui rince si bien, juste avant d'aller chez sa riche fiancée, qu'il y arrive pochard... — Tout est rompu, mon gendre ! Il se rabat chez la couturière, jure qu'il l'a toujours aimée. Elle lui pardonne, disant à part :

Une fois mariée, je te briderai, mon bonhomme.

Ajoutez un type assez drôle de commère, langue d'enfer, qu'on passe son temps à mettre à la porte et qui revient sans rancune.

Dans cette pièce, il y a ce cri à noter. Olinka répond à sa mère, qui semble trouver que ce petit avocat pochard ne vaut pas cher :

Ça vaut toujours mieux qu'un ouvrier !

### LES JOURS NÉFASTES
#### Comédie (genre Scribe) en trois actes.

Mᵐᵉ X... est superstitieuse. Le lundi lui porte malheur, et elle a eu peine à laisser sortir son mari. Il le fallait pour une assignation! Le procès tourne bien; et touchant de l'argent inespéré, le mari emmène son avocat et ses témoins dans un petit restaurant de banlieue, et fait sauter les bouchons.

Un monsieur s'est mêlé impertinemment à leur société; il suscite une querelle, et s'attire une volée méritée... et désirée. C'est de l'argent comptant! Ce bohème vit de cet étrange métier. Provoquer un scandale, être le battu, et demander des dommages-intérêts. Il réclame une somme énorme!

Par bonheur, le fils a conté ses malheurs à un brave homme, célibataire bienfaisant, lequel possède une fausse traite émise par le bohème, et le menace des galères s'il ne lui abandonne pas toute la conduite des affaires. — On devine le dénouement : le mari évite un procès correctionnel au moyen d'une petite somme, mais sous condition qu'il donnera à son fils la bonne amie qu'il s'est choisie.

### PAUVRETÉ N'EST PAS VICE
#### Trois actes.

#### Acte I

Riche marchand (Tortsov) avec fille jolie (Gordieevna) occupe petit employé (Mitia). Et dès le premier acte, nous voyons flamber l'amour du commis pour l'héritière.

Mitia est un bon garçon, cultive la poésie, lit Koltzov.

Tortsov (le père) est dur, dépensier, noceur et laisse mendier dans les rues son propre frère Karpytsch, ex-pochard converti. Mitia donne de l'argent à ce malheureux, et reçoit aussitôt sa récompense, un petit papier sur lequel Gordieevna a griffonné : Je t'aime !

### Acte II

Trop de chansons populaires (il y en a quinze). On s'amuse dans la maison ; on fête la Noël. Le père rentre et fait ses embarras ; il veut esbrouffer son compère Korschounov, gros fabricant. Le pis est qu'il veut lui donner sa fille, afin de vivre à Moscou, d'avoir une calèche.

### Acte III

Mitia désolé vient prendre congé de la mère, qui fut toujours bonne pour lui, et lui fait l'aveu de son amour; congé aussi de la fille et tous deux pleurent.

Korschounov revient faire une cour brutale à sa fiancée.

Entrée du frère pauvre, qui, le gourdin à la main, fait une scène terrible, reprochant à son frère de vendre ainsi sa fille à un infâme voleur, coureur de tripots..., etc. Korschounov exige des excuses. On l'envoie promener, et, pour le faire enrager, le père donne sa fille à Mitia.

Tout finit par des chansons.

C'est la petite comédie 1830.


Je m'arrête, réserve mon opinion, et me tais modestement. On ne pourra pas dire que j'influence le jugement de mes lecteurs !

Pourvu que je n'aie pas, au cours de ce long ouvrage, lassé leur attention ! Pourvu qu'ils me pardonnent d'avoir omis ou cité trop brièvement des auteurs favoris ! Qu'ils ne disent pas : Ne pouvait-il au moins finir, comme M. Sichler, sur le nom de *Stchédrine* (pseudonyme de *Michel Saltykov*), « l'un des écrivains les plus gais dans son humour, les plus russes par son esprit, et qui sait comprendre et admirer la France? »

Cet ami, ce défenseur de la France, vient de mourir; ne méritait-il pas au moins une courte oraison funèbre?

Il mérite bien davantage! Et la littérature russe contemporaine (j'entends de 1860-1890) est plus que jamais digne de notre attention. « Nous finissons, et ils commencent! », a-t-on dit. Mais qu'importe, si la civilisation progresse, quelle main tiendra le flambeau sacré? Je suis charmé que l'événement ait réfuté l'opinion préconçue d'André Chénier. « Quoique les pays du nord aient eu de très beaux génies, il semble que les pieds délicats des Muses aient peine à s'accoutumer à marcher sur tels ou tels sommets » (II, 219). Je souhaite ardemment que la Russie, imprégnée si souvent du génie français, douée d'ailleurs de tant de qualités parallèles aux nôtres, reste notre amie fidèle, pense et sente avec la France :

> Ainsi, quand au hasard un doigt harmonieux
> Agite et fait parler une corde sonore,
> Une autre corde au loin qu'on négligeait encore
> D'elle-même résonne, éveillée à ce bruit,
> Et s'unit à sa sœur, et l'écoute et la suit. —

et heureux d'avoir, selon mes forces, fait mieux connaître et mieux aimé la Russie, je lui souhaite cordialement la prospérité sous le sceptre des sages Romanov.

# INDEX

Adachev, 140.
Aksakov (K.), 166.
Aksakov (S.), 358.
Albert (Conrad), 354.
Albert (Paul), 373.
Alembert (d'), 184.
Annunzio (d'), 373.
Antoine, 99.
Aphanasiev, 22.
Aristophane, 211.
Arsénius, 101.
Avenarious, 24. 26. 28. 33. 38.

Bœdeker, 46. 71.
Barante (de), 219.
Baratynski, 241.
Basile, 99.
Batiouchkov, 230. 245.
Baudry, 96.
Beaumarchais, 165. 210.
Belogi, 16.
Ben Jonson, 35.
Benfey, 22.
Béranger, 82. 83. 283. 294.
Biélinski, 37. 38. 166. 198. 271.
 283. 298. 327. 360.
Blaze de Bury, 292.
Boccace, 99.

Bogdanov, 11.
Bogdanovitch, 203 sq.
Boileau, 105.
Boissier (G.), 38.
Boissy, 165.
Bollandus, 77.
Boué, 5.
Boufflers (de), 58.
Bourget, 373.
Bouslaiev, 22. 90.
Briliant, 189.
Brunet de Presles, 94.
Brunetière, 37.
Bürger, 241.
Bykov, 101. 103. 105.
Byron, 249. 262.

Cambacérès, 96.
Campistron, 164.
Catherine II (librettiste), 209.
Chakovski, 174.
Chamisso, 300.
Chamfort, 17. 160. 239.
Chateaubriand, 221.
Chénier (A.), 406.
Chevtchenko, 111. 355 sq.
Chichkov, 226.
Chodzko, 52.

Chopin, 292.
Chtchébalski, 103. 159.
Cicéron, 49. 133.
Clarke, 189.
Claveau, 394.
Clément (Pierre), 96.
Collé, 165.
Corneille, 159. 203. 387.
Courier (P.-L.), 244. 222.

Daniel, 97. sq.
Danilevski, 85. 159. 160. 194.
Dargomijski, 363.
Daudet (A.), 292.
Delvig, 230. 252.
Derjavine, 188. 189. 196 sq.
Destouches, 164.
Diderot, 165. 184. 185. 210.
Dimitri (évêque), 158.
Dmitrevski, 162.
Dostoievski, 342 sq.
Dozon (A.), 50.
Dmitriev, 226 sq.
Duclos, 190.

Eichhoff, 9. 10.
Euler, 179.

Falbaire, 165.
Fénelon, 6, 181.

Galakhov, 24. 28. 75. 180.
Gautier (Léon), 37.
Gautier (Th.), 366.
Gellert, 166. 197. 202.
Genlis (de), 185.
Gerstenschtein, 177.
Glinka, 173.
Gnéditch, 163. 230.
Goethe, 25. 32. 36. 73. 149. 179. 215. 256. 336.
Gogol, 88. 110. 187. 298 sq.
Goldoni, 166.

Golotouzov, 72.
Gontcharov, 82. 357.
Granovski, 166. 362.
Grécourt, 247.
Grégoire VII, 92.
Grek, 100. 102 sq.
Gresset, 164.
Grey, 242.
Griboïédov, 270 sq.
Grigori, 151.
Grigorovitch, 219. 321 sq.
Grimm, 11. 22. 74.
Grote, 197.
Guizot, 37. 219.

Hégel, 283.
Heine (H.), 297. 368.
Herder, 40.
Hérodote, 10. 96. 159.
Herzen, 214.
Holbach, 212.
Holberg, 164. 165. 189.
Homère, 10.
Horace, 199. 257. 340.
Hugo (Victor), 17. 41. 45. 70. 72. 135. 171. 209. 225. 256. 260. 348.

Iartsev, 161. 162.
Igor (Le chant de), 63.
Ikornikov, 240. 242.
Ismaïlov, 240.
Ivan IV, 136.

Jornandès, 9.
Joukovski, 54. 168. 240 sq. 252. 359.
Julleville (Petit de), 158.
Juvénal, 180.

Karamzine, 14. 66. 68. 115. 142. 143. 215 sq.
Kapnist, 199. 214.

Kaveline, 41.
Khemnitzer, 201.
Khotaianov, 110.
Klopstock, 197.
Kniajnine, 211 sq. 229.
Koltzov, 32. 73. 326 sq.
Korsch, 11.
Kourbski, 44. 148 sq.
Kramp, 329. 360.
Krolik, 180.
Krylov, 140. 22 sq. 318. 333.

Labiche, 156. 387.
La Fontaine, 202. 203. 229. 345.
Lasane, 96.
Laurent, 15.
Lavallée (Théophile), 92. 94. 184. 214.
Lebrun, 85.
Leibnitz, 168.
Lenau, 104.
Lermontov, 114. 283 sq.
Lessing, 165. 190.
Lichtenberg. 340.
Lobanov, 230.
Löhenstein, 132.
Lomonosov, 164. 165. 172 sq.
Longhinov, 164.
Loukine, 211 sq.
Lulli, 35.
Luther, 11. 176.
Lutteroth, 132. 243.

Macaire, 137.
Macaulay, 40.
Macpherson, 36.
Maistre (Joseph de), 242.
Marivaux, 165.
Marmontel, 185.
Martynovski, 74. 143. 215.
Max Müller, 22.
Méï, 330.
Mérimée, 14. 36. 258.

Métastase, 161. 212.
Michelet, 103. 130. 315.
Mieckievicz, 36.
Miklosich, 12.
Milton, 14.
Mogila, 123.
Mollevaut, 227.
Molière, 139. 156. 159. 162. 203. 279. 317. 327.
Montaigne, 176. 211. 234.
Motte-Fouqué (La), 241.
Mozart, 269. 283.
Musset (A. de), 279.

Nékrasov, 81. 324. 225. 343.
Nestor, 15 sq. 21. 30.
Ney (Franz), 10.
Nikitine, 100.
Nikitine (Ivan), 319. 323 sq.
Nikon, 41. 105 sq.
Novikov, 214.

Odoïevski, 214.
Olénine, 230
Ostrogorski, 14. 37. 86. 321. 325.330. 339. 355.
Ostromir (Évangile de), 48.
Ostrovski, 44. 76. 84. 126 sq. 136. 169. 379 sq.
Ovide, 355. 373.
Ozérov, 67. 170.

Pagosski, 37. 318 sq.
Pailleron, 342.
Païsius, 102.
Palitsine, 142.
Parny, 245. 247.
Passochkov, 168.
Photius, 102.
Plaute, 152.
Pletniev, 230. 361.
Pline, 358.
Polèjaiev, 214.

Polévoï, 74. 219.
Polotski, 134. 151 sq.
Popov, 37.
Porphiriev, 15. 20. 30 et passim.
Pouchkine, 13. 14. 19. 36. 78. 82. 86. 87. 112. 117 sq. 144 sq. 168. 193. 195. 218. 246 sq. 279.
Prokopovitch, 129 sq. 167.
Protopopov, 371.

Quinault, 203.
Quintilien, 132. 258. 331.

Rabelais, 140. 176.
Racine, 229. 387.
Raditchev, 86. 184. 200.
Rambaud, 38. 136.
Ranke, 43.
Raumer, 93.
Regnard, 165.
Remer, 94. 95.
Renan, 22. 318.
Robertson, 94.
Rollin, 181.
Romanov, 16.
Rousseau (J.-J.), 189. 210. 219. 226.
Rubinstein, 295.
Rückert, 54.

Saint-Foix, 164.
Saltykov, 167. 406.
Sand (G.), 318.
Scherer, 15. 17.
Schiller, 108. 116. 163, 211. 241. 372.
Schlösser, 10.
Scribe, 259.
Ségur (de) 60. 61. 172.
Sérapion, 140.
Shakespeare, 147. 249. 288.

Sichler, 63. 158. 385. 405.
Siméon, 99.
Slavinetski, 103.
Smirnova (Alex.), 246.
Soloviev, 135. 342.
Soubies, 209.
Soukhanov, 101.
Soumarokov, 164. 165. 166. 168 sq. 174. 180. 182. 201.
Stéphane, 99.
Süe (Eug.), 318. 322. 348.
Sully-Prudhomme, 58.
Sybel (von), 109. 110.
Sylvestre, 138.

Tacite, 49.
Tatitchev, 172.
Tauber, 15. 22.
Taylor, 22.
Tchaïkovski, 264.
Tchistovitch, 160.
Tchoujbinski, 76. 356.
Tchoulkov, 37.
Térence, 166.
Tertullien, 47.
Thomson, 166.
Tikhonravov, 63. 151. 153. 156. 158.
Tite-Live, 66.
Tioutchev, 41.
Tolstoï (Alexis), 377.
Tolstoï (Léon), 37. 46. 319. 330. 339. 368 sq.
Tourguéniev, 80. 82. 85. 88. 208. 218. 258. 283. 292. 317. 339. 360 sq.
Trédiakovski, 164. 180. 181. 201.
Tzvetkov, 28. 33. 68. 76.

Védenski, 329.
Viasemski, 252.
Vodovozov, 11. 45. 47. 60. 73. 80. 100. 135. 278.

Vogüé (de), 6. 35. 373.
Volkov, 161 sq.
Voltaire, 6. 39. 52. 87. 93 et passim.
Von-Vizine, 84. 182. 184. 185 sq.
Voss, 264.

Weber, 22. 70. 189.
Wolf, 35. 168. 173.

Xénophon, 6.

Zabièline, 88. 149.
Zagoskine, 226.

# TABLE DES MATIÈRES

—

                                                     Pages.

Préface . . . . . . . . . . . . . . . . . . . . . . 5

### CHAPITRE I

Les origines. — La langue. — Chronique de Nestor . . . . 9

### CHAPITRE II

Mythologie. — Sviatogor. — Ilia Mourometz. — Basile Bousslaiev. — Sadko. — Importance des mythes et des épopées . . . . . . . . . . . . . . . . . . . . . . 22

### CHAPITRE III

Cyrille et Méthode. — L'orthodoxie. — Les copistes. — Premiers essais littéraires. — Vie des saints. — Anthologies . . 39

### CHAPITRE IV

L'invasion des Mongols — Politique des premiers princes russes. — Le chant d'Igor. — Dimitri Donskoï. — La prise de Kazan. — Les Tartares de Crimée. — Souvenirs de l'invasion . . . . . . . . . . . . . . . . . . . . . . 59

### CHAPITRE V

Contes populaires. — Le fin du fin. — Hors du sac! — Une parole imprudente. — Sort des femmes. — La belle Févronie. — La pieuse Ouliana .................................. 73

### CHAPITRE VI.

Les Croisades. — Conséquences indirectes. — Voyageurs russes : Daniel, Antoine, Stéphane, etc. — Maxime Grek. — Le schisme et le patriarche Nikon .......................... 91

### CHAPITRE VII

Conséquences de l'orthodoxie. — La Pologne. — Démétrius. — La scolastique. ................................................. 107

### CHAPITRE VIII

Ivan IV. — Le Stoglav. — Le Domostroï. — Le prince Kourbski. — L'histoire succède à la chronique. — Boris Godounov ............................................................. 135

### CHAPITRE IX

Le théâtre. — Premiers essais. — Les pièces bibliques de Siméon Polotski. — Volkov, fondateur du théâtre russe. — Les premiers acteurs célèbres. — Soumarokov, Ozérov et la tragédie pseudo-classique ...................................... 150

### CHAPITRE X

La réforme et ses défenseurs. — Lomonosov. — Soumarokov. — Kantémir. — Trédiakovski. — Catherine. — Von Vizine. ............................................................... 171

### CHAPITRE XI

Autour de Catherine II. — Potemkin. — Derjavine. — Raditchev. — Khemnitzer. — Bogdanovitch. — Khéraskov. — Kniajnine. — Loukine. ..................................... 193

## TABLE DES MATIÈRES

### CHAPITRE XII

Karamzine. — Dmitriev. — Krylov. — Joukovski . . . . . 215

### CHAPITRE XIII

Pouchkine. — Griboïédov . . . . . . . . . . . . . . . . . . 246

### CHAPITRE XIV

Lermontov. — Gogol . . . . . . . . . . . . . . . . . . . . 281

### CHAPITRE XV

L'école laïque, gratuite et obligatoire (foyer lumineux, phare, soleil). — Plans et exploits des Bonapartes scolaires. — Pogosski. — Grigorovitch. — Nikitine. — Nékrasov. — Koltsov. — Méï. — Tolstoï. — Pédagogie sentimentale. — Premiers résultats, très touchants. . . . . . . . . . . . . . . . 299

### CHAPITRE XVI

Le roman. — Dostoïevski. — Danilevski. — Chevtchenko. — Gontcharov. — Aksakov. — Tourguéniev. — Tolstoï. — Ostrovski, représentant du théâtre contemporain. — Conclusion . . . . . . . . . . . . . . . . . . . . . . . . . . . . . 322